KB262377

國語學叢書 86

한국어 결과구문 연구
– 한·중 대조 및 한국어교육의 관점에서 –

심지영 저

태학사

머리말

　이 책은 2016년 2월 서울대학교 대학원에 제출한 필자의 박사학위 논문을 깁고 다듬은 것이다. 출간이 많이 늦었는데, 그럼에도 불구하고 내용이 크게 달라지지 않아 스스로 면목이 없다. 원래의 계획으로는 논지를 보강하고 군더더기를 없애서 한층 더 밀도 있는 글로 만들고자 하였으나, 결과적으로 일부 잘못 기술된 부분을 바로잡고 눈에 띄는 오류를 수정한 정도에 그쳤다. 매일의 업무와 일과에 쫓긴 탓도 있지만 섣불리 손을 댔다가 오히려 글의 체계가 어지러워지지 않을까 우려했기 때문이기도 하다. 큰 줄기의 생각이 바뀐 것이 아니고 어차피 길게 연구할 주제이니 더 보탤 것이 있으면 다른 논문으로 전체 연구를 보강하면 되리라 변명을 붙여 본다.

　석사 유학 시절, 한국어와 매우 다른 체계를 가진 중국어학을 공부하면서 꽤 어려움을 겪었다. 특히 한국어에 없는 보어라는 존재에 대해서는 당혹감마저 느꼈는데, 학습 초기의 이질감에 그치지 않고 한참 뒤까지도 풀리지 않는 의문으로 남았다. 여러 보어의 유형 간에 공유되는 본질적 특징이 무엇인지, 어떤 경우에 보어로 쓰고 어떤 경우에 부사어로 쓰는지, 두 경우에 의미 차이는 무엇인지 등을 중국인 동학들에게 물어 보았으나 확실한 답을 얻지 못했다. 언젠가는 답을 찾겠노라고 마음먹었던 것이 결국은 박사논문 주제로까지 이어졌고, '결과' 의미의 언어적 실현 방식이라는 측면에서 대조 연구를 진행하게 되었다. 박사논문을 쓰는 것은 고통스러운 작업이었지만 오래된 질문의 답을 찾아 가는 과정이기도 했기에 다른 의미로 즐거운 시간이었다고 생각한다. 덕분에 앞으로 이러한 연구를 계속해 나갈 힘을 얻을 수 있었다.

정돈되지 않은 하나의 질문에 불과했던 주제를 논문으로 완성하기까지는 여러 은사님들의 지도와 동학들의 지원이 결정적인 힘이 되었다. 이현희 선생님을 비롯한 많은 은사님들께서는 늦은 나이에 모교로 돌아온 필자를 학문 공동체의 구성원으로 따뜻하게 받아 주시고 학업을 계속할 수 있도록 격려해 주셨다. 세월이 갈수록, 생각을 되짚어 볼수록 더욱 절실한 감사함을 느낀다. 지도교수이신 박진호 선생님께는 매우 특별한 감사의 말씀을 드려야 마땅하다. 필자가 수학 과정에 있을 때뿐 아니라 졸업 후 학생들을 지도하고 있는 지금까지도 이론적 어려움에 부딪히거나 연구에 돌파구가 필요할 때, 매번 확실한 조언과 함께 헤쳐 나갈 방향을 보여 주셨다. 당대의 이론가를 선배이자 지도교수로 모신 혜택을 톡톡히 누리고 있는 셈이다. 또 매사 재빠르지 못한 필자를 지근에서 도와준 젊고 엽렵한 동학들에게도 사랑과 감사를 전하고 싶다. 앞으로도 오랫동안 서로 학문적 교류를 나눌 수 있기를 바란다.

한 연구자의 작은 연구가 당당한 학문적 틀을 갖출 수 있는 것은 선행연구의 축적된 성과들이 뒤를 받쳐 주기 때문일 것이다. 그런 점에서 본 연구에 인용한 많은 선행연구 저자들께 경의를 표한다. 아울러 귀중한 조언을 베풀어 주신 논문 심사위원들과 본 연구를 국어학총서로 선정해 주신 국어학회, 그리고 출간을 허락해 주신 태학사에도 감사의 말씀을 드린다.

공부라는 것이 하면 할수록 간단한 일이 아님을 깨닫게 된다. 필자는 본 연구와 같이 언어 간 대조와 그 결과를 한국어교육에 적용하는 일에 관심을 가지고 있다. 이 역시 쉽지 않아서 종종 앓는 소리를 해 왔지만 본서의 출간을 계기로 좋은 기운을 얻고 새롭게 각오를 다질 수 있게 되어 기쁘다. 학문의 길이 비록 힘들지만 영광되고 보람 있는 길이라는 점을 다시 한번 느낀다.

마지막으로 사랑하는 가족에게 고맙다고 꼭 말하고 싶다. 어느 날 갑자기 공부를 하겠다고 선언한 아내 때문에 적잖이 당황했을 텐데도 최선을 다해 이해해 주고 아이들을 거두고 학비까지 내어 준 남편에게 마음을 다해 감사함을 전한다. 지금은 늠름한 성인 남자가 되었지만 어린 시절의 두 아들을 생각하면 항상 미안함이 밀려온다. 졸업 논문을 쓸 당시, 포기하지 말라며 오히려 엄마를 격려해 주었던 아들들이다. 잘 자라준 것이 고맙고도 고맙다. 그리고 막내딸에 대한 기대를 끝까지 버리지 않고 공부를 계속하도록 인도해 주신 나의 부모님, 두 분께 무한한 존경과 사랑을 전하며 이책을 바친다.

2025년 5월
심지영 씀

차례

1. 서론

1.1. 연구 목적

본 연구는 한국어에 있어 '결과(result)'의 의미범주와 관련된 언어 사실을 종합적인 시각으로 파악하고, 결과범주와 관련된 구체적인 언어 현상들을 '결과구문(Resultative Construction)'을 중심으로 가능한 한 충실하게 기술하는 것을 그 첫 번째 목적으로 삼는다. 기존에도 '결과'의 의미와 관련된 연구는 이루어져 왔지만 어미 '-게, -도록' 등 특정 형태에 대한 연구에 집중된 경향이 있다. 또 '결과'를 표시하는 여러 형태에 대한 연구가 각각 다른 각도에서 개별적으로 진행되었기 때문에 그들 사이의 전체적 연관성을 파악하기 어려웠다. 이에 본 연구는 '결과구문'이 가지는 다양한 형식 및 그 특징들을 통합적으로 관찰하여 한국어 결과구문 범주의 전체적인 모습을 제시하고자 한다.

다음으로, 본 연구는 각각의 결과구문 형식들에 대한 기술을 바탕으로 그들 사이의 연관관계를 파악하고 나아가 한국어 결과구문이 가지는 일반적 특징을 밝히는 것을 두 번째 목표로 한다. 한국어의 결과 범주는 그것을 전담하여 표시할 수 있는 특정하고 단일한 문법적 수단을 갖고 있지 않다. 따라서 매우 다양한 형태로 나타나며 정도, 목적, 방식 등 다른 의미와 표시 형태를 공유하는 경우가 많다. 이러한 사실은 한국어에서 '결과'와 관련된 언어 현상을 하나의 범주로 자각하기 어렵게 만든다. 이에 본고는 일견 서로 무관해 보이는 요소들이 기실은 결과 표시 기능을 중심으로 내적으로 긴밀히 연결되어 있음을 밝히려 하였다.

다른 한편으로, 어떤 사태의 결과를 표시하는 것은 통사적으로 서술어의 일부이거나 적어도 서술어를 보완해 주는 성분으로 나타나는 것이 가장 자연스럽다고 할 것인데 한국어의 현실은 그렇지 않음과 관련하여 생기는 여러 가지 문제들이 있다. 예를 들어, 이른바 한국어의 필수적 부사어 혹은 보어[1]와 같이 특정 문법 범주가 깔끔하게 구획되지 않는 문제에는 '결과'를 표시하는 요소들, 즉 'AP게', 'XP도록', 'NP로', 'NP에', 'V$_1$어 V$_2$' 중의 'V1어' 등이 부사어의 형태로 표시된다는 사실이 그 원인의 하나로 관련되어 있다.[2] 이러한 요소들은 지금까지 각각 한국어 문법계의 중요한 논제로 다루어져 왔으나 이들을 결과 의미 표시와 관련하여 통합적으로 해석하려는 시도는 부족했던 것으로 보인다. 또, 한국어 통사론에 있어 문제적 요소라 할 수 있는 '-게', '-도록', '-아/어'와 같은 어미들도 결과 표시 기능으로 쓰일 때와 다른 용법으로 쓰일 때 상당한 문법적 이질성을 나타낸다. 따라서 한국어 결과 구문의 특성을 고찰하는 일은 그대로 한국어 문법의 쟁점이 되는 이러한 문제들을 새로운 시각에서 바라보는 작업이 될 수 있다.

한편, '결과'란 선행사건(원인사건을 포함하여)을 전제하는 개념이므로 흔히 둘 이상의 사건이 연관된 복합사건으로 나타난다. 우리는 이러한 복

---

1) 국어학에서 '보어'의 정의 및 그것이 포괄하는 대상의 범위는 일정한 합의에 이르지 못하였으며 연구자에 따라 다르게 제시된다. 여기서 말하는 보어는 넓은 의미에서의 보어로서 "주어와 목적어 이외에 서술어가 필수적으로 요구하는 성분"을 말한다(임홍빈 · 장소원(1995:223~232), 홍재성(1987)).

2) 이 중 'AP게', 'XP도록', 'NP로', 'NP에'는 결과 표시 요소이고, 'V$_1$어 V$_2$' 중의 'V$_1$어'는 원인행위(선행행위) 표시 요소이다. 이들에 대하여 보어로 보는 견해, 필수적 부사어 혹은 논항성 부사어로 보는 견해, 그리고 일반적인 부사어로 보는 견해 등이 있다.

합사건이 인간의 인지 작용 속에서 어떻게 개념화되는지, 또 그러한 개념화의 결과가 한국어에서 어떤 형식으로 표상되는지를 중심으로 결과구문 고찰에 접근하고자 한다. 자연 세계에서 어떠한 동작·행위와 그 동작·행위의 결과로 얻어지는 상태는 연속적으로 관찰·경험되며, 원인 행위와 그 결과 간의 관계가 전형적일 경우 이러한 경험은 빈번하면서도 반복적으로 일어난다. 따라서 그것을 하나의 복합사건으로 개념화하는 것 역시 인간 인지의 보편적인 경향일 수 있다.[3] 두 개의 사건을 언어적으로 표시하는 가장 일반적이고 합당한 방식은 그 각각을 분리된 절로 나타내는 것이다. 하지만 원인과 결과가 연속적으로 관찰되는 자연 세계에서의 경험을 바탕으로 두 사건을 하나로 통합하여 개념화한다면 그러한 개념화의 언어적 반영은 원인과 결과를 하나의 절 안에서 표시하는 것으로 나타날 것이다. 따라서 본 연구는 선행사건과 그 결과사건을 하나의 절 안에서 표시하는 형식으로서 이른바 '결과구문'에 주목한다.

또한 우리는 과연 이러한 개념화의 경향이 복수의 언어에서 공통적으로 반영되어 나타나는지에 관심을 두고 있으며, 동시에 각각의 개별 언어에서 어떠한 특수성을 띠고 나타나는지를 알아보고자 한다. 앞서 언급했듯이 한국어는 '결과'의 의미범주를 전담하여 표시하는 단일한 문법적 수단이 없기 때문에 결과범주를 뚜렷하게 자각하기 어렵다. 이때, 해당 문법범주가 확실하게 정립되어 있는 언어와의 비교는 이들을 인식하거나 판정함에 있어 효과적인, 혹은 거의 유일한 수단이 될 수 있다.

---

3) Talmy(2000)에서는 이른바 복합사건에 기본적인 유형이 있음을 지적하며 이를 'Macro Event'라고 지칭하였다. 즉, 두 사건이 융합되어 하나의 사건으로 개념화되는 것을 복합사건이라 할 때 이에는 전형적인 유형들이 있으며, 이들 복합사건은 '전경-배경' 사건으로 이루어진 단문으로 표시될 수 있다고 하였다. 동 연구에서 제시한 매크로 이벤트의 5가지 유형에는 이동(Motion), 상태의 변화(Change of State), 시간적 윤곽(Temporal Contouring), 동작의 연계(Action Correlating), 실현(Realization) 등이 있다. 본고에서 다루는 결과구문은 이 중 '상태의 변화'에 해당한다. 이에 대해서는 5장에서 다시 살펴보기로 한다.

　따라서 본고는 언어 간 비교 대조의 방법을 주요한 연구의 방법으로 채택할 것이다. 이러한 대조의 방식이 한국어 결과 범주의 드러나지 않은 사실을 포착하게 하는 단서가 될 수 있기 때문이며 또한 선행사건과 그것의 결과가 하나의 절 구조 안에서 표시되는 사건통합의 양상을 교차언어적으로 관찰하는 기회가 될 것이기 때문이다. 대조의 대상으로 삼는 언어는 주요하게는 중국어와 영어이며 기타 일본어 등의 예를 참조할 수 있다. '결과구문'이라는 개념이 영어의 특징을 기초로 하여 정의된 것인 만큼 영어와의 비교는 필수적인 부분이 된다. 다만 본고는 영어 결과구문의 특징 및 제약에 국한되지 않고 한국어의 실질에 맞추어 연구를 진행할 것이다.

　또 이에 더하여 이 연구는 중국어 결과구문과의 비교에도 비중을 두고 있다. 결과의 의미범주와 그것을 표시하는 문법범주가 일관되게, 빈틈없이 대응되는 언어가 있고 그렇지 않은 언어가 있다고 할 때 중국어는 전자, 한국어는 후자에 해당된다고 볼 수 있다. 한국어에서는 결과 표시 기능이 다른 기능과 혼재하며 결과를 표시하는 방식도 여러 가지 형태로 흩어져 나타나기 때문에 한국어만을 들여다보아서는 결과와 관련된 사항을 포착하기 어려운 점이 있다. 따라서 본고는 '결과'의 의미를 문법적으로 표시하는 방식이 체계화 되어있는 중국어와의 비교를 통해 한국어 결과구문에 보다 효과적으로 접근하고자 하였으며 그 방법 중의 하나로 텍스트 분석을 시도하였다.

　마지막으로, 이렇게 얻어진 성과를 바탕으로 본고는 한국어 교육의 측면에서 중국인 학습자를 위한 한국어 결과구문 교육의 필요성과 그 방향을 제시하고자 한다. 본 연구와 같이 의미에서 출발하여 형태로 나아가는 표현론적(onomasiological) 접근법의 고찰은 언어 간 비교·대조 연구의 기초 자료를 제공하는 동시에 나아가 제2언어 교수·학습에 효과적으로 활용될 수 있다는 점에서 실용적인 의의를 찾을 수 있다.

　제2 언어 교육과 관련된 언어 간 대조연구는 형태의 대조보다는 두 언어 간 의미적 등가(等價, equivalence)를 중심으로 이루어질 때 더 큰 의의를 가질 수 있다. 결과구문에 대한 이해는 다시 말해 원인행위와 그 결과를 접속문이 아닌 단문 구조 안에 나타내는 방식을 이해하는 것과 같다. 그런데, 이처럼 사건통합을 언어적으로 부호화하는 방식은 언어마다 다를 수 있으며 적용되는 범위 역시 다르게 나타난다. 따라서 이는 제2 언어 학습 시 모어의 부정적 전이를 일으키는 요소가 될 수 있다. 한국어 교육의 측면에서 볼 때, 결과구문과 관련하여 중국인 한국어 학습자들은 모어에서 이른바 보어(補語)로 표시하던 바를 한국어로 나타내고자 할 때 범주 대 범주로 대응할 만한 요소가 없기 때문에 혼란을 일으킬 수 있다. 또 한국인 중국어 학습자들의 경우 일찍이 모어에서 경험한 바 없는 통사 유형이기 때문에 그 당혹감이 더욱 크다고 할 수 있다.

한·중 간 모국어 간섭에 기인하는 결과 표현 오류 유형 중의 하나로 모어 문장의 원인행위 표시 부분과 결과 표시 부분을 분리하여 목표어의 각기 다른 문장으로 나타내는 것을 들 수 있다. 이는 이른바 결과구문에 두 가지의 사건이 통합되어 있음을 방증한다고 할 수 있으며, 아울러 이런 사건 통합의 개념화가 각 언어에 반영되는 양상이 다름에 따라 목표어 학습에 오류가 발생한다고 볼 수 있다. 따라서 중국인 학습자를 위한 한국어 결과구문 교육은 의미를 중심으로 하는 접근이 필요하다고 생각되며, 결과 표시 요소가 속하는 문법범주에 따라 그 대응 형식을 명시적으로 제시해 주는 것이 필요하다고 보았다.

한편 이 글에 사용된 예문 등 자료의 출처는 외국어의 경우 중국어 및 영어 소설 텍스트에서 추출한 것이 있으며, 기존 논저들에서 인용한 예문들도 다수 있다. 예문을 직접 만든 경우에는 복수의 모어 화자들을 통해 적격성을 검증하였다. 한국어 결과구문의 예들은 선행연구를 참조하거나 내성적 방식에 의하여 만들어 낸 문장이 일부 있으며, 특정 문형과 의미역을 제시할 때는 〈세종 전자사전〉 중 〈용언사전〉에서 해당 예문을 검색, 인용하였음을 밝힌다.

1.2. 연구 대상

본 연구는 한국어 결과 구문을 고찰함에 있어서 한국어 결과 의미범주의 전체적 구도 속에서 그 구성 요소 중 하나로서의 결과구문의 모습을 파악하고자 한다. 한국어의 결과 표시 형식에는 그 문법적 층위를 달리하는 여러 가지 형태들이 있으며 이들이 모여 전체 결과범주를 구성한다. 우선 그 구체적인 모습을 보이면 다음과 같은 것들이 있다.

(1) 민수가 방바닥에 쓰러져 있었다.

　　(결과상 표지 '-아/어 있-')

(2) 철수가 참고서를 불태웠다.

　　(동사의 과거형 혹은 완망상(perfective aspect)에 함축된 결과)

(3) 철수가 참고서를 불태워 버렸다.

　　(함축된 결과의 실현을 높이는 보조동사)

(4) 철수가 돌부리에 걸려 넘어졌다.

　　('V₁어 V₂' 동사연결형 결과구문)

(5) 영희가 책상을 깨끗하게 닦았다.

　　('AP게 V'형 결과구문)

(6) 영희가 유리창을 눈이 부시도록 닦았다.

　　('XP도록 V'형 결과구문)

(7) 어머니가 고추를 가루로 빻았다.

　　('NP로 V'형 결과구문, 'NP로'-결과상태역)

(8) 나비가 회의장으로 날아 들어왔다.

　　('NP로 V₁어 V₂'형 결과구문, 'NP로'-도착점역)

(9) 영희가 장미를 꽃병에 꽂았다.

　　('NP에 V'형 결과구문, 'NP에'-도착점역)

(10) 철수가 <u>케이크를</u> 구웠다.

　　　(결과목적어-산출구문)

(11) 철수가 <u>대학생이</u> 되었다.

　　　(보어4)-결과상태역)

(12) 철수는 물통을 <u>가득</u> 채웠다.

　　　(결과 상태를 표시하는 부사)

(13) 아이가 참 <u>잘생겼네요</u>.

　　　('결과+행위' 의미구조의 형용사)

(14) 영희가 책상을 <u>깨끗이</u> 닦았다.

　　　(결과의 의미를 가지는 '-이/히'계 부사)

(15) 철수가 기뻐서 펄쩍 뛰었다.

　　　(인과관계 접속문)

이상의 예들은 일견 서로 무관하게 보이며 문법적 지위나 성격상으로도 매우 비균질적인 요소들이 섞여 있는 것으로 보인다. 하지만 위의 예문들은 '결과'라는 공통의 술어로 연결된다. 예를 들어, 예문 (1)에는 한국어 문법상(grammatical aspect) 체계의 일부분인 '결과상(resultative aspect)'[5]

---

4) 이때의 '보어'는 현행 학교문법에서 규정하는 보어로서 '되다, 아니다' 앞에 조사 '이/가'를 동반하고 나타나는 성분을 말한다.

5) '결과상(resultative aspect)'은 '결과상태상' 또는 '결과상태지속상'이라고 부르기도 한다. 비완망상(imperfective aspect) 중 지속상(continuous)에 속하며 '완료 후 결과상태의 지속'이라는 상적 의미를 나타낸다. '결과상'을 한국어 문법상의 한 요소로 볼 것인가에 대해서는 이견이 있을 수 있다. '완료상(perfect aspect)'이 완료 후 결과상태 지속의 의미까지 표시한다고 볼 수도 있기 때문이다. 따라서 기존에 '-아/어 있-'은 흔히 완료상 표지로 간주되었으며 내재적인 시간적 끝점을 가지는 동사와만 결합할 수 있다는 점이 지적되어 왔다(임홍빈 1975, 정태구 1994). 반면, 박진호(2003:41~44)에서는 범언어적으로 '결과상(resultative aspect)'과 '완료상(perfect aspect)'이 가지는 특징들에 비추어 한국어의 '-아/어 있-'과 '-고2 있-'을 '결과상'으로 보아야 함을 주장하였다. 그 구체적인 근거는 다음과 같다. 첫째, 한국어의 'V어 있다'가 나타내는 사건의 종결성은 사건참여자(특히 주어)에만 relevance를 가지는데, 전형적인 완료상은 그 사건의 효과가 특정적이지 않다. 둘째, 영어의 'have+과거분사'와 같이 전형적인 완료상은 거의 모든 동사에 적용되는 반면에 한국어의 '-아/어 있-'과 결합할 수 있는 동사는 어휘

표지 '-어 있-'이 개재되어 있다. 또, 예문 (2)에서 보듯 '불태우다'와 같은 상태변화 동사의 과거형에는 그 행위의 결과인 '불탔다'가 함축되는데, 다만 한국어의 경우 '참고서를 불태웠으나 웬일인지 타지 않았다'와 같이 함축된 결과가 취소되는 일이 있다. 이때 (3)에 등장하는 '-어 버리다'나 그 외 '-어 두다/놓다/치우다' 등의 보조동사가 추가되면 동사가 나타내는 행위의 완결성이 강화되며 동시에 동사에 함축되는 결과 상태의 실현 가능성도 대폭 높아진다. 한편 (4)~(9)는 문장의 1차 술어인 주동사와 결과를 나타내는 2차 술어가 한 문장에 나타나기에 한국어의 '결과구문(resultative construction)'으로 거론되는 유형들이며 본고의 중심 고찰 대상이 된다. (7)과 (11)에는 '결과상태 의미역'을 가지는 명사구 논항이 등장한다. 이 중 (11)의 경우, 학교문법에서 말하는 보어가 결과상태 의미역을 받는 논항이 된다. 예문 (9)번의 '꽃병에'는 명사와 처소의 부사격 조사 '-에'의 결합형으로서 동사 '꽂았다'의 결과로 장미가 위치하게 된 도착점을 나타낸다. '도착점'이 가지는 의미는 이 글에서 다루고 있는 '결과' 의미의 원형적 요소라 할 수 있다. 이 외에 예문 (10)은 본고에서 산출구문으로 다루고 있는 유형으로 이 문장의 목적어는 이른바 창조동사와 결합한 '결과목적어'로 분류된다. (12)에 나오는 부사 '가득'은 문장의 서술어 동사 '채웠다'가 나타내는 행위의 결과 상태를 나타내는 것으로 보인다. 예문 (13)의 '잘생기다'는 특이하게도 항상 '-았/었-'과 결합하여 대상의 상태를 표시한다. 보통 그 자체로 형용사로 분류되지만 그 내부는 부사 '잘'과 동사 '생기다'의 결합으로 되어 있으며 단어 생성 당시에는 이들 각각의 어휘적 의미를 바탕으로 하고 있었을 것이다. 이 경우 '잘'은 '생기다'라는 행위를 수식한다고 보기 어렵고 오히려 그 행위의 결과 상태로 볼 수 있다.[6] (15)번 예문은 원인을 나

적으로 제한되어 있다. 셋째, 타동사에 '-아/어 있-'이 결합되어 자동 구문을 형성하는 일이 관찰되는데 이는 범언어적으로 결과상이 가지는 특징이며, 완료상은 일반적으로 어기 동사의 결합가를 바꾸지 않는다. 본고에서는 박진호(2003)의 논의를 따라 '-아/어 있-'을 결과상 표지로 보고 있다.

타내는 선행절과 결과를 나타내는 후행절이 접속된 인과관계 접속문으로서 '결과'의 의미를 표시할 수 있는 가장 확실한 방법이라고 할 수 있다. 예문 (14)의 '깨끗이 닦았다'에 보이는 '깨끗이'는 부사화 접사 '-이/히' 결합형 부사로 예문 (5) '깨끗하게 닦았다'의 '깨끗하게'와 비교할 때 적어도 직관상으로 의미의 차이를 느끼기 어렵다. 하지만 일반적으로 부사화 접사 '-이/히' 결합형은 어미 '-게' 결합형과 비교할 때 동일절 안의 명사성 성분에 대한 서술의 기능이 현저히 약하다는 점에서 결과 구문으로의 인정을 유보하게 되는 경우이다.

이들은 문법적 층위와 형식에서 각기 상이하지만 '결과'의 의미를 표시한다는 기준에서 하나로 묶일 수 있으며 이러한 요소들이 모여 한국어 결과의미 범주를 형성하고 있다. 하지만, 이들이 같은 범주의 구성원으로 인정받기 위해서는 우선 '결과'라는 술어가 위 형식들 간의 연관성 속에서 단일하게 정의될 수 있어야 할 것이다. 그렇다면 이 글에서 말하는 '결과'란 무엇인가? 결론부터 말하자면, 위 예들을 모두 아우르는 개념으로서의 '결과'는 "자연스러운 사건 전개가 도달하는 가장 마지막의 상태"[7]로 정의될 수 있을 것이다. 즉 어떠한 사건이 종결된 후 그 사건으로 인해 사건의 참여자에게 유발된 상태가 일정 기간 유지될 때, 그 상태를 '결과'라고 본다. 다시 말해 이 글에서 말하는 '결과'는 시간의 흐름과 밀접한 관계를 가지는 동시에 특정 행위·동작으로 생겨난 모종의 '변화'를 전제하는 개념이다.

이러한 모종의 변화로서 가장 전형적인 것은 행위의 대상에게 일어나는 '상태의 변화'일 것이다. 하지만 논리적으로 보았을 때 '변화'란 상태의 변화에만 한정되는 것은 아니어서 '위치의 변화' 혹은 '인식의 변화', '생성과 소멸에 관련된 변화' 등을 상정할 수 있다. 우리는 한국어에서 이러한

---

6) 한국어에서 이러한 예들은 '잘생기다' 외에도 몇몇이 발견된다. 그 예로는 '잘, 못'이 결합된 '잘생기다, 못생기다, 잘나다, 못나다' 등을 비롯하여 '막되다, 세련되다, 틀려먹다' 등이 있다.
7) 이는 동사의 논항이 가지는 의미역 중 하나인 '결과상태' 의미역을 'final state'라고 지칭하는 인식과 동일하다.

변화를 나타내는 형식이 상태의 변화를 표시하는 형식과 동일하게 나타나거나 매우 밀접한 연관을 가진다고 생각한다. 따라서 아래 각 장의 논의에서 상태의 변화와 함께 이러한 변화들을 함께 다루게 될 것이다.

한편 전통적인 영문법에서 말하는 '결과(result)'의 개념은 직접적인 인과관계(causation)에 바탕을 두고 있다. 특히 문장의 1차 술어인 주동사와 결과를 나타내는 2차 술어가 한 문장에 나타나는 이른바 '결과구문(resultative construction)'에서 문장의 주동사(V)와 그 결과(XP)를 이어주는 연결고리는 무엇인가라는 물음에 대해 전통적인 영문법의 입장은 그것이 '인과관계(causation)'라는 것이었다. 그런데 비록 많은 경우 결과구문은 본성적으로 인과적이지만 모두가 그런 것은 아니다. Beavers(2010)에서는 그 예외를 다음과 같이 유형별로 보이고 있다.

[표1-1] 직접적 인과관계가 성립되지 않는 영어 결과구문의 유형

유형1	사역 구문 전환을 거부하는 경우
	The pond froze solid. The pond got solid/solidified by freezing.
유형2	인과적으로 해석되기는 하나 문장의 주동사(V)가 결과 상태(XP)를 반드시 야기하는 것은 아닌 경우
	Smith cut the bread into thick slices.
유형3	결과(XP) 부분이 거꾸로 동사(V)의 동작을 야기하는 경우
	The truck rumbled into the driveway.

이런 예들로 미루어 보아 언어로 표상되는 '결과'는 논리학에서 말하는 것과 같은 직접적이고도 엄밀한 인과관계를 반드시 요구하지는 않음을 알 수 있다. 이와 관련하여 Rappaport Hovav and Levin(2001:775~779)에서는 동사(V)와 그 결과(XP)사건 간의 관계에 대해 인과관계를 떠난 새로운 접근 방법으로서 '시간적 의존성(temporal dependance)'을 제시한 바 있다. 즉 사건의 복합성에 있어 가장 중요한 요소를 인과관계가 아닌 시간상의 의존성이라고 본 것인데, 이것은 '결과'에 대한 새로운 상적 해석을 제공한다.[8]

한편 중국어에서 '결과'는 매우 현저하게 인지되는 의미범주인 동시에 전체 문법체계 내에서 차지하는 비중이 큰 문법범주로서 일찍부터 학계의 주목을 받아왔다. 중국어에서 '결과'의 의미는 그것을 전담하여 표시하는 특정한 통사적 위치를 가지고 있다. 즉, 동사 뒤의 자리는 이른바 '보어(補語)'라 불리는 성분이 차지하는데, 보어는 일반적으로 "서술어의 뒤에 와서 그것을 보충 설명하는 문장성분"(齊滬揚 主編 2007:374)이라고 정의되며 그것이 나타내는 세부적인 의미·기능에 따라 종류가 세분되지만9) 크게 보면 결국은 '결과'의 의미를 표시하는 것이라는 점이 여러 연구자에 의해 지적되어 왔다.10) 그렇다면 이처럼 '결과'가 뚜렷한 범주를 형성하는 중국어에서는 결과의 개념을 어떻게 파악하는가? 우선 중국의 대표적인

---

8) Rappaport Hovav and Levin(2001)의 논의는 영어 자동사 결과구문의 두 가지 유형의 차이를 설명하려는 의도에서 출발한다. 영어의 자동사 결과구문에는 목적어를 취하지 않는 아래 (a)와 같은 '비대격 자동사 bare XP 결과구문' 유형과 (b)와 같이 거짓 목적어를 취해야 하는 '비능격 자동사 ECM 결과구문' 유형이 있다.

   (a) bare xp unaccusative resultative: 비대격 자동사 bare XP 결과구문
     ex) The pond froze solid.
   (b) unergative ECM resultative: 비능격 자동사 ECM 결과구문
     ex) He ran his Nikes threadbare.

이전까지 이 두 자동사 결과구문에 나타나는 통사적 차이는 이른바 비대격가설에 바탕을 둔 '직접목적어 제약(DOR)'으로 설명되어 왔으나 위 연구는 DOR의 효력이 미치지 않는 예들을 제시하며 그 대안적 설명으로 '시간적 의존성(Temporal Dependance)'을 제시하였다. 이에 따르면 bare XP 패턴에서 V와 XP가 나타내는 사건성은 반드시 시간적으로 의존적이어야 한다. 즉, 같은 시간에 걸쳐 일어나고 같은 시간 비율로 전개되어야 한다. 반면, ECM Resultative에서는 둘이 시간적으로 의존적일 필요가 없고 V의 사건이 XP 상태보다 먼저 일어날 수 있다. 이러한 시간적 의존성은 "event co-identification (사건 동일시)"라는 말로 표시되는데 위 (a)와 같은 자동사 통제 패턴에서는 V와 XP가 동일시된다는 것이다. 즉 연못이 언다는 것은 곧 연못이 단단해지는 것과 동일하다고 보았다. 따라서 이 경우 한 문장 안에 두 가지의 사건이 있다고 할 수 없고 하나의 사건만이 존재한다고 보았다. 반면 비능격 ECM 자동사 결과구문에는 여전히 두 가지의 사건이 공존하는데, 거짓 목적어를 취하여 보다 복잡한 통사구조를 형성함으로써 이러한 사태의 복잡성을 반영하고 있다고 보았다.
9) 일반적으로 결과보어, 추향보어(趨向補語, 방향보어), 정도보어, 상태보어, 가능보어, 수량보어, 정태보어 등으로 분류한다.
10) 呂叔湘(1952), 王寅(2000), 石毓智(2003) 등이 이러한 견해를 보인다.

사전이라고 할 수 있는 〈現代漢語詞典〉(第六版)에서 정의하는 '결과'는 "일정한 단계에서, 사물의 발전이 도달하는 바의 최후상태(在一定的階段, 事物發展所達到的最后狀態)"에 해당되는 개념이다. 이는 직접적이고 엄밀한 인과관계를 전제로 하는 결과에 한정되지 않으며, 오히려 사건의 시간적 전개 과정에 따라 자연스럽게 얻어진 상태를 말하는 것임을 알 수 있다. 중국어법계에서 말하는 결과라는 용어도 이러한 기본적 인식에서 벗어나지 않는다.

결론적으로 이 글에서 말하는 '결과'는 중국어학계에서 전통적으로 정의해 온 결과의 개념 및 Rappaport Hovav and Levin(2001)에서 제시한 시간적 의존성의 개념과 일치하는데, 이는 이상의 견해들을 받아들이는 것임과 동시에 앞서 (1)에서 (15)까지의 예문들을 통해 살펴보았듯이 지금까지 한국어에서 '결과'라는 술어와 관련지어 연구되어 온 언어 현상들에서 귀납된 것이기도 하다. 즉, 이 글에서 말하는 '결과'란 어떤 행위가 시간적 전개 과정을 따라 자연스럽게 도달하는 마지막의 상태를 가리키는 것이며, 이때 '자연스럽다'는 것은 선행사건과 후행사건이 단순히 연속되는 것이 아니라 하나의 사태로 여겨질 만큼 내재적으로 긴밀한 연관성을 가지고 이어짐을 뜻한다. 따라서 이에는 전형적인 인과관계까지 포함된다.

본고는 이와 같이 정의된 '결과'의 개념 하에 한국어의 결과범주를 구성하는 여러 층위의 요소 중 단문 구조로 나타나는 '결과구문'에 집중하여 그 유형을 제시하고 특징을 기술할 것이다. 그런데, '단문 구조'라는 용어에는 추가적인 설명이 필요하다. 결과구문이 단문 구조로 나타난다는 말을 통하여 궁극적으로 나타내고자 하는 것은 원인행위와 그 결과를 표시하는 요소가 각각 다른 절로 분리되어 나타나지 않는다는 것이다. 즉 접속문 구성11)이 아니라는 뜻으로 썼을 뿐 반드시 '주어+서술어'의 관계가 한 번

---

11) 이때의 접속문이란 'coordinate sentence(대등접속문)'와 'subordinate sentence(종속접속문)'를 합한 개념이다. 또한 모든 '종속절(subordinate clause)'을 '내포절(embedded clause)'과 동일한 것으로 보는 입장과는 거리를 두고 있다.

만 나타나야 한다는 것은 아님을 밝힌다. 예를 들어 이 글에서 한국어 결과구문의 한 유형으로 보고 있는 'NP로 V' 구문의 예 중 "나는 넥타이를 <u>선생님께 드릴 선물로</u> 선택했다."과 같은 경우 포유문의 문장 구조를 보이고 있다. 이처럼 결과구문의 내부를 구성하는 한 요소가 절의 형식을 취함에 따라 포유문이 될 수는 있으나 원인행위 요소(선택했다)와 결과표시 요소(선생님께 드릴 선물로)가 두 개의 분리된 접속절에 나뉘어 나타나지는 않는다는 것이다.

이러한 사정에 비추어 볼 때 만일 접속문과 대비되는 개념으로서 '단문+포유문'을 지칭하는 용어가 있다면 그것을 가져다 쓰면 좋을 것이나 실제로는 그러한 용어가 정립되어 있지 않다. 사실 국어학계에서는 주술관계의 성립 횟수에 따라 이른바 '단문'과 '복문'이라는 개념을 널리 사용하고 있으나, 다른 언어의 경우 '복문'이라는 개념은 거의 쓰이지 않는다. 그렇다 하더라도 국어학계에서 이미 굳어져 쓰이고 있는 용어임을 고려할 때 결과구문을 '단문 구조'라고 하는 것은 적절하지 못한 부분이 있다. 하지만 이를 '비접속문 구조'라고 하기에는 용어 자체가 다른 개념을 전제한 후 그것을 부정하는 소극적 의미를 담고 있으므로 특정한 개념을 정의하는 데 쓰기에는 역시 옹색하다. 따라서 본고에서는 '단문 구조'라는 용어를 하나의 차선책으로 선택하고 있음을 밝혀둔다.

위에서 우리는 결과범주를 구성하는 여러 요소 중 '단문 구조로 나타나는 결과구문'에 집중하여 고찰할 것이라 하였다. 다만 서두에서 제시한 (1)에서 (15)까지의 예들은 내부적으로 긴밀한 연관성을 가지므로 기술의 과정에서 모두 언급될 수 있다. 특히 (10)의 산출구문의 경우는 'NP로 V'형 결과구문과 연속선상에서 다룰 것이다. 또 (1)(3)(4)의 경우 'V₂'의 문법적 기능과 지위가 다를 뿐 'V₁어 V₂' 형식을 공유하고 있으며, (8)은 'NP로 V'형과 'V₁어 V₂'형이 결합된 'NP로 V₁어 V₂'형식으로 구성되어 있다. 이어서 (5)와 (6)의 경우, 결과표시부가 주술관계로 된 절일 때 '-도록'과 '-게'가 서로 호환되어 쓰일 수 있는 관계에 있다.

1.3. 한국어 결과구문에 대한 선행 연구

한국어 결과구문에 대한 연구는 1990년대 후반부터 주로 한국어 '-게 V' 구문과 영어 결과구문과의 비교를 시도하는 것으로 시작되었다. 물론 그 이전에 '-게', '-도록', '-로' 등 관련 요소들에 대한 연구가 국어학계 내부에서 활발하게 이루어져 왔지만 각 형태 개별적으로 연구가 진행되었고 결과구문이라는 개념 하에 고찰하기 시작한 것은 그 이후의 일이 된다.

와시오 류이치(1997)은 결과구문에 대한 교차언어적 연구 중 그 성과를 널리 인정받고 있는 연구로서, 각 언어별로 구문 내부 의미의 합성성 혹은 투명성 정도에 따라 결과구문의 유형을 3단계로 분류하여 제시하였다. 즉, 영어의 결과구문은 문장의 동사로부터 결과를 짐작하기 어려운 'Strong Resultative(강 결과구문)'가 많은 반면, 일본어와 한국어의 결과구문은 주로 동사로부터 그 결과를 대략 짐작할 수 있는 'Weak Resultative(약 결과구문)', 혹은 방식(Manner)과 결과(Result)의 경계에 있다 할 'Spurious Resultative (의사 결과구문)'에 한정된다고 하였다. 이는 한국어 결과구문의 의미적 특징 혹은 상적 특징에 대한 중요한 통찰을 제공해 준다. 각 부류를 다음과 같은 예문으로 보일 수 있다.[12]

[표1-2] 한국어 결과 표현의 유형 (와시오 류이치 1997)

Strong Resultative	영어	The horses dragged the logs **smooth**.
	한국어	*말들이 통나무를 **반들반들하게** 끌었다.
Weak Resultative	영어	I painted the wall **red**.
	한국어	나는 벽을 **빨갛게** 칠했다.

---

12) 와시오 류이치(1997)에서는 한국어만을 고찰한 것이 아니라 같은 경향이 일본어에서도 나타남을 말하고 있다. 또, 프랑스어의 경우에도 영어와 같은 형식의 결과구문은 성립되지 않는다는 사실을 함께 제시하고 있다. 본고에서는 다른 언어의 경우는 생략하고 한국어에 초점을 맞추어 표로 제시하였다.

| Spurious Resultative | 영어 | I tied my shoelaces **tight**. |
| | 한국어 | 나는 구두끈을 **단단하게** 매었다. |

Strong Resultative는 동사의 의미로부터 결과술어의 내용을 짐작하기 어려운 경우인데, 이때 동사는 'drag, hammer'와 같은 행위동사들이다. Weak Resultative는 이와 반대로 결과술어의 내용을 동사로부터 짐작할 수 있는 경우이다. 이때 동사는 주로 '칠하다', '구부리다', '태우다' 등의 상태변화동사가 온다. 따라서 거칠게 말하면 결과를 굳이 말해주지 않아도 동일한 결과를 예측할 수 있는 경우라 할 수 있다. 한편 행위동사라도 변화의 일정한 방향을 함의하는 경우는 weak한 부류에 넣을 수 있다. 저자는 'wipe'를 그 예로 들었는데, 'wipe'는 비록 행위동사지만 표면에서 무엇을 제거한다는 뜻을 가지고 있기 때문에 그 행위의 결과로 일어날 변화의 방향을 미루어 짐작할 수 있다는 것이다. 한국어의 '닦다'도 마찬가지다.

마지막으로 'Spurious Resultative'는 엄밀하게 따지면 결과로 볼 수 없는 경우에 해당된다. 즉, 구두끈을 매는 행위 끝에 구두끈이 단단하게(tight) 되었음은 인정되지만 그것은 원인이라기보다는 오히려 구두끈을 매는 방식(manner)에 더 가깝다는 것이다. 주어의 의지에 따라 '단단하게' 묶을 수도 있고 '느슨하게' 묶을 수도 있기 때문이다. 따라서 결과서술을 'tight'와 반대되는 'loose'로 바꿔도 무방하며 'tightly'와 같이 부사형으로 쓸 수도 있다. 한국어 역시 '단단하게' 대신 '느슨하게'를 써도 문장의 적격성에 문제가 생기지 않는다. 다만 한국어에서는 일반적인 부사어로 쓰일 때와 결과술어로 쓰일 때의 차이를 형태상 반영할 방법이 없다.

Kim and Maling(1997)에서는 결과구문의 유무를 기준으로 각 언어를 다음 네 가지 유형으로 나눌 수 있다고 주장하였다.

(16) ㄱ. 통사적으로 결과구문이 아예 없는 언어 (Irish, 일본어)

ㄴ. 다양한 결과구문이 있지만 고정된 통사 형식이 없는 언어 (한국어, 타

ㄷ. 다양한 결과구문이 있고 고정된 통사 형식도 있는 언어 (영어, 노르웨이어)

ㄹ. 제한적이지만 고정된 통사 형식을 가진 결과구문이 있는 언어 (핀란드어, 독일어)

동 연구는 한국어 결과구문과 영어 결과구문의 구별적 특성에도 주목하고 있다. 특히 한국어 결과구문의 2차 서술어는 영어와 달리 종종 동사의 내부논항이 아닌 외부논항을 서술하기도 함을 지적하였다. 하지만 영어에서도 매우 제한적이기는 하지만 2차 서술어가 외부 논항을 서술하는 예가 관찰된다. 아래의 (17)은 Wechsler에서 제시한 예문이고 (18)은 Kim and Maling(1997)에서 제시한 것이다.

(17) ㄱ. The wise men followed the star **out of Bethlehem**.

ㄴ. The sailors managed to catch a breeze and ride it **clear of the rocks**.

ㄷ. John danced mazurkas **across the room**.

ㄹ. The children played leapfrog **across the park**.

(18) ㄱ. 존이 **침이 마르게** 영희를 칭찬했다.

ㄴ. John praised Mary **his/ *her saliva dry**.

한편, 이러한 인식은 Hong(2005)에서도 발견되는데, 역시 한국어 결과구문의 2차 서술어는 문장의 주어를 서술할 수 있는데 반해 영어의 경우에는 거의 다 목적어를 서술함을 지적했다. 즉, "John hammered the metal <u>tired</u>."는 영어에서 "존이 피곤한 채로 금속을 두드렸다."라는 묘사적(depictive) 의미로만 읽히는 반면, "존이 금속을 피곤하게 두드렸다."라는 한국어 문장은 이런 묘사적인 의미 외에 '피곤하게'가 주어에 나타난 결과 상태로 읽힐 수도 있다. 즉, "존이 금속을 두들겨서 피곤하다."의 의미로 쓰일 수도 있다는 것이다. 이처럼 한국어 결과구문에는 영어와 같은 엄격한 직접목적어 제약(DOR)이 적용되지 않는다. Hong(2005)에서는 한국어 결과구문의 2차 서술어가 의미 지향에 있어 중의적으로 해석되는 경우를 다음과 같이 제시하고 있다. 즉 '얼굴이 빨개지는' 결과는 주어인 존을 서술하는 것일 수도 있고 목적어인 메리를 서술하는 것일 수도 있다.

(19) ㄱ. 존이 메리를 [얼굴이 빨개지게] 뽀뽀했다.

　　 ㄴ. John kissed Mary until his/her face became red.

Jang and Kim(2001)에서는 결과 2차 서술어의 주어(동사 바로 뒤 명사성분)에 대한 격 할당에 주목하여 영어와 한국어를 비교하고 있다. 즉, 영어의 경우 결과구문의 주동사가 타동사이든 자동사이든 구별 없이 대격을 부여하는 데 반해, 한국어의 경우 문장의 주동사가 타동사이면 대격을, 자동사이면 주격을 부여함을 지적하였다. 아래에 예문을 옮겨 온다.

(20) 가. 영어 타동사 결과구문

　　 ㄱ. Bill hammered them flat.　(them은 metal)

　　 ㄴ. Bill hammered *they flat.　(they는 metal)

　　나. 영어 자동사 결과구문

　　 ㄱ. The joggers ran them threadbare.　(them은 shoes)

　　 ㄴ. The joggers ran *they threadbare.　(they는 shoes)

(21) 가. 한국어 타동사 결과구문

　　 ㄱ. 로빈이 쇠를/ *가 뜨겁게 달궜다.

　　 ㄴ. 나는 로빈을/ *이 좋지 않게 여긴다.

　　나. 한국어 자동사 결과구문

　　 ㄱ. 로빈이 배꼽이/ *을 빠지게 웃었다.

　　 ㄴ. 로빈이 구두가/ *를 닳게 달렸다.

　　Wechsler and Noh(2001)은 한국어 결과구문과 영어 결과구문이 결국 평행한 구조를 가지고 있음을 주장한 연구이다. 동 연구는 먼저 한국어와 영어에서 모두 결과사건은 두 가지 방식으로 표시된다는 점을 지적한다. 즉, 2차 서술어로 표시되거나 아니면 종속절로 표시된다는 것인데, 이를 '非절결과구문(Non-Clausal Resultaives)'과 '절결과구문(Clausal Resultatives)'이라고 칭하였다. 전자는 결과표시부에 주격표시 명사구가 없는 경우를 말하며(메리는 금속을 납작하게 두들겼다, Mary hammered the metal flat.), 후자는 결과표시부에 명시적 주격 표시 명사가 있는 경우를 말한다(톰은 발이 아프게 달렸다, Tom ran until his feet hurt.). 이 두 유형의 중요한 차이점은 절결과구문의 경우 보문자인 '-게'가 결과표지 '-도록'과 호환되어 쓰일 수 있으며, 非절결과구문의 주어는 생략될 수 없고 대격 표지를 붙일 수도 없다는 점에 있다. (*톰은 아프게 달렸다, *톰은 발을 아프게 달렸다.)

　　동 연구는 영어의 경우 이 두 가지 타입의 일부 특징들을 동시에 가지면서 두 방식의 중간쯤에 위치하는 제3의 유형이 존재하는데, 그것이 이른바 ECM 결과구문이며(The joggers ran themselves exhausted), 한국어에는 이러한 형식이 존재하지 않는다고 말한다. 따라서 영어와 한국어의 결과구문을 비교할 때는 각각의 해당 유형을 비교해야 마땅하며 그렇지 않은 경우 두 언어의 결과구문이 다르다는 잘못된 결론으로 오도됨을 지적한다. 결국 Wechsler and Noh(2001)의 논점은 '톰은 발이 아프게 달렸다.'에서 '발이 아프게'를 종속절로 본 것이다. 이어 한국어와 영어 결과구문이 기본적으로 평행하며 둘의 차이점은 ECM 결과구문의 유무에 있음을 결론으로 제시하였다.

　　상기 연구들에 비해 좀 더 한국어 자체의 특성에 집중한 연구로는 박소영(2001)을 들 수 있다. 동 연구는 한국어 결과부사형 어미 '-게'의 특징을 밝힌 대표적인 연구 중 하나라고 할 수 있는데, 한국어의 '-게' 부사형 중에 동작의 결과 상태를 나타내는 부류가 있음을 지적하고 이에 대하여 양태부사와 구별되는 결과부사형으로서 위상을 정립하고자 하였다.

특히 결과부사형 '-게'의 해석에 있어서 동사의 '상태변화' 자질의 중요성을 강조하였는데 이는 다시 말해 결과부사형 '-게'가 주로 상태변화를 수반하는 동사와 공기한다는 사실을 말한다. 아울러 결과 부사형에 결합하는 형용사는 대체적으로 어떤 대상의 객관적인 형상이나 상태 혹은 질을 나타내는 것들임을 지적하였다. 동 연구에서는 '-게'에 대하여 부사형이라고 정의하면서, VP 안의 동사의 논항으로서 목표역의 의미역을 가진다고 보았다.

이상의 논의는 '-게' 부사형을 결과구문 내의 결과표시 요소로 봄에 다름 아니다. 또한 결과를 나타내는 '-게' 부사형이 주로 상태변화를 수반하는 동사와 공기한다는 사실과 이러한 동사들의 경우 결과부사형 '-게'의 실현으로 인한 사건의 종결성 변화가 없다는 사실을 말함으로써 영어 결과구문과 대비되는 한국어 결과구문의 의미적 특질 및 상적 특징을 밝혔다. 아울러 문장의 주동사에 상태변화 동사가 오느냐 창조동사가 오느냐에 따라 '-게' 부사형이 나타내는 의미가 '논항의 변화된 속성' 대 '결과물의 속성'으로 갈림을 강조하였다.

박소영(2001)의 연구 성과는 '-게' 부사형이 가지는 결과표시 기능을 새롭게 부각시켰을 뿐 아니라 '-게 V'형 한국어 결과구문이 가지는 기본적 특징을 제시하였다는 데 있다. 이는 이후 한국어 결과구문 연구의 기본적 바탕이 되고 있다. 동 연구의 내용은 아래 3장의 내용에서 다시 제시하게 될 것이므로 여기서는 소략하게 언급한다.

허세문(2004)는 한국어 결과구문을 주제로 한 학위논문으로서 '-게'형 구문을 중심으로 한국어 결과구문의 형태·분포·의미적 특징과 제약에 대하여 상세히 기술하고 있으며 결과구문의 사건구조 및 종결성의 문제까지 아울러 살피고 있다. 특히 결과표시부에 논항이 하나 추가된 유형(철수가 배가 아프게 먹었다.)과 추가되지 않은 유형(철수가 깨끗하게 탁자를 닦았다.) 사이에 어떤 통사 의미적 차이가 존재하는지에 주목하고 있는데, 결론적으로 영어와는 달리 두 유형 사이에 뚜렷한 통사적 의미적 차이가 관찰되지 않으며 분포적, 사건적인 특성에서도 유의미한 차이가 포착되지 않는다고 밝히고 있다. 또 위 연구는 형용사의 척도상의 특징을 통해서 결과구문 형성의 제약과 결과구 자체의 의미적 특성을 살피고 있는데, 이를 통해 닫힌 척도 형용사 부류가 결과구문을 생산적으로 만들고 있는데 반하여 열린 척도 형용사 부류는 거의 정도·양태 수식의 의미로 사용됨을 밝혔다.

한편 위 연구는 형용사로 결과를 표시하는 경우뿐 아니라 후치사구로써 결과를 표시하는 경우도 한국어의 결과구문으로 인정해야 한다고 보고 있으며 특히 '-로' 구문이 상태변화를 표시할 수 있음을 언급하였다. 또 처소 교체를 나타내는 구문의 경우도 결과구문으로 파악할 수 있다는 견해를 보이고 있으며, 나아가 경로가 병합된 이동동사(들어가다, 나오다) 및 연쇄동사(Serial Verb) 역시 결과구문의 한 형태로 볼 여지가 있음을 말하였다. 이러한 견해는 한국어 결과구문의 유형 및 범위에 대한 본고의 견해와 일치하는 부분이 있다. 다만 위 연구에서는 이러한 유형들에 대해서는 가능성의 언급 정도에 그치고 있다.

오충연(2010)은 과연 한국어에 결과구문이라는 범주를 설정할 수 있는가 하는 문제에서 출발하고 있다. 이는 기존에 한국어의 결과구문으로 취급되어 온 구문들이 실상은 영문법에서 정의된 결과구문과 통사 의미상 매우 다름을 인식하고 한국어에 적합한 새로운 기준을 세우려는 시도로 전개된다. 동 연구에서 한국어와 영어 결과구문의 차이로 지적하는 특성은 다음과 같은 것들이다. 첫째, 영어 결과구문의 결과서술은 상태성(stativity)를 가지며 거의 직접목적어에 대한 서술이다. 둘째, 영어와 같이 목적어에 직접 연결되는 이차 서술 방식이 국어에는 없고, '-게'의 경우 논항에 대한 직접적인 서술로서의 형용사구가 아니라 술어에 대한 부가 형식인 부사구(AdVP)인데 이는 국어의 일반적인 부사구의 구조와 다르지 않다. 통사론적 양식으로서 결과 부사구가 특수한 범주가 아니라는 점은 결과구문에 대한 범주 설정의 필요성을 떨어뜨린다. 셋째, 의미론적인 측면에서도 영어의 결과서술은 결과성에 대해 확정적인데 반해 국어 결과부사구의 서술 방식은 반드시 그렇다고 볼 수 없다. 따라서 영어 결과구문은 진행형이 부자연스럽고 결과 취소가 일어나지 않는 반면, 한국어는 진행형이 자연스럽고 결과 취소가 흔히 일어난다. 상기한 이유들로 인하여, 오충연(2010)에서는 결과구문에 대한 가장 기본적인 개념, 즉 '원인에 해당하는 술어에 대하여 결과에 해당하는 술어가 공존하는 구문'이라는 전제만을 남겨두고 나머지 통사 의미론적 성격에 대해서는 개별언어의 특성으로 다루겠다고 밝히고 있다.

위 연구에서는 영어의 결과구문 중 "The water froze solid."과 같은 비대격 자동사 구문이 "영희가 미끄러져 넘어졌다."와 같은 한국어 표현과 술어 연결구성이라는 측면에서 유사하다고 지적하고 잠정적으로 동사연결구성을 한국어 결과구문으로 볼 가능성을 제기하였다. 다만 이때 V_1과 V_2 사이에는 '자동적'인 인과관계가 성립해야 하며 시간적으로 연속되어야 함을 조건으로 추가하였다. 이러한 바탕 위에서 동 연구는 한국어 결과 서술을 크게 'Pr게 Pc' 형과 'Pc어 Pr'형으로 대별할 수 있음을 주장하였다. 단 이때 'Pc어 Pr'은 한 사건의 연속적 내용을 구성해야 하고 하나의 절 안에서 구로 이어져야 함을 강조하고 있다. 따라서 결과서술은 시제분리가 일어나지 않고 결과구로서 이루어지거나 적어도 두 서술 중 하나가 불구절의 범위를 넘지 않음을 규정하였다.

오충연(2010)은 영어 결과구문의 특징 및 제약을 기계적으로 적용하는 데서 벗어나 한국어의 특성에 맞춘 독자적인 기준을 세우려 하였다는 점에서 한국어 결과구문 연구에 새로운 방향을 제시하였다고 생각된다. 특히 동사연결형을 한국어 결과구문으로 수용하여 기존의 '-게 V'형과 함께 결과후치형과 전치형으로 대별함으로써 한국어의 결과구문 범주 설정의 틀을 마련하였다. 다만 "철수가 도서관에 와 있다."와 같은 예도 결과구문에 포함시키고 있는 데 대해서는 '-아/어 있다'가 비록 완전한 문법 요소로 문법화하지 못하고 어휘적 의미를 일부 가지고 있다 하더라도 현재 한국어의 결과상태상 표지로 기능하고 있다는 점에서 제외하기로 한다. 또, 자동사 구문에서만 동사 연결형의 결과상태 표시 기능을 인정한 것은 타동사 구문인 경우 V_1과 V_2가 모두 타동사로 나타나는 한국어의 특징상 V_2로써 상태를 나타낸다고 보기 어렵기 때문임을 인정하지만, 그럼에도 불구하고 본고에서는 그것이 상태변화를 함축하는 동사인 경우 그 함축에 기대어 결과상태를 표시할 수 있다고 보고 타동사 구문에 쓰인 동사연결형까지 포함해서 다루기로 한다.

한편, 황주원(2011)에서는 오충연(2010)에서 제시된 견해를 전반적으로 수용하고 있으며 그 외에도 한국어 결과구문으로의 가능성이 제시된 바 있는 형식들을 몇 가지 판정 기준을 적용하여 검증한 뒤 최대한 유연하게 수용하고 있다.

홍기선(2011)에서는 선행연구들에 대한 종합적인 재점검을 거친 후 '게' 구문이 의미적으로는 실현된 결과와 기대되는 결과 모두를 표현할 수 있으며 통사적으로는 부사절이라고 주장하고 있다. 이는 한국어의 '-게' 구문이 의미적으로는 영어의 결과구문을 포함하나 통사적으로는 매우 다른 구문이라고 보는 것이다. 동 연구는 이러한 언어 개별적 차이를 기술하고 나아가 그 유형론적 함의를 살피고자 하였다. 동 연구의 입장은 '-게'를 결과의 함의라는 관점에 국한하지 않고 '-게'가 쓰이는 전체적인 예들을 함께 조망할 때 '-게' 구문과 결과구문과의 관계를 더 잘 밝힐 수 있다는 것이다. '-게'는 동사 앞뿐 아니라 문장의 다양한 위치에 나와 각기 다른 영역에서의 결과를 지시할 수 있고, 동일한 위치에서 중복 사용될 수도 있다(놀랍게 철수가 밤새 팔이 아프게 할머니를 시원하게 주물러드렸다.). 또한 실현된 결과 외에도 의도·목적 등의 기대되는 결과나 정도를 지시하기도 한다(버스가 지나가게 모두 길을 비켰다, 눈이 부시게 푸르른 날엔 그리운 사람을 그리워하자.). '-게' 구문의 제2 주어 역시 기존에 생각해 왔던 것과 달리 제한적이지 않아서 주절의 논항과 상관없는 독립된 주어이거나 표현 안 된 담화 속 인물일 수도 있다. 또, '-게'의 의미를 넓게 받아들이면 기존연구들에서 예외로 처리해 왔던 과장법적 용법도 일관되게 설명할 수 있다고 하며, 결과상태의 함의는 기본적으로 실제 세계에서 그 사건이 실현가능한가와 연관되어 있다고 말한다.

또 '-게'구문과 관련하여 쟁점이 되는 사항들에 대해서도 다루고 있는데, 우선 가장 문제로 지적되었던 결과 함의 여부, 즉 영어의 경우처럼 항상 실현된 결과로 해석되는가 하는 문제에 대해서는 다양한 '-게'의 용례를 검토한 끝에 '주절의 주어가 제2 주어로 해석되고 제2 술어가 객관적 상태를 묘사하는 상태동사이며, 주절의 동사가 사건의 끝점이 있는 동사'라는 세 가지 조건을 충족할 때에만 실현된 결과로 해석된다고 제시하였다. 또, 영어에서 높은 정도로 지켜지는 직접목적어 제약(DOR)은 언어보편적 제약이 아님을 분명히 하였으며, 의미상 제약인 '전형적 결과 제약' 역시 한국어에서는 적용되지 않음을 "철수가 머리를 길게 잘랐다."와 같은 예를 통하여 지적하고 있다. 통사적으로는 모든 '-게' 구문을 주절의 동사를 수식하는 부사구 또는 부사절로 분석하고 있다. 한국어에서 '-게'를 보어구나 보어절로 분석해야 할 적극적인 근거는 없는 것으로 보이며 그럼에도 불구하고 '-게' 표현이 술어로 해석되는 것은 한국어에서 제2술부 관계는 기본적으로 의미 화용적인 관계이기 때문이라고 하였다. 또, "탐이 집을 [바닥이 하얗게] 칠했다."와 같이 기존에 많이 다루어지지 않았던 확대구조가 생각보다 체계적으로 기능함을 보이고 이를 격중출구문 및 주어인상구문과의 연관 하에 설명하고 있다.

이처럼 홍기선(2011)은 한국어 '-게' 구문과 관련된 제반 문제를 통사·의미·화용 등 각 방면에서 영어 결과구문과 대비하여 재검토하되, 영어의 기준 및 기존 연구들의 견해에 얽매이지 않고 실제로 '-게'가 쓰이는 다양한 경우를 관찰하여 귀납적인 결과를 도출하였으며 이를 수용적인 입장에서 해석하고 있다.

이상으로 한국어 결과구문, 특히 '-게 V' 형식에 대한 대표적인 선행연구들을 살펴보았다. 여기에서 미처 살피지 못한 각각의 결과구문 유형 및 관련 형태에 대한 선행 연구들은 해당 장절에서 보다 구체적으로 소개하기로 한다.

결과구문에 대한 영문법계의 다양하고도 심도 깊은 논의에 비하여 한국어 결과구문에 대한 연구는 양적으로 많지 않으며 특히 국어학 쪽에서의 연구는 부족한 편이다. 이는 한국어의 특성상 결과 표시부의 통사적 지위가 일반적인 부사구와 다르지 않아 특별한 관심을 끌기 어렵고, 결과의 의미를 표시하는 단일한 형태 체계가 없음으로 인해 결과 범주 자체에 대한 인식이 뚜렷하지 않기 때문이라고 생각된다.

한편, 한국어 결과구문에 대한 연구는 초기부터 영어 결과구문과의 평행성 여부를 살피는 비교 연구 위주로 진행되었고, 특히 해당 구문의 통사적 특징을 밝히는 데 집중되었다. 그중에서도 대다수의 연구들이 '非節 결과구문'과 '節결과구문'의 통사적 지위 및 특성을 영어 통제결과구문 및 ECM 결과구문과의 대응관계를 통해 밝히려는 데 관심을 쏟아왔다. 이처럼 영어 결과구문의 특징 및 제약을 기준으로 한국어 결과구문을 구획하고 재단하는 것은 근본적인 한계를 가질 뿐 아니라 한국어에서 결과의 의미를 표시하는 언어 현상을 다각적이고도 충분하게 탐구·기술하는 것을 오히려 막는 결과를 가져올 수 있다.

따라서 본고는 영어 결과구문에 대한 축적된 연구 성과들을 참조하되 한국어의 실질에 집중하여 한국어 결과구문의 특징을 기술하려 하며 그동안 상대적으로 주목받지 못했던 결과구문 형식, 혹은 가능성만 제시되었을 뿐 본격적인 고찰이 이루어지지 않았던 형식을 본 고찰에 포함시켜 한국어 결과구문 범주 전반에 대한 통합적인 고찰을 시도하고자 한다.

1.4. 논의의 구성

이 글의 구성은 다음과 같이 이루어진다. 우선 1장에서는 연구의 목적과 연구 대상을 밝히고 대표적인 선행연구들을 소개하였다. 상기하였듯이 본 연구의 첫 번째 목적은 한국어의 '결과구문'에 대해 충실하게 기술하는 동시에 각 결과구문들 사이의 연관관계를 파악하는 데 있다. 또, 결과구문에 대한 교차언어적, 대조분석적 접근을 통하여 한국어 결과구문의 특성을 보다 객관적으로 파악하고 그 결과를 한국어 교육에 적용하고자 하는 것이 또 다른 목표가 된다. 이때 연구의 대상은 원인과 결과를 단문 구조 안에 표시하는 형식, 즉 결과구문을 대상으로 하되 이는 전체 한국어 결과범주 체계를 구성하는 여러 요소들 중 하나로 파악된다.

2장에서는 '결과구문'이 무엇인지 그 개념을 소개하고, 여기서 얻어진 이해를 바탕으로 본 연구에서 다루는 한국어 결과구문의 정의와 범위를 지정한다. 결과구문의 개념에 대해서는 일반언어학에서 말하는 전통적인 의미에서의 결과구문과 최근 연구의 동향에 따라 보다 확장된 개념의 결과구문으로 나누어 제시함으로써 결과구문에 대한 종합적인 이해를 시도하였다. 또 결과구문의 실현 양상이 언어에 따라 다르게 나타남을 보이기 위하여 중국어의 결과구문에 대한 기술을 보탠다. 마지막으로 이러한 과정을 통해 얻어진 이해 위에서 한국어 결과구문을 새롭게 정의하고 그 구체적인 유형을 제시하기로 한다.

1장과 2장이 본격적인 고찰에 앞서 결과구문에 대한 기본적인 사항을 제시하고 한국어 결과구문에 대한 이 글의 관점 및 연구의 범위를 정하는 내용이라면, 3장부터 5장까지는 한국어 결과구문의 대표적인 형식들에 대한 본격적인 고찰로 구성된다. 본고에서는 결과를 표시하는 성분이 어떤 문법범주에 속하느냐에 따라 각 유형의 대표형을 선정하고 이를 각 장에서 다루고 있다. 구체적으로 3장은 형용사로 결과를 표시하는 'AP게 V' 구문에 대한 고찰이 주를 이루며, 4장에서는 명사성 성분이 포함된 조사구를 통해 결과를 표시하는 'NP로 V' 구문에 대해서 살펴본다. 5장에서는 'V₁어 V₂' 동사연결형 중 'V₂'로써 결과를 표시하는 경우를 결과구문의 일종으로 보고 고찰을 진행한다.

3장부터 5장까지의 고찰에서 가장 중심이 될 사실이나 주장은 다음과 같다. 우선 3장에서는 결과상태를 표시하는 'AP게 V' 구문의 예를 세부 유형으로 나누어 제시하고 각각의 특징을 기술한다. 특히 한국어의 'AP게'는 객관적이고 물리적인 변화의 결과에서부터 주관적이고 추상적인 변화, 혹은 변화된 상태 전반에 대한 평가에 이르기까지 매우 넓은 범위의 결과를 표시할 수 있음을 다른 언어의 경우와 대비하며 논한다.

4장에서 고찰하는 'NP로 V' 구문은 위치변화의 결과와 상태변화의 결과를 모두 나타낼 수 있는 형식이다. 이는 결과구문이 사역이동 구문을 은유적으로 상속하고 있다는 주장을 뒷받침하는 사실이 된다. 본고에서는 'NP로 V'가 위치변화를 나타내는 경우와 상태변화를 나타내는 경우로 나누어 그 특징을 기술한다. 이 중 전자의 경우 목표점 도달을 확신할 수 있는가 하는 문제가 제기되는데 4.2절에서는 이러한 문제를 중점적으로 다루고 있다. 한편, 'NP로 V' 중의 'NP로'에 결과상태(Final State) 의미역을 부여하고 있는 〈세종전자사전〉의 인식은 동 형식을 결과구문으로 보는 본고의 인식과 상통한다. 4.3절에서는 상태변화 'NP로 V' 구문의 세부 유형과 그 각각의 특징을 살피기 위하여 'NP로'에 결과상태 의미역을 부여한 예들을 동 사전에서 추출하여 어떤 의미부류의 동사들과 결합하는지 정량적으로 조사하고 그 결과를 목록으로 제시한다. 마지막 4.4절은 '결과목적어+산출(창조)동사'로 이루어진 이른바 산출구문에 대한 내용을 담고 있다. 산출구문의 경우 결과표시부가 목적어로 나타난다는 점에서 결과구문의 일종이라고 주장하기는 어렵다. 하지만 동 형식은 'NP로 V'형 결과구문과 내적으로 매우 긴밀한 연관관계를 가진다. 4.4에서는 두 구문 형식 간의 연관관계를 중점적으로 다룬다.

5장의 내용은 '선행(원인)행위+결과'의 의미관계를 보이는 'V₁어 V₂'에 대한 고찰이다. 그동안 'V₁어 V₂' 형식은 한국어 결과구문으로 편입될 가능성만 언급해왔을 뿐 본격적으로 결과구문 논의에 포함시켜 다룬 연구는 드물었다. 따라서 5장에서는 동 형식을 결과구문으로 볼 수 있는 이유와 그 필요성을 중점적으로 다루고 있다. 특히 'V₁어 V₂'는 그 자체로 사건의 시간적인 특성을 반영하고 있어 결과범주를 구성하는 여러 층위의 요소들과 폭넓게 연관될 뿐 아니라 한국어에서 이른바 사건 통합을 표시할 수 있는 대표적인 형식이 된다는 점을 강조한다. 또 자동사성 'V₁어 V₂'의 결과 표시 기능이 대체로 인정되는 데 반해, 관련 논의에서 제외되어 왔던 타동사성 'V₁어 V₂'에 대해서도 그 결과 표시의 기능을 인정할 수 있음을 주장한다.

이어서 6장과 7장에서는 한국어 결과구문에 대한 이상의 고찰을 바탕으로 한·중 대조연구 및 한국어 교육에의 응용을 시도한다. 우선 6장에서는 한·중 결과구문 간의 공통점과 차이점을 제시한 후, 텍스트 분석을 통해 두 언어의 결과 표시 형식들 간 대응관계를 정량적으로 밝히고 그 사이의 경향성을 분석한다. 이를 통해 7장에서 다룰 중국인 학습자를 위한 한국어 결과구문 교육을 위한 자료로 삼는 동시에 앞 장들에서 고찰해 온 사실들의 타당성을 간접적으로 검증해 보는 수단으로 삼는다.

7장에서는 중국인 학습자들을 위한 한국어 결과구문 교육의 필요성을 제기하고 해당 항목에 대한 교육 현황과 학습자들의 습득 현황이 바람직한 수준에 이르지 못하고 있음을 교재 분석과 설문조사를 통해 제시한다. 7장의 마지막 절은 이러한 인식을 바탕으로 중국인 학습자를 대상으로 한 결과구문 교육의 방향을 제시하는 것으로 끝맺는다.

8장에서는 앞 장들에 대한 요약과 남은 문제를 제기한다.

2. 기본 논의

이 글에서 살펴보고자 하는 이른바 '결과구문(Resultative Construction)'
은 일반적으로 '문장의 제1 술어가 되는 동사와 그 동사로 표시되는 행위의
결과를 나타내는 제2 술어가 한 문장 안에 공존하는 형식'으로 정의된다.

결과구문에 대한 연구는 영문법 쪽에서 선도되었다. 영어 결과구문은
한 문장 안에 두 개의 술어가 문법 요소의 개재 없이 공존하는, 통사적으로
매우 특이한 구조를 보인다. 결과구문은 이처럼 특수한 통사구조를 통해
'결과'라는 특정한 의미를 관습적으로 표시하기 때문에 통사론과 의미론
의 접면에 대한 연구에서 중요한 주제가 되었고 특히 최근에는 구문문법
(construction grammar) 쪽에서 큰 관심을 받았다.

'결과'라는 것이 선행사건(혹은 원인사건)을 전제하는 개념이라 할 때
이 두 사건을 표시하는 가장 자연스러운 방식은 이들을 각각의 절로 구성
한 후 둘 사이의 논리적 관계를 표시하는 성분[1]을 이용하여 이어주는 접
속문의 형식이 될 것이다. 하지만 결과구문은 이들을 단문 구조로 표시하
고 있는데, 이는 결과구문이 가지는 구문(construction)으로서의 성격에 기

---

[1] 대표적으로 접속사나 연결어미가 이러한 일을 담당하는 성분이지만 언어에 따라서는 접사
등으로 표시될 수도 있다.

본이 된다.

한편 이러한 일은 여러 언어에서 공통적으로 나타나는데, 이는 자연계에서 관찰되는 원인사건과 결과사건 간의 긴밀성과 인접성에 기인한다고 할 것이다. 다만 결과구문의 구체적인 양상은 언어에 따라 다르게 나타날 수 있다. 이렇게 볼 때, 결과구문은 인간 인지 및 언어의 보편성과 특수성을 함께 보여주는 사례가 되므로 결과구문을 통하여 한국어의 보편성과 특수성을 관찰하는 것은 그 자체로 흥미로운 관찰거리가 될 수 있다. 본고가 생각하는 결과구문은 이와 같은 관점에서 파악하는 결과구문이며 따라서 개별언어에서 나타나는 특수한 형태·통사·의미적 제약의 차이보다는 근본적인 특성을 기준으로 고찰할 것이다. 타 언어 결과구문과의 비교 역시 이러한 입장에서 병행하기로 한다.

우선 아래 2.1절에서는 '결과구문(resultative construction)'이 무엇인지 그 개념을 알아보기로 한다. 즉 일반 언어학적으로 결과구문은 어떻게 정의되는지, 결과구문의 중요한 특징과 제약에는 어떤 것들이 있는지를 알아본다. 이때 주요하게는 영문법에서의 연구 성과를 중심으로 살펴보게 될 것이다. 이어서 2.2절에서는 결과의 의미를 매우 적극적으로 표시하는 중국어의 경우 결과구문이 어떠한 모습으로 나타나는지를 살펴본다. 이를 통해 영어와의 비교에 중점을 두었던 기존의 논의에서 포착되지 않았던 점들을 추가로 살펴볼 것이다. 마지막으로 2.3절에서는 이를 바탕으로 한국어 결과구문의 개념을 밝히고 범위를 설정하기로 한다.

2.1. 결과구문의 개념과 유형

본 절에서는 '결과구문(Resultative Construction)'이 무엇인지 그 개념과 정의를 알아보고 이와 함께 결과구문에는 어떠한 유형들이 있는지를 살펴본다. 이때 우선적으로 살펴볼 것은 전통적인 결과구문의 개념, 즉 보다 엄밀하게 정의된 좁은 의미의 결과구문에 대해서이다. 한편 최근에는 구문문법 등의 영향으로 결과구문의 개념이 확장되는 경향을 보이는데 이에 대해서도 아울러 살펴보기로 한다.

2.1.1. 전통적인 '결과구문(Resultative Construction)'의 개념

'Resultative'란 용어는 Halliday(1967)에서 처음 사용되었다. 원래는 'Resultative Attribute'라고 하였으며 'Depictive(묘사구문)'[2]과 구별하기 위하여 고안된 명칭이다. 우선 가장 전형적인 결과구문의 예는 다음과 같다.

> (1) 타동사 통제 결과구문 (Transitive Control Resultative)
>
> ㄱ. John hammered the metal <u>flat</u>.
>
> ㄴ. John wiped the table <u>clean</u>.
>
> ㄷ. John hammered the metal <u>into a ball</u>.

(1ㄱ)의 구조를 살펴보면, 'hammer'가 문장의 주동사(V)이고 밑줄로 표시된 'flat'은 결과를 나타낸다(XP). 또, 'the metal'은 'hammer'의 목적어인 동시에 'flat'의 주어이다. 이러한 구조를 가진 (1)과 같은 유형을 보통 '타동사 통제(control) 결과구문'이라고 한다.[3] 한편, (1ㄱ)에서 동사 'hammer'가 문장의 1차 서술어임에 대해 'flat'은 2차 서술어[4]라 하는데, 한 문장 안에서 주

---

2) 'Depictive(묘사구문)'은 동작의 결과가 아니라 동작 당시 참여자의 상태를 묘사하는 구문을 말한다. (ex: John hammered the metal <u>naked</u>.)

3) 주로 상태변화 동사(break, crack, bend)와 표면 접촉 동사(sweep, rub, wipe)류가 이 유형에 쓰인다. 동사를 피동형으로 해도 XP는 유효하지만 이때는 표층 주어를 서술하게 된다. (The metal was hammered flat.) 이러한 경우가 아니라면, 영어에서 결과 XP는 일반적으로 모문 주어나 간접목적어를 서술하지 않는다. ('He gave her a book tired.)

4) 2차 서술어(secondary predicate)란 문장의 서술어는 아니면서 특정 문장성분에 대하여 서술적 속성을 지닌 조사구, 부사절 등을 통칭한다. 즉 2차 서술어는 통사적 서술어의 개념보다는 의미적 '술어'의 개념에 좀 더 가깝다. 묘사서술어(depictive/descriptive predicate)와 함께 결과서술어(resultative predicate)가 2차 서술어의 대표적인 예가 된다(이선웅 2012:424~425).

동사는 어떤 사태를 일으키는 동작을 나타내고 2차 서술어는 그 동작의 결과로서의 상태를 나타내는 특수한 문장 구조를 이룬다. 이때 1차 서술어와 2차 서술어 간의 특수한 관계를 표시해 주는 요소는 따로 없으며 두 서술어가 다만 일정한 어순으로 나열될 뿐이다. 영어의 경우 "the metal flat"에서 보듯이 서술어의 활용 없이 서술(predication)이 성립하고 있으므로 이 부분이 소절(small clause)을 이룬다고 할 만하다. 영어 결과구문에서 2차 술어의 주어는 전체 문장의 목적어라야 하는데, 이를 직접목적어 제약(DOR)이라고 하며[5] 영어 결과구문의 중요한 특징으로 꼽힌다.[6]

한편, 결과를 나타내는 XP의 성분은 (1ㄱ)의 'flat'이나 (1ㄴ)의 'clean'과 같이 형용사로 나타날 수도 있고 (1ㄷ)의 'into a ball'과 같이 전치사구로 나타날 수도 있다. 또, 매우 드물게 한정사구로 나타날 수도 있는데 "John painted the barn a fiery red." 같은 경우가 이에 해당된다. 그러나 "*John hammered the metal flattened."의 예에서 보듯 영어에서 동사는 결과표시 2차 술어로 쓰이지 못한다.

영어의 결과구문에는 (1)과 같은 타동사 결과구문 외에 자동사성 결과구문들도 있는데 그 양상은 타동사 결과구문에 비하여 좀 더 복잡하다. 우선 동사의 성격에 따라 자동사 결과구문은 비대격(unaccussative)동사 결과구문과 비능격(unergative)동사 결과구문으로 나눌 수 있으며 두 구문이 상당히 다른 모습으로 나타난다. 우선 비대격 결과구문의 예부터 살펴보자.

   (2) 비대격 통제 결과구문 (Unaccussative Control Resultative)

      ㄱ. The lake froze solid.

      ㄴ. The bottle broke open.

---

5) Direct Object Restriction. (직접목적어 제약)

6) 직접목적어제약(DOR)을 포함하여 영어 결과구문의 기본적인 통사적 · 의미적 특징은 일찍이 Simpson(1983)에서 그 개략적인 모습이 밝혀졌다고 할 수 있다. 하지만, 'DOR'이라는 용어를 처음 도입하고 그 특징을 중점적으로 논한 것은 Levin & Rappaport Hovav(1995)에서이다.

위 (2ㄱ)과 (2ㄴ)에서는 결과를 나타내는 XP인 'solid'와 'open'이 다른 명사
성 성분을 동반하지 않고 'bare XP'로 나타난다. 따라서 이때 결과 XP의 주
어는 문장의 주어인 것으로 보인다. 그런데 이들 문장의 주어인 'The lake'
와 'The bottle'은 기저에서 목적어였던 것이 통사적 원인에 의해 표층에서
피동주 주어로 나타난 것으로 설명될 수 있다. 따라서 (2ㄱ)에서 결과를 나
타내는 제2 술어 'solid'는 기저의 목적어인 'the lake'를 서술하는 것이 되고,
(2ㄴ)의 'open' 역시 기저의 목적어인 'the bottle'를 서술하는 것으로 볼 수
있다. 그렇다면 (2)의 예문들은 영어 결과구문의 주요 제약이라고 한 바 있
는 직접목적어제약(DOR)을 여전히 준수하고 있다고 여겨진다. 이처럼 피
동주 논항 하나만을 가지는 자동사로 구성되며 목적어를 취하지 않는 유
형을 '비대격 통제 결과구문'이라고 부른다.

　이에 반해 비능격 자동사로 구성되는 결과구문의 모습은 다음 (3)과 같
이 나타난다. 이 형식의 가장 큰 특징은 문장의 동사와 목적어 간의 관계가
특수하다는 점이다. 즉, 동사에 의해 하위범주화 되지 않는 목적어를 취한
다는 것인데, 따라서 이를 '비능격 ECM 결과구문'으로 불러왔다.[7]

(3) 비능격 ECM[8] 결과구문 (Unergative ECM Resultative)

　ㄱ. John cried himself <u>hoarse</u>.

　ㄴ. The jogger ran his Nikes <u>threadbare</u>.

(3ㄱ)에서 보듯 문장의 목적어인 'himself'와 'his Nikes'는 각각 동사 'cried'와
'ran'에 의해서 하위범주화 되지 않는 목적어로서, 흔히 '거짓 목적어(fake
object)'라고 불린다.[9] 그런데 이들은 후행하는 형용사 'hoarse'와 'threadbare'

---

7) 이처럼 XP의 주어가 동사에 의해 독립적으로 선택된 것인가 아닌가에 따라 통제(control)구
　문과 예외적 격표시 구문(ECM)으로 나누는 방식은 Wechsler(1997)에서 시작되었으며, 이후
　결과구문의 유형을 구분하는 방식으로 널리 쓰이고 있다.
8) Exceptional Case Marking. 즉, '예외적 격표시'를 말한다.

의 주어가 된다. 이와 같이 행위주 논항 하나만을 가지는 비능격 자동사는 (3)의 예들처럼 동사에 의해 하위범주화 되지 않는 직접목적어가 올 때만 결과 XP를 취할 수 있고, XP나 목적어 없이는 비문이 된다.[10] 영문법계에서는 위 (3)의 예들 역시 DOR로 설명된다고 보았다. 즉, 비능격 자동사는 (2)의 비대격 자동사 구문와는 달리 표층의 주어가 기저에서 목적어였다고 할 수 없으므로 DOR을 만족시키기 위하여 하위범주화 되지 않는 거짓 목적어를 취한다고 해석하는 것이다.

그런데, 타동사이면서 위 예와 같이 거짓 목적어를 가지는 경우도 발견된다. 아래 (4)에서는 'drink'가 타동사임에도 불구하고 하위범주화 되지 않는 목적어 'the pub'를 취하고 있는데, 이런 경우는 타동사로 쓰인 것이 아니라 자동사 변이형으로 쓰인 것으로 본다. 'drink'는 목적어 없이 '음주하다'라는 뜻으로도 쓰이기 때문이다. 따라서 자동사 변이형을 가지지 않는 일반적인 타동사는 이러한 형식으로 결과구문을 구성할 수 없다.

(4) The bankers drank the pub dry.

한편, 위에서 말한 DOR과 함께 영어 결과구문의 중요 특징으로 꼽히는 것은 'V+XP' 복합사건이 '완성(accomplishment)'의 상적 유형을 가지게 된다는 것이다. 위의 예문들에 나오는 'hammer, run, cry' 등의 동사는 그 자체로는 경계성(telicity)이 없는 동작 동사들이다. 그런데, 'flat, threadbare, hoarse'와 같은 형용사가 동작의 결과 상태를 표시해 줌으로써 전체 문장이 상적으로 경계 지워진(telic) 상태가 된다. 즉, (1ㄱ)은 "John hammered

---

9) 'John cried himself <u>hoarse.</u>'에서 'himself'는 거짓 재귀사(fake reflexive)라고도 함.

10) 그러나, DOR을 의심케 할 만한 사례도 있다. 첫째, 맨 XP(bare XP)와 함께 쓰이는 비능격 동사들이 있는데 주로 이동동사들이 이에 해당된다. (John danced to <u>the other side of the room.</u>) 둘째, XP가 목적어를 건너뛰어 주어를 서술하는 타동사 구문도 발견된다. (The wise men followed the star out of Bethlehem.)

the metal.”이라는 문장에 ‘flat’이 붙었을 뿐인데 그 사건구조가 다음과 같이 완전히 달라진다.

(5) ㄱ. hammer(Activities) : [x ACT ⟨MANNER⟩ (y)]

　　ㄴ. hammer the metal flat: (Accomplishments)

　　　: [[x ACT ⟨MANNER⟩ (y)] CAUSE[BECOME[z ⟨STATE⟩]]]

이처럼 영어의 결과구문은 ‘완성(accomplishment)’의 상적 특성을 나타내는데 이는 구문 안의 2차 술어가 동작이 완결된 이후의 상태를 나타내기 때문이라고 할 수 있다. 이처럼 전형적인 영어 결과구문은 동작 완결 이후의 상태를 나타내기 때문에 아래의 (6)과 같이 진행형으로 쓰면 어색하고 (7)과 같이 결과를 취소할 수 없다.

(6) ??John is hammering the metal flat.

(7) *John wiped the table clean, but it was not clean.

또 영어 결과구문은 아래 (8)과 (9)에서 보듯 동사와 XP의 공기 양상이 제한적인데, 이러한 사실로 볼 때 영어의 Resultative는 어휘화와 관련되어 있다는 생각이 대체적으로 받아들여지고 있다.11)

(8) He wiped it clean/dry/smooth/*damp/*dirty/*stained/*wet.

(9) The solider struck/??hit/*injured a civilian dead.

---

11) 주지하듯이 ‘어휘화(lexicalization)’라는 술어는 여러 가지 다른 의미로 쓰여 왔다. 즉, 공시적으로는 개념 범주를 언어로 나타내는 방식을 가리키는 말로 사용되어 온 반면, 통시적으로는 ‘어휘부로의 편입’ 또는 ‘문법의 생산적인 규칙으로부터의 이탈 과정’을 가리킨다. 여기서 말하는 어휘화는 후자를 뜻한다. 한편 Boas(2003)에서는 resultative의 생성에 대한 해석으로는 위와 같은 제약을 설명할 수 없다고 보고 따라서 이는 완전히 어휘화된 것이라고 한 바 있다.

(8)에 나타난 현상과 관련하여 Wechsler(2005a)은 Krifka(1998)의 '사건-논항간 동형주의 모델(Event-Argument Homomorphism Model)'을 기반으로 그 이유를 분석하였는데, 특히 V와 XP가 어떻게 협력해서 경계성(telicity)을 결정짓는지에 초점을 두었다. 동 연구에서는 통제결과구문(control resultative)에 동형주의적 사상(homomorphic mapping)이 요구되며 이때 XP는 척도(scalar) 상의 경계를 표시한다고 주장하였다. 예를 들어 "hammer the metal flat"은 평평함의 척도를 따라 쇠붙이의 변화가 증가하는 사건을 나타내며 그 끝점은 '쇠붙이의 (완전) 평평함'이 된다는 것이다. 따라서 예문 (8)에서 'damp, dirty, stained, wet' 등이 결과를 나타내는 2차 술어로 쓰이지 못하는 이유는 이들이 척도상의 끝점을 제공해 줄 수 없기 때문이라고 설명된다.

Wechsler(2005a)는 형용사구와 동사 간 공기 제약으로 척도와 동사 사이의 긴밀한 상호관계를 확인할 수 있다고 보았다. 즉, 동사와 형용사에는 다양한 유형이 있는데 결과구문에서는 그들 중 일부만이 서로 결합할 수 있다고 본 것이다. 동사에 순간성 동사와 지속성 동사가 있듯이 형용사에는 다음과 같은 구분이 있다.

[표 2-1] 등급성과 척도 개방성 여부에 따른 형용사의 분류

비등급적 형용사	dead, pregnant (*more dead, *more pregnant)		
등급적 형용사	열린 척도 형용사	wide, short (*completely wide, *completely short)	
	닫힌 척도 형용사	최소 끝점	John is wetting the towel. ⇒John has wetted the towel.
		최대 끝점	John is flattening the towel. ⇏John has flattened the towel.

통제 결과구문(control resultative)은 이중 오직 두 가지 유형의 형용사, 즉 '비등급적 형용사'와 '최대 끝점 닫힌 척도 형용사'와만 쓰인다고 Wechsler는 주장하였으며 이 둘만이 확실한 최종 상태를 표시할 수 있다

고 하였다. 즉, 최대 끝점 닫힌 척도 형용사는 지속성 동사와 함께 쓰여 경계성을 부여하고(hammered the metal flat), 비등급 형용사는 순간성 동사와 함께 쓰여 끝점을 제공한다(shot him dead). Wechsler(2005a)의 이와 같은 주장은 영어 결과구문이 가지는 경계성(telicity)에 대한 새로운 해석을 제공하였다.12)

다음으로 영어 결과구문이 가지는 의미적 제약에 대하여 살펴보도록 하자. Simpson(1983:146)에서는 영어 결과구문이 가지는 의미적 제약으로 두 가지를 지적하였다. 그 첫째는 '필수적 영향 제약(necessary effect constraint)'이다. 이는 결과구문의 주절 동사는 반드시 목적어가 나타내는 대상에 영향을 끼쳐야 한다는 것이다. 영어 결과구문에 접촉을 나타내는 동사와 상태변화 동사가 자유롭게 올 수 있는 반면 아래 (10)과 같이 지각동사가 올 수 없는 것은 바로 이러한 제약과 관련되어 있다. 일반적으로 지각동사는 대상에 직접적인 영향을 끼치지 않기 때문이다.13)

(10) *I saw him genius/into genius.

또한 접촉(contact)의 동사가 주동사로 오는 경우 전치사 'at'을 동반하지 않아야 함을 지적했는데, 만일 동사 뒤에 'at+NP'가 오면 NP의 영향 받음이 보장되지 않기 때문이다. 이를 아래의 예문으로 확인할 수 있다.

(11) John was shot dead.

---

12) 이러한 제약이 다른 언어에도 다 같이 적용되는 것은 아니다. 예를 들어 중국어와 한국어의 경우 열린 척도 형용사 역시 다음과 같이 결과를 표시할 수 있다.
  ex) ㄱ. 학생들이 바닥을 <u>더럽게</u> 닦았다.
    ㄴ. 張三把地板擦臟了
13) 동 연구에서는 심지어 매우 적절한 환경이 마련되어도 영어 지각동사는 결과구문을 구성할 수 없다며 다음과 같은 예문을 제시하였다.
  ex) *Medusa saw the hero stone/into stone.

(12) *John was shot at dead.

두 번째 의미적 제약은, 상태변화를 나타내는 동사는 위치변화를 나타내는 결과술어와 함께 쓰일 수 있지만 논항의 위치변화를 나타내는 동사라면 동일한 논항에 대하여 그것의 상태변화를 나타내는 2차 술어와 함께 쓰일 수 없다는 것이다.[14] 아래의 예문 중 (13)의 경우는 1차 술어가 상태변화를 나타내는 동사(broke)이고 결과술어는 위치변화를 나타내는 전치사구(into the bowl)로서 적격한 문장이 된다. 반면, 1차 술어가 위치변화를 나타내고 2차 술어가 상태변화를 나타내는 경우는 이와 사정이 다르다. 우선 아래 예들 중 (14)(15)는 비문은 아니지만 결과 표시로 해석될 수 없다. 즉, bedraggled(후줄그레한)은 동사 emerged의 결과로 될 수 없고 emerged할 때 bedraggled한 상태였다는 뜻이며, 마찬가지로 fell 당시 dead의 상태임을 나타낸다. (16)은 적격한 문장이 되지 못하며, carried한 결과 존이 giddy(어지러운) 상태로 되었다고 해석될 수 없다.

(13) We broke the walnuts into the bowl.

(14) He emerged bedraggled.

(15) He fell (down) dead.

(16) *She carried John giddy.

이상으로 영어 결과구문이 가지는 통사적 제약과 의미적 제약을 가장 대표적인 것들을 중심으로 살펴보았다.

---

14) 이에 대하여 Goldberg(1995)에서는 단일경로제약(Unique Path Constriction)으로 설명하고 있다. 이는 하나의 절 안에서 구체적 대상물 논항X에 대하여 복수의 경로로 서술할 수는 없다는 것이다. 다시 말해 X는 주어진 시간에 동시에 다른 두 위치로 이동된다고 서술할 수는 없으며, 하나의 배경 내에 속하는 경로를 따라 동작이 이루어져야 한다는 것이다. 예를 들어 예문 (15) *She carried John giddy.가 성립되지 않는 이유는 John이 물리적인 길과 (추상적으로) 어지러운 경로를 한 번에 이동할 수 없기 때문이다.

2.1.2. 확장된 결과구문의 개념

위에서 살펴보았듯이 전통적인 의미의 '결과구문'은 일정한 통사적·의미적 제약을 기반으로 엄밀하게 정의되고 구획된 특수한 형식에 한정되어 왔다. 그런데, 근래에 구문문법(construction grammar)을 기반으로 한 연구들을 중심으로 결과구문에 대한 기준을 보다 유연하게 설정하여 원형적인 것과 주변적인 것을 함께 포괄하는 경향이 대두되고 있다.

그 대표적인 경우로는 상태변화를 나타내는 전형적인 결과구문 외에 위치변화를 나타내는 예들도 결과구문의 틀 안에서 다루는 것을 들 수 있다. 이와 관련하여 Goldberg(1995)에서는 결과구문과 사역이동구문 간의 상속관계를 주장한 바 있는데, 영어에서 상태변화를 나타내는 결과구문은 '사역이동(Caused Motion) 구문'의 은유적 확장이라고 본 것이다.

자세한 논의에 앞서 우선 Goldberg(1995)의 내용을 간단히 살펴보자. 동 연구에서는 일련의 '논항구조 구문(argument structure construction)' 역시 일종의 하위 구문으로 볼 수 있으며 한 언어의 절 표현을 위한 기본 방법이라는 것을 주장하고 있다. 즉, '논항구조 구문(Argument structure construction)'이란 전통문법에서 말하는 기본적 문형인 '단문'에 해당한다고 하였으며, 영어의 기본문은 그 역시 구문의 구체적인 예로서 특정동사와는 독립적으로 존재하는 형식과 의미의 대응물이라고 말하고 있다. 또 이와 관련하여 Goldberg & Jackendoff(2004:533)에서는 구문에는 특이한 통사구조를 가지거나 혹은 구문임을 표지하는 특수한 형태가 개재되어 있어 쉽게 포착 가능한 것이 있는가 하면,[15] 다양한 통사구조로 나타나면서도 동일한 특정 의미가 부착되어 있어 일정한 제약을 함께 가지는 구문들도 있다고 하였다. 후자와 같은 종류는 일반적으로 감지해 내기가 어려운데, 결과구문(resultative)도 바로 그러한 경우에 해당된다. 즉, 이중타동구문이나 결과구

---

15) 예를 들면, 'let alone', 'one more~and/or~', 'the 비교급~ the 비교급' 등이 이에 해당된다.

문과 같이 고도로 도식적인 논항구조 구문(Argument structure construction) 역시 구문의 테두리 안에서 다룰 수 있다는 것이다. 이러한 절 단위 논항구조 구문의 예로는 이중타동 구문(Ditransitive), 사역이동 구문(Caused Motion), 결과 구문(Resultative), 자동사이동 구문(Intransitive Motion), 시도 구문 (Conative) 등이 있다. 한편 이들 구문은 상속 연결(inheritance links) 관계로 이어져 있다는 것이 위 연구의 중요한 주장 중의 하나이다. 상속관계의 유형으로는 다의성 연결, 은유적 확장 연결, 부분관계 연결, 예시적 연결 등을 제시하였는데 전술했듯이 결과구문은 사역이동 구문에서 은유적으로 확장된 것으로 보았다.[16)]

이러한 구문문법적 시각을 바탕으로 현재 결과구문에 대한 연구는 위치변화를 표시하는 예들도 함께 다루는 경향을 보인다. 특히 Goldberg & Jackendoff(2004)에서는 다양한 종류의 'resultative'가 그 원형으로부터 가족닮음을 통하여 연결된 일종의 '구문 가족(family of construction)'을 형성하며 이들은 각기 다른 복합사건 관계를 나타내는 것으로 보았다. 동 연구에서 결론적으로 제시한 결과구문의 유형 중 위 (1)~(4)와 같은 상태변화 표시 구문을 제외하고 다음과 같은 유형들이 있다.

> (17) Bill rolled the ball <u>down the hill</u>.
>
> (18) The ball rolled <u>down the hill</u>.
>
> (19) The bullet whistled <u>out of the room</u>.
>
> (20) The witch vanished <u>into the forest</u>.

이들은 모두 위치변화를 나타내는 부류들인데 예문 (17)은 타동사 이동구문, (18)~(20)은 자동사 이동 구문에 해당된다. 이때 결과를 나타내는 것은

---

16) 장소(place)가 근원영역(source domain)이 되어 시간(time) 혹은 상태(state)의 목표영역 (target domain)으로 은유적 투사가 일어나는 것은 범언어적으로 널리 관찰되는 현상임이 밝혀져 왔다. 이동(motion)과 상태변화(change of state) 간에도 같은 원리가 적용된다.

밑줄 친 전치사구들이다.

Talmy의 일련의 연구들로 널리 알려졌듯이 영어는 동작의 방식(manner)을 나타내는 동사와 그에 뒤따르는 전치사구[17])를 통해 이동사건을 표시할 수 있다. 대표적으로 예문 (18)이 그러한 경우에 해당된다. 한편 (19)는 이른바 소리 방출 동사(sound emission verbs)를 통해 이동을 나타내고 있으며, (20)은 이동이라기보다는 '사라짐'의 의미를 가지는 경우이지만 역시 이동사건과 그 결과로 파악하고 있다. 상기 연구는 이처럼 유사한 통사구조, 논항구조, 하위사건을 가지되 각각의 해석 및 선택 제약에 있어 자신만의 특수성을 가지는 구문들이 어울려 '결과구문 가족(family of resultative construction)'을 이룬다고 보았다. 우리는 이러한 접근 방식이 한국어 결과구문에 대한 본 연구에 유용한 통찰을 제공해 줄 수 있다고 본다.

한편, 전통적인 개념의 결과구문에서 결과를 표시하는 요소는 형용사로 나타나는 것이 전형적이라고 여겨져 왔다. 하지만 Broccias(2004) 등의 연구에서는 로망스어 계통의 언어들뿐 아니라 영어에서도 일부 부사어로써 결과를 나타낼 수 있음을 지적하였다. 동 연구에서 그 예로 제시하고 있는 문장에는 다음과 같은 것들이 있다.

(21) She painted her room <u>beautifully</u>.

(22) She fixed the car <u>perfectly</u>.

(23) He grows chrysanthemums <u>marvellously</u>.

(24) The soldier was wounded <u>badly</u>.

위 (21)~(24)의 예들에서 밑줄 친 부분은 형용사에 '-ly'를 붙여 만든 부사어들인데, 이들은 각각 문장의 목적어를 서술하고 있으며 또한 각 문장의 동사로 인해 목적어에 발생한 상태를 표시하고 있다. 즉, (21)의 경우

---

17) Talmy의 일련의 연구에서는 이를 위성(satellite)이라고 지칭하였다.

'painted'한 결과 'her room'이 'beautiful'하게 된 결과를 나타내며, (22)의 경우 역시 'fixed'한 결과 'the car'가 'perfect'한 상태로 되었음을 표시한다. 만일 이때 "She fixed the car <u>perfect</u>."와 같이 결과표시 요소를 형용사로 쓰면 온건하게 말하여 구어체적 변용처럼 느껴지지만 적법한 표현이라 할 수는 없다고 하였다.

그렇다면 이처럼 결과표시부가 부사어로 나타나는 것은 어떠한 경우일까? Broccias(2004)는 이와 관련하여 다음과 같이 설명하고 있다. 우선 형용사 결과술어로 나타나는 변화는 대상의 "완전한 영향 입음(complete affectedness)"을 나타내며 "부분·전체 영향의 일반화(the part-whole affectedness generalization)"가 적용된다고 하였다. 이는 결과구문의 형용사 2차 술어가 피영향 대상 Y의 특성 P를 묘사한다면 이때 P는 Y의 모든 부분을 나타내어야 한다는 것이다. 예를 들어 "John hammered the metal <u>flat</u>."의 형용사 결과술어 "flat"은 피영향 대상인 'the metal'의 구석구석 모든 부분과 전체에 다 해당되는 특성이다. 같은 원리로 "John hammered the metal <u>long</u>."이 성립되지 않는 이유를 설명할 수 있다. 'long'은 'the metal'이 전체 개체로서 가지는 자질이지 'the metal'의 임의의 각 부분이 'long'한 것은 아니기 때문이다.

반면 위 (21)에서의 beautifully와 같이 부사어 결과술어가 나타내는 바는 영향 입은 대상인 'her room'의 전체적인 특징을 나타내는 것으로서 각 부분 부분을 살핀다면 전혀 beautiful하지 않을 수도 있다. 또 영어에서 부사형 결과구문으로 나타나는 특성은 'beautiful, perfect, marvellous, bad' 등의 예에서 보듯 다분히 주관적인 영역에 속하는 것들로서 영향 입은 개체의 게슈탈트(gestalt)적인 상태에 대한 개념화자(conceptualizer)의 평가와 판단을 반영하고 있다. 그런데 이때의 평가와 판단은 대상 개체가 동사로 인해 변화한 끝에 가지게 된 상태로 귀속된다. 한편 이처럼 결과를 나타내는 부사어는 문장 내에서 그 위치가 동사 뒤로 한정됨으로써 일반적인 부사어와 어순에서 차이를 보인다.

동 연구는 형용사로 결과를 표시하는 경우와 부사어로 결과를 표시하는 경우의 차이점을 이와 같이 인지기반적 시각에서 밝히고 전자를 "형용사형 결과구문(adjectival resultative constructions)"이라 함에 대해 후자를 "부사형 결과구문(adverbial resultative constructions)"18)이라 칭함으로써 위 (21)~(24)와 같은 경우 역시 결과구문의 일종으로 볼 것을 주장하였다. 일반적으로 이탈리아어 등 로망스어 계통의 언어에는 형용사형 결과구문(adjectival resultative constructions)이 나타나지 않고 전치사구로 결과를 표시하는 형식도 존재하지 않는다. 반면 부사형 결과구문(adverbial resultative constructions)은 로망스어에서도 널리 쓰인다고 알려져 있는데, 이는 결과 표시 요소인 '-게, -도록, -로' 등이 부사어로 나타나는 한국어에서도 마찬가지라고 할 수 있다.

한국어의 경우 객관적인 변화 상태를 나타내는 것이든 개념화자의 주관적인 평가를 반영한 것이든 동일한 형태로 결과를 표시하는 경향이 있다. 따라서, 한국어 결과구문을 논할 때는 객관적인 결과를 나타내는 형용사형 결과구문만이 아니라 변화에 대한 주관적인 평가를 표시하는 부사형 결과구문까지 비교의 대상으로 해야만 그 실체를 온전하게 파악할 수 있을 것으로 본다.

이상으로 전통적인 결과구문의 개념과 그 특징에 대해서 알아보았고 아울러 결과구문에 대해 보다 확장된 시각으로 접근하는 최근의 연구 경향도 살펴보았다. 본고는 결과구문에 대한 이상과 같은 일반언어학적 사항들을 바탕으로 아래에서 한국어 결과구문에 대한 고찰을 진행하려 한다.

하지만 이 글에서는 2.1.1에서 제시한 것과 같은 엄격한 통사적 · 의미적 제약에 따라 한국어 결과구문을 판정 · 구획하지는 않을 것이다. 즉 본 연구는 영어 결과구문과 통사 · 의미적으로 동일한 형식을 한국어에서 찾

---

18) Geuder(2000)에서는 이와 같은 부사어를 'resultative adverbs'라고 부른 바 있으나 Broccias (2004)에서는 부사형 결과구문(adverbial resultative constructions)이라고 하는 것이 낫겠다고 제안했다.

아내는 것을 일차적인 목표로 삼지 않는다. 다만 본고는 기존에 정립되어 있는 결과구문의 개념 및 특징을 바탕으로 한국어 결과구문을 정의할 수 있는 최소한의 핵심적 기준을 얻고자 하였다. 결과구문에 대한 기존의 연구들에 따르면 결과를 표시하는 구문의 실현 양상이 모든 언어에서 동일하게 나타나는 것은 아니다. 이러한 사실은 결과구문에 대한 접근이 다각도로 이루어져야 할 필요가 있음을 시사한다. 즉, 엄밀한 통사적 기준에 따라 정의된 좁은 의미의 결과구문을 살피는 것이 필요한 것과 동시에 결과구문의 기본 개념 하에 각 개별언어에서 결과를 표시하는 구문이 어떻게 나타나는지를 고찰하는 넓은 의미의 결과구문에 대한 연구 역시 필요하다 할 것이다. 본고는 기본적으로 후자의 접근 방식을 채택하고 있으며, 아울러 위에서 소개한 바 있는 구문문법의 관점을 수용하고 있다. 따라서 본고는 결과구문에 대하여 '결과의 의미와 그것을 표시하는 형태의 결합체'로 파악하고 있으며, 전형적인 것에서부터 상대적으로 주변적인 것까지 포괄하여 한국어 결과구문을 고찰할 것이다.

한편 이에 앞서 아래에서는 중국어의 결과구문에 대해서 살펴볼 것인데, 이는 중국어가 결과를 표시하는 뚜렷한 문법적 수단인 보어(補語)를 가지며 이로써 매우 활발하게 결과구문을 구성하는 동시에 영어 결과구문과는 또 다른 특징을 보여주기 때문이다. 우리는 영어의 경우와 함께 중국어 결과구문의 특징을 살펴봄으로써 궁극적으로 한국어 결과구문 연구에 참고로 삼고자 한다.

2.2. 중국어 결과구문

전술한 바 있듯이 중국어는 결과의 의미를 부호화하는 방식이 매우 발달된 언어인데, 그것은 보어(補語)의 발달과 직접적인 연관이 있다. 중국어의 보어는 동사의 뒤에 와서 동사를 보충해 주는 역할을 하는 성분을 말한다. 보어의 주요한 기능은 결과, 방향, 정도, 정태(情態), 상태(狀態), 시간, 지점, 대상 등을 나타내는 것인데 이러한 의미 기능 중 많은 부분이 본고에서 다루고 있는 결과의 의미와 연관되어 있다.[19]

이처럼 동사와 보어가 결합한 '동(動)+보(補)' 구조는 넓은 의미에서 동사의 행위와 그에 따른 결과를 표시하는데, 중국어학계에서는 그 중 특히 전형적으로 결과를 표시하는 부류에 대하여 '동결식(動結式)'이라고 불러왔다. 이때 전형적으로 결과를 표시하는 부류라 함은 동사의 행위로 인한 상태 변화를 표시하는 결과보어 결합형을 말한다. 중국어학계에서는 여기에 더하여 위치변화를 나타내는 방향보어 결합형[20]까지를 상대적으로 뚜렷하게 결과를 표시하는 형식으로 보아왔다. 이는 최근 영미권의 결과구문 논의에서도 상태변화 결과구문과 위치변화 결과구문을 함께 다루는 경향을 보임과 일치하며, 한국어에서도 위치변화를 표시하는 일부 형식이 상태 변화까지 함께 나타낼 수 있다는 점에서 흥미롭다.

그런데 중국어의 보어 중 이처럼 상대적으로 뚜렷한 결과를 표시하는 종류 외에 '정도, 상태, 정태(情態)' 등의 의미를 나타내는 보어들도 보다 상위의 개념인 '결과'의 개념 아래 포괄될 수 있음이 여러 학자들에 의해 지적된 바 있다. 따라서 王寅(2009) 등 최근 중국어 '동결식' 혹은 '결과구문'에 대한 연구는 이러한 보어들까지 포함하여 고찰하고 있으며 본고 역시 이와 동일한 관점을 채택하고 있다.

중국어에서 '동사+보어' 구성은 적용의 범위가 넓으면서 그 쓰임이 강제적이고 빈도 또한 높은 형식으로서 중국어의 특징을 대표하는 요소 중의 하나가 된다. 따라서 보어는 중국 어법학계에서 일찍부터 큰 주목을 받아왔으며 그 결과 다각도에서 연구 성과가 축적되어 왔다. 특히, 최근에는

---

19) Chao(1968)에서 '동사+보어' 구성을 복합어로 보고 이를 '동사-결과 복합어(V-R Compound)' 라고 한 것이나 Li & Tompson(1982)에서 '결과식 복합어(Resultative Compound)'라고 한 것도 이러한 인식을 반영하고 있다(박정구 1998에서 재인용).

20) 이를 따로 '동추식(動趨式)'이라고 부르기도 한다. 일반적으로 동결식(動結式)이라 할 때는 이 동추식(動趨式)까지 포함하는 경우가 많다.

'동결식'을 영어 결과구문(resultative construction)과 평행한 중국어의 결과 구문으로 보는 연구가 다수에 이른다. 이른바 동결식에서는 원인행위(선행행위)와 그 결과가 각각 1차 서술어와 2차 서술어로서 단문의 구조 안에 함께 표시되기 때문이다. 또, 결과 표시 성분이 붙어 전체 구성에 경계성(telicity)을 부여한다는 점에서도 영어의 결과구문과 일치하는 특징을 보인다. 이에 따라 아래에서는 중국어의 대표적인 결과표시 성분인 보어에 대해서 알아본 후 중국어 결과구문으로서의 동결식이 가지는 특징과 유형에 대해서 알아보기로 한다.

2.2.1. 중국어 보어의 결과표시 기능

중국어에서 보어는 동사의 뒤에 오는 서술성 성분으로서 동사가 나타내는 동작·행위의 결과 혹은 상태를 표시하는 성분이라고 정의된다. 보어는 문장의 목적어와 마찬가지로 동사의 논항이 되는 필수 성분으로서, 주요 기능은 동사를 도와 그 의미를 완전하게 하는 데 있다. 이때 보어로써 보충되는 의미는 주로 행위·동작의 결과 혹은 구체적인 상태이다. 보어가 개입되는 구성의 공통적인 특징은 그것이 두 가지의 서술을 포함한다는 점이다. 아래의 간단한 예를 보자.

    (25) ㄱ. 我　吃　飽　　　了。

           나　먹다　배부르다 (완료)

           '나는 배부르게 먹었다.'

      ㄴ. 張三　跑　進　敎室。

           장삼 달리다　들다　교실

           '장삼이 교실로 달려 들어갔다.'

위 (25ㄱ)에서 문장의 주동사는 吃(먹다)이고 보어는 飽(배부르다)인데,

이 두 요소 간의 관계에 대해서는 어떠한 단서도 제공되지 않았다. 그럼에도 이 문장에는 두 가지의 서술, 즉 "我吃(나는 먹었다)"와 "我飽了(나는 배부르다)"가 공존하고 있으며 이 둘 사이에는 '원인-결과'의 관계가 성립된다. (25ㄴ)의 경우도 마찬가지로 문장의 주동사인 '跑(달리다)'에 대하여 보어는 '進(들다)'인데, 역시 "張三跑(장삼이 달리다)"와 "張三進敎室(장삼이 교실에 들다)"라는 두 가지 서술이 공존하고 있고 선행 사건에 의하여 후행 사건이 도출되는 관계를 구성한다.

이는 우리가 앞에서 살펴 온 '결과구문'의 기본 구조와 동일함을 알 수 있다. 이처럼 원인(선행)행위와 그 결과라는 두 가지의 사건이 하나로 통합되어 있고 그것이 접속문이 아닌 단문의 구조로 표시되는 것이 우리가 말하는 결과구문의 핵심적 요건이라 할 때, 중국어의 '동사+보어' 구성은 바로 이러한 요건을 만족시킨다. 보어가 가지는 이러한 특성은 결과구문이라는 개념이 본격적으로 도입되기 이전부터 중국어학계에서 일찍부터 주목받아 왔다.

보어를 구성할 수 있는 것은 형용사, 동사, 개사구(전치사구), 형용사구, 동사구, 수량사구 등이다.21) 이 중 수량사구 보어는 동작이 지속되는 시간이나 동작의 차수 등을 나타내는 것으로서 결과의 의미로 해석하는 것에 무리가 따르며 株德熙(1982) 등에서는 보어로 보지 않고 빈어(賓語, 목적어)로 보는 등 이견도 적지 않으므로 본고의 결과구문 논의에서 제외하기로 한다.

---

21) 수량사구를 제외한 체언 성분은 그 자체로는 보어가 될 수 없고, '把A看成 B (A를 B로 보다), 把A 叫做 B (A를 B로 부르다)'와 같이 동사 뒤에 허화(虛化, 문법화)된 보어 성분이 온 후 이들의 결합체가 다시 뒤에 오는 명사성 성분을 목적어로 취하여 결과를 나타낼 수 있다.

[표 2-2] 중국어 보어를 구성하는 성분

형용사 보어	· 他　擦　干淨　　桌子 그　닦다　깨끗하다　탁자 '탁자를 깨끗하게 닦았다'
동사 보어	· 他　把　　妹妹　　气　哭了。 그 (pre.) 여동생　화내다　울다. '그는 여동생을 화나게 해서 울렸다'
개사구 보어	· 老師　　把　　生詞　寫　在黑板上。 선생님 (pre.) 새 단어　쓰다　칠판 위에 '선생님은 칠판 위에 새 단어를 쓰셨다.'
형용사구 보어	· 這　個　小女孩　長　得　　很　漂亮。 이 (양사) 여자아이　생기다 (구조조사) 매우　예쁘다 '이 여자아이는 매우 예쁘게 생겼다'
동사구 보어	· 這　個　地方　亂　　出名了。 이 (양사) 곳　무질서하다　이름나다. '이 곳은 무질서하기로 이름났다'
수량사구 보어	· 這　本　書你　看　過　　几遍　了? 이 (양사) 책 너　보다 (동태조사) 몇　번 (완료) '이 책을 너는 몇 번 보았니?'

　한편 형태를 기준으로 보어를 구분하면 크게 '점합식(黏合式)'과 '조합식 (組合式)'으로 나뉜다. 점합식은 동사와 보어 간에 다른 요소가 들어가지 않고 한 덩어리로 붙어있는 형식이다. '간단보어' 형식이라고도 하며 동사와 보어간의 관계가 밀접하여 '動-補'구조의 'VV' 합성동사로 어휘화하는 경우가 많다. 이는 한국어 'V₁어 V₂' 구성에서 두 동사간의 통사·의미적 관계가 밀접한 경우 종종 합성동사로 어휘화하는 것과 같은 기제라고 할 수 있다. 한편 조합식은 동사와 보어 사이에 구조조사 '得, 個, 得個' 등의 요소가 들어가 구 구조를 이루고 있는 것을 말한다. 이때 보어가 나타내는 바는 동사에 의해 나타나는 직접적이고 객관적인 결과보다는 그 결과의 정도 및 상태에 대한 생생한 묘사와 서술에 해당되며 이에 대한 화자의 태도 및 평가가 들어갈 수 있다.

　중국어의 보어는 주로 의미·기능에 따라 종류를 나누어 왔는데 무엇을 기준으로 얼마나 세밀하게 나누느냐에 따라 종류와 수가 다르게 나타난다. 뿐만 아니라 서로 간의 구별이 모호하거나 교차하는 지점이 있어 분류의 결과가 달라지기도 한다. 하지만 현재 주요하게 채택되는 분류의 방식을 따르면 결과보어, 추향보어(방향보어), 정도보어, 상태보어, 정태보어, 가능보어, 수량보어 등으로 나뉜다.

이 글에서 중국어의 다양한 보어를 굳이 언급하는 것은 이들이 표시하는 의미가 '결과'와 밀접하게 연관되어 있음을 보이기 위해서이다. 즉, 보어의 유형은 서로 구별되는 세부적 특징에 주목하여 나누어 놓은 것일 뿐 크게 보면 결국 '결과'의 의미로 수렴될 수 있다는 것이다. 이와 관련하여 呂叔湘(1952:67)에서는 보어의 의미기능에 대해 다음과 같이 지적한 바 있다. "動詞的后附加語主要是表示行爲的結果(동사의 뒤에 부가되는 말은 주로 행위의 결과를 나타낸다)". 王寅(2009:196~197) 역시 "其實, 只要仔細推敲一下就會發現, 這8小類補語大多与'結果'有關(사실, 조금만 자세히 살펴보면 이 8종의 보어가 대부분 '결과'와 관련 있음을 알 수 있다)"고 하며 呂叔湘의 견해를 지지하였다. 또, 石毓智(2003)에서는 현대 중국어의 문장이 정보를 구성하는 원칙에 대하여 '수반되는 특징+중심 술어+결과상태'의 순으로 배열된다고 지적한 바 있다. 이때의 '결과상태'는 매우 광범위한 의미를 포괄하는 것으로서 현대 중국어의 보어 전체가 가지는 기능에 해당된다고 할 수 있다. 그 외, 국내의 연구인 김윤정(2007)에서도 현대 중국어 보어는 그 세부적인 유형이 가지는 전형적 의미에 더하여 전반적으로 [+결과]의 의미를 가진다고 하며 보어 전체의 완료상 표시 기능을 주장하였다. 이러한 견해를 종합하면 결국 중국어에서 문장 동사 뒤 자리는 '결과'를 표시하기 위한 자리라고 여겨진다.[22]

---

[22] 동사의 뒤에 와서 동사가 나타내는 행위의 정도나 상태를 묘사하는 성분에 대하여 중국어 어법학계에서 처음부터 보어로 인정하고 이들이 일종의 결과를 표시한다고 생각한 것은 아니다. 연구자와 시대에 따라 이들을 동사 뒤에 오는 부사어로 보기도 하였으나 80년대 이래로 보어에 대한 연구가 활발해지면서 점차 이러한 요소 역시 보어로 보는 것에 학계의 합의가 이루어져 왔다.

또 한 가지 주의할 점은 이 중 '정도(程度)보어'와 '상태(狀態)보어', 그리고 '정태(情態)보어'는 형식상 공통적으로 구조조사 '得'이 개재되며, 용어의 정의와 개념이 서로 얽혀있어 명확하게 구분하기 어렵다는 점이다.[23] 이들은 결과보어나 추향보어에 비하여 주관적으로 결과 상태 및 그 정도를 묘사하며 사태에 대한 화자의 생각이나 태도를 표시하는 공통점을 가지기 때문이다. 이는 다시 말해 정도(程度)와 상태(狀態)와 정태(情態), 그리고 최종적으로 결과(結果)라는 개념이 서로 밀접하게 연관되어 있음을 뜻하며, 이러한 사실 자체로 본고의 논의에서는 중요한 의의를 갖는다. 여기서는 劉月華 外(2010)를 참고하여 각 보어 유형에 대한 가장 일반적인 사항을 간단히 소개하기로 한다.

우선, '결과보어(結果補語)'는 말 그대로 동작 혹은 상태의 결과를 나타내는데, 이는 행위주·경험주 혹은 피동주·대상에 발생한 상태 변화를 말한다. 아래는 결과보어가 쓰인 문장의 예들이다. 밑줄 친 부분은 '동사+보어' 구성이며 진하게 표시된 것이 보어이다.

(26) ㄱ. 他們 <u>赶 **走**</u> 了 敵人。

    그들 쫓다 가다 (완료) 적

    '그들이 적을 <u>쫓아 **내었다**</u>.'

ㄴ. 他 <u>嚇 **哭**</u> 了 孩子。

    그 놀래다 울다 완료 아이

    '그가 아이를 <u>놀라게 하여 **울렸다**</u>.'

---

23) 현재 이들 보어의 분류와 구획에 관해서는 정론이 없다. 강춘화(2004:26)의 정리에 따르면 이런 종류의 보어를 처리하는 방식은 크게 4가지로 나뉜다. 첫째, 모두 '程度補語'로 보는 방식. 둘째, '정도보어'와 '狀態補語'로 나누는 방식. 셋째, '정도보어'와 '情態補語'로 나누는 방식. 넷째, '정도보어'와 '情狀補語'로 나누는 방식.

(27) 屋子 <u>收拾</u>   <u>干淨</u>   了。

집 정리하다 깨끗하다 (완료)

'집이 **깨끗하게** 정리되었다.'

(28) ㄱ. 大家 <u>笑</u>   <u>痛</u>   了 肚子。

그들 웃다 아프다 (완료) 배

'그들은 배가 **아프도록** 웃었다.'

ㄴ. 她   <u>熬</u>   <u>紅</u>   了 眼睛。

그녀 밤새다 빨갛다 (완료) 눈

'그녀는 <u>밤을 새워</u> 눈이 **빨개졌다**.'

(29) ㄱ. 他 <u>吃</u> <u>飽</u>   了 飯。

그 먹다 배부르다 (완료) 밥

'그는 밥을 **배부르게** 먹었다.'

이처럼 중국어의 여러 보어 중 결과보어가 구조조사 '得, 個'의 개재 없이 동사와 바로 연결된 점합식(粘合式) 구조가 나타내는 결과는 영어의 형용사형 결과구문이 표시하는 객관적이고 구체적인 상태변화에 가장 근접한다.

이어서 살펴볼 보어는 '추향(趨向)보어'인데 다른 말로 방향보어라고도 한다. 이는 주동사의 뒤에 와서 동작의 방향을 표시하는 성분으로서 한국어의 이동동사 '오다, 가다'에 해당되는 '來, 去'를 필두로 하여 '上(오르다), 下(내리다), 進(들다), 出(나다)' 및 '回(돌아오다), 過(지나다), 起(일어나다), 開(나아가다), 到(도달하다)' 등의 동사로 이루어진다. 또, 이 중 경로를 나타내는 부류들이 '來, 去'와 결합한 '上來, 上去, 下來, 下去, 進來, 開去…' 등이 있다. 이들을 복합추향보어라고 하는데 한국어에서 경로를 나타내는 동사들이 '오다, 가다'와 결합하여 '올라오다, 올라가다, 내려오다, 내려가다…' 등의 합성동사를 형성하는 것과 평행한 현상이라고 볼 수 있다. 이들을 종합한 28개 추향보어를 아래 도표로 제시한다.

[표2-3] 현대 중국어 추향보어 체계(劉月華 等 2010:546)

간단 추향보어	來	去	上	下	進	出	回	過	起	開	到
복합 추향보어			上來	下來	進來	出來	回來	過來	起來	開來	到…來
			上去	下去	進去	出去	回去	過去		開去	到…去

추향보어가 나타내는 의미는 크게 방향의미와 결과의미, 그리고 상태의미를 들 수 있다. 이중 방향을 나타내는 의미가 가장 기본적인 의미이다. 방향의미는 사람이나 사물이 어떤 동작을 한 후 위치 변화를 일으킨 결과를 말한다. 예를 들어 '來'는 기준점으로의 이동을, '去'는 기준점에서 떠나 다른 목표지점으로 이동함을 의미한다. 이처럼 이동사건에 직시적(deictic) 요소가 개입함은 한국어와 중국어에서 동일하다.

    (30) ㄱ. 跑　　進　　來

　　　　　　[방식] + [경로] + [이동/직시소]

　　　　　달리다　나다　　오다

　　　　　'달려 나오다'

　　　　ㄴ. 擠　　出　　去

　　　　　　[원인] + [경로] + [이동/직시소]

　　　　　밀다　　나다　　가다

　　　　　'밀려 나가다 (짜 내다)'

또한 이들이 동사와 결합하여 이동사건을 나타낼 때, 그 결합 순서는 [방식/원인] + [경로] + [이동/직시소]의 순서로 나타나는데 이 역시 한국어와 동일한 양상을 보인다. 추향보어는 때로 아래 (31ㄱ)의 예와 같이 동작이 모종의 결과를 얻거나 목표를 달성하였음을 나타내기도 한다. 이는 공간적 이동을 나타내는 기본의미에서 의미가 확장되어 상태변화의 결과를 나타내게 된 것이라고 할 수 있다. 또 공간적 개념에서 시간적 개념으로 나아가 어떤 사태의 시간적 전개를 나타내는 데에 쓰이기도 한다. (31ㄴ)이 그 예라고 할 수 있다.

(31) ㄱ. 他　考　　　上　　　了　大學。
　　　그 시험보다　오르다 (완료)　대학
　　　'그는 대학에 시험 봐서 붙었다.'

　　ㄴ. 說　　　下　　去!
　　　말하다　내리다　가다
　　　'계속 말해!'

다음으로 정태보어(情態補語)를 살펴본다. 정태보어는 동사가 나타내는 행위에 대해 기술하면서 그에 대한 화자의 태도나 평가를 드러내는 부류를 말하며, 그 형식은 동사 뒤에 먼저 구조조사 '得'[24]을 붙인 후 다시 보어가 오는 형식으로 나타난다.[25]

(32) ㄱ. 他　寫　　中國字　寫　　　得　　　很　好。
　　　그 쓰다 중국글자 쓰다 (구조조사) 매우 좋다
　　　'그는 한자를 매우 **잘** 쓴다.'

---

[24] '得'는 본래 동사이던 것이 능원동사, 구조조사, 형태소 등의 용법으로도 쓰이고 있다. 또한 의미상 본래 [+획득]을 나타내던 것이 [+완성, 실현], [+허가], [+가능], [+능력], [+정되], [+결과], [+상태], [+초래] 등의 의미를 나타낸다. 특히 '得'이 보어표지의 구조조사로 쓰일 때 나타내는 의미는 '결과, 상태, 가능, 정도' 등을 들 수 있다(윤유정 2009 참조).

[25] 구조조사 '得'을 동반하더라도 결과보어로 분류하는 경우가 있다. 이때는 주로 동사로 인해 얻어진 결과임이 분명하되 그것을 생생하게 묘사하는 아래와 같은 경우이다.
　ex) 他　跑　　得　　滿　頭　大　汗.
　　　그　달리다 (구조조사)　차다　머리　큰　땀
　　　'그는 머리가 온통 땀에 젖도록 달렸다.'

ㄴ. 瑪麗　漢語　<u>說　　　得</u>　**比　我　流利**。

메리　중국어　말하다 (구조조사)　비하다　나　유창하다

'메리는 중국어를 **나보다 더 유창하게** 한다.'

위와 같은 경우, 한국어 대응표현에서는 결과성을 직관적으로 포착하기 어렵다. 하지만 중국어 모어화자들은 이러한 경우 자연스럽게 부사어가 아닌 보어를 채택하는데, 이때 보어가 나타내는 결과성이란 매우 넓은 의미에서의 결과를 포괄하는 것으로 어떤 사태가 화자에게 불러일으킨 생각까지를 포괄하는 것이라 할 수 있다.

　다음으로 정도보어(程度補語)는 말 그대로 동사의 뒤에 써서 동사 행위의 정도를 나타내는 부류이다. 형식상으로는 '得'을 동반하지 않는 것이 있고 동반하는 것이 있다. 아래의 예에서 보듯 이들의 주요 기능은 동사가 나타내는 정도가 매우 심함을 드러내는 데 있다. 이들은 원래 동사로 인해 얻어진 결과인데 그 결과가 범상치 않음을 말함으로써 정도의 심함을 나타내게 되었다. 이처럼 결과 표시 형식을 통하여 정도의 심함을 표시하는 일은 한국어 및 영어 등에서도 마찬가지로 관찰된다.

　(33) ㄱ. 我　今天　<u>累　　　　坏　　　</u>了。

　　　　나　오늘　피곤하다　상하다 (완료)

　　　　'나는 오늘 매우 피곤하다.'

　　　ㄴ. 我　今天　<u>累　　　得　　　要　　　命</u>。

　　　　나　오늘　피곤하다 (구조조사)　요구하다　생명

　　　　'나는 오늘 죽도록 피곤하다.'

　마지막으로 상태보어(狀態補語)에 대하여 살펴본다. 상태보어는 문장 술어 뒤에 구조조사 '得'을 동반하고 나타나서 동작의 결과 상태를 표시하거나 혹은 동사의 동작에 수반되는 상태를 표시한다. 이때 전자는 결과 표

시 기능과 겹치는 부분이 있으며 후자는 방식(manner)의 의미에 가깝게
읽힌다. 또 상태보어에는 형용사(구), 동사(구), 성어, 관용구, 주어서술어
구, 명사구 등이 두루 쓰일 수 있으며 이들은 주로 생생한 묘사성을 띠는
경우가 많아 이른바 정도보어와도 겹치는 부분이 있다. 앞서 언급했듯이
상태·정도·정태보어는 이처럼 서로 교차하여 깔끔하게 구분되지 않기
때문에 다수의 문법서에서 정도보어와 상태보어를 구분하지 않고 정도보
어로 묶어서 제시하거나, 상태보어의 기능을 정태보어와 정도보어에 귀
속시키기도 한다. 본고에서는 앞서 다른 보어의 기능으로 소개된 부분을
제외하고, 동사 동작에 수반되는 상태를 표시하는 경우에 한하여 상태보
어의 예를 제시한다.

   (34) ㄱ. 張三　　走　　　得　　　**慢慢的**。

　　　　　장삼　걷다 (구조조사) 느릿느릿하다

　　　　　'장삼은 느릿느릿하게 걷는다.'

　　　　ㄴ. 他　把　　頭　抬　　　得　　　**高高的**。

　　　　　그 (pre.) 머리 들다 (구조조사) 높디높다

　　　　　'그는 고개를 꼿꼿하게 들었다.'

　위의 예들에서 보듯이 보어인 '慢慢的', '高高的'는 각각 문장 동사 '走', '抬'
의 동작에 수반되는 상태를 나타내고 있다. 우리는 앞서 중국어의 각종 보
어가 크게 보면 모두 '결과'의 의미를 표시한다고 하였는데, 이처럼 동작의
방식(manner)으로 읽히는 경우에도 결과의 의미와 연관 지을 수 있을까?
동작의 방식을 나타내는 가장 전형적인 요소는 중국어에서도 역시 부사
라 할 수 있다. 위 예문들 역시 방식을 나타내는 요소를 동사 앞에 두어 부
사어 수식 구조로 나타낼 수 있다. 그럼에도 부사어가 아닌 보어를 통해 동
작에 수반된 상태를 표시하는 것은 두 형식이 나타내는 의미에 일정한 차
이가 있기 때문이다. 즉, 어떤 동작이 일어나고 있을 때 그 동작의 방식을

순수하게 나타내는 것이 부사라면, 상태보어는 동작에 수반된 상태를 관찰한 후 그로 인해 화자가 가지게 된 생각을 담아 서술하는 것으로 볼 수 있다. 즉, 위 (34ㄱ)은 단순히 장삼의 걷는 방식을 표시하는 데 더해 '장삼이 (걷는 모습을 보니) 걷는 것이 참 느릿느릿하구나' 하는 화자의 생각을 담고 있다는 것이다. 이러한 것을 넓은 의미의 결과로 본다면 위 예와 같은 상태보어 역시 결과를 나타낸다고 할 수 있을 것이다.

이상으로 현대중국어의 각종 보어에 대해서 살펴보았다. 위의 간략한 소개에서도 짐작할 수 있듯이 중국어의 보어가 가지는 의미 기능은 다양하고 광범위하며 형식 역시 단일하지 않다. 하지만 서두에서 강조하였듯이 이들 사이에는 근본적인 공통점이 있으며 그것은 바로 넓은 의미의 '결과'로 묶일 수 있다는 점이다. 다만 이러한 인식에서 출발한다 하더라도 결과의 의미를 지나치게 넓게 정의하는 것은 오히려 결과 범주에 대한 이해를 흐릴 수 있다는 점에서 결과성이 상대적으로 뚜렷한 것과 그렇지 않은 것을 구분하기도 한다. 예를 들어 王寅(2009)에서는 중국어 결과구문을 고찰함에 있어 우선 의미에 근거한 보어의 유형들을 소개한 다음, 이 중 '결과보어, 정도보어, 추향보어, 정태보어, 상태보어'를 결과표시 요소로 보고, '시간보어, 지점보어, 대상보어'는 제외하였다. 본고 역시 기본적으로 위 연구와 동일한 입장을 취하고 있다. 따라서 이후 결과구문과 관련하여 중국어 보어를 거론할 때 그 범위는 결과, 추향(방향), 정도, 정태, 상태 보어에 해당하는 예들에 한정함을 밝힌다.

2.2.2. 중국어 결과구문의 유형과 특징

중국어에서 어떤 행위와 그 결과를 단문의 범위 안에서 표시하는 구문인 결과구문(동결식)은 위에서 살펴본 보어를 결과표시 성분으로 하여 '동사+보어', 혹은 '동사+得(個)+보어'의 형태로 나타난다. 아래에서는 羅思明(2010), 王寅(2009), 殷紅伶(2011) 등 중국어 결과구문에 대한 연구들을 참조하여 중국어의 동결식, 즉 결과구문의 유형과 특징을 개관해 보기로 한다.

우선 중국어 동결식 중 점합식[26]의 종류를 구성성분과 그들 간의 배열 순서에 따라 나누면 크게 8종 정도로 분류할 수 있다. 나열해 보면 'SVRO' 'SVR' 'S把OVR' 'SVRO₁O₂' 'SOVR' 'SVOR' 'SV₁OV₂R' 'SV₁O₁V₂RO₂' 등이 있다. 이 들 8가지 결과구문 유형 중에는 '得, 個'가 개재된 형식으로 쓸 수 있는 것이 있고 그렇지 않은 것이 있다. 본고에서는 편의상 중국어 동결식 중 점합식 구조를 중심으로 기술하며, 구조조사 '得, 個'가 개재된 조합식 구조는 아래 의 기술에서 제외하였다. 또한 예문을 제시함에 있어서 위치변화를 나타 내는 부류보다 상태변화를 나타내는 부류를 중심으로 제시하였다. 아래 의 기술은 羅思明(2010)의 내용을 기반으로 하여 필요한 설명을 추가하였 으며, (31)부터 (47)까지의 예문 역시 주로 동 연구에서 인용하였음을 밝힌 다. 그러면 중국어 결과구문의 8가지 유형을 하나씩 차례로 살펴본다.

첫째, 'SVRO'식은 동사와 보어가 나란히 놓여 'VR'이 하나의 단위를 형성 하고 그것이 다시 목적어 O를 취하는 형식이다. 이는 동사와 보어 간의 의 미 관계, 즉 원인과 결과 관계가 매우 긴밀하고 공고함에 따라 V와 R의 두 성분이 위치상으로도 나란히 결합하게 된 것이다.[27] 이때 'VR'의 긴밀도는 매우 높아서 거의 합성어의 정도에 육박하며 새로운 하나의 문법단위를 형성한다. 이러한 사실은 이 VR 구조가 그 자체의 목적어를 취할 수 있다 는 사실에서 확인된다. 이처럼 'SVRO' 형식은 영어의 타동사 결과구문이 기본적으로 'SVOR'의 어순을 보이는 것과 대비하여 중국어 결과구문의 특 징을 드러내는 대표적 형식이라 할 수 있다.

'SVRO'식은 다시 아래와 같이 몇 가지 유형으로 나뉘는데 통사구조 및 사건 참여자들 간의 의미관계가 영어나 한국어에 비하여 매우 다양하게 나타남을 알 수 있다.

---

26) 동사와 보어 사이에 다른 문법 요소가 개재되지 않는 간단 형식의 動補구조.
27) 중국어에서 이러한 현상은 15세기부터 이미 관찰된다.

(35) 他　　推　開　窗戶。

　　　그　밀다　열다　창문

　　　‘그가 창문을 밀어 열었다.’

(36) 張三　　喊　　　啞　　了　嗓子。

　　　장삼　고함지르다　쉬다　(완료)　목

　　　‘장삼이 목이 쉬도록 고함을 질렀다.’

(37) 他　　一連　吃　斷　　　了　兩　双　筷子。

　　　그　연달아　먹다　부러지다　(완료)　두　(양사)　젓가락

　　　‘그는 (음식을) 먹다가 젓가락 두벌을 연달아 부러뜨렸다.’

　　우선 (35)는 전형적인 행위주 주어와 피동주 목적어로 구성되어 있다. 어순은 다르지만 영어의 '타동사 통제 결과구문'과 평행한 구조라고 볼 수 있다. 예문 (36)은 문장의 주동사에 자동사 '喊'이 쓰였음에도 불구하고 목적어 '嗓子'를 취하고 있다. 이처럼 구문의 주동사가 비능격 자동사일 때 통사상의 목적어 O는 동사가 아닌 보어성분 R과 의미상 직접적인 관계를 맺게 된다.[28] 이는 어순은 비록 다르지만 영어의 '비능격 자동사 ECM 결과구문' 형식과 평행함을 알 수 있다. (37)에서는 목적어인 '兩双筷子(젓가락 두벌)'가 피동주가 아니라 도구이며 동사 '吃(먹다)'에 의해 자유롭게 선택된 관계가 아니다. 다시 말해 '吃(먹다)'라는 타동사가 하위범주화 되지 않는 목적어를 취하고 있다. 이는 영어의 "The bankers drank the pub dry"와 유사한 구조라고 할 수 있다.

　　이어서 아래 (38)과 (39)는 중국어 결과구문의 독특한 구조를 보여준다.

---

28) 이 때 목적어 O와 보어 R이 소절(小節, small clause)을 이루고 이 소절이 다시 주동사의 보어
　　가 된다고 할 수 있다.

(38) 800米   能   <u>跑   **死**</u>   人?

800미터 ~수 있다 달리다 죽다 사람

'800미터 달려서 사람이 죽을 수 있나?'

(39) 張三 <u>喝   **醉**</u>   了   酒。

장삼 마시다 취하다 (완료) 술

'장삼이 술을 마셔 취했다.'

　(38)에서는 주어인 '800米'가 동사 '跑(달리다)'의 행위주가 아니며 결과
술어 '死(죽다)'의 경험주도 아니다. 跑의 행위주 및 死의 경험주가 되는 것
은 목적어인 人이다. (39)의 경우는 문장의 주어인 '張三'이 동사 '喝(마시
다)'의 행위주이면서 결과술어 '醉(취하다)'의 경험주이기도 하다. 즉, 이때
의 결과 '醉'는 문장의 목적어 '酒'를 서술하는 것이 아니라 주어를 서술하고
있다. 이는 영어 결과구문에서 중요한 원칙으로 작용했던 직접목적어 제
약(DOR)에서 벗어나는 예이다.

　두 번째 유형으로, SVR 형식에는 다음과 같은 예들이 해당된다.

(40) 我 <u>喝   **醉**</u>   了。

나 마시다 취하다 (완료)

'나는 술을 마시고 취했다.'

(41) 酒 <u>喝   **多**</u>   了。

술 마시다 많다 (완료)

'술을 <u>너무 **많이** 마셨다</u>.'

우선 (40)에서 문장의 주어인 '我(나)'는 동사 '喝(마시다)'의 행위주인 동시
에 보어 '醉'의 경험주이다. 즉, 결과술어가 주어를 서술하는 경우로서 이
역시 영어의 DOR을 위배한다. (41)에서는 결과술어 '多(많다)'가 피동주 주
어 '酒'를 서술하고 있다. 하지만 '多'는 동사 '喝'에 의해서 '酒'에 필연적으로

도출되는 결과가 아니라 동사의 행위에 대한 화자의 평가를 담고 있다.

　이와 관련하여 王紅旗(1996)에서는 중국어의 이른바 '결과보어' 중에 이와 같이 '동작이나 동작의 피동주, 혹은 그 결과에 대한 평가'를 나타내는 부류가 있음을 지적하고 이를 '評價式述補結構'라고 지칭한 바 있다. 여기서 말하는 '평가'란 동작이나 피동주, 혹은 결과가 예상이나 기대 혹은 표준에 부합하는가 그렇지 않은가를 말하는데, 주로 그에서 벗어나 있음을 표시한다.29) 원래 포폄의(褒貶義)를 가지지 않는 중립적인 형용사인 경우에도 보어로 쓰여서 예상이나 표준에서 벗어남을 표시할 수 있다. 예를 들어 "這鷄蛋鹽放<u>多了</u>, 炒咸了不好吃了(이 계란은 소금을 <u>너무 많이</u> 뿌렸다. 짜게 볶아져서 맛이 없다)", "這件上衣裁<u>肥了</u>, 還得改一下儿(이 웃옷은 <u>너무 크게</u> 지었다. 다시 고쳐야겠다)"와 같은 경우 보어인 '多'와 '肥'는 중립적인 의미가 아니라 '뜻하지 않게 너무 많이 뿌렸다' 혹은 '뜻하지 않게 너무 크게 지었다'라는 의미를 나타낸다.30)

　한편 아래 (42)의 경우는 결과술어가 피동주 주어를 서술하고 있지만 피동문임이 형태적, 통사적으로 표시되지 않았다. 이는 영어 결과구문의 유형 중 '비대격 자동사 통제 결과구문'과 평행한 구조라고 할 수 있다. 반면 (43)에서는 통사적 피동문임이 '被'에 의해서 밝혀져 있다. 즉 일반적인 타동사 통제 결과구문의 피동형이라 할 수 있다. (44)는 결과 서술의 대상인 주어 '車子(차)'가 동사 '擠(떠밀다, 들어차다)'의 피동주가 아니라 처소 논항에 해당되는 데 넓게 보아 동사 행위의 영향을 받는 자라고 볼 수 있다.

---

29) 이러한 생각은 현대중국어 보어 중에 예기했던 결과에서 벗어남을 표시하는 부류가 있다고 본 陸儉明의 견해와도 일치한다.

30) 다만 이러한 평가는 특정 보어에 고정되어 있는 것이 아니어서 "這次鹽放<u>多了</u>, 鷄蛋妙咸了, 很好吃(이번에는 소금을 <u>많이</u> 뿌려서 계란이 짭짤하게 볶아졌다. 아주 맛있다.)"와 같이 문맥에 따라 달라질 수 있다.

(42) 飯　　煮　　熟　　了。

　　　밥　끓이다　익다 (완료)

　　　'밥이 다 **익었다**.'

(43) 墙　被　孩子們　推　　倒　　　了。

　　　담 (피동) 아이들 밀다 넘어지다 (완료)

　　　'담장이 아이들에 의해 밀려 **넘어졌다**.'

(44) 車子　都　　　擠　　　　破　　　　了。(처소주어)

　　　차　심지어　들어차다　망가지다 (완료)

　　　'차마저 미어 **터졌다**.'

　세 번째, 'S把OVR'형 즉 파자구(把字句) 동결식 역시 중국어만의 독특한 결과구문을 형성하는데 이는 파자구(把字句) 자체의 특수성에서 기인하는 바가 크다. 중국어의 일반적인 어순은 SVO이지만 전치사 '把'를 이용해서 목적어를 앞으로 끌어내어 주제화할 수 있고, 그 결과 'S把OV' 어순의 '把字句(파자구)'가 만들어진다. 그런데 이때 파자구의 V는 형식과 의미상 결과를 나타내는 구성이 와야 하므로 결과적으로 'S把OVR'형을 구성한다. 따라서 파자구는 일종의 변형된 동결구문으로 볼 수 있다. 파자구 동결식은 또다시 여러 가지 하위 유형으로 나뉘지만 중국어에 국한된 특수한 형식이므로 대표적인 몇 유형만을 소개한다.

(45) ㄱ. 他　把　　花瓶　打　　　破　　　　了。

　　　　그 (pre.) 화병 때리다 부서지다 (완료)

　　　　'그는 화병을 때려 **부수었다**.'

　　ㄴ. 這　堆　　衣服　把　我　洗　累　　　了。

　　　　이 무더기 옷 (pre.) 나 빨다 피곤하다 (완료)

　　　　'이 옷들을 빠느라 나는 **피곤했다**.'

ㄷ. 他　　把　　孩子　<u>走　掉</u>　　　　了。

그 (pre.) 아이 걷다 떨어지다 (완료)

'그는 <u>걷다가</u> 아이를 **잃어버렸다**.'

ㄹ. (敎) 這 孩子 (英語)　把　我　<u>敎　　　煩</u>　　了。

이 아이 (영어) (pre.) 나 가르치다 힘들다. (완료)

'나는 이 아이에게 (영어를) 가르치느라 지쳤다.'

ㅁ. (跑) 貸款　把　　爸爸　<u>跑　　煩</u>　　了。

대출 (pre.) 아버지 달리다 힘들다 (완료)

'아버지는 대출 받으러 <u>쫓아 다니느라</u> **힘드셨다**.'

　'把字句(파자구) 동결식'은 원인과 결과로 이루어진 사역사건을 구성하는데 위 (45ㄱ)~(45ㄷ)은 사역원인주인 주어가 체언성을 띠는 경우이며 (45ㄹ)~(45ㅁ)은 사건성을 띠는 사역원인주가 주어로 쓰인 경우이다. 이 중 (45ㄱ)은 행위주 주어와 피동주 목적어로 이루어진 전형적인 경우이지만 (45ㄴ)은 피동주가 주어로, 행위주가 목적어로 나타난다. (45ㄷ)의 주어 '他'는 아이를 잃어버리는 사태에서 손실을 입은 자라고 할 수 있으며, (45ㄹ)의 주어는 '敎(가르치다)' 라는 행위의 수여자가 된다. (45ㅁ)의 주어 '(跑)貸款'은 동사 '跑'의 목적이 된다. 한편 위 예들에서 결과술어는 공통적으로 목적어를 서술하고 있으나 동사와 목적어간 관계는 같지 않다. (45ㄱ)에서는 '花瓶'이 동사 '打'에 의해 자유롭게 선택된 목적어이지만 그 외 나머지의 경우는 '洗-我, 走-孩子, 敎-我, 跑-爸爸'의 쌍에서 모두 동사에 의해 하위범주화 되지 않는 목적어들이다.

　네 번째 유형인 'SVRO₁O₂'형은 동결식에 직접목적어와 간접목적어가 모두 쓰인 형식이다. 이러한 형식이 쓰일 수 있는 경우는 매우 제한적이어서 사실상 아래 (46)과 같이 '敎+會+간접목적어+직접목적어'의 구성으로만 쓰인다.

(46) 李老師　　教　會　　了　我　音標。

이선생님　가르치다　알다　(완료)　나　음표

'이 선생님은 나에게 음표를 가르쳐 알게 해 주셨다.'

　　다섯 번째, 'SOVR' 형식은 중국어의 일반적 어순인 'SVO'에서 벗어나는 경우인데, 그 예로는 다음과 같은 것이 있다.

(47) ㄱ. 你 酒　喝　多　　了。

　　　　너　술 마시다　많다 (완료)

　　　　'너는 술을 너무 많이 마셨다.'

　　 ㄴ. 你 書　買　貴　　了。

　　　　너　책　사다　비싸다 (완료)

　　　　'너는 책을 너무 비싸게 샀다.'

　　예문 (47ㄱ)은 표면적으로 위 (41)의 예문, 즉 SVR형 평가성 동결식 "酒喝多了"에 목적어 O가 추가된 형태로 보인다. 한편 羅思明(2010:224)에서는 이러한 형식을 평가성 동결식 두 개가 결합된 것으로 보았다. 예를 들어 (47ㄴ)을 아래와 같은 구조로 본다는 것이다. 이때 '평가성 동결식1'과 '평가성 동결식2'는 동일한 사건 중의 동일한 대상에 대해 각각 다른 각도에서 평가한 것이라야 한다. 이처럼 'SOVR' 형식으로 썼을 때 그 효과는 목적어 O가 부각되는 것으로 나타난다.

(48) 〈SVR형 평가성동결식1〉 + 〈SVR형 평가성동결식2〉 = 〈SOVR형 평가성동결식〉

　　　　你買貴了　　　+　　　書買貴了　　　=　　　你書買貴了

　　　너 너무 비싸게 샀다 + 책 너무 비싸게 샀다 = 너 책 너무 비싸게 샀다

　　다음 여섯 번째 유형으로 'SVOR'형을 들 수 있다.

(49) ㄱ. 張三　　打　　李四　　**直流血**。

　　　장삼　때리다　이사　계속 피나다

　　　'장삼이 이사를 때려 계속 피가 났다.'

　　ㄴ. 你　要　　再　　不　　好好 學習,

　　　너 (조동사) 다시 (부정소) 잘　공부하다,

　　　看　你 爸爸　　捶　　你　　**不　　　扁**。

　　　보다 너　아버지 두드리다　너　(부정소)　납작하다

　　　'너 또다시 공부 열심히 안 하면, 네 아빠가 흠씬 두들겨 줄 테니 두고 봐.'

'SVOR'형은 영어에서는 결과구문의 기본 형식이 되지만, 현대중국어에서는 결과구문으로서 무표적인 형식이라고 할 수 없다. 'SVOR'형 결과구문은 실제의 언어생활 중 주로 (49ㄴ)과 같이 상대방을 견책, 압박하는 문맥에서 부정형으로 쓰인다.31)

　그러나 중국어의 사동문이 'SVOR' 어순을 취하고 있고,32) 결과구문은 사동구문에 뿌리를 두고 있다고 할 때 'SVOR' 유형은 중국어 결과구문의 바탕이 되는 형식이라고 볼 수 있다. 이러한 점을 중시하여 王寅(2009)에서는 'SVOR' 형식을 중국어 결과구문의 원형으로 보았으며, 이 원형적 구문을 이루는 구성요소들이 각각 비전형적인 요소로 대체되면서 중국어 결과구문의 다양한 형식을 구성한다고 보았다. 이에 대해서는 아래에서 다시 살펴보기로 한다.

　일곱 번째 유형으로 'SV₁OV₂R' 형을 들 수 있다. 이는 아래 예문에서 보듯 동사를 복사(copy)하여 각각 목적어와 보어 앞에 한 번씩 쓰는 형식으로서

---

31) 같은 문맥의 다른 예로 "你看我打你不死!"(어디 봐, 내가 너를 때려죽이나 안 죽이나!)와 같은 것들이 있다.

32) 중국어 사동문의 예를 들어 보면 다음과 같다.
　　ex) 這　件　事　使　我　很　　着急。
　　　　이 (양사) 일 (pre.)　나 매우 마음 졸이다
　　　(이 일이 나로 하여금 무척 마음 졸이게 한다.)

‘拷貝(copy)句式’(동사복사구문)이라고 불리기도 한다.

    (50) ㄱ. 我　吃　　肉　吃　　膩　　　了。

　　　　　　나　먹다　고기　먹다　질리다 (완료)

　　　　　　‘나는 고기를 질리도록 먹었다.’

　　　　　ㄴ. 我　喝　　酒　喝　　多　　　了。

　　　　　　나　마시다　술　마시다　많다 (완료)

　　　　　　‘나는 술을 많이 마셨다.’

‘SV₁OV₂R’ 구문은 ‘SV₁O’와 ‘SV₂R’의 두 서술이 하나로 합해진 것으로 볼 수 있다. 예를 들어 위 (50ㄱ)의 경우, ‘我吃肉(나는 고기를 먹었다)’ + ‘我吃膩了 (나는 질리도록 먹었다)’의 구조로 되어 있다. 이들은 각각 동일한 사태를 구성하는 서로 다른 요소에 주목함으로써 그 의미를 부각시킨다. 즉, 전자는 ‘행위’를 드러나게 한다면 후자는 ‘결과’를 부각시킨다. 이 둘을 합쳐놓은 ‘SV₁OV₂R’ 형식은 사태의 구조를 명백하게 해 주므로 청자의 이해에 드는 노력을 경감시키는 효과를 가져 온다고 알려져 있다. 이 역시 현대중국어의 매우 특수한 통사 형식 중 하나라고 할 수 있다.

　마지막으로 여덟 번째 유형인 ‘SV₁O₁V₂RO₂’는 다시 다음 세 가지로 나뉜다.

    (51) ㄱ. 我　寫　信　寫　　落　　了　　一　　个　　字。

　　　　　　나　쓰다　편지　쓰다　빠뜨리다 (완료)　하나 (양사)　글자

　　　　　　‘나는 편지 쓰면서 글자 하나를 빠뜨렸다.’

　　　　　ㄴ. 我　寫　字　寫　　落　　了　　一　　个。

　　　　　　나　쓰다　글자　쓰다　빠뜨리다 (완료)　하나 (양사)

　　　　　　‘나는 글자 쓰면서 하나를 빠뜨렸다.’

　　　　　ㄷ. 我　吃　核桃　吃　　坏　　了　　一　　顆　　牙。

　　　　　　나　먹다　호두　먹다　망치다 (완료)　하나 (양사)　이빨

'나는 호두를 먹다가 이빨 하나가 망가졌다.'

'$SV_1O_1V_2RO_2$' 유형은 앞서 살펴본 'SV_1OV_2R'형에 목적어 하나가 더 추가된 꼴로, 역시 '拷貝(copy)句式'(동사복사구문) 중 하나라고 할 수 있다. 여기에는 역시 두 가지의 서술이 합쳐져 있고, 그 구조는 "$SV_1O_1+SV_2RO_2$"라고 할 수 있다. 예를 들어 위 (51ㄷ)의 원래 구조는 "我吃核桃+我吃坏了一顆牙"라는 것이다. 이 경우에도 동일한 사태를 구성하는 서로 다른 요소에 주목함으로써 그 의미를 부각시킨다는 점은 'SV_1OV_2R'형과 동일하다. 위 (51ㄱ), (51ㄴ)과 (51ㄷ)의 다른 점은 (51ㄱ), (51ㄴ)의 경우 'O_1'과 'O_2'가 모두 문장의 동사에 의해 하위범주화 되는 목적어인 반면, (51ㄷ)은 그렇지 않다는 데 있다. 또 (51ㄱ), (51ㄷ)의 'O_2'가 '수사+양사+명사'의 구조인 데 반하여 (51ㄴ)의 'O_2'는 '수사+양사'로 되어 있다는 점에서 구분된다. 후자의 구조는 'O_2'가 'O_1'의 부분집합일 때만 가능하다.

한편 위에서 언급한 바 있듯이 중국어 결과구문에 대한 연구 중에는 원형이론적 관점에서 접근하는 연구들도 있다. 그 중 王寅(2009)에서는 'SVOR' 형식을 중국어 결과구문의 원형으로 보고 있는데, 그 이유는 중국어 결과구문이 'SVOR' 형식의 사동구문에 뿌리를 두고 있다고 보기 때문이며, '행위주→동작→피동주→결과'의 어순이 사건 전개의 과정 및 그것의 인지적 개념화 과정을 도상적으로 반영하고 있다고 보기 때문이다. 동 연구에서는 'SVOR'의 원형적 구문을 이루는 전형적 구성요소들을 다음 (52)와 같이 제시한다. 또, 이들 전형적인 구성요소들이 각각 어떠한 변이형으로 대체되느냐에 따라 중국어 결과구문의 다양한 형식을 구성하게 된다고 설명한다. 즉 원형은 다양한 요구와 원인에 따라 주변적 형식으로 확장되고 원형과 이들 주변부가 어우러져 결과 범주를 형성한다고 보는데 이때 확장은 원형구문을 이루는 각각의 요소별로 일어날 수 있다는 것이다. 원형을 이루는 각 요소의 특징을 밝히면 다음과 같다.

(52) 중국어의 원형적 결과구문과 원형적 구성요소

S	V	O	R
張三	打	李四	直流血
행위주	타동성 동작	대상	결과
(생명체)	(타동사)	(피동주)	(동사)

　즉 중국어 결과구문의 원형적 주어는 유생성 행위주이지만 무생성 주어나 비행위주 주어로 대체될 수 있다. 동사의 경우는 타동성 동작을 나타내는 타동사가 전형적이지만 자동사가 올 수도 있다. 또 목적어로는 동사의 피동주인 대상 목적어가 전형적이지만, 경우에 따라 동사의 직접 피동주가 아닌 목적어를 취할 수도 있고[33] 생략될 수도 있다.

　한편 동사가 목적어와 나란히 연결되는 원형과 달리 보어와 먼저 연결되는 'SVRO'형 및 개사 '把'를 이용하여 목적어를 동사 앞으로 끌어낸 'S把OVR'형, 그리고 동사를 복사하여 목적어와 보어 앞에 한 번씩 쓰는 '拷貝句式'(동사복사구문) 역시 이러한 변이로 설명될 수 있다. 결과를 나타내는 보어 R로는 동사가 오는 것이 원형적이지만 이는 형용사로 대체될 수 있다. 또 보어(R)로 쓰이는 동사와 형용사는 연합식, 중첩식, 주술식 등 어떤 형식이 와도 좋다.

　의미지향의 측면에서 결과요소 R을 살펴보면, R은 동사 뒤의 참여자, 즉 목적어를 서술하는 것이 가장 일반적이지만, 아래 (53)과 같이 주어를 서술할 수도 있으며, (54)와 같이 둘 다로 볼 수 있거나, 심지어 (55)와 같이 문장 밖의 요소에 관계된 경우도 있다.

---

33) 이처럼 구문의 주동사가 자동사일 때 통사상의 목적어 O는 동사가 아닌 보어성분 R과 의미상 직접적인 관계를 맺게 되며 이는 영어의 '비능격 자동사 ECM 결과구문' 형식과 평행함을 앞에서 언급한 바 있다.

(53) 주어 서술

她　　洗　衣服　<u>洗　　　　得</u>　　**滿　頭　大　汗**。

그녀 씻다 옷　씻다 (보어표지) 가득하다 머리 크다 땀

'그녀는 온 얼굴이 땀투성이가 되도록 빨래를 했다.'

(54) 목적어 또는 주어 서술

ㄱ. 李四　<u>騎　**累**　　了</u>　馬。

이사 타다 피곤하다 (완료)　말

'이사는 말을 너무 타서 지쳤다.'

ㄴ. 李四　　<u>騎 **累**了</u>　馬。

'이사가 너무 타서 말이 지쳤다.'

(55) 문외 환경 서술

ㄱ. 她　　洗　衣服　<u>洗　　　得</u>　**太陽 都 下　山 了**。

그녀　씻다 옷　씻다 (구조조사) 태양 다 내리다 산 (완료)

'그녀는 해가 넘어가도록 빨래를 (오래) 했다.'

ㄴ. 她　　講　　故事　<u>講　　　得</u>　**我 都 睡着 了**。

그녀 말하다 이야기 말하다 (구조조사) 나 이미 잠들다 (완료)

'그녀는 내가 잠이 들도록 이야기를 (길게) 했다.'

　이상에서 중국어 결과구문의 유형 및 특징을 구성 요소 간 배열 및 의미 관계를 중심으로 살펴보았고 아울러 원형이론적 관점에서도 간략히 개관해 보았다. 그 내용을 종합해 보면 현대중국어의 결과구문은 영어에 비하여 그 통사적 형식이 상당히 다양하며 영어 결과구문 유형을 모두 포함함을 알 수 있었다. 또, 중국어 결과구문 중에는 영어 결과구문의 중요한 제약인 직접목적어 제약(DOR)의 적용을 받지 않고 주어에 나타난 결과 상태를 서술할 수 있는 경우가 있으며, 심지어 문외 환경에 대해 서술하는 것도 가능하다. 또, 결과술어 형용사가 객관적이고 중립적인 의미가 아닌 화자의 평가를 반영하는 의미로 해석되기도 하며, 나아가 예상에서 어긋나는

결과를 표시할 수도 있음을 알았다. 다시 말해 중국어 결과구문의 범위와 유형은 영어에 비하여 통사적인 측면에서 그리고 의미적인 측면에서 더 넓고 다양하다고 할 수 있다. 영어와 한국어, 그리고 중국어 결과구문 간의 공통점과 차이점에 대해서는 아래 6장에서 자세히 다시 다루기로 한다.

2.3. 한국어 결과구문에 대한 개념 정의 및 범위 구획

위 2.1.1에서 살펴보았듯이 결과구문은 통사·의미적으로 매우 특수한 구조를 가진다. 따라서 전통적인 관점에서 결과구문으로 인정받기 위해서는 몇 가지 엄격한 조건과 제약들을 만족시켜야만 한다. 결과구문에 대한 선도적이고 핵심적인 연구들이 영문법 쪽에서 이루어졌기에 다른 개별언어에서의 결과구문 연구는 영문법의 연구 성과를 기준으로 이루어진 경향이 있다. 즉 각 개별 언어에 영어 결과구문과 평행한 결과 표현이 있는가를 찾는 연구들이 이루어졌는데 한국어에서도 Wechsler & Noh(2000)와 같은 연구들이 그러한 경우에 속한다. 이들 연구는 영어 결과구문에 상응하는 한국어 결과구문 형식을 제시하고 영어와 대비하여 한국어 결과구문이 가지는 통사적·의미적 특징 및 제약을 밝히는 등 일정한 성과를 거두었다.

하지만 결과구문에 대한 정의 자체가 영어의 특징을 바탕으로 내려졌기 때문에 이러한 기준을 만족시키는가를 기준으로 다른 언어의 결과구문을 판정하는 것은 무리가 따를 수밖에 없다. 실제로 결과구문에 대한 교차언어적 연구들에 의하면 언어마다 결과를 부호화하는 양상이 다르게 나타남이 알려지고 있다. 예를 들어 독일어나 덴마크어 등 게르만계 언어에서는 대체로 영어와 같은 결과구문이 성립되지만 프랑스어·스페인어 등 로만스어 계열에는 이와 동일한 구문이 거의 존재하지 않는다고 한다. 또한 개별 언어 특정적인 양상들도 밝혀지고 있는데 Wechsler & Noh(2000)에서는 한국어에 ECM 결과구문이 없음을 밝힌 반면, Williams(2008)에서는 중국어에는 ECM 결과구문이 영어보다 더 많을 뿐 아니라 주어 지향 타동사 결과구문도 훨씬 폭넓게 수용되므로 영어와 같이 DOR의 제약을 받지 않는다고 하였다. 따라서 영어 결과구문의 특징(특히 통사적 특징)을 기준으로 타 언어에서의 결과구문을 판별하고 획정 짓는 것은 필연적으로 한계에 부딪힐 수밖에 없다. 따라서 우선 한국어 결과구문의 개념을 확정하고 그 범위를 제시할 필요가 있다.

2.3.1. 한국어 결과구문의 개념

지금까지 한국어의 결과구문으로 가장 많이 거론된 것은 '-게 V'형식이다(금속을 평평하게 두드리다, 책상을 깨끗하게 닦다). 형용사 어간에 부사형 어미 '-게'가 결합하여 만들어진 'A게'형 부사어는 분명 한국어에서 상태변화를 표시하는 대표적인 형식임에 틀림없다. 하지만 그 통사적 지위에 대해서는 연구자들 간에 여러 이견이 있다. 즉, 부사어의 꼴을 취하고 있지만 2차 서술어이며 보충어라고 보는 견해가 있고, 2차 서술어지만 부가어일 뿐이라는 견해가 있으며, 2차 서술어 자체가 아니라는 견해가 있다. 이들을 2차 서술어로 인정한다 하더라도 의미상의 주어와 함께 '소절' (small clause)를 구성한다고 보는 입장과 한국어의 특성상 소절 구성은 성립하기 어렵다는 입장이 있다. 또 이들 'A게' 부사어는 표면상 주어가 없어 보이지만 사실은 pro 주어가 있는 '절'이라는 주장이 있으며, 대우법 선어말어미 '시'를 붙일 수 있는 경우와 없는 경우의 통사적 지위를 구분하여야 한다는 주장이 있다. 그 외 결과표시 요소가 '주어+술어' 구성으로 나타나는 경우 이를 부사절로 볼 것인가 접속절로 볼 것인가 하는 문제가 있을 뿐 아니라, "그는 목이 쉬게 울었다"와 같은 경우에 대하여 영어의 ECM 비능격 자동사 결과구문(He cried himself hoarse)과 평행한 한국어 결과구문으로 볼 수 있는지 여부를 놓고도 이견이 있다. 이러한 사실은 '-게' 부사형이 영어나 중국어 결과구문의 결과표시 요소들처럼 통사적으로 뚜렷한 지위를 가지지 못한다는 것을 뜻하며, 따라서 통사적 기준으로 한국어 결과구문을 획정하는 것이 어려울 것임을 말해준다.

　그런데, 최근의 연구들에 의하면 영어 결과구문을 정의하는 중요한 특징으로 알려져 온 제약들 중 영어 내부에서조차 완전히 적용되지 않는 예들이 발견되고 있다. 예를 들어, 결과를 나타내는 2차 술어는 반드시 문장의 목적어에 대한 서술이어야 한다는 직접목적어 제약(DOR)은 다음 (56), (57)과 같은 예문에서 부정된다. 밑줄로 표시된 결과표시 전치사구가 의미적으로 목적어(the star, mazurkars)가 아닌 주어(the wise man, John)를 서술하고 있기 때문이다. 또, Goldberg & Jackendoff (2004)에서 지적하듯이 영어 결과구문은 상적으로 telic하다는 믿음도 다음 (58)~(59)와 같은 경우 지켜지지 않는다. (58)은 결과술어 부분이 비교급으로 쓰여 사태가 종결되지 않았음을 나타내고 (59) 역시 'for hours'와 함께 쓰여 모순되지 않으므로 완성(accomplish)의 상황유형이 아님을 알 수 있다. 또, (60)의 경우 동작으로 해석하지 않고 상태가 지속되는 것으로 해석한다면 사건 자체가 성립되지 않는다.

　　(56) The wise men followed the star <u>out of Bethlehem</u>.

　　(57) John danced mazurkars <u>across the room</u>.

　　(58) For hours, Bill hammered the metal <u>ever flatter</u>.

　　(59) Bill floated <u>down the river (for hours)</u>.

　　(60) The road zigzagged <u>down the hill</u>.

　한편, 한국어 결과구문에 대한 최근의 연구들 중에는 한국어의 특성상 영어 결과구문의 통사적·의미적 기준을 그대로 적용시켜 결과구문을 판별할 수 없음을 말하는 연구들이 나오고 있다. 예를 들어, 오충연(2010)에서는 "결과구문의 기본적인 개념, 즉 원인에 해당하는 술어에 대하여 결과에 해당하는 서술이 공존하는 구문으로서 결과술어가 있는 문장이라는 전제만을 남겨두고 나머지 통사·의미론적 성격에 대해서는 개별언어적인 특성으로 다루고자 한다"라고 밝힌 바 있다. 또, 황주원(2011)에서는 "한국어 결과구문은 영어 결과구문과 달리 통사 구성 자체로 결과구문을 구성하지 못하고 1차 서술어와 2차 서술어의 밀접한 의미 관계를 제약 조건으로 하여 결과구문의 성립 여부가 결정된다. 한국어 결과구문 분석을 의미를 바탕으로 해야 하는 이유이다"라고 쓰고 있다. 본고는 기본적으로 이러한 생각에 동의한다.

또한 본고는 결과구문의 가장 본질적인 성격은 각각 구분되는 원인사건과 결과사건을 개념적으로 융합하여 이를 단문 구조 안에 언어적으로 반영한 형식이라는 데 있다고 본다. 여러 언어에서 이처럼 접속절이 아닌 단문의 구조 안에 원인과 결과를 나타내는 형식이 발견된다는 것은 그 자체로 다른 세부적인 차이를 덮을 만큼 중요한 통사적 공통점인 동시에 인간 인지의 보편적 경향을 말해주는 현상이라고 할 것이다. 이 글에서 결과구문을 정의하는 관점은 바로 이와 같은 생각을 바탕으로 하고 있다.

영어의 결과구문은 주동사가 가지는 의미로부터 2차술어가 나타내는 결과 의미가 예측되지 않는 경우가 많다. 또한 동사가 표시하는 의미와 해당 구문이 표시하는 의미의 합보다 실제 문장 의미의 총합이 더 크다고 말해진다. 이는 다시 말해 그 의미가 매우 불투명하다는 것이다. 반면 한국어 '-게+V' 구문의 경우는 동사의 의미로부터 결과술어의 의미가 대략적으로 예상되는 경우가 대부분이어서 영어 결과구문과 같은 정도의 뚜렷한 구문성은 나타나지 않는다고 알려져 있다. 이와 관련하여 와시오 류이치(1997)에서는 한국어에는 '弱결과구문(Weak Resultative)'과 '의사결과구문(Spurious Resultative)'만이 있을 뿐, 영어에서와 같은 '强결과구문(Strong Resultative)'은 없다고 한 바 있다.[34]

박소영의 일련의 연구들(2001, 2002, 2003) 역시 'A게 V'에서 결과 'A'의

내용은 주동사 V에서 거의 추측된다고 하였다. 또 한국어의 경우 결과구문에 쓰이는 동사들이 거의 상태변화를 함의하는 부류들이므로 결과구문에 의해 동사의 상적 특성이 극적으로 바뀌는 일은 드물다는 점을 지적하고 있다. 이러한 사실은 한국어에서 결과를 나타내는 형식을 적극적으로 '구문(construction)'이라고 주장하지 못한 원인이 되었다고 생각된다. 하지만 이른바 구문이라는 것이 즉각적으로 눈에 띌 만큼 그 의미와 구조가 특이해야 하는 것은 아니다.[35] 또한, 한국어의 모든 결과표시 형식들이 의미상 지극히 합성적이라고 볼 수도 없다.

예를 들어 '아버지가 철사를 둥글게 구부렸다'라는 문장에서 '구부리다'라는 동사가 대상의 물리적 변화를 유발하는 의미를 가지고 있어서 철사가 '둥글게' 되는 따위의 결과를 낳을 것이 예상되지만, 그렇다고 해서 전체 문장이 가지는 의미가 완전히 합성적으로 도출되지는 않는다는 것이다. 이는 '어머니는 아들이 합격하게 열심히 기도했다'라는 문장에서 유감스럽게도 '합격하게'가 결과로 읽히지 않는다는 사실과 대비할 때 보다 분명히 드러난다. 즉, 'X게+V' 구문에서 'X게' 자체는 확정된 결과를 표시하지 않으며 다만 결과로의 방향성을 나타낼 뿐이다. 이는 '-게'의 성격과 관련되는데, 원래 사동사(하다, 만들다, 시키다)와 함께 장형사동 구문을 구성하는 것이 원형적 기능인 '-게'는 결과를 유도할 뿐 그것의 실현을 담보하지는 않는다. 따라서 결과로 확정될지 아닐지는 동사가 표시하는 의미와

---

35) Bybee(2001:173)에서는 구문(construction)에 대해 다음과 같은 사용기반적 정의를 내리고 있다.

"Constructions are frequently used sequences of morphemes or words that bear a particular semantic or functional relation to one another when used together - a relation that they do not necessarily have outside that construction. Constructions have different degrees of conventionalization, as they come to be established in a language through repeated use."

"구문이란 함께 쓰였을 때 특정한 의미 또는 기능 관계를 갖게 되는 형태소 및 단어의 연속체가 빈번하게 사용되는 것으로서, 이때의 의미 기능 관계가 꼭 그 구문의 바깥에 있어야 하는 것은 아니다. 구문들의 관습화 정도는 구문마다 다르며 언어 안에서 반복 사용을 통해 성립된다."

구문이 나타내는 의미 간 상호작용에 의해 결정된다고 할 수 있다. 이런 점에서 우리는 'X게+V' 구문이 결과를 표시할 때 문장의 동사로부터 그 결과를 짐작할 수 있다 하더라도 전체 문장의 의미가 온전히 합성적인 것은 아니라고 본다. 또 무엇보다도 '아버지가 철사를 구부렸다'는 행위가 '아버지가 철사를 둥글게 만들었다'라는 결과를 낳는 수단·방편이 된다는 점이 명시되지 않았으므로 이 문장의 내부는 온전히 투명하다고 할 수 없다.

또 한 가지, 영어 결과구문의 경우 동사는 반드시 목적어가 나타내는 대상에 영향을 끼쳐야 하는데 이를 Simpson(1983:146)에서 '필수적 영향 제약(necessary effect constraint)'이라고 한 바 있다. 이때 영향이라 함은 물리적이고 구체적인 영향을 뜻하는 것이며 대상 전체에 빠짐없이 적용되는 영향이라야 한다. 따라서 대상에 일어난 변화가 추상적인 영역에 속하거나 그 영향이 대상 전체에 골고루 미치지 않는 경우, 영어에서는 전형적인 형용사 결과구문으로 쓸 수 없다. 이때는 "Alice painted her room beautifully."의 예에서 보듯이 결과의 2차 서술어에 형용사가 올 수 없고 부사형을 써야 한다. 하지만 이는 Simpson 자신이 밝히고 있듯이 언어 특정적인(language-particular) 의미 제약으로서 이를 한국어 결과구문에 적용할 필요는 없는 것으로 생각된다. 본고에서는 'AP게+V', 'NP로+V', 'V₁어 V₂' 등을 한국어 결과구문의 핵심적인 구성원으로 보고 있는데, 예를 들어 "영희는 철수를 믿음직하게 생각한다", "영희는 철수를 그냥 친구로 본다.", "영희는 철수의 말을 알아들었다"36)와 같은 경우, 동사가 대상에게 끼치는 영향이 가시적으로 나타나지 않지만 가시적인 영향이 드러나는 경우와(예: 영희는 바닥을 깨끗하게 닦았다.) 마찬가지로 결과구문 형식으로 실현되고 있다. 한국어의 실제가 이러한데 굳이 이들을 분리하여 대상에 분명한 영향을 미

---

36) 'V₁어V₂' 형식에서 결과를 나타내는 것은 일반적으로 'V₂'이다. 실세계의 시간의 흐름을 도상적(iconic)으로 반영한다는 점에서 동사 연결 구성에서 원인보다 결과가 뒤에 오는 것은 자연스러운 일이라 할 수 있다. 하지만 '알아 듣다, 알아 보다, 여겨 듣다, 여겨 알다, 달아 매다' 등 일부 예는 결과가 전치하는 경우에 해당된다.

치는 부류만을 결과구문이라고 할 이유는 없을 것이다.

지금까지 제시한 여러 사항들을 종합할 때, 한국어에서 '원인(선행행위)-결과' 복합사건을 단문으로 표시하는 형식은 이른바 영어 결과구문과 많은 점에서 간과할 수 없는 차이가 존재한다. 그 차이를 정리하면 다음과 같다.

첫째, 결과를 나타내는 제2술어의 통사적 지위가 확실하지 않다.

둘째, ECM 결과구문이 없다. 즉 거짓 목적어를 취하는 경우가 없다.

셋째, 직접목적어 제약(DOR)을 받지 않는다. 즉 결과술어는 문장의 목적어 외에 다른 성분을 서술할 수도 있다.

넷째, 결과구문이 나타내는 결과가 취소될 수도 있다.

다섯째, 결과를 나타내는 형용사에 등급성과 척도 개방성에 따른 제약이 없다.

여섯째, 동사의 의미에서 대체로 결과 상태를 짐작할 수 있는 경우가 많다.

일곱째, 동사가 대상에 미치는 영향이 반드시 가시적이어야 하는 것은 아니다.

이처럼 영어 결과구문과 한국어의 결과 표시 형식 간에는 많은 차이가 존재한다. 물론 이들 중 일부에 대해서는 영어의 제약을 만족시키는 예들에 한정하여 결과구문으로 인정한다고 규정할 수도 있을 것이다. 예를 들어 일곱 번째 차이의 경우, 동사의 영향이 가시적인 결과로 나타나는 경우에 한정한다고 규정한 후 한국어 결과구문을 정의할 수도 있다는 것이다. 하지만 그와 같이 영어 결과구문이 가지는 특성과 제약에 기대어 한국어 결과구문을 정의·구획·판별하는 것은 오히려 한국어의 실질을 놓치는 요인이 될 수 있다. 특정한 의미 범주를 표시하는 특정한 형식이 복수의 언어에서 공통으로 발견된다 할지라도 어디서 어디까지를 같은 범주로 보아 동일 형식으로 나타낼지는 개별 언어별로 다르게 나타날 수 있기 때문이다. 따라서 이 글에서는 한국어 결과구문에 대하여 별도의 개념을 세우고 이를 기준으로 이후의 논의를 전개하기로 한다. 결론적으로 본고에서 말하는 한국어 결과구문의 개념은 다음과 같다.

"한국어에서 '결과'의 의미를 표시하는 형식으로서 고빈도로 사용되고 그리하여 관습화된 단문 구조의 단어 연쇄로서, 원인과 결과를 나타내는 부분이 공존하는 논항구조 구문"

위의 정의는 통사보다는 의미적인 특징에 보다 주목하는 정의라고 할 수 있다. 또 특정 의미가 특정 형식을 통해 고빈도로 표시된다는 사실을 구문의 가장 기본적인 요건으로 보는 것이기도 한데 이는 Bybee(2001, 2006),[37] Goldberg(1995, 2006) 등에서 제시하고 있는 구문(construction)의 개념에도 부합하는 것이다. 통사적으로는 원인 사건과 결과 사건이 단문의 범위 안에 통합되어 나타나는지를 기준으로 삼되, 결과표시 요소의 통사적 자격이 결과구문 판정의 관건이 된다고 보지는 않는다.

본고는 결과구문을 고찰함에 있어 부분적으로 구문문법(Construction Grammar)적 시각에서의 접근을 시도할 것이다. 영어 결과구문을 구문문

---

37) Bybee(2001)의 관련 내용에 대해서는 위 각주 (47)을 참조할 것. 한편, Bybee(2006)에서는 다음과 같은 내용을 볼 수 있다.

"From a grammarian's point of view, constructions are identifiable because they are groupings of words that have idiosyncratic behavior at some level: they might be formally special, but more often they take on an unpredictable meaning or pragmatic effect (Fillmore, Kay, and O'Connor 1988; Goldberg 1995). From the broader perspective of usage-based theory, however, constructions can be viewed as processing units or chunks —sequences of words (or morphemes) that have been used often enough to be accessed together. This would mean that word sequences that are often used are constructions even if they do not have idiosyncrasies of meaning or form (Bybee 2006; Goldberg 2006a)

"문법론자들의 관점에서는 구문이란 어느 정도 특이한 행동을 보이는 단어들의 모음이기 때문에 쉽게 알아볼 수 있다고 여겨진다. 구문은 형식적으로 독특할 수도 있지만 그보다는 예측되지 않는 의미나 화용적 효과를 가지는 경우가 많다. 사용기반 이론의 더 넓은 관점에서 보면 구문이란 처리 단위 혹은 청크라고 볼 수 있는데, 이는 한 덩어리로 접근되기에 충분할 만큼 자주 사용되는 단어 혹은 형태소들의 연쇄를 말한다. 이는 의미와 형태에서 특이성을 가지지 않는다 하더라도 자주 사용되는 단어 연쇄라면 구문이라는 뜻이다."

법적 시각에서 분석하고 있는 Goldberg & Jackendoff(2004:538)에서는 결과구문에 대한 구문문법적 접근의 요체를 다음과 같이 설명하고 있다. 결과구문 문장에는 두 가지의 하위사건(subevent)이 있는데 그중 하나는 문장의 주동사에 의해 결정되는 동사사건(verbal subevent)이고 다른 하나는 구문에 의해 결정되는 구문사건(constructional subevent)이다. 그런데, 전체 결과구문 문장은 이들 두 하위사건의 단순 합보다 더 많은 것을 의미한다. 예를 들어 "Willy watered the plants flat."이라는 문장은 단순히 Willy가 행한 두 가지 일, 즉 "Willy watered the plants."와 "Willy made the plants flat." 을 합한 것이 아니라 이 두 가지 사건이 연결되어 있음을 뜻한다. 즉, "Willy made the plants flat by watering them."을 의미한다는 것인데, 이때 동사사건은 구문사건을 발생시키는 수단이 된다. 다시 말해 동사는 자신이 원래부터 가지는 의미를 지닌 채 구문의 틀 속에 들어가고, 구문은 그 자체로 '결과'의 의미를 발생시키는데, 이 두 의미가 연관 관계 속으로 통합됨으로써 전체 문장의 의미가 도출된다는 것이다.

또한 Goldberg(1995)에서는 이른바 기본문이라고 불리는 단문의 논항구조 구문들이 상속관계를 통하여 서로 연결되어 있으며 각 논항구조 구문의 내부 구성원들은 다의적으로 연관되어 있다고 일관되게 주장하고 있다. 이러한 시각은 이 글의 기본 생각과 부합되는데, 우리는 한국어에서 결과를 표시하는 형식들이 내적으로 연관되어 있다고 생각하며 그 관계를 파악하고자 하는 것을 중요한 연구 목표의 하나로 삼고 있기 때문이다. 더불어 본고의 주된 관심사는 특정 형식을 결과구문으로 인정할 수 있느냐 없느냐를 따지는 것보다는 한국어에서 '결과'의 의미를 부호화하는 형식들이 서로 어떻게 연결되며 각기 어떤 차별적인 의미·기능을 담당함으로써 전체를 완전하게 구성하는 데 기여하는가를 살피는 데 있다.

이에 우리는 위에서 제시한 바 있는 구문문법의 관점을 받아들여 상태변화의 결과뿐만 아니라 위치변화를 나타내는 결과 역시 고찰의 대상으로 삼을 것이며, 만일 그 밖에 또 다른 종류의 변화가 규칙적으로 표시된다면 그 역시 논의의 대상에 포함시킬 것이다. 하지만 이 글은 위치변화를 나타내는 이동사건에 대한 본격적인 논의가 아니므로 모든 위치변화 표시 형식을 다루지는 않고 상태변화와 밀접하게 연관된 이동사건을 중심으로 다루게 될 것이다.

한편 우리는 아래에서 한국어의 결과구문을 고찰함에 있어 종종 영어 및 중국어의 결과구문과 비교를 시도할 것이다. 한국어 결과구문은 그 자체로 충족적인 개념이라고 하기는 어려운데, 결과의 의미와 이를 표시하는 형태가 독점적으로 대응하는 것이 아니기 때문이다. 따라서 결과구문 범주가 보다 뚜렷하게 정립되어 있는 타 언어와의 비교 고찰이 필수적으로 요구된다 하겠으며 이러한 비교 고찰을 통하여 한국어 내부만을 들여다보아서는 파악하기 어려운 통찰을 얻을 수 있을 것으로 기대한다.

2.3.2. 한국어 결과구문의 유형

한국어의 결과구문에 대해서는 비록 양적으로 많지는 않으나 꾸준히 연구가 이어지고 있다고 할 수 있다. 하지만 아직까지 '-게+V' 구문 외에 한국어의 결과구문 유형들로 어떤 것들이 있는가에 대한 합의가 이루어지지는 않은 것으로 보인다. 다만 몇몇 연구들에서 특정한 형식을 한국어의 결과구문으로 볼 것을 제안한 예가 있다.

우선, 국어의 2차 서술어 구문에 대한 연구인 양정석(2002a:39~48)에서는 '-게' 외에 '로'를 가진 조사구(후치사구)도 결과술어를 구성할 수 있다고 하며 "어머니가 고추를 <u>고운 가루로</u> 빻았다."와 같은 예문을 제시하고 있다. 아울러 비록 결과구문에 포함시키지는 않았지만 '판정구문'이라는 이름 하에 "철수는 영호를 <u>천재로</u> 생각한다."의 '천재로' 역시 2차 술어가 될 수 있음을 말한 바 있다.[38] 또 오충연(2010)에서는 결과가 전치하는 '-게+V'

---

[38] 양정석(2002a)에서는 "-게 만들다"의 장형사동 형식도 결과구문으로 보고 있다. 하지만 본

형식 외에, 결과가 후치하는 '영희가 <u>걸려 넘어졌다</u>.' '철수가 도서관에 <u>와 있다</u>.'와 같은 'V₁어 V₂' 형식도 한국어의 결과구문으로 볼 수 있음을 주장하였다.39) 황주원(2011)에서는 선행연구들에서 결과구문으로 제시된 바 있는 형식들을 모아 몇 가지 기준을 통해 그 적격성을 검토하였다. 이때 통사가 아닌 의미적 특징을 기준으로 하였는데, 그 결과 '-게+V', '-도록+V', '-이/히+V', '-로+V', 'V₁어 V₂' 등의 형식을 한국어의 결과구문으로 볼 수 있다 하며 가장 다양한 형식을 제시한 바 있다.

본고에서는 선행연구들에서 결과구문으로서의 가능성이 제기된 바 있는 형식들을 적극적으로 수용·검토할 것이다. 또한 위치변화를 나타내는 경우 및 인식의 변화,40) 나아가 존재적 변화41)를 나타내는 경우도 결과구문의 범위 안에서 다루고 있음을 밝힌다. 하지만, 결과구문의 본령은 역시 상태변화를 표시하는 것이므로 한국어 결과구문의 주요 유형을 선정함에 있어서도 상태변화를 전담하여 나타내거나 혹은 상태변화 및 위치변화의 결과를 모두 나타낼 수 있는 형식들을 우선적으로 고려할 것이다.

고에서는 '만들다, 하다, 시키다'와 같은 동사의 경우 그 어휘의미 자체가 결과구문의 의미구조에 상응하며 결과에 대가 되는 원인 행위를 상정할 수 없다는 점에서 '-게 만들다/하다/시키다' 등을 결과구문의 범위에서 제외한다.

39) 이때 원인성분과 결과성분의 위치를 분명하게 밝히고 그것이 서술어임을 말하기 위하여 각각 'Pr게 Pc'와 'Pc어 Pr'로 표시하였다. (P=Predicate, c=cause, r=result)

40) 인식의 변화를 나타내는 경우는 '그를 <u>유능하게</u> 생각하다' '그를 <u>천재로</u> 여기다' '그의 말을 <u>알아</u> 듣다' 등의 표현이 포함된다. 인식의 변화는 크게 보아 상태 변화에 포함시킬 수 있다. 객관세계의 변화는 아니라 할지라도 개념화자의 인식 속에서 대상에게 발생하는 상태변화로 볼 수 있기 때문이다. 이와 관련하여 〈세종 전자사전-용언사전〉에서도 다음과 같은 경우의 'NP로'에 결과상태역(Final State)을 부과하고 있다.

ex) · 철수는 영수를 <u>안내자로</u> 생각했다.
　　· 아버지는 다 큰 자식을 아직도 <u>어린애로</u> 여겼다.
　　· 그는 현실을 무척 <u>긍정적으로</u> 본다.

41) 존재적 변화란 새로운 개체의 생겨남(혹은 소실)에 관한 변화를 말한다. 본고에서 다루는 형식 중 이른바 산출구문이 존재적 변화와 관련된다고 할 수 있다. 그런데 이러한 경우는 일반적인 상태변화에 비하여 그 변화의 폭이 상대적으로 크고 변화의 성격이 보다 근본적이어서 '변화' 보다는 '산출(창조)'로 여겨지는 것일 뿐 기본적으로 상태 변화의 일종이라고 볼 수 있을 것이다.

결론적으로 이러한 조건을 만족하는 형식으로는 'AP게 V', 'NP로 V', 'V₁
어 V₂' 등이 있다. 이들은 기본적으로 결과표시 요소의 문법범주에 따라 분
화되는데, 이 글에서는 결과표시 요소가 형용사성일 때 그 대표형을 'AP게
V'로 보고, 결과표시 요소가 명사성이거나 동사성일 때는 각각 'NP로 V'와
'V₁어 V₂'를 대표형으로 삼는다. 그 외에 결과의 의미를 일부 표시하기는 하
나 이들만큼 전형적이지는 않은 형식들에 대해서는 결과 구문 범주를 형
성하는 주변적 요소들로 보고자 한다. 우선 각 대표형 별로 그것이 표시하
는 의미와 전형적인 예를 제시하면 다음과 같다.

(61) 'AP게 V'형

　　ㄱ. 아버지가 철사를 <u>둥그렇게</u> 구부리셨다.　　　　（상태변화）

　　ㄴ. 세탁 후 스웨터가 <u>아주 작게</u> 줄어 버렸다.　　　（상태변화）

(62) 'NP로 V'형

　　ㄱ. 그 소식을 듣고 그는 급히 <u>상해로</u> 날아갔다.　　（위치변화）

　　ㄴ. 그는 낚시에 걸린 물고기를 <u>수면 위로</u> 끌어 올렸다.　（위치변화）

　　ㄷ. 불과 30년 전의 미나리꽝이 <u>아파트촌으로</u> 개발됐다.　（상태변화）

　　ㄹ. 다음 한국어 문장을 <u>자연스런 중국어로</u> 번역하시오.　（상태변화）

(63) 'V₁어 V₂'형

　　ㄱ. 저금통을 열자 동전이 우르르 쏟아져 <u>나왔다</u>.　　（위치변화）

　　ㄴ. 어머니가 선반 위의 보따리를 끌어 <u>내리셨다</u>.　　（위치변화）

　　ㄷ. 추위에 수도관이 얼어 <u>터졌다</u>.　　　　　　　（상태변화）

　　ㄹ. 화가 치민 그는 휴대폰을 밟아 <u>부수었다</u>.　　　（상태변화）

우선 (61)의 'AP게 V' 구문은 한국어에서 상태변화의 결과를 나타내는
가장 대표적인 형식이라 할 수 있으며 영어의 결과구문과도 가장 유사한

특징을 보인다. 결과 표시 요소가 형용사이므로 결과 상태를 표시하기에 가장 적합한 반면 위치변화의 결과를 표시하지는 못한다. (61ㄱ)과 (61ㄴ)은 각각 영어의 '타동사 통제(control) 결과구문' 및 '비대격 자동사 통제 결과구문'과 대응된다. 한편 결과표시 요소가 절의 형식을 띠는 다음과 같은 예들은 영어의 '비능격 자동사 ECM 결과구문'과 비교되며 선행연구들에서 지속적인 관심의 대상이 되어왔다.

(64) ㄱ. 영희는 <u>신발이 닳게</u> 걸어 다녔다.　　　(상태변화-정도, 결과)
　　　ㄴ. 그 말에 우리는 <u>배꼽이 빠지게</u> 웃었다.　　(상태변화-정도)

이러한 예들을 결과구문으로 볼 수 있느냐 하는 문제가 90년대부터 2000년대 초중반까지 주로 통사적인 측면에서 집중적으로 다루어졌다. 초반의 연구들에서는 위 밑줄 친 부분을 보충어로 인정하는 쪽이었다면 근래에 올수록 보충어가 아닌 부가어로 보는 경향이 있다. 본고에서는 결과표시 요소의 통사적 지위로 결과구문을 획정하는 것은 한국어의 실질에 맞지 않다고 보고 위에서 한국어 결과구문에 대한 새로운 정의를 도입한 바 있다.

위 (64)의 밑줄 친 부분은 동사가 나타내는 행위의 정도를 표시하는 동시에 주어에 대한 서술로서 접속절로 보이지 않는다는 점에서 이 글에서 정의한 통사적 기준을 만족시키며, 의미상 동사의 행위로 인한 결과 상태를 나타낸다는 점에서 의미적 기준을 만족시킨다. 또한 이들은 관용어처럼 고정된 표현을 이루어 고빈도로 쓰이고 있다. 다만 이들 표현이 과장의 어기를 띠면서 행위의 '정도'를 표시한다는 점은 언급되어야 할 부분이다. 즉 결과표시의 외형을 빌리고 있지만 그 주된 목적은 정도를 표시하는 데 있다고 생각되는 것이다. 또 결과의 실현 여부가 불투명하거나 불가능하다는 점도 약점으로 남는다. 그러나 이러한 수사법적인 표현에까지 엄밀한 결과 실현을 문제 삼는 것은 적절치 못하다. (64ㄴ)의 경우 '배꼽이 빠지는' 결과가 실현된 것으로 가정함에서 과장의 느낌이 생겨나기 때문이다.

우리는 위 예들이 논리적으로 인과관계를 구성하고 있으며, 비록 형용사는 아니지만 의미상 '고(高)정도성'을 띠면서 관용적으로 쓰이고 밑줄 친 부분 전체가 동사의 논항(여기서는 주어)의 결과 상태를 표시한다고 보아 결과구문의 범위 안에 포함시킨다. 다만 (61)의 예들만큼 전형적인 요소로 생각하지는 않는다.

한편 어미 '-게'의 선행어가 동사이고 특히 절을 이끄는 경우 아래 (65)와 같이 '의도' 혹은 '목적'으로 해석되기도 하는데 우리는 이들을 결과구문으로 보기 어렵다는 입장을 취한다. 우선 (65)의 예들은 일반적으로 종속접속절로 생각된다. 부사절과 종속접속절에 대한 국어학계의 논의는 매우 긴 이야기가 될 뿐 아니라 이미 널리 알려져 있으므로 여기서 상세히 되풀이 하지는 않는다. 다만, '-게'가 이끄는 절이 부사절인가 접속절인가 하는 것은 이분법적으로 일도양단할 수 있는 문제가 아니라 '-게'와 결합하는 요소의 문법적 범주, 의미의 확장 여부, 선행절과 후행절 간 의미관계 등 변수에 따라 다양한 단계가 존재한다고 보아야 할 것이다. 하지만 적어도 (65)와 같이 어미 '-게'가 동사에 결합하는 경우는 선어말어미가 붙을 수 있는 등 정형절로서의 성격이 강하다. 따라서 '-게'가 (61)과 같이 형용사에 붙는 경우는 물론 (64)와 같이 관용적 성격의 절에 결합하는 경우에 비해서도 접속절의 성격이 강하다고 볼 수 있다.

(65) ㄱ. 민호는 <u>어머니가 주무시게</u> 불을 껐다.　　(목적)

　　　ㄴ. 민호는 <u>밖이 잘 보이게</u> 창문을 열었다.　　(목적)

한편 '목적'은 일종의 '실현되지 않은 결과'로 볼 수 있다는 점에서 두 범주 사이의 의미적 친연성이 인정된다. 그러나 이 글에서 말하는 '결과'는 그 자체로 상(相)적인 속성을 가지는 개념으로서 어떤 사태의 자연적인 전개가 도달하는 마지막의 단계를 뜻하는 것인 반면, '의도'와 '목적'은 비록 실현되지는 않았으나 행위에 선행하여 주체의 인식 속에 존재하는 것이다. 따라서 (65ㄱ)의 경우 민호는 '어머니가 주무시는' 결과를 의도하고 불을 껐지만 그럼에도 불구하고 어머니는 주무시지 않았을 가능성이 작지 않다. 우리는 이처럼 시간적·상적 특성을 역행하는 예까지 결과구문으로 받아들이는 것은 범주 설정의 의의 자체를 약화시키는 것이라고 생각한다.

어미 '-게'가 절에 통합된 경우를 결과구문으로 인정하지 않은 견해로는 Yeo(2006), Son(2008), Park, M.-K.(2010) 등이 있다(홍기선 2011:1146~1152 참조). 특히 Yeo(2006)는 몇 가지 이유[42]를 제시하며 위 형식이 의미상 실현된 결과상태를 나타내는 것이 아님을 문제 삼았고, Son(2008)에서도 결과보다는 '정도' 혹은 '목적'의 의미를 표시함을 지적하였다. 이 문제와 관련하여 홍기선(2011)에서는 의미상 '목적'이나 '정도'로 규정하는 것보다 '실현된 결과'와 '기대되는 결과' 양쪽을 모두 포함하는 절로 이해하는 것이 '-게'를 더 적절하게 설명할 수 있다고 주장한다. 이러한 방식은 동일한 형태에 대하여 동일 기준의 해석을 적용할 수 있다는 점에서 분명한 이점이 있으나 그것을 결과구문의 범위 결정에까지 적용하기는 어려워 보인다. 즉 '결과 실현'을 기본(default) 해석으로 가지지 않는 형식을 결과구문으로 설정하는 것은 무리라고 생각하는 것이다.

정리하면, 이 글에서는 (61)과 같은 경우를 '-게 V'형 결과구문의 대표형으로 삼는다. '-게'가 절을 이끄는 경우에 대해서는 (64)와 같이 논항의 변화 상태를 서술하면서 '정도'의 범주와 교차하는 경우에는 결과구문의 주변형으로 보되, (65)와 같이 동사의 논항과 주술관계를 맺지 않고 '목적'을

---

42) 첫째, DOR을 위배한다.
　　둘째, 비능격 동사 외에도 다양한 종류의 동사가 쓰인다.
　　셋째, '-게'를 '-도록'으로 대체할 수 있다.
　　넷째, 2차술어에 과장 표현을 허용하는 것도 이 형식이 실현된 결과를 표시하는 것이 아니기
　　　　때문이다.

표시하는 경우에는 결과구문 논의에서 제외하기로 한다.

한편, 위에서 결과의 의미를 일부 표시하기는 하나 전형적이지 않은 형식들에 대해서는 결과구문 범주의 주변적 구성원으로 보겠다고 하였는데, 그중 하나로 '-도록 V' 형식을 들 수 있다. '-도록'은 경우에 따라 '-게'와 호환되어 쓰일 수 있다는 점[43]에서 일찍부터 결과구문 논의에 등장하였다. 하지만 다음 예들에서 보듯 '-도록' 결합형은 '도급(到及)'이나 '정도', 혹은 '목적'으로 읽히는 경향이 강하여 결과범주의 핵심적 구성요소라고 보기 어렵다.[44]

(66) ㄱ. 그들은 <u>해가 중천에 뜨도록</u> 늦잠을 잤다.　　　(도급)

　　 ㄴ. 민호는 <u>팔이 뻐근하도록</u> 글을 썼다.　　　(도급-정도)

　　 ㄷ. 민호는 그녀를 <u>죽도록</u> 사랑했다.　　　(정도)

　　 ㄹ. 민호는 <u>상처가 덧나지 않도록</u> 소염제를 먹었다.　(목적)

　　 ㅁ. 할머니는 머리를 '<u>곱도록</u> 빗으셨다.　　　(결과-상태)

'-도록'은 원래 '도급(到及)'의 의미, 즉 선행 동사가 나타내는 시간적 지점까지 후행 행위가 지속됨을 나타내는 어미였던 것이 점차 그 의미가 확장되어 '정도' 혹은 '목적'을 나타내게 된 것으로 알려졌다.[45] 위 (66ㄴ)의

---

43) 결과구문 형식과 관련하여 '-도록'이 '-게'와 교체 가능한 것은 주로 절 단위와 결합할 때이다.

44) 윤평현(1988b, 2005)에서 '-도록'을 '-게'와 함께 결과관계 접속어미로 본 것은 실현된 결과만이 아니라 '예상되는 결과'까지 결과로 파악했기 때문이다. 동 연구에서 제시한 예문은 다음과 같다.

ex) · 물이 잘 빠지 {게, 도록} 철수가 하수구를 고쳤다.
　　 · 배탈이 나지 않 {게, 도록} 날 것을 먹지 마라.　　(윤평현 2005:358)

45) '-도록'은 최현배(1937) 이래로 '도급형(到及形, 미침꼴)' 연결어미로 다루어져 왔는데, '도급'이란 후행 사건이 계속되어 오다가 '-도록'이 나타내는 지점에까지 미침을 나타낸다. '-도록'이 가지는 의미의 역사적 변천과정에 관해서는 "석주연(2006), '-도록'의 의미와 문법에 대한 통시적 고찰, 『한국어 의미학』 19, 한국어 의미학회."를 참조하였다. 또, '-도록'이 가지는 '도급, 정도, 목적' 등의 의미와 '결과' 의미의 상관관계에 대해서는 "오윤경 · 신연수(2015), '-도록'의 의미-도급에서 온 목적, 『국어학』 제74집, 국어학회, 267~302."을 참조하였다.

'팔이 뻐근하도록'이 '팔이 뻐근할 정도로'와 '팔이 뻐근할 때까지'의 의미로 해석될 수 있음에서 보듯이 '도급'의 의미는 '정도'의 의미와 밀접하게 연관되어 있다. 한편 '정도'의 의미는 다시 '결과'와도 긴밀히 연결된다. (66ㄴ)에서 '팔이 뻐근하다'는 것은 '글을 썼다'라는 행위 끝에 민호에게 나타난 결과 상태로 볼 수 있기 때문이다. 그러나 '-도록'은 (66ㅁ)에서 보듯 전형적인 성질 형용사와 결합하지 못하므로 (61)과 같은 대표적인 상태변화 표시 결과구문을 구성할 수 없다. 또 (66ㄹ)과 같이 일차적으로 '목적'의 의미로 읽히는 경우, 우리는 비록 그것이 예상된 결과라고 하더라도 결과 표시 구문으로 인정하지 않기로 하였다. 결론적으로 'XP도록'이 결과의 의미를 가지는 것은 (66ㄴ)~(66ㄷ)과 같이 '정도'를 나타내는 경우에 한정된다. 즉, 정도 표시 기능에 힘입어 결과범주와 일부 교차하는 지점이 있는 것이다. 따라서 'XP도록 V'는 결과구문 범주를 구성하는 한 요소이기는 하지만 한국어 결과구문의 전형적 형식이라 할 수는 없다.[46)]

다음으로 살펴볼 대상은 형용사 어근에 부사화 형태소 '-이/히'가 붙은 '높이, 멀리, 말끔히, 조용히'와 같은 예들인데, 이들이 아래와 같이 'A게'형과 동일하게 결과를 표시하는 것으로 읽히는 경우가 있기 때문이다.

   (67) ㄱ. 영희가 책상을 <u>깨끗이</u> 닦았다.

       ㄴ. 어머니가 창고를 <u>말끔히</u> 치웠다.

       ㄷ. 영희가 옷을 <u>빳빳이</u> 다렸다.

       ㄹ. 봄비가 대지를 <u>촉촉이</u> 적셨다.

---

46) 견해에 따라 '-도록' 결합형을 결과표시 요소로 보는 경우도 있다. 박철우·김종명(2005) 및 이를 바탕으로 한 〈세종전자사전〉에서는 일부 '-도록' 결합형을 논항성 부사어로 보고 '결과 상태(Final State)' 의미역을 부과하고 있다. 해당 예문으로 다음과 같은 것들이 있다.
  ex) ㄱ. 내가 철수를 수업에 빠지도록 꼬드겼다.
     ㄴ. 기영이는 자기와 동생이 함께 지낼 수 있도록 주인에게 사정사정했다.
  반면, '-도록' 및 '-게'가 일차적으로 '목적'을 표시하는 경우, 결과 구문 논의에서 제외하는 견해들도 있다. Yeo(2006), Son(2008), Park, D.-W(2010) 등이 이에 속한다.

'-이'와 '-게'는 중세국어 시기부터 이미 부사화소로 사용되어 왔다. 이 시기 '-이'는 부사형 어미와 접미사의 기능을 모두 가지고 있었으며 분포 및 결합에 있어 그 세력이 훨씬 크고 생산적이었으나 역사적으로 점점 '-게'에 의해 그 사용 영역을 잠식당해 왔으며, 특히 현대 국어에 이르러서는 '-이'가 가졌던 술어적 기능은 '-게'로 대체되었다고 알려져 있다.[47] 공시적으로 '-이' 결합형들을 무엇으로 볼 것인가에 대해서는 몇 가지 이견이 있으나,[48] 대체로 파생 부사로 보는 것에 합의가 이루어진 듯하다. 즉 '-이'는 부사화 파생접사로, '-게'는 굴절어미로 보는 견해가 일반적이다.[49] '-이'를 파생접사로 보는 이유 중 하나로 '-이'와 결합할 수 있는 선행어가 제한적이라는 사실을 들 수 있다. 즉, '-이'는 형용사와 결합할 뿐 동작동사와는 결합하지 않으며, 형용사 중에서도 결합이 제한적인 부류들이 있다. 또, '-이'의 선행어기로는 '깨끗-, 조용-'과 같은 비자립적 어근이 올 수 있는 반면, '-게'는 활용의 단위인 어간과 결합한다는 점도 중요한 차이라 할 수 있다.

한편, 이와 더불어 서술 기능의 유무 혹은 많고 적음이 'A게'형과 'A이'형의 중요한 차이로 지적된다. 즉, 전자는 부사어로서의 기능 외에 문장 안의 논항을 서술하는 기능을 가지는 반면, 후자는 그러한 기능이 없거나 미약하다는 것이다. 예를 들어 장영준(2000:133~161)에서는 제2서술어가 등장하는 각종 문장에서의 채택 양상을 근거로 'A게'는 명사 논항을 필요로 하는 형용사 서술어인 반면, 'A이'는 동사를 수식하는 전형적인 부사임을

---

47) '-이'와 '-게'의 교체, 혹은 '-게'의 확장에 관한 통시적 연구로는 이광정(1983), 이승욱(1984), 박성현(1989), 방영심(2008) 등이 있다. 본고에서는 주로 방영심(2008)을 참고하였다.
48) '-이'의 문법 범주에 대한 연구는 대략 네 가지로 나누어진다(최정은 2009:2~3 인용).
   ① '-이'를 파생접사로 보는 견해: 허웅(1968, 1975), 박동근(1998), 남기심(2001), 황화상(2006)
   ② '-이'를 부사형 어미로 보는 견해: 김영희(1976), 우순조(2001), 최웅환(2003)
   ③ '-이'를 통사적 접사로 보는 견해: 송철의(1992), 시정곤(1993)
   ④ '-이'를 부사형 어미와 파생 접사로 나누는 견해: 최현배(1961), 이양혜(2000), 이익섭(2003)
49) 최현배(1928), 홍종선(1990), 시정곤(1993, 1998) 등이 이러한 견해를 보이는 연구들이다.

주장하였다.50) 이때 본고의 연구 대상인 결과구문 역시 이러한 경우의 하나로 제시되고 있는데 옮겨 보면 다음과 같다.

    (68) ㄱ. *나는 그를 솔직히 생각한다.

        ㄴ. 나는 그를 솔직하게 생각한다.

        ㄷ. *존은 깡통을 납작히 눌렀다.

        ㄹ. 존은 깡통을 납작하게 눌렀다.

이처럼 부사어로서의 기능 외에 동일절 내의 명사성 성분에 대한 서술 기능을 가질 수 있다는 점이 '-이'형 부사에 대비하여 '-게'형 부사어가 가지는 차별적인 특징이라는 점이 국어학계에 널리 받아들여지고 있다. 이러한 사실은 '-이' 결합형과 '-게' 결합형이 모두 가능하지만 의미상으로 차이를 보이는 예들에서 보다 설득력 있게 증명된다.51) 예시하자면 다음과 같은 경우를 들 수 있다.

---

50) 장영준(2000)에서 제시한 예문들을 아래에 옮겨 본다. 이들은 각각 판정적 서술어, 묘사적 서술어, 결과 서술어, 목적절 서술어, 사역절 서술어에 해당되는 2차 서술어로 '-게'형을 취하고 있다. 반면, 아래 예문에서 '-이'형은 이러한 서술 기능을 가지지 못한다.
  ① ㄱ. *나는 그를 솔직히 생각한다.
     ㄴ. 나는 그를 솔직하게 생각한다.
  ② ㄱ. *존이 물고기를 신선히 먹는다.
     ㄴ. 존이 물고기를 신선하게 먹는다.
  ③ ㄱ. *존은 깡통을 납작히 눌렀다.
     ㄴ. 존은 깡통을 납작하게 눌렀다.
  ④ ㄱ. *방이 시원히, 문을 열어놓아라.
     ㄴ. 방이 시원하게, 문을 열어놓아라.
  ⑤ ㄱ. *두 기둥 사이의 거리를 멀리 하여라.
     ㄴ. 두 기둥 사이의 거리를 멀게 하여라.
51) 형용사 중에는 '-이'와 '-게' 중 어느 하나와만 결합할 수 있는 부류들이 있다. 위 논의에서는 이러한 부류를 제외하고 '-이'와 '-게' 양쪽 모두와 결합할 수 있는 예를 택하여 각각의 경우 의미 기능에 어떤 차이가 있는지를 살폈다.

(69) ㄱ. <u>분명히</u> 나는 글씨를 썼다.

　　　ㄴ. <u>분명하게</u> 나는 글씨를 썼다.

(70) ㄱ. 아버지께서는 철수를 <u>똑똑히</u> 보셨다.

　　　ㄴ. 아버지께서는 철수를 <u>똑똑하게</u> 보셨다.

(71) ㄱ. 운동을 열심히 해서 몸을 더욱 <u>단단히</u> 다져라.

　　　ㄴ. 운동을 열심히 해서 몸을 더욱 <u>단단하게</u> 다져라.

　　　　(이상, 최정은 2009:43~47에서 인용)

(72) ㄱ. 시계가 5분 <u>빨리</u> 간다.

　　　ㄴ. 시계가 5분 <u>빠르게</u> 간다.

　　　　(이상, 임홍빈 1976:43에서 인용)

위 (69)에서 (72)의 예들은 '-이'는 우리가 실제로 볼 수 없는 비가시적인 사물이나 사건을 나타내는 반면에, '-게'는 육안으로 확인되는 가시적인 사물이나 사건을 나타냄으로써 [+/-대상성] 자질에서 차이를 보인다는 임홍빈(1976)의 주장을 증명하는 예들로 제시된 것들이다. 그런데 이는 '-게' 결합형과 '-이' 결합형이 논항 서술 여부에서 차이를 보인다는 사실도 동시에 보여주는 것으로 생각된다. 우선 위 예들은 각각 '-이' 결합형인 ㄱ항과 '-게' 결합형인 ㄴ항을 가지는데 그 의미가 서로 다르게 읽힌다. 즉, (69ㄱ) 은 '분명히 썼다'는 사실을, (69ㄴ)은 '글씨가 분명하다'는 사실을 나타낸다. (70ㄱ)에서 '똑똑히'는 단순히 '보셨다'라는 행위를 수식하는 반면, (70ㄴ)의 내용은 '아버지의 인식 속에서 철수는 똑똑하다'의 뜻으로 해석된다. (71ㄱ)의 '단단히'는 '다지는' 행위를 확실하게 시행하라는 의미로, (71ㄴ)의 '단단하게'는 '몸이 야무지고 튼튼하게' 되도록 하라는 의미로 읽힌다. 같은 맥락에서 (72ㄱ)은 '(한 시간에) 5분 빨리 간다'라는 의미로, (72ㄴ) 은 '시계가 5분 빠르다'의 의미로 해석된다 할 때, 결과적으로 전자의 시계는 두 시간 뒤 10분 빠를 것이고 후자의 시계는 여전히 5분 빠른 시각을 가리킬 것이다. 이상의 예로써 우리는 '-이'가 서술의 기능을 가지지 않는 전형적인 부사와 동일한 행동을 보임을 알 수 있고, 따라서 'A이 V'형을 한국어의 결과구문으로 볼 수 없다는 결론에 이르게 된다.

하지만 위 (67)의 예들에서 'A이'는 모국어 화자의 직관에 비추어 'A게'와 다름없는 서술 기능을 가지는 것으로 읽힌다는 사실은 여전히 문제로 남는다. 이 문제에 대해 우리는 일부 'A이'형이 결과서술의 기능을 하는 것으로 읽힌다 하더라도 그것이 'A이'형 부사가 가지는 기본적인 기능은 아니라는 사실을 중시한다. 즉, 적어도 문중의 동일한 위치에 쓰였을 때 위 (69)~(72)의 예들과 반대로 'A이'형이 'A게'형보다 우선적으로 서술 기능을 하는 예는 찾을 수 없다는 것이다. 따라서 위 (67)과 같은 예들은 결과 표시의 기능을 인정하되 특정 어휘에 한정되는 예외적 경우로 보아 'A이 V' 형식을 한국어 결과구문의 대표적 형식으로 다루지 않을 것이다.

다음으로 'NP에 V' 형식에 대한 본고의 입장을 밝힐 필요가 있다. 앞서 우리는 명사성 성분으로 결과를 표시하는 한국어 결과구문의 대표형으로 'NP로 V'를 선정한다 하였는데 영어 전치사구 결과구문[52]에 의미상 대응되는 한국어의 조사구 결합형들 중 본고에서 유독 'NP로 V'형에 주목하는 이유는 그것이 상태변화와 위치변화를 모두 나타낼 수 있기 때문이며 나아가 격교체를 통하여 산출구문(결과목적어 구문)과도 연결된다고 생각하기 때문이다. 이에 대해서는 4장에서 다시 논한다.

'NP에'가 문제 되는 이유는 그것의 의미·기능이 'NP로'와 겹치는 부분이 많기 때문이다. 우선 이들은 공통적으로 '처소'를 나타낼 뿐 아니라 '원인' '도구' 등의 의미도 공통으로 가진다. 하지만 동시에 둘 사이에는 일정한 의미 차이가 감지되는데, 이러한 점에 주목하여 두 형식을 비교·고찰한 연구가 다수에 이른다.[53]

---

52) 영어 결과구문에서 결과를 표시하는 XP는 거의 형용사구 혹은 전치사구로 나타난다. 이때 전치사구를 이끄는 전치사로는 'to, into'를 비롯하여 'over, across, off, out of' 등이 다양하게 쓰인다.
53) 이러한 연구 중에는 이들 조사구와 서술어의 관계에 바탕하여 생겨나는 관계의미에 대한 연

한편 결과표시와 관련하여 이 글에서 주목하는 'NP에'의 기능은 그것이 '도착점'을 표시한다는 데 있다. 사실 도달의 실현이라는 측면에서는 'NP 에 V'가 'NP로 V'보다 더 확실하게 그 실현을 담보할 수 있다. 즉 'NP에 V' 형 식은 동사의 행위 끝에 모처에 도달함을 나타내므로 본고에서 '결과'의 구 성 요소 중 하나로 보고 있는 '위치변화의 결과'를 나타내는 형식이라고 할 수 있다. 같은 맥락으로 〈세종전자사전〉에서는 대부분의 'NP에' 논항에 '도착점(Goal)'의 의미역을 부여하고 있다. 아래에 몇몇 예를 보인다.

(73) ㄱ. 내 동생은 대학 입학시험을 보러 서울에 올라왔다.

　　 ㄴ. 바닥에 짐을 내리고 잠시 쉬어라.

　　 ㄷ. 저 스님은 불문에 귀의한 지 30년이나 되었다.

　　 ㄹ. 현재 유선방송에 가입되어 있는 가구의 수가 거의 53%에 달한다.

위 (73ㄱ), (73ㄴ)의 예에서 보듯 'NP에' 논항은 전형적인 이동 사건에 쓰여 구체적인 도착점을 나타낼 뿐 아니라 (73ㄷ), (73ㄹ)과 같이 추상적 도달점 으로 확장된 의미를 나타내기도 한다. 그런데, 우리는 위에서 결과구문의 핵심적 기능은 여전히 상태변화 표시에 있음을 밝혔고, 이에 따라 상태변 화를 전담하여 나타내거나 혹은 상태변화 및 위치변화를 모두 나타낼 수 있는 형식에 한하여 결과구문의 한 유형으로 인정하기로 하였다. 그렇다면 'NP에 V'는 상태변화의 결과를 표시할 수 있는가? 결론적으로 말해서 상태 변화를 표시하기는 하나 특정한 부류에 한정된다. 아래의 예문은 〈세종전 자사전〉에서 'NP에' 논항에 결과상태역(FNS)을 부여하고 있는 예들이다.

구와 조사 자체가 가지는 내재의미에 대한 연구들이 있다. 전자로는 김민수(1970), 박양규 (1972), 안명철(1982), 남기심(1993), 박정운(1999) 등을 들 수 있고, 후자로는 이승욱(1970), 임홍빈(1974), 홍윤표(1978). 심재기(1981), 이기동(1981), 김흥수(1982), 이남순(1983나), 이광호(1984), 유동석(1984나), 정희정(1988), 권미경(1991), 이양혜(1992), 김원경(1999) 등을 들 수 있다(이지수 2007 참조).

(74) ㄱ. 젊은 정치인들이 이번 정계 요직에 많이 기용되었다.

　　 ㄴ. 나라를 이끌어가기 위해서는 능력이 훌륭한 인재들을 비서관에 등용
　　　 해야 한다.

　　 ㄷ. 그가 그런 직책에 발탁된 것은 모두 그의 아버지 덕택이다.

　　 ㄹ. 왕은 그를 제후에 봉했다.

　　 ㅁ. 영수는 이번 선거에서 총학생 회장에 임명되었다.

위 예들에서 'NP에'는 공통적으로 이른바 '자격'을 나타내고 있으며, 문장
의 동사 역시 '기용되다, 등용하다, 발탁되다, 봉하다, 임명되다' 등 대상에
'직위, 직책, 품계, 신분' 등을 부여하는 의미를 가진다. 우리의 관찰에 따르
면 'NP에 V' 형식에 쓰여 이러한 기능을 할 수 있는 동사들에는 다음과 같은
것들이 있다.

(75) 〈'자격'의 'NP에'를 취하는 동사들〉

　　 기용되다, 기용하다, 등용되다, 등용하다, 발탁되다, 발탁하다, 추천하다,
　　 보하다, 봉하다, 선발되다, 선발하다, 선임하다, 선임되다, 선출되다, 선
　　 출하다, 오르다, 올리다, 올라서다, 올라앉다, 옹립되다, 옹립하다, 임명
　　 되다, 임명하다, 임용되다, 임용하다, 재임명되다, 재임명하다, 재임용되
　　 다, 재임용하다, 재추대되다, 재추대하다, 중용되다, 중용하다, 지명되다,
　　 지명하다, 진급시키다, 진급하다, 천거되다, 천거하다, 추대되다, 추대하
　　 다, 취임시키다, 캐스팅되다, 캐스팅하다 등

그런데 '도달점'을 나타내는 위 (73)의 예들과 '자격'을 나타내는 (74)의 예
들에서 공통적으로 발견되는 특징은 [-R State]에서 [+R State]로의 변화가 감
지되지 않는다는 것이다. 즉, 'NP에 V'를 통해서 표시되는 결과는 결과 그
자체에 중점이 놓일 뿐 결과를 향한 변화의 방향성이나 과정성을 드러내
지 않는다는 점에서 'NP로 V'와 대비된다. 'NP에 V' 형식이 아래의 예들처

럼 '변성'을 표시하지 못한다거나 '자격' 중에서도 관계 및 지위의 변화를 전제하는 자격은 나타내기 어렵다는 사실은 이러한 특성에 기인한다고 할 수 있을 것이다.

(76) ㄱ. 이 액체는 상온에서 쉽게 고체로 응고된다. (변성)

ㄴ. *이 액체는 상온에서 쉽게 고체에 응고된다.

ㄷ. 사단장은 젊은 대령의 계급을 이등병으로 강등시켰다. (지위의 변화)

ㄹ. *사단장은 젊은 대령의 계급을 이등병에 강등시켰다.

ㅁ. 그는 고아원의 아이 하나를 딸로 입양시켰다. (관계의 변화)

ㅂ. *그는 고아원의 아이 하나를 딸에 입양시켰다.

이러한 점을 종합할 때 'NP에'가 표시하는 '도달점' 혹은 '자격'은 동사의 행위 끝에 그 결과로 도출된 변화가 아니라 동사의 행위 끝에 위치하게 된 지점(직위, 신분)을 공통적으로 나타낸다는 것을 알 수 있다. 즉 일부 제한 적인 경우에 'NP에'가 상태변화를 나타내는 것처럼 보인다 하더라도 기실 은 공간적 도달점에서 확장된 것일 뿐 변화를 전제하는 결과상태는 아니 다. 따라서 우리는 'NP에 V' 형식을 결과구문 범주의 한 구성원으로 보기는 하되 그것을 한국어 결과구문의 대표적인 형식이라고 할 수는 없다는 입 장이다.

마지막으로 'NP₁이 NP₂가 V' 형식에서 'NP₂가'가 아래와 같이 결과상태를 나타내는 경우가 있다. 이는 학교문법에서 말하는 이른바 '보어'로서 아래 의 예들에서는 결과상태 의미역을 받는 논항으로 생각될 수 있다.

(77) ㄱ. 인호는 <u>외교관이</u> 되었다.

ㄴ. 왕자는 마법에 걸려 <u>야수가</u> 되었다.

ㄷ. 이분은 저에게 <u>당숙이</u> 되십니다.

ㄹ. 거울이 <u>산산조각이</u> 났다.

하지만 이때 문장의 동사는 거의 '되다'에 한정되며 그 외 다른 동사가 있다 하더라도 극소수에 그친다. 문제는 'NP₁이 NP₂가 되다' 구문의 경우, 결과와 대를 이루는 '원인행위(선행행위)'를 적시할 수 없다는 것이다. 즉, 'NP₁ becomes NP₂ by V-ing'의 의미틀로 풀이할 수 없는데, 이는 '되다' 동사 자체가 이와 같은 구문의 의미구조를 어휘 의미로서 가지기 때문이다. 따라서 본고는 이 형식을 한국어 결과구문의 범위 안에서 다루지 않을 것인데, 이는 '-게 하다/만들다/시키다'와 같은 사동 보조동사 구문을 논의에서 제외하는 것과 동일한 이유라 할 수 있다. 이상의 논의를 바탕으로 이 글에서 다루고자 하는 한국어 결과구문의 유형을 정리하면 다음과 같다.

[표 2-4] 한국어 결과구문의 유형

결과표시부의 문법범주	대표형 결과구문	주변형 결과구문
형용사성	'AP게 V'	'AP이 V'
명사성	'NP로 V'	'NP에 V' 'NP에게 V' 'NP까지 V' 등
동사성	'V₁어 V₂'	'VP도록 V'(정도 표시)

　　이상에서 한국어 결과구문의 범위 안에서 다룰 형식과 그렇지 않은 형식을 정리하였고 다시 대표적 유형과 주변적 유형을 본고의 논점에 따라 설정하였다. 이에 따라 이후 3장~5장까지의 내용은 'AP게 V', 'NP로 V', 'V₁어 V₂' 등 주요유형으로 설정된 형식들을 중심으로 고찰하게 될 것이다.

3. 'XP게+V'형 결과구문

　'-게 V'형식은 한국어에서 상태변화의 결과를 표시하는 대표적인 형식으로 한국어 결과구문을 말함에 있어 빼놓을 수 없는 중요한 위치를 차지한다. 따라서 그동안의 선행연구도 '-게 V'식 결과구문에 집중되어 왔음을 위 2장에서 말하였다. 이에 본장에서는 'XP[1]게+V'형식에 대하여 보다 면밀히 살펴보고자 한다. 3.1절에서는 어미 '-게'의 성격을 간단히 알아보고, 이어 3.2절에서 'XP게+V'형식을 취하는 예들 중 결과를 나타내는 부류를 확정할 것이다. 이어 3.3절에서는 이 중 결과를 나타내는 핵심적인 형식인 'AP게 V'에 대해 각 유형별로 그 특징을 살펴보기로 한다. 마지막으로 3.4절에서는 결과를 나타내지 않는 'AP게 V'에 대해서 그 성격을 기존의 방식과 다른 각도에서 살펴볼 것이다.

3.1. 어미 '-게'의 성격

　잘 알려져 있듯이 '-게'가 연결어미인가 부사형 어미인가 아니면 또 다른

---

1) '-게와 결합할 수 있는 성분에는 크게 동사성인 것과 형용사성인 것이 있다. 편의상 이들을 포괄하여 잠정적으로 'XP'라고 부른다.

무엇인가를 둘러싸고 한국어 문법계에 여러 논란이 있었다. 우리는 앞서 한국어 결과구문에 대한 정의의 일부로 '단문 형식 안에 원인 사건과 결과 사건이 동시에 표시되는 형식'이라고 규정한 바 있다. 따라서 만일 '-게'가 선행절과 후행절을 잇는 연결어미라면 그것은 접속문이 되어 결과구문으로 다룰 수 없게 된다. 이런 이유로 '-게'가 어떤 범주에 속하는가가 관심사의 하나로 된다.

단 이 글은 '-게'의 범주에 대한 본격적인 연구가 아니므로 관련 선행연구의 주요한 갈래를 정리해 보고 그 중 우리의 논점을 뒷받침할 수 있는 것은 어떤 견해인지를 알아보기로 한다.

우선 어미 '-게'의 범주에 관한 최현배(1937)의 견해를 살펴보면, '-게'는 감목법(자격법)의 일종인 어찌꼴(부사형)에 속하며 그 중 둘째 어찌꼴(제2부사형)이라고 하여 '-아/어, -지, -고'와 함께 부사형 어미로 처리하였다. 이때 최현배(1937)가 말하는 부사형이란 다음과 같이 정의된다.

"어찌꼴은 움직씨가 다른 말 곧 <u>임자말의 풀이말 노릇</u>을 하면서 일변에는 그 다음에 오는 말에 대하여 <u>어찌씨 부사의 노릇</u>을 하는 꼴을 이룬다."

이러한 정의에는 이들이 서술적 역할과 부사어의 역할을 동시에 수행함에 대한 인식이 분명히 드러나 있다. 즉, 최현배 식의 이해에 따르면 '-게' 결합형 성분이 들어간 문장은 부사어를 가진 단문이 되며, 이것이 결과구문에서 이른바 제2서술어의 역할을 하는 것은 매우 자연스러운 일이 된다.

이처럼 '-게'를 부사형 어미로 단일하게 보는 견해는 최현배(1937) 이래 허웅(1983), 남기심·고영근(1985, 2012), 이익섭·채완(1999), 박소영(2002), 고영근·구본관(2008, 2011), 유현경(2011) 등에서 채택하고 있다.

이 중 이익섭·채완(1999)에서는 대등적 연결어미만을 국어 연결어미로 인정하고, 그 외 기존에 종속적 연결어미로 보던 것들은 모두 부사형 전성어미로 처리하고 있다. 따라서 '-게' 역시 부사형 어미로 분류되었다. 고영근·구본관(2008, 2011)에서는 종속적으로 이어진 문장과 부사절을 안은 문장을 둘 다 인정하며 구분하고 있는데, 이때 구분의 기준으로 삼은 것은 위치 이동이 용이한가, 선어말 어미와 결합 가능한가, 선·후행절의 주어의 통제 여부 등이다. 한편, '-게'가 들어간 문장은 부사절을 가진 안은문장에 넣고 있다. 유현경(2011)의 처리는 또 다른 면이 있다. 동 연구의 어미 체계를 보면 어말어미를 종결어미와 비종결어미로 나누되 비종결어미는 선·후행절을 이어주는 접속의 기능을 하는 것으로 보았다. 이는 다시 부사형 어미, 관형사형 어미, 명사형 어미로 나뉘는데 이들 전성어미는 선·후행절을 종속적 관계로 만들어 주며 일부만이 대등적 관계의 문장을 구성한다고 하였다. 유현경(2011)의 체계에 의하면 부사형 어미는 전성어미이면서 동시에 접속어미의 역할도 수행하는 것으로 보고 있음을 알 수 있다. 따라서 '-게' 역시 부사형 전성어미이면서 종속적 연결의 기능을 하는 것으로 볼 수 있다.

이상의 연구들이 '-게'를 부사형 어미로 단일하게 보는 견해를 보인다면, 다음의 연구들은 '-게'가 가지는 여러 가지 기능에 주목하여 세분하는 입장을 취한다. 우선 권재일(1985, 2012)에서는 '-게'의 앞뒤에 선·후행절이 있으면 이때의 '-게'는 둘을 결과관계로 이어주는 종속절 연결어미라 하였고, '-게 하다', '-게 되다'의 구성에 참여할 때는 상위문 동사의 서술 기능을 보완하는 것으로 보아 보조적 연결어미로 처리하였다. 김기혁(1987)에서는 동일한 '-게'라 하여도 선행어의 범주와 문장의 구성 방식에 따라 연결어미일 수도 있고 부사형 어미일 수도 있다고 보았다. 즉, 선·후행절의 주어가 다르고 '-게'의 선행어를 포함하여 두 문장의 서술어가 모두 동사일 때의 '-게'는 연결어미로 보았고, 선·후행절 주어가 같고 서술어가 각각 형용사와 동사일 때의 '-게'는 부사형 어미로 보았다. 서정수(1988)에서는 '-게 하다/ 만들다' 구성에서 '-게'가 동사성 선행어와 결합할 때는 사동법으로 쓰인 것이라 하였으며, 만일 후행하는 동사가 사동 조동사가 아닌 경우에는 도달관계 접속문을 구성하는 것으로 보았다. 또 '-게'가 비동사성 선행 용언과 결합하는 경우는 그 구절 전체가 후행 동사구절을 수식하는 구실을 하며, 이때 '-게'가 포함된 선행절은 부사절 또는 보문으로 내포되는 것이라 하였다. 한편, 윤평현(1989)는 어미 '-게'의 의미·기능을 중심으로 고찰하고 있는데, '-게'가 가지는 절접속 기능을 인정하여 연결어미로 간주하였으며, 한편으로 '-게'는 보조용언과 결합하여 특수 구문을 구성할 수 있다는 점을 지적하고 있다.

우리는 어미 '-게'의 성격은 그 자체로 단일하다기보다 선행어의 종류 및 선·후행절의 구성 방식 등에 따라 다르게 나타날 수 있다고 본다. 하지만 본고가 고찰 대상으로 삼는 결과구문에서의 'XP게'는 문장의 1차 서술어 동사의 결과로 나타나는 논항 개체의 상태를 서술하는 것으로서, 해당 논항과 'XP게' 사이에 성립하는 주술관계의 긴밀성으로 볼 때 접속절로 보기 어렵다. 특히 '-게'의 선행 결합어가 형용사일 경우 이러한 '결과서술'의 의미가 분명하게 드러난다. 반면 '-게'의 선행 결합어가 동사이고 후행절의 서술어도 동사일 경우에는 접속절의 성격이 강하다. 하지만 이런 경우 결과서술이 아닌 목적이나 의도로 읽히는 경우가 많아 우리의 논의에서 제외된다.

결론적으로 본고에서는 '-게'가 속하는 문법범주에 대한 다양한 논의와는 별개로 적어도 'X게'가 결과서술로 읽히는 경우, 비접속절 구성으로 보아야 한다는 전제하에 아래의 논의를 시작한다.

3.2. 'XP게+V'형 결과구문의 획정

'XP게+V'[2] 구문은 한국어 결과구문에 대한 기존의 연구에서 가장 많이 다루어진 형식이며 한국어의 상태변화 표시 구문으로 널리 인정받고 있

---

2) 이때 XP를 구성할 수 있는 것은 동사, 형용사, 동사구, 형용사구, 주술 구조의 절 등이다. 여기서는 특히 동사와 형용사를 함께 표시하기 위하여 XP로 표시하였다.

는 대표적 형식이다. 하지만 'XP게+V' 형식이 나타내는 의미는 '-게'와 결합하는 성분의 문법범주에 따라서, 혹은 문장의 1차 서술어인 동사의 유형에 따라서 결과뿐 아니라 방식, 정도, 목적, 평가, 묘사(depictive) 등 기타 다양한 의미를 나타낸다. 따라서 우선 여러 유형의 'XP게+V'와 그들 각각이 나타내는 의미를 살펴보고, 그중 '결과구문'이라고 할 수 있는 것과 그렇지 않은 것을 구별하고자 한다. 판별의 기준은 다음과 같다.

첫째, 하나의 단문 구조 안에 원인행위(선행행위)와 그 결과를 나타내는 서술성분이 있는가. 둘째, 결과 표시 요소가 논항인가. 셋째, 결과의 의미가 있다면 그것은 일차적으로 실현된 것으로 읽히는가. 넷째, 결과구문의 기본 의미 구조인 [X causes Y to become Z by V-ing]3)를 만족시키는가.

이러한 기준들을 적용하여 결과구문을 획정함에 있어서 몇 가지 부류로 나누어 살필 것인데 우선 사동 조동사가 개입된 '-게 하다/만들다/시키다'의 경우 및 동사성 'XP'와 결합한 경우, 그리고 형용사성 'XP'와 결합한 경우를 나누어서 검토해 보기로 한다.

3.2.1. 사동 보조동사 결합형에 대한 처리

우선 'XP게+V'가 구성하는 기본 문장 형식을 ⟨NP1이 NP2를 XP게 V⟩ 혹은 ⟨NP1이 XP게 V⟩라고 할 때, 이 구조로 나타나는 구체적인 문장의 유형들을 제시해 보면 대략 다음과 같은 것들이 있다.

---

3) 이는 결과구문의 기본적인 의미 구조를 표시하는 방식으로 Ettlinger(2006)에서 제시된 것이다. 동 연구에서는 결과구문의 통사구조를 [SUBJ +V+(OBJ)+Rcomp]로 보고, 이로써 표시하는 의미는 [SUBJ causes OBJ to become Rcomp by VERBing] 혹은 [SUBJ becomes Rcomp by VERBing] 로 나타낼 수 있다고 하였다. 한편, Goldberg(1995)에서는 원형적인 결과구문의 의미는 [X CAUSES Y to BECOME Z]로 대표되며, 그 형식은 [Subj V OBj Xcomp]로 나타난다고 하였다. Ettlinger(2006)에서 제시한 결과구문의 의미구조는 cause와 Verb 간의 관계를 드러낸다는 점에서 Goldberg(1995)에서 제시한 의미구조에 비해 보다 설명적이다. 따라서 본고에서는 Ettlinger(2006)의 방식에 따라 한국어 결과구문의 의미를 풀이하기로 한다.

(1) 선생님이 학생들을 앉게 했다.

(2) 아이의 말이 어머니를 기쁘게 했다.

(3) 어머니는 아이들을 스스로 판단하게 가르쳤다.

(4) 철수가 나무토막을 매끈하게 사포질했다.

(5) 어머니가 케이크를 맛있게 구우셨다.

(6) 철수가 식빵을 두껍게 잘랐다.

(7) 학생들이 교실 바닥을 더럽게 닦았다.

(8) 학생들이 교실 바닥을 힘들게 닦았다.

(9) 학생들이 선생님을 훌륭하게 여겼다.

(10) 아이가 강아지를 못살게 굴었다.

(11) 반죽이 동그랗게 부풀었다.

(12) 철수가 운동화가 닳게 달렸다.

(13) 철수가 숨이 넘어가게 달렸다.

(14) 학생들이 책상을 서투르게 닦았다.

(15) 어머니가 커피를 뜨겁게 드셨다.

이 중에서 우선 사동 보조동사가 개입된 (1)과 (2)의 예들을 먼저 살펴본다. 위 (1)번은 한국어의 장형 사동 형식인 '-게 하다' 구문이다. 범언어적으로 결과구문은 사동 형식에 형태적·의미적 기반을 두고 있는 경우가 많은데, 한국어 역시 이에 해당함을 알 수 있다. 예문 (1)을 다시 가져와 의미 구조를 풀어 보기로 한다.

(1') 선생님이 학생들을 앉게 했다.

[NP$_1$ (intends) to cause NP$_2$ to do X]

[NP$_1$이 NP$_2$로 하여금 X하게 (의도)하다]

(V=하다) (X:동사, 앉다)

이처럼 '하다'와 '앉다' 사이에는 분명한 사역관계가 존재하며 이는 인과 관계의 원형이라고 할 수 있다. 또 '앉게'는 그것을 생략했을 때 "*선생님이 학생들을 했다."와 같이 비문이 되는 데서도 알 수 있듯이 분명히 동사의 논항이다. 하지만 원인이 되는 선행 행위가 무엇인지 알 수가 없고 과연 결과가 실현되었는지도 불확실하다. 사동 형식은 일차적으로 '시킴'의 의미를 표시하는 것이어서 그것의 결과 실현은 담보되지 않는다.[4] 예문 (1') 역시 그 자체로 '선생님이 앉게 했기 때문에 학생들이 앉았다.'라는 의미로 해석되지 않는 한 학생들이 실제로 앉았을지는 알 수 없다. 따라서 예문 (1')는 한국어 '-게 형' 결과구문의 형태·의미적 원류를 확인시켜 주기는 하지만 그 자체를 결과구문에 넣기는 어렵다.

다음으로 예문 (2)의 의미를 살펴보기로 한다.

(2') 아이의 말이 어머니를 기쁘게 했다.

[NP$_1$ causes NP$_2$ to become X]

[NP$_1$이 NP$_2$로 하여금 X 되게 만들다]

(NP$_1$=아이의 말, NP$_2$=어머니, X=(형용사) 기쁘게, V=하다)

예문 (2)는 예문 (1)과 동일하게 '-게 하다'로 구성되지만 '-게'와 결합한 선행어의 문법범주가 형용사인 경우이다. 이 자리에 와서 'A게 하다'로 쓰일 수 있는 형용사는 '기쁘게, 슬프게, 즐겁게, 신나게' 등의 심리형용사와 '시리게, 뻐근하게, 시원하게' 등 감각형용사, '건강하게, 무겁게, 가볍게, 강하게' 등 대상의 상태를 나타내는 형용사 등으로 다양하다. 한편 (2)의 '기쁘게' 역시 그것을 생략하면 "*아이의 말이 어머니를 했다."가 되므로 논항

---

4) 일반적으로 통사적 수단을 통한 장형 사동은 사동접사와 같은 형태적 수단을 통한 단형 사동에 비해 결과 실현의 가능성이 낮다고 알려져 있다. '어머니가 아이에게 옷을 입게 했다.'와 '어머니가 아이에게 옷을 입혔다.'를 비교할 때, 결과적으로 아이가 옷을 입었을 가능성은 후자에 비해 전자가 낮다는 것이다.

임이 분명하다. 그런데 이 경우에는 동사와 '-게 하다'가 결합한 경우와 달리 결과 상태가 실현된 것으로 읽힌다. 즉, 아이의 말에 어머니는 실제로 기뻤다고 해석되는 것이다. 하지만 이 역시 결과구문으로 보기엔 무리가 따르는데, 결과의 원인이 되는 선행행위를 적시할 수 없기 때문이다. 결과구문의 의미구조는 기본적으로 사역사건과 동일하다. 하지만 결과구문의 인과관계 의미는 구문을 통해 도출되는 반면 사역문의 인과관계 의미는 사동 보조동사 자체의 의미에서 나온다. 즉, '하다, 만들다, 시키다' 등 동사의 기본의미에서 이러한 사역 의미가 비롯된다는 것이다.

　이와 관련하여 Goldberg & Jackendoff(2004:538~539)에서는 'make, get'과 같이 '본질적으로 resultative'한 동사들은 어휘자체에 'X CAUSES Y to BECOME Z'의 의미를 가지며 결과구문이 그 의미를 논항구조에 사상시키는 것과 똑같은 방식으로 논항 구조를 결정한다고 하였다. 동 연구에서는 이를 'verbal resultative'라고 부르며 일반적인 통사적 결과구문과 구별하였는데, 특히 동사사건이 구문사건에 제공하는 '수단(means)'의 의미가 도출되지 않음에 주목하였다. 즉, "They made him angry."를 풀어 "'They caused him to become angry by making him"이라고 했을 때 문장이 성립되지 않음을 알 수 있다. 위 (1)과 (2)의 경우도 마찬가지여서 "'선생님이 함으로써 학생들로 하여금 앉게 했다.", "'아이의 말이 함으로써 어머니로 하여금 기쁘게 했다."와 같이 의미가 적법하게 풀이되지 않는다. 이러한 이유로 본고는 한국어 결과구문을 고찰함에 있어 '하다, 만들다, 시키다'와 같은 사동조동사가 개입된 경우는 그 대상에서 제외하기로 한다.

3.2.2. 결과를 표시하는 'VP게+V'의 유형과 특징

　다음으로 '-게'의 선행어로 동사가 오는 경우를 살펴본다. 지금까지 한국어 결과구문으로 거론되어 온 '-게 V' 구문은 주로 '-게'에 형용사가 결합된 'AP게 V'를 그 대상으로 삼아왔다. '-게'에 동사가 결합되는 경우 결과의 의미로 읽히기보다는 목적·의도로 읽히는 경향이 있으며 통사적으로도 '-게'에 의해 연결된 접속문으로 보이기 때문이다. 위에서 제시한 예들 중 예문 (3)은 '-게'의 선행어로 동사구가 결합된 경우이다.

> (3') 어머니는 아이들을 스스로 판단하게 가르치셨다.
>
> $[NP_1$ (intends to) cause NP_2 do X by V-ing]
>
> $[NP_1$이 V함으로써 NP_2로 하여금 X하게 의도하다]
>
> (V=가르치셨다) (R=동사구, 스스로 판단하게)

이 경우 역시 (1)의 예문과 같이 결과의 실현이 보장되지 않는다. '스스로 판단하게'는 우선적으로 주어인 어머니의 의도로 읽히며, 실제로 아이들에 의해서 실현되었는지는 알 수 없다. 범언어적으로 '목적'의 의미 범주는 '결과'의 의미 범주와 교차하는 경우가 많다고 알려져 있다. '목적·의도'는 결과와 표리관계에 있어서 일종의 '실현되지 않은 결과'라고 볼 수 있기 때문이다.

사실 엄밀히 말해서 한국어의 결과구문은 결과의 실현 여부를 가지고 판정하기 어렵다. 여러 선행연구에서 "영희가 책상을 깨끗하게 닦았으나, 책상은 깨끗하지 않았다."와 같은 문장이 성립한다고 지적하며 이처럼 결과 취소가 가능하다는 점을 근거로 '-게+V'형 결과구문의 종결성(telic)을 부정하였다. 하지만, 결과가 취소될 수 있다는 것과 아예 실현되지 않았다는 것은 엄연히 다르다. 전자는 굳이 취소를 일으키지 않는 한 결과가 실현된 것으로 읽히지만, 후자는 결과 실현이 우선적 해석이 되지 못한다. 결과 취소의 문제에 대해서는 아래에서 다시 다루기로 한다.

그렇다면, '-게'가 동사와 결합하는 경우는 모두 결과 도달로 해석되지 못하는 것일까?5) 이러한 물음을 해결하기 위하여 우선 'VP게 V'의 여러 유

---

5) 이종희(1991)에서는 '-게'는 부사절을 형성하는 내포절 어미로서 쓰이는 경우와 절을 이끌지

형을 살펴보기로 한다.

(16) ㄱ. 선생님이 학생들을 앉게 했다.

ㄴ. 학생들이 앉았다.

(17) ㄱ. 사나운 천둥번개가 아이들을 떨게 했다.

ㄴ. 아이들이 떨었다.

(18) ㄱ. 사용자측은 그들을 노조에서 탈퇴하게 압박했다.

ㄴ. 그들이 노조에서 탈퇴했다.

(19) ㄱ. 민호는 고무줄을 끊어지게 잡아당겼다.

ㄴ. 고무줄이 끊어졌다.

(20) ㄱ. 할머니는 사발에 가득 차게 술을 부었다.

ㄴ. 술이 사발에 가득 찼다.

(21) ㄱ. 영희는 감자를 물러지게 삶았다.

ㄴ. 감자가 물러졌다.

(22) ㄱ. 철수는 글자를 두 배 되게 확대했다.

ㄴ. 글자가 두 배 되었다.

(23) ㄱ. 옛날에 우리들은 수제비를 질리게 먹었다.

ㄴ. 우리들은 질렸다.

위 예들에서 '-게'와 결합한 선행어는 모두 동사로 동일하지만 각 예들에서 'ㄴ'으로 표시되는 결과의 실현 정도가 다르게 느껴진다. 예를 들어 (16)과 (17)은 둘 다 '-게 하다'의 장형 사동 구성이지만 (16ㄴ)에 비해 (17ㄴ)의 실현 가능성이 확연히 높다. 이는 (17)의 주어가 '천둥번개'라는 무정성

않고 부사를 형성하는 부사형 어미로 쓰이는 두 가지 경우가 있다고 하였다. 또, 절을 이끌지 않는 부사형 어미는 주로 형용사에 붙는다고 하였지만 '화나게', '겁나게'와 같은 극히 일부 동사와 결합할 때는 절을 이끌지 않는 경우도 있음을 언급하였다. 이때 '화나게', '겁나게' 등은 동사이기는 하지만 동작성이 강하지 않고 상태 표시 기능이 있는 부류라 할 수 있다.

(inanimate) 주어이기 때문에 문장의 주동사에 대해 주어의 의지가 작동할 수 없음과 관련되어 있다. 즉, 'NP₁ intended to cause NP₂ do X'(NP₁이 NP₂로 하여금 X하게 의도했다) 로 해석될 수 없다는 것이다. 또한 '떨다'로 표시되는 결과 상황은 그것의 주어인 '아이들'이 자유 의지로 선택할 수 있는 일이 아니라는 것도 결과 상황을 고정되게 하는 요인이 된다. 따라서 결과취소의 가능성 역시 두 예문에서 달라진다.

(16') 선생님이 학생들을 앉게 했지만 학생들은 앉지 않았다.

(17') ^{??}사나운 천둥번개가 아이들을 떨게 했지만 아이들은 떨지 않았다.

(18), (19), (20)은 문장의 주동사가 행위동사라는 점에서 동일하지만 그 실현 가능성에는 차이가 있는 것으로 생각된다. (18)의 경우는 제1 술어인 '압박했다'의 결과로 그들이 노조에서 탈퇴했을지 안 했을지는 전혀 예측할 수 없다. 이는 (18)의 목적어이자 '탈퇴하게'의 주어인 '그들'이 유정성 위계가 높으며 강한 자유의지를 가졌음과 관계되어 있다. 이때 '탈퇴하게'는 일차적으로 주어인 '사용자측'이 의도하는 목적으로 읽힌다. (19)의 경우 '고무줄이 끊어졌을' 가능성은 (18)에 비해 높은 것으로 여겨진다. 이는 '고무줄'이 무생성 사물이라는 사실과 (19)의 'X게'에 상태변화를 표시하는 요소 '-지다'가 들어있음과 무관하지 않을 것이다. 하지만 '끊어지게'가 민호의 의도로 해석될 여지는 여전히 남아있다.

(20)의 경우는 결과가 실현되었을 가능성이 한층 커지는데 이는 목적어의 무정성뿐만 아니라 동사의 성격과도 관련되어 있다. 즉, '붓다' 동사는 비록 그 자체로 경계성을 가진 동사는 아니지만 '사발'이라는 양화의 도구가 등장함으로써 경계성을 획득할 가능성을 가지게 되었다. 한 가지 주목할 사항은 (20)에서 결과를 나타내는 2차 서술어 '가득 차게'가 의미적으로 지향하는 대상은 '사발'이라고 할 수 있는데, 사발은 문장의 주어도 목적어도 아니지만 제1 술어 동사 '붓다'로 인해 변화를 경험하게 되는 이른바 '영

향받는 자(force recipient)'로서 넓은 의미의 피동주라고 할 수 있다.[6] 결과
를 나타내는 '차다'는 동사이긴 하나 동작성이 크지 않으며 어휘 의미 자체
에 경계성을 가지고 있다. 또, '붓다'와 '차다' 간에는 논리적 인과관계와 시
간적 선후관계가 성립한다. 즉, '할머니가 술을 붓는 행위를 함으로써 사
발이 가득 차게 만들었다.'로 해석됨에 따라 '가득 차게'는 '붓는' 행위의 결
과를 표시한다고 볼 수 있다. 다만, 문맥에 따라 '술잔에 가득 차게' 붓는 것
이 행위주의 의도라고 해석될 여지가 있다. 한편 (18), (19), (20)을 취소시
켜 그 적격성을 비교, 판별해 보면 다음과 같다.

> (18') 사용자측은 그들을 노조에서 탈퇴하게 압박했다. 하지만 그들은 탈퇴하
> 지 않았다.
> (19') ?민호는 고무줄을 끊어지게 잡아당겼다. 하지만 고무줄은 끊어지지 않
> 았다.
> (20') ??할머니는 사발에 가득 차게 술을 부었다. 하지만 사발은 가득 차지 않
> 았다.

다음으로 (21)의 경우는 문장의 주동사인 '삶다'의 어휘 의미 자체에 일
정한 결과에 대한 방향성이 내재되어 있다. 'X게'에 해당되는 부분 역시 상
태변화를 표시하는 '-지다'가 개재되어 있어 결과의 실현 가능성을 높인
다. (20), (21)의 '가득 차다' '물러지다'와 같이 '-게'의 선행어가 동사라 하더

---

6) 영어 결과구문에서 결과술어는 문장의 목적어를 서술해야 한다는 DOR(직접목적어 제약)을
엄격히 준수하는 것으로 알려져 있다. 하지만 다음과 같이 DOR이 적용되지 않는 경우도 발견
된다.
  ex) a. The wise men followed the star out of Bethlehem.
      b. John danced mazurkars across the room.
이를 설명하기 위해서 Wechsler는 결과 XP의 주어는 반드시 피동주라야 하는데 그 피동주는
특수한 환경 아래서는 주어로 실현될 수 있다고 하였으며, '피동주'의 개념 역시 '영향받는 자
(force recipient)'로 보고 잠재적인 피동주를 포함시켰다.

라도 대상의 외형이나 물리적인 상태의 변화와 관련된 동사는 결과의 실현율을 높이는 것으로 보인다.

(22)의 경우는 기실 '확대(擴大)'라는 한자어 동사 자체에 '행위+결과'가 모두 들어있다.[7] 따라서 이때 '두 배 되게'는 '대(大)'라는 결과의 한 종류를 명세한다고 할 수 있다. 이 경우 역시 결과의 실현 가능성은 상당히 높은 것으로 생각된다.

(23)의 경우는 '질리게'가 문장의 목적어인 '수제비'가 아닌 주어 '우리'를 서술하고 있다. 이때 '먹다'를 '질리다'의 직접적인 원인이라고 하기는 어려우나 서론에서 정의하였듯이 이 글에서 말하는 '결과'는 어떤 사태가 도달하는 마지막의 상태를 뜻한다. (23ㄴ)의 '우리는 질렸다'는 아마도 사실일 것이고, 또한 다른 예들과 달리 '의도 · 목적'으로 해석될 가능성도 거의 없다. 하지만 이때의 '질리게'는 결과를 나타내기 위한 것이라기보다는 '질릴 정도로 많이'라는 뜻으로 '그 정도가 매우 심함'을 나타내고 있다고 보아야 할 것이다. 이처럼 한국어에서 결과범주는 '정도'의 범주와 겹치는 일이 많으며, 이는 최소한 영어 · 중국어를 포함하는 다른 언어들에서도 공통적으로 발견되는 현상이다.

이로써 확인되듯이 'XP+게'에서 X의 범주가 동사일 때, 그 의미는 '목적, 의도' 혹은 '정도'와 '결과' 사이의 어디쯤인가에 위치한다.[8] 이는 'VP게+V'

---

7) 이처럼 '행위+결과'로 이루어진 'VV'구성은 중국어 결과구문의 전형적인 형식이기도 하다. 한국어의 한자어 어휘 중에도 이러한 구조를 가진 동사들이 있다.

8) 이와 관련하여 어미 '-도록'의 '목적' 의미를 고찰한 신윤경 · 오연수(2015)에서는 Schmidtke-Bode (2009:17)를 인용하여 '목적'이란 '어떠한 행위의 의도된 결과라는 측면에서 표현된 이유 (a "reason formulated in terms of the intended outcome" of that action)'로 정의될 수 있다고 하였는데 이는 '목적, 결과, 의도, 이유' 간의 밀접한 관계를 나타내는 것이다. 이어 위 연구에서는 '목적'은 의미적으로 '의도'와 '(기대되는) 결과'라는 하위 유형으로 나눌 수 있다고 주장한다. 한편, Schmidtke-Bode(2009:17)에서는 '의도'와 '결과' 간의 관계를 다음과 같이 도식화하고 있다.

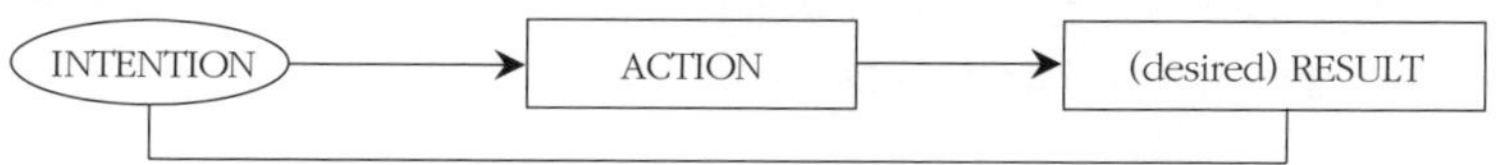

를 한국어 결과구문으로 적극적으로 받아들이는 것을 망설이게 하는 이유가 된다.

이상 (16)~(23)의 예를 통해 알아보았듯이 'XP게+V' 형식이 결과의 의미를 가지는가 여부는 반드시 X의 범주에 의해서만 결정되는 것은 아니다. X가 동사일 때라도 그 결과 실현의 정도는 논항의 유정성 정도, 동사의 상적 유형 및 어휘 의미적 특징 등 변수에 따라 차이가 있었다. 결론적으로 위 (16)~(23)의 예들 중, '-게'의 선행 결합어가 동사성 요소지만 결과를 나타낸다고 볼 수 있는 것은 실선 박스 안에 있는 (20), (21), (22), (23) 등이다.

일반화하자면 좀 더 확대된 데이터가 필요하겠으나 현재 단계에서 'VP게 V'가 결과를 표시한다고 생각되는 경우의 특징은 대략 다음과 같이 요약된다. 첫째, '-게'와 결합하는 동사는 동작성이 약한 부류로서 의미상 상태변화나 감정 등을 표시한다. 둘째, 상태변화의 의미를 가지는 '되다', '-지다' 결합형 동사가 오는 경우 결과표시 기능이 강화된다. 셋째, 'V게'의 내용이 '가득 차게'나 '실오라기 하나 남지 않게'와 같이 동사의 행위가 대상에 동형적(homomorphic)으로 사상되어 척도의 양 극단에 다다른 상태를 묘사하는 경우 결과로 읽히기 쉽다. 넷째, 주어의 유정성 위계가 낮은 경우, 의도나 목적으로 해석될 가능성이 차단됨에 따라 상대적으로 결과로 읽힐 가능성이 높아진다. 다섯째, '-게'와 결합하는 결과의 내용이 인간의 의지로 통제할 수 없는 종류인 경우 목적·의도보다 결과로 해석될 가능성이 높다.

하지만 그 어느 때라도 'VP게 V'는 결과가 아닌 주어의 '의도, 목적'으로 읽히거나 '정도'로 해석될 가능성을 배제할 수 없다.[9] 본고는 '정도'를 넓은

---

9) 결과를 나타내는 형식으로써 정도를 표시하는 예에는 다음과 같은 것들이 있다.
ㄱ. 잔칫날 그들은 <u>코가 비뚤어지게</u> 술을 마셨다.
ㄴ. 그 당시 우리는 <u>코피가 터지도록</u> 공부했다.
ㄷ. 방이 <u>엉망진창으로</u> 어질러져 있었다.
ㄹ. 아, 배고파 <u>죽겠다</u>.

의미의 결과에 포함시킬 수 있다고 생각한다. 하지만 일차적으로 '의도 · 목적'으로 읽히는 경우, 그것을 '잠재적 결과'라고 할 수 있을지는 모르나 아직은 결과로 실현되지 못한 것이므로 결과범주를 구성하는 중심적 요소로 다루지 않는다.

한편 'VP게 V'형식으로 달성되지 못했던 결과 실현은 '원인-결과' 관계의 접속문 형식, 혹은 'V₁어 V₂' 동사연결 구성으로 쓸 때 비로소 확정된다. 즉, '압박하여(서) 탈퇴했다', '잡아당겨(서) 끊어졌다', '사발에 술을 부어(서) 가득 채웠다', '삶아(서) 물러졌다'와 같이 쓰면 V₂로 표시되는 부분이 결과로서 확정된다. 따라서, 하나의 절 안에서 동사로써 결과를 표시하려 한다면 가장 적당한 방식은 뒷부분에서 다루게 될 'V₁어 V₂' 형식이라고 할 수 있다.

3.2.3. 'AP게+V'형 결과구문의 유형과 특징

이제 본격적으로 결과상태를 나타내는 'AP게 V' 구문을 살펴보기로 하자. 우선 위에서 제시한 예문들 중 (4)는 한국어의 전형적인 상태변화 결과구문으로 인정될 만한 경우이다. 그 의미를 다음과 같이 풀이할 수 있다.

(4') 철수가 나무토막을 매끈하게 사포질했다.
[NP₁ causes NP₂ to become X (by V-ing)]
[NP₁이 V함으로써 NP₂를 X되게 만들다.]
(NP₁=철수, NP₂=나무토막, X=(형용사)매끈하다, V=사포질하다)

이와 관련하여 박소영(2001, 2003)에서는 한국어의 '-게' 결합형 부사어가 방식(manner)의 의미와 별개로 결과(result)의 의미를 나타낼 수 있음과 이때 결합하는 동사의 유형에 대해 밝힌 바 있다. 또한 와시오 류이치 (1997c), Wechsler & Noh(2000) 등에서 한국어의 이러한 '-게+V' 형식을 영어 결과구문과 비교하여 그 특성을 밝히는 등 연구가 축적되면서 위 (4)와 같은 형식은 한국어 결과구문으로 널리 인정받게 되었다.

단 이 경우 문장의 주동사는 상태변화 동사(굽히다, 붉히다 등)이거나 변화의 방향성을 강하게 함의하는 동작·행위동사(닦다, 쓸다, 빨다 등)에 한정되는 경향이 있음이 선행연구들에서 지적되어 왔다. 위 (4)의 예문에서 '사포질하다' 역시 동작동사이긴 하지만 그 결과가 거의 짐작되는 부류이다. 박소영(2001:49-50)에서 제시한 예를 아래에 옮겨온다.

(24) ㄱ. 은수는 수줍은 듯이 얼굴을 <u>빨갛게</u> 붉혔다.

ㄴ. 아버지는 철사를 <u>둥글게</u> 휘셨다.

ㄷ. 어머니는 식은 국을 <u>뜨겁게</u> 데우셨다.

ㄹ. 아이가 내 교과서를 <u>너덜너덜하게</u> 찢어 버렸다.

영어 결과구문 중에는 주동사의 의미에서 결과 상태를 좀처럼 예측하기 어려운 예들이 많다. 이러한 경우 문장 의미의 투명도가 낮아지기 때문에 구문으로서의 성격이 두드러져 보인다. 이는 "Willy watered the plants flat."과 같이 문장의 주동사에 동작동사가 쓰인 통제 결과구문(control resultative)의 예도 있지만, 많은 경우 "He drove the engine clean."과 같은 예외적 격표지 구문(ECM resultative)[10]들이 이에 해당한다. 반면 위 (4)나 (12)와 같은 한국어 'A게+V'의 경우 결과를 표시하고 있기는 하지만 동사로부터 그 결과를 미루어 짐작하기 어렵지 않다. 이러한 점은 와시오 류이

---

10) 예외적 격표시 결과구문(ECM resultative)의 예를 좀 더 들어보면 다음과 같은 것들이 있다.
   a. John shouted himself hoarse.
   b. Bill sang Sue to sleep.
   c. He ran his Nikes threadbare.
   d. They ate us out of house and home.
   e. They laughed the play off the stage.
   f. Fred sneezed the napkin off the table.

치(1997c) 혹은 박소영(2001) 등에서 일찍이 지적된 바로서, 한국어에 ECM 결과구문이 없다는 사실과도 연관되어 있다.

하지만 그렇다고 하여 'A게+V' 구문의 내부가 완전히 투명하다고 볼 수는 없다. 이와 관련하여 앞에서 '-게'에 결합하는 선행어가 동사인 경우, 즉 위 (1)(3)과 같이 'V게 V'로 구성되는 경우에는 그 결과의 실현을 보장할 수 없다고 하였다. 그렇다면 'X게+V'구성에서 'X게'의 실현 여부는 X의 문법 범주에 따라 결정된다고 볼 여지가 있다. 즉 X가 동사일 경우 실현을 보장할 수 없는 반면, X가 형용사일 때는 일차적으로11) 실현된 것으로 볼 수 있다는 것이다. 우리는 이러한 경향을 인정한다. 하지만 그것은 실현됨과 안 됨으로 양분되는 문제라기보다는 실현됨과 안 됨을 양극단으로 하여 그 사이에 여러 단계가 분포하는 연속성의 문제로 생각된다.

이제 다시 (4)의 예문으로 돌아가서 'A게+V' 형식을 살펴보기로 한다. 우리는 위에서 'VP게+V'를 살펴본 결과, 그것의 결과실현 가능성에 크고 작음의 차가 있기는 하나 공통적으로 '실현되지 않은 목표' 혹은 '의도하였으나 아직 도달하지 못한 목표'로 회귀하는 경향이 있음을 알았다. 우리는 이러한 의미적 특성이 어미 '-게'에서 비롯된다고 생각한다. 즉, '-게'가 가지는 [+과정성] [+방향성]의 자질에 힘입어 목표점 혹은 결과로 나아가는 방향과 과정을 나타낼 수는 있으나 최종적으로 그 지점에 도달함을 표시하기는 어렵다는 것이다.

주지하다시피 어미 '-게'는 한국어의 대표적인 사동형식 '-게 하다/만들다'를 구성하는 바, '사동'의 의미를 표시하는 것이 가장 근원적인 기능이라 할 수 있다. 이는 역사적인 사실로도 뒷받침되는데, 방영심(2008)에 의하면 역사적으로 'X게+V' 형식은 동사에 '-게'가 결합한 후 후행동사 '하다,

---

11) 이때 '일차적으로'라고 한 것은 한국어의 결과구문에서 결과취소가 일어나는 경향이 지적되기 때문이다. 즉 "영희가 책상을 깨끗하게 닦았으나 책상은 깨끗하지 않았다."와 같이 결과를 취소할 수 있다는 것이다. 이는 영어나 중국어의 결과구문에서는 관찰되지 않는 사실이다. 이러한 사실은 한국어 결과구문의 종결성(Telic)을 의심하게 되는 이유가 되었다.

만들다'와 연결된 장형 사동 'V게 하다'의 형태로 처음 등장하였다. '-게'는 그 이후 형용사와도 결합하여 'A게 하다'의 사동 형식으로 쓰이게 되면서 결과상태를 표시할 수 있는 힘을 얻게 되었고, 다시 '하다/만들다' 외의 다른 동사와도 결합하면서 결과 상태를 표시하는 형식이 된 것으로 보았다. 이는 일반적으로 결과구문이 사동(causative)형식에 뿌리를 두고 있다는 범언어적 경향과 일치한다.

이렇게 '사동'이 '-게'의 원형적인 의미라 할 때, 'X게+V'가 변화사건을 나타내기 적합한 구조를 가졌음과 동시에 그 결과의 실현을 보장할 수는 없음을 미루어 짐작할 수 있다. 사동사건이란 대상으로 하여금 어떤 변화를 일으키게끔 만드는 것이지 그 실현까지를 책임지는 것은 아니기 때문이다. 이러한 사동의 원형적 의미에서 '-게'의 [+과정성], [+방향성] 자질이 비롯된다 할 때, 'X게'는 'not X' 상태에서 'X'상태 쪽으로 가는 변화의 과정을 나타낸다고 할 것이다. 'X게'가 가리키는 방향의 끝에는 변화의 최종적 상태인 '결과 X'가 놓인다. 다만 'X게' 자체는 결과를 향한 지향을 나타낼 뿐 여전히 도달된 결과를 나타내지는 않는다. 이를 다음과 같이 도식으로 나타낼 수 있다.

[그림 3-1] '변화'와 관련된 '-게'의 [+과정성], [+방향성] 자질

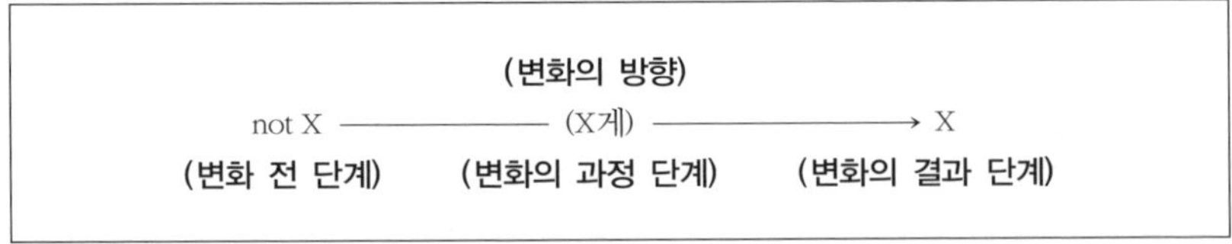

우리는 이와 같은 '-게'의 특성상 'X게+V'로써 특정한 결과에의 도달을 표시하기란 쉽지 않을 것이라고 생각하며, 'V게+V'의 예들에서 확인하였듯이 'A게+V'에서도 그러할 것이라고 예상하게 된다. 하지만 위 (4) 혹은 (12)의 예문에서 보듯이 'A게+V'는 한국어에서 결과 상태를 표시하는 대표적인 형식이다. 이 문장에 대하여 우리는 '매끈하게 만들기 위하여 사포질

120

했다.'거나 '매끈하게 만들기 위해서 사포질을 하고 있으나 아직 매끈하지는 않다.'라고 해석하지 않으며 '사포질한 결과 나무도막이 매끈해졌다.'로 읽는다. 이는 결과구문이 가지는 기본 의미, 즉 [X causes Y to become Z]의 관계를 성공적으로 만족시킨다. 즉, '철수가 사포질을 함으로써 나무토막을 매끈하게 만들었다.'의 의미가 구성된다고 볼 수 있다.

여기서 우리는 예문 (4)와 같은 문장이 가지는 전체 의미, 즉 '어떤 행위로 인하여 그 결과 상태에 도달함'의 의미는 내부 구성 성분 'A게'와 'V'가 가지는 어휘의미의 합만으로는 얻어질 수 없으며 'A게+V'라는 구문의 힘이 작용하고 있음을 알 수 있다. 영어의 전형적인 결과구문과 한국어의 'A게+V'구문의 차이는 여기서 발견된다. 즉, "John hammered the metal <u>flat</u>."과 같이 형용사로 결과상태를 표시하는 경우 변화의 과정과 방향이 드러나지 않아 동사와 결과상태 간의 관계가 매우 직접적이다. 또 과정이나 방향 없이 확정된 결과(flat)만이 제시됨에 따라 전체 문장은 쉽게 경계성을 확보한다. 이때, 동사 'hammered'와 결과술어 'flat' 간의 관계가 전혀 제시되지 않는데도 불구하고 동사의 행위에 의한 결과로 해석된다는 점이 영어 결과구문이 가지는 구문적 성격의 핵심이 된다. 한편 "철수가 쇠붙이를 <u>납작하게</u> 두드렸다."와 같은 한국어 예에서 '납작하게'와 '두드렸다' 사이의 관계는 '-게'를 통하여 그 방향성과 과정성이 암시되고 있다. 이는 영어 결과구문 중 전치사구로써 결과를 나타내는 "John hammered the metal <u>into a ball</u>."과 같은 예, 혹은 부사형으로 결과를 나타내는 "She painted the room <u>beautifully</u>." 등 예에서 변화의 방향과 과정성이 드러나고 결과표시 요소와 동사 간의 관계가 상대적으로 간접적이라는 점에서 유사한 성격을 가진다고 할 수 있을 것이다. 하지만 한국어 'A게 V' 형식은 '-게'에 의하여 변화의 방향이 제시되는 반면 그 결과의 확정은 불확실함에도 불구하고 전체 문장이 상적 경계성을 획득한 것으로 해석되는데, 본고는 한국어 'A게+V' 결과구문의 특징이 이 지점에서 발견된다고 생각하며 이러한 특징은 4장에서 살펴볼 'NP로 V'형 결과구문에서도 공통된다고 본다.

또한 이에 더하여 한국어 'A게+V' 구문은 부사어로써 결과를 표시한다는 사실 자체에 그 의미적 불투명성이 전제되어 있다. 부사라는 것은 동사를 수식·한정하는 것이 원래의 임무인데 (4)와 같은 문장에서는 오히려 동사의 논항을 서술하고 있기 때문이다. 이는 한국어 부사형 어미 '-게'가 가진 태생적 특징인 동시에,[12] 아울러 두 가지의 사건이 하나의 단문구조 안에 표시된다는 결과구문의 핵심적 특징을 구성한다고 할 수 있다. 이러한 이유들로 한국어 'A게+V' 구문 역시 그 내부가 완전히 합성적이라고는 말할 수 없다. 이로써 우리는 'A게+V'가 한국어에서 상태변화를 표시하는 구문 형식임을 재확인하였고 이어서 'A게+V'로 나타나는 다른 예들을 보기로 한다.

우선 (5)의 "어머니가 케이크를 맛있게 구우셨다."는 박소영(2001:50)에서 제시한 예문 "어머니가 찌개를 맛있게 끓이셨다.", "현이가 인형을 예쁘게 깎았다."와 같은 부류로 문장의 주동사에 이른바 창조동사(굽다, 끓이다, 깎다, 접다 등)가 쓰인 경우이다. 이때 문장의 목적어이자 결과 술어의 의미상 주어인 '케이크'는 행위의 대상이 아니라 결과물이다. 또, 결과 술어 '맛있게'는 목적어에 일어난 변화의 결과를 표시하는 것이 아니라 목적어로 나타난 결과물의 현재 상태를 표시하고 있다.

(5') 어머니가 케이크를 맛있게 구우셨다.

[NP₁ causes NP₂ to exist (with the state of X) by V-ing]

[NP₁이 V함으로써 (X 상태의) NP₂를 존재하게 하다.]

박소영(2011)에서도 지적하였듯이 이때는 케이크의 상태가 [-맛있음]에서 [+맛있음]으로 변화한 것이 아니고, 케이크의 현재 상태가 [+맛있음]

---

12) 이러한 특성은 일찍이 최현배(1982)의 '-게'에 대한 언급 중에 지적되고 있다. 위 3.1에서 제시하였던 원문을 다시 가져와 보인다. "어찌꼴은 움직씨가 다른 말 곧 <u>임자말의 풀이말 노릇</u>을 하면서 일변에는 그 다음에 오는 말에 대하여 <u>어찌씨 부사의 노릇</u>을 하는 꼴을 이룬다."

임을 표시할 뿐이다. 영어, 일본어, 중국어 등 다른 언어에서도 '굽다(bake, 燒(やき), 烤)'류의 동사가 행위의 결과물을 목적어로 취하여 '창조(산출)'의 의미를 가질 수 있음은 공통된다.[13) 하지만 이를 결과구문의 형식으로 쓸 수 있는가 여부는 아래와 같이 다르게 나타난다. 우선 영어에서는 결과구문의 형식으로 결과목적어(창조물)의 상태를 표시할 수 없는데, 이로써 Simpson(1983)에서 밝혔듯이 영어 결과구문의 목적어는 동사가 표시하는 행위의 영향을 입어 구체적인 변화를 경험해야 함을 재확인할 수 있다. 영어 결과구문에 인지·지각 동사가 쓰일 수 없음도 이러한 제약과 관련되어 있다 하겠다. 한편 영어와 달리 일본어와[14) 한국어 그리고 중국어에서는 이런 형식이 가능하다.

(25) '굽다(bake, 燒(やき), 烤)' 동사 구문

　　ㄱ. 영어　　: *Mom baked a cake delicious.

　　ㄴ. 한국어 : 어머니가 케이크를 맛있게 구우셨다.

　　ㄷ. 일본어 :　母　　は　　ケーキ　　を　　おいしく　燒った。
　　　　　　　　어머니 (주격) 케이크 (목적격) 맛있게　구웠다.

　　ㄹ. 중국어 :　母親　　蛋糕　　烤　　　得　　　好吃。
　　　　　　　　어머니　케이크　굽다 (구조조사)　맛있다.

---

13) Hopper & Tompson(1980)에서는 창조동사가 창조물 목적어와 직접 결합하여 결과목적어 구문을 형성하는 것은 범언어적으로 공통되게 발견되는 특징임을 말한 바 있다.
14) 일본어는 위와 같은 창조동사의 결과구문뿐 아니라 일반적인 형식의 결과구문도 한국어와 거의 동일한 구조로 표시된다. 즉, 결과를 표시하는 제2술어가 부사어의 형태로 나타난다. 김영민(2011a:5)의 예를 인용하면 다음과 같은 것이 있다.

　ㄱ. ジョンが壁を青く塗った。
　　　'존이 벽을 파랗게 칠했다.'
　ㄴ. 彼はテーブルをきれいに拭いた。
　　　'그는 테이블을 깨끗하게 닦았다.'
　ㄷ. 水溜まりがカチカチに凍っている。
　　　'물웅덩이가 단단하게 얼었다.'

한국어와 일본어에서 이러한 구조가 가능하다는 점은 선행연구에서 인식되어 왔으나 고찰의 방향은 주로 이를 결과구문으로 볼 수 있는가 없는가 하는 데 집중되었다. 박소영(2001)에서는 일반적인 'A게+V'형 결과구문과의 차이를 언급하기는 하였으나 이러한 예들 역시 결과구문으로 수용하는 입장인 반면, 松井·影山(2009:275~276)는 결과구문이 아닌 것으로 분석한다. 후자의 경우 예문 (5)와 같은 창조동사 결과구문은 "ニンジンを**大きく**切る。(양파를 **크게** 썰었다.)"의 경우와 마찬가지로 행위(굽다, 썰다)의 직접적인 결과로서 목적어(케이크, 양파)가 특정한 상태로(맛있게, 크게) 변한 것이 아니라 행위 다음에 다만 그러한 상태가 되어 있음을 나타낼 뿐이라 하여 이들을 결과구문에서 제외하였다. 김영민(2011a:11)에서는 松井·影山(2009)의 견해를 소개하면서 두 경우를 분리하여 "母はケーキをおいしく燒った。(어머니는 케이크를 맛있게 구웠다.)"와 같은 예는 진정한 결과구문으로 인정하고 "ニンジンを**大きく**切る。(양파를 **크게** 썰었다.)"와 같은 경우는 와시오 류이치(1997a, 1997b, 1997c)에서 말하는 의사결과구문(Spurious Resultative)으로 분류하였다.

우리는 우선 위 (5)의 예 및 아래에서 볼 "식빵을 두껍게 잘랐다.", "바닥을 더럽게 닦았다.", "선생님을 훌륭하게 여기다." 등의 예에서 동사와 'A게' 간의 관계가 직접적인 원인-결과가 아니라는 점을 이 글에서 문제 삼지 않을 것임을 밝힌다. 이 글에서 말하는 '결과'란 직접적인 원인-결과 관계를 전제로 하는 것이 아니라 시간상의 의존성에 기반한 개념이며 "어떤 사태의 자연적인 전개가 다다르는 마지막의 상태"임을 서론에서 밝힌 바 있다. 이는 결과구문 뿐만이 아니라 한국어에서 결과범주에 속하는 여러 언어 현상들에서 귀납된 것이지 논지 전개의 편의를 위해 인위적으로 설정한 것은 아니다.

(5)의 예문으로 돌아가서, 우리는 이러한 창조동사 결과구문이 한국어의 상태변화 결과구문의 성격을 이해하는 데 중요한 단서를 제공한다고 생각한다. 우선 박소영(2001), 김영민(2006) 등에서 강조하듯 (5)의 예에는

'not A'와 'A'의 대립이 없으며, 다시 말해 목적어 '케이크'는 '맛없음'에서 '맛있음'으로의 변화를 경험하지 않는다. 이는 (4)의 "나무토막을 매끈하게 사포질했다."에서 나무토막이 '매끈하지 않은' 상태에서 '매끈한' 상태로의 변화를 경험한 것과는 대비되는 점이다. 이처럼 동사가 나타내는 행위의 결과인 것으로 보이지만 그것이 문장 속의 논항 개체의 변화를 표시하지는 않는 'A게'가 존재한다는 사실에서 우리는 'A게'가 표시하는 다른 무엇이 있음을 짐작할 수 있다.

이와 관련하여 우리는 위에서 어미 '-게'가 사동에서 비롯된 원형적인 자질인 방향성과 과정성을 가진다고 주장하였는데 그렇다면 (5)에서 '맛있게'가 지시하는 방향은 어디인가? 일단 이것은 행위주의 '의도'로 읽히지는 않는다. 즉 어머니가 케이크를 맛있게 만들려는 의도를 가지고 구웠다고 보기는 어렵다. 결론적으로 우리는 이것을 '외부 관점의 개입'으로 볼 수 있다고 생각한다. '케이크가 맛있다.'고 말하기 위해서는 그 케이크에 대한 평가를 내리고 그 평가를 해당 케이크의 특성으로 귀속시킬 주체[15]가 필요한데, (5)의 예문에서 적어도 어머니와 케이크는 그러한 역할을 하지 않는다. 따라서 이는 문장의 바깥에 존재하는 시각, 다시 말해 화자 층위의 관점이 개입한 것으로 보아야 할 것이다.

'A게'가 화자의 관점을 표시할 수 있음이 가장 뚜렷하게 드러나는 경우는 문장부사어로 쓰인 다음과 같은 경우이다.

(26) ㄱ. 다행스럽게, 그는 점점 건강을 되찾아 갔다.

　　　ㄴ. 불행하게(도), 그는 끝내 병을 이기지 못하였다.

위 예들에서 '다행스럽게, 불행하게'는 후행절의 내용에 대한 화자의 주관적 평가 혹은 태도를 나타내고 있다. 이때 '-게'가 나타내는 방향성과 과정

---

15) 이는 인지언어학 분야에서 말하는 이른바 개념화자(conceptualizer)에 상당하는 것이다.

성은 사태에 대한 주관적 개념화의 방향 및 과정과 부합한다.

[그림 3-2] 개념화와 관련된 '-게'의 [+과정성], [+방향성] 자질

ø ——— (-게) ———→ 다행스럽게
(개념화 전) ——— (개념화 과정) ———→ (개념화 후)

이때에도 [X causes Y become Z]의 의미구조가 성립하는데, 이때 X는 특정 개체가 아니라 후행절이 가리키는 사태 전체가 된다. 즉, [그가 점점 건강을 되찾아 가는 사태가 화자로 하여금 다행스럽다고 느끼게 만든다.]의 구조라고 할 수 있다. 물론 이때의 '다행스럽게, 불행하게'는 문장구조의 바깥에 있는 요소이므로 문장 내부 구조 속의 'A게'가 개념주체(conceptualizer)의 개입을 나타낼 수 있다고 주장하는 결정적 근거가 되기는 어렵지만 적어도 그러한 가능성을 확인할 수 있게 한다.

한국어에서는 이처럼 행위의 대상에 실현되는 객관적인 상태변화와 변화의 결과에 대한 주관적 개념화를 형태적으로 구분하여 표시하지 않기 때문에 그것의 차이를 쉽게 인지하기 어렵다. 중국어의 경우에는 두 가지를 모두 결과로 파악하되 둘의 차이를 형태적으로 구분하여 표시할 수 있다. 위 (25ㄹ)의 예문 "蛋糕**烤得好**吃。"에서처럼 행위를 나타내는 동사(烤: 굽다)와 결과를 나타내는 요소(好吃:맛있다) 사이에 형태소 '得'이 개재되어 있는 경우, 사실에 대한 직접적인 서술이 아니라 행위의 결과에 대해 화자가 가지는 생각임을 표시한다. '好吃(맛있다)'라는 것이 '蛋糕(케이크)'의 현재 상태를 나타내기는 하지만 그것은 '烤(굽다)'라는 행위에 의해 직접적으로 대상에게 초래된 상태가 아니라 행위의 결과에 대한 종합적인 평가로서 개념주체에 의해 케이크에 부과된 특성이다.

이러한 사실을 바탕으로 이제 예문 (6)을 살펴본다. "철수가 식빵을 얇게 잘랐다."는 위 창조동사 결과구문과 달리 목적어 '식빵'이 경험한 변화

와 그 결과를 나타낸다. 즉 '얇게'는 '잘랐다'의 행위 끝에 목적어 '식빵'에 생겨난 가시적 결과이다. 하지만 이때 '잘랐다'의 행위가 꼭 '얇은' 상태를 낳아야만 하는 것은 아니고 다만 자르는 행위 끝에 도달한 식빵의 상태가 '얇다'는 것이다.16) 우리는 한국어의 실질에 기반하여 이러한 경우 역시 '결과'로 보기로 한 바 있다. (6)의 의미를 풀어보면 다음과 같다.

> (6') 철수가 식빵을 얇게 잘랐다.
> [NP$_1$ causes NP$_2$ become X (by V-ing)]
> [NP$_1$이 V함으로써 NP$_2$로 하여금 X 되게 만들다.]
> V= 자르다, X=(형용사)얇게

　(6')의 의미는 (4')와 같이 [NP1이 V함으로써 NP2로 하여금 X되게 만들다.]로 풀이된다. 하지만 (6)의 '얇게'는 (4)의 '매끈하게'와 다른 점이 있으며 (5)의 '맛있게'와도 다르다. 셋 다 형용사로서 대상의 특정한 상태를 표시하지만 (4)의 '매끈하게'는 동사 '대패질하다'와 논리적으로 경험적으로 인과관계를 이루는, 다시 말해 내재적으로 필연적인 결과인 반면, (5)의 '얇게'는 '자르다' 동사의 필연적인 결과라고 할 수는 없다. 빵은 얇게도 자를 수 있고 두껍게도 자를 수 있기 때문이다. 한편 (6)의 '얇게'가 (5)의 '맛있게'와 구별되는 점은 전자의 경우 대상의 외형에 가시적으로 드러나는 결과이고 후자는 위에서 보았듯이 외부 시각에 의해서 개념화된 사항을 대상물의 특성으로 부여한 것이다. 하지만 여전히 이 둘 사이에 명백한 경계선을 설정하기는 어려운데 '얇다' 역시 완전히 객관적인 표준에 의하여 (예를 들어 몇 밀리미터 이하이면 얇다고 판정한다든지) 결정되는 것이 아

---

16) 이는 '식빵을 두껍게 잘랐다.'의 경우에도 마찬가지로 적용된다. 하지만 식빵이 얇게 되는 것은 '자르다'라는 동사의 의미에서 예상되는 변화이지만, 두껍게 되는 것은 그렇지 않다. 즉, 식빵은 두껍지 않은 상태에서 두꺼운 상태로의 변화를 경험한 것은 아니다. 이에 대해서는 아래에서 (7)의 예문 "교실바닥을 더럽게 닦았다."와 함께 언급할 것이다.

니기 때문이다. 따라서 언어에 따라서는 이를 객관적으로 관찰된 결과라고 보느냐 아니면 주관적인 판단이라고 보느냐에 따라 다른 방식으로 표시하는 경우가 있다. 영어와 중국어가 그러하고 한국어는 이러한 의미 차이를 문법적 수단으로 구분하지는 않는다.

(27) 가. 영어

ㄱ. John cut the bread <u>thin</u>.

ㄴ. John cut the bread <u>thinly</u>.

나. 중국어

ㄱ. 張三把面包切**薄了**。

ㄴ. 張三把面包切**得很薄**。

다. 한국어 : 철수는 식빵을 **얇게** 썰었다.

중국어가 동일한 사실에 대해 주관적 개입의 정도를 달리하여 파악하고 그것을 구분하여 표시함은 다음과 같은 예들에서도 볼 수 있다.

(28) ㄱ. 她把衣服洗**干淨**。 : 결과에 대한 객관적 서술

ㄴ. 她洗衣服洗**得干干淨淨的**。 : 결과 서술 + 주관적 개념화

(29) ㄱ. 母親把我的鞋帶繫**緊了**。 : 결과에 대한 객관적 서술

ㄴ. 母親把我的鞋帶繫**得緊緊的**。 : 결과 서술 + 주관적 개념화

위 (28)의 두 예는 모두 '그녀가 옷을 깨끗하게 빨았다.'라고 번역되지만 (28ㄱ)이 세탁한 결과로 나타난 옷의 상태를 객관적으로 표시하는 데 비하여 '得'이 개입된 (28ㄴ)은 동일 결과 상태에 대한 화자의 태도가 드러나 있다. (29) 역시 마찬가지로 "어머니가 나의 신발끈을 단단히 묶었다."라는 동일 사건에 대하여 (29ㄱ)은 단단히 묶여진 결과를 객관적으로 서술하는 반면, (29ㄴ)은 단단히 묶여졌음에 대한 화자의 태도가 추가되어 있다.

심지어 중국어 보어는 순수하게 동사의 행위에 대한 주관적 태도 및 평가를 드러내는 데에도 쓰일 수 있다. 예를 들어, '做**得不太好**(그다지 잘 하지 못했다)'와 같은 경우 '得' 이하의 보어로써 온전히 행위에 대한 주관적 평가를 표시한다. 이러한 경우까지도 결과로 볼 수 있는가 하는 문제에는 이론이 있을 수 있지만 우리는 이와는 별개로 '결과'라는 의미 범주가 '평가, 판단, 태도'와 같은 양태성(modality) 범주와 교차할 수 있음을 여기에서 확인할 수 있다.

영어와 중국어가 다른 지점은 중국어는 동일 사태를 '행위의 방식'으로 보느냐, 아니면 '행위에 따른 결과'로 보느냐에 따라 이를 아래와 같이 보어와 부사어로 구분하여 표시할 수 있다는 것이다. 영어도 (30나)와 같이 경우에 따라 결과술어를 형용사와 부사형으로 구분하여 나타낼 수 있지만, 이때 부사어라고 하여 결과를 나타내지 않는 것은 아니다.

(30) 가. 중국어

    ㄱ. 母親把我的鞋帶繫**緊**了。

    ㄴ. 母親**緊緊地**繫好我的鞋帶。

  나. 영어

    ㄱ. Mom tied my shoelaces **tight**.

    ㄴ. Mom tied my shoelaces **tightly**.

  다. 한국어

    ㄱ. 어머니는 내 신발끈을 **단단하게** 매셨다.

중국어의 경우 '행위의 결과'로 보는 경우 (30가-ㄱ)과 같이 동사 뒤에 두어 보어로 표시하는 반면, '행위의 방식'인 경우 (30가-ㄴ)과 같이 '緊緊地'를 동사 앞에 두어 부사어로 표시하는 것이다.[17] 이때 부사어 '緊緊地'(단단하

---

17) 한편 (28)의 경우 '洗(세탁하다)'라는 행위와 '干淨(깨끗하다)'라는 상태는 중국어에서 행위

게)는 끈을 묶는 방식(manner)으로 읽히는 동시에 단단하게 묶으려 마음 먹은 '의도'를 포함하고 있다. 영어 역시 동일한 사태를 보는 시각에 따라 (30나)와 같이 부사어와 형용사 2차 술어의 형태로 구분하여 표시한다. 단 이때 (30나-ㄱ)의 'tight'와 같이 대상의 구체적인 형상을 나타내는 형용사 는 결과 술어로 쓸 수 있으나 "Mom tied my shoelaces **beautiful**.'과 같이 추 상적 성질 혹은 주관적 평가를 나타내는 경우 형용사를 써서 결과구문을 구성할 수 없고 "Mom tied my shoelaces **beautifully**." 같이 써야 한다. 즉, 동 사의 행위로 인한 결과를 형용사로 나타낼 때 형용사의 종류에 따라 결과 구문 안의 2차 술어로만 쓰이는 것이 있고, 그에 더하여 부사어로도 표시 할 수 있는 것이 있고, 부사어로만 표시되는 것이 있다. 예문과 함께 정리 하면 다음과 같다.

(31) 가. 형용사 2차 술어로만 쓰이는 예 : John hammered the metal **flat**.

　　　나. 형용사와 그것의 부사형으로 쓰이는 예

　　　　　ㄱ. Mom tied my shoelaces **tight**.

　　　　　ㄴ. Mom tied my shoelaces **tightly**.

　　　　　ㄷ. Mom **tightly** tied my shoelaces.

　　　다. 부사형으로만 쓰이는 예 : Mom tied my shoelaces **beautifully**.

"Mom tied my shoelaces tightly."와 "Mom tightly tied my shoelaces."는 부사 어 'tightly'의 위치가 각각 동사 뒤와 동사 앞으로 다르다. 동사 뒤에 쓰인 'tightly'가 보다 결과 표시적이고 동사 앞에 쓰인 'tightly'는 보다 부사어의 원래적 성격에 가까운 경우라 할 수 있을 것이다. 즉 동사 앞에 오는 경우 는 주어의 의도를 반영하고 있는 것으로 읽힌다.

　앞서 2.1.2에서 제시한 바 있듯이 Broccias(2004)는 영어 결과구문의 위

　결과 관계로 고정되어 있어 '干淨(깨끗하다)'을 부사어로 쓸 수 없다.

와 같은 특성에 주목하고 그 이유를 인지기반적 방법으로 해석하였다. 즉 영어에는 "John hammered the metal **flat**."과 같이 결과술어가 형용사로 나타나는 "형용사형 결과구문(adjectival resultative constructions)"도 있지만 "She painted her room **beautifully**."와 같이 결과표시 요소가 부사형으로 나타나는 표현도 있음에 주목하고 이를 '부사형 결과구문(adverbial resultative constructions)'이라 칭하였다. 그가 제시한 부사형 결과구문의 예를 좀 더 보이면 다음과 같은 것들이 있다.[18]

> (32) ㄱ. She fixed the car **perfectly**.
>
>   ㄴ. He grows chrysanthemums **marvelously**.
>
>   ㄷ. The soldier was wounded **badly**.

전통적인 형용사형 결과구문과 위와 같은 부사형 결과구문의 가장 큰 차이는 다음과 같이 요약될 수 있다. 형용사 결과 술어로 나타내는 변화는 대상의 외형이나 성질에 일어난 가시적이고 객관적인 변화에 한정되며 이때 표시되는 상태는 대상의 각 부분과 전체에 빈틈없이 적용되는 상태이다. 즉, "John hammered the metal **flat**."의 형용사 결과술어 'flat'은 객관적이고 가시적인 변화를 나타내며 피영향 대상인 'the metal'의 모든 부분과 전체에 다 해당되는 특성이다. 반면 부사형 결과구문에서 '-ly'형 부사어로 표시하는 변화는 'beautiful, perfect, marvelous, bad' 등과 같이 다분히 주관적인 영역에 속하는 것들로서, 영향 입은 개체의 전체적인 상태에 대한 개념화자(conceptualizer)의 평가와 판단을 나타내며 이러한 평가와 판단은 대상 개체가 동사 행위의 결과로 가지게 된 상태로 귀속된다.

즉 영어의 결과구문은 대상에 나타난 변화의 결과가 객관적이고 구체적인 영역에 속하는 것인가 아니면 문장 외부의 개념주체가 변화 결과에

---

18) 이들은 2장의 예문 (22)~(24)와 중복되지만 편의상 다시 인용하였다.

대해 가지는 주관적인 평가에 관계된 것이냐에 따라 구별되는 형태로 표시함을 알 수 있다. 이때 둘 중 어떤 형태로 쓸 것인지는 형용사의 의미부류에 따라 거의 결정되지만 위 (31나)의 예에서 보듯(tight, tightly) 중간적인 부류도 있어서 두 형태 모두로 쓰이기도 한다. 또, 형용사의 부사형이 결과표시 서술어로 쓰일 때는 일반적인 부사어의 위치와 달리 동사의 뒤, 문장의 끝자리에 위치하게 된다.

중국어 역시 사태에 대한 개념화자의 평가와 판단, 태도와 같은 주관적 요소에 대해서 '得'이 개재된 결과표시 형식으로 나타낼 수 있으며, 이는 다시 부사어가 나타내는 의미·기능과 대립을 보임을 위에서 언급한 바 있다. 반면 한국어는 현재로서는 이 모두를 구별하지 않는 것으로 보인다.

이제 우리는 (7)의 예문 "학생들이 교실 바닥을 더럽게 닦았다."에 대하여 살펴볼 준비가 되었다.

<blockquote>

(7') 학생들이 교실 바닥을 더럽게 닦았다.

[NP$_1$ cause NP$_2$ become X by V-ing]

[NP$_1$이 V함으로써 NP$_2$로 하여금 X되게 하다.]

(NP$_1$=학생들, NP$_2$=교실바닥, X=(형용사)더럽게, V=닦았다)

</blockquote>

이 경우 역시 기본 의미구조는 [NP$_1$이 V함으로써 NP$_2$로 하여금 X되게 하다]로 (4)와 동일하다. 하지만 이 역시 영어 결과구문과 구분되는 특성을 가지는데, 동사 '닦다'로 인해 일반적으로 예상되는 결과인 '깨끗하게'가 아니라 정반대의 상태 '더럽게'가 결과술어로 쓰였다는 점이다. 이러한 사실은 아래 (33), (34)의 경우에도 관찰되는 것으로 보아 한국어 'A게 V' 구문의 한 특징을 이룬다고 할 수 있다.

<blockquote>

(33) 영희가 머리를 길게 잘랐다.

(34) 민호가 가방을 가볍게 채웠다.

</blockquote>

이러한 종류의 'A게'가 표시하는 결과는 행위의 대상(목적어)가 경험하는 'not A'에서 'A'로의 변화 결과로 읽히지 않는다는 점에서 특수하다. 즉, 위 예문들의 목적어 '교실 바닥, 머리, 가방'이 각각 '더럽지 않은, 길지 않은, 가볍지 않은' 상태에서 '더러운, 긴, 가벼운' 상태로 변화한 것으로 해석할 수 없다. 진실은 아마도 반대로 교실 바닥은 닦기 전보다 조금이라도 깨끗해졌을 것이고, 머리는 깎기 전보다 약간이라도 짧아졌을 것이며, 가방은 채우기 전보다 하다못해 100g이라도 무거워졌을 것이다. 그렇다면 이들 'A게'가 표시하는 결과는 어떤 결과인가? 이들은 행위의 결과로 나타난 상태가 미처 예상하지 못했거나 혹은 기대했던 바에 못 미치는 결과라고 생각됨을 나타낸다.

따라서 예문 (7)이 시사하는 바는 비교적 명백하다. 즉, 한국어의 'A게'는 어떤 행위의 결과로 대상 자체에 일어나는 외형적 변화뿐 아니라 그 행위로 인해 초래된 상태에 대한 외부적 평가를 표시할 수 있음을 분명히 보여주는 자료가 되는 것이다. 즉, 위 (5)와 (6)의 예를 통하여 추측되던 바를 (7)에서 보다 확실하게 알 수 있게 되었다.

한편, 영어에서는 이와 같은 의미관계를 결과구문으로 구성할 수 없다. 즉, 영어는 동사와 결과술어 형용사 간에 일정한 공기 제약이 있으며 결과술어로 쓰일 수 있는 형용사 자체에도 일정한 제한이 있는 것으로 알려져 있다.[19] 반면, 중국어는 X라는 행위를 하여 X′라는 결과가 나온 것이 경험적으로 확인된다면 그 둘 사이의 논리적 관계가 일반적인 세상사 지식에 비추어 타당하든 아니든, 혹은 어떠한 형용사 부류가 오든 별다른 공기 제약이 없다.

(35) ㄱ. 한국어 : 학생들이 바닥을 더럽게 닦았다.

　　ㄴ. 영어 : *John wiped the floor dirty.

---

19) 2.1절의 [표 2]를 참조할 것.

ㄷ. 중국어 : 張三把地板擦臟了。

　일본어는 상태변화 결과구문에 있어 대체로 한국어와 유사한 양상을
보이지만 위 (35)와 같은 의미 관계를 구성할 수는 없다.[20] 즉, 동사로 예측
되는 것과 정반대의 결과이면서 특히 부정적인 평가와 관련된 상태를 결
과표시 형식으로 나타낼 수 없다. 이처럼 언어에 따라 결과의 의미는 그 종
류를 세분화하여 각기 다른 형태로 표시할 수도 있고 하나로 뭉뚱그려 나
타낼 수도 있으며 동사와 결과표시 요소 간 공기 제약도 다르게 나타난다.
　한편, 다음 유형에 대한 고찰로 넘어가기 전에 한국어 'AP게 V'형 결과구
문의 결과 취소 가능성에 대한 언급을 여기서 덧붙이고자 한다. 한국어의
결과구문은 기본적으로 확정된 결과를 표시하여 전체 사건에 상적 경계
성을 부여하지만 그 결과는 취소될 수 있는 가능성을 남긴다. 본고는 이러
한 현상이 왜 일어나는지와 관련하여 그 원인의 하나로 문장의 바깥에 존
재하는 개념화자 시각의 개입을 제기한다. 우리는 앞의 내용에서 'A게 V'
결과구문에 개념화자의 평가가 개입할 수 있음을 보았는데, "케이크를 맛
있게 구웠다.", "식빵을 두껍게 잘랐다.", "교실바닥을 더럽게 닦았다.", "머
리를 길게 잘랐다."와 같은 예들에서 확인된다.
　이러한 외부 시각의 개입이 위의 예들뿐 아니라 'AP게 V'형 결과구문에
널리 적용될 수 있다고 볼 때, "영희는 책상을 깨끗하게 닦았으나 책상은

---

20) 김영민(2011:9)에서는 일본어의 이런 특성을 지적하면서 다음과 같은 예문을 제시하고 있다.

　ㄱ. 彼女は息子を {立派に/*ばからしく} 育てた。
　ㄴ. 彼はケーキを {おいしく/*まずく/*やわらかく} 焼いた。

즉, 일본어에서는 동사가 나타내는 동작의 일반적인 목적에 반대되는, 특히 부정적인 결과
를 표시하지 못한다. 반면 아래 한국어 대응 표현에서 보듯 한국어는 서로 반대되는 결과를
모두 표시할 수 있다.

　ㄱ'. 그녀는 아들을 {훌륭하게/바보같이} 키웠다.
　ㄴ'. 그는 케이크를 {맛있게/맛없게/부드럽게} 구웠다.

깨끗하지 않았다."와 같은 결과취소 현상이 성립한다면 이는 문장 내부의 서술과 문장 외부에 존재하는 시각이 서로 대립되는 판단을 하고 있음을 반영하는 것으로 생각된다. 판단·평가의 주체가 보다 뚜렷하게 드러나는 인지동사 구문을 들어 이와 같은 생각을 검증해 볼 수 있다.

(36) "나는 그를 성실하게 생각했지만 그는 성실하지 않았다."

    (해석1) 나의 그를 성실하게 생각했지만 실제로는 그는 성실하지 않았다. (O)

    (해석2) 나는 그를 성실하게 생각했지만 내 인식 속에서 그는 성실하지 않았다. (X)

위 예문의 "A게 V" 형식은 인식 작용의 결과를 나타내는 것으로, (해석1)과 같이 서로 다른 판단 주체가 개입되는 경우 결과의 취소가 가능하지만 (해석2)와 같이 판단의 주체가 단일한 경우 그 결과는 취소할 수 없음을 알 수 있다. 또한 다음의 자동사 결과구문을 통해서도 이와 같은 사실을 엿볼 수 있다.

(37) ㄱ. 영희의 피부가 검게 탔다.

    ㄴ. *영희의 피부가 검게 탔지만 피부는 검지 않았다.

(38) ㄱ. 그 아이가 참 예쁘게 생겼다.

    ㄴ. 그 아이가 참 예쁘게 생겼으나 예쁘지 않았다.

(37ㄴ)의 경우, 판단의 주체가 단일할 뿐 아니라 결과의 내용도 색깔이 '검다'라는 객관적 사실에 관계된 것이어서 평가의 대립이 일어날 여지가 차단되므로 결과 취소는 일어나지 않는다. 반면 (38ㄴ)의 경우는 객관적 서술과 주관적 평가가 대립을 보이는 경우로서, 이때는 결과 취소가 수용 가능한 것으로 느껴지는 것이다.

한국어 결과구문의 결과취소 가능성은 선행연구들에서 지적되어 온 이 슈 중의 하나이다. 이와 관련하여 우리는 적어도 'AP게 V'형 결과구문의 경우, 한 문장에 작용하는 두 가지 관점의 대립으로 일부 설명할 수 있음을 밝혔다.[21)

이제 (8)의 예문, "학생들이 교실 바닥을 힘들게 닦았다."로 넘어가 보자. 이 경우 결과표시 요소 '힘들게'가 의미적으로 지향하는 개체가 목적어 '교실 바닥'이 아닌 주어 '학생들'이라는 점에서 특수하다. 예문 (8)이 가지는 의미는 다음과 같이 풀이될 수 있다.

(8') 학생들이 교실 바닥을 힘들게 닦았다.

[NP₁ causes NP₁ himself become X (by V-ing)]

[NP₁이 V함으로써 NP₁ 자신으로 하여금 X 되게 만들다.]

V= 닦다, X=(형용사) 힘들게

즉 '닦다'라는 행위의 끝에 '힘들게' 되었다는 원인 결과 관계는 성립되나 그것이 행위의 대상에 일어난 변화가 아니라 행위주에 일어난 변화라는 점에서 DOR(직접목적어 제약)이 엄격하게 지켜지는 영어 타동사 통제 결과구문과 구분된다. 하지만 이는 Simpson(1983:144)에서 이미 "결과술어가 주어를 서술하지 못할 이유는 없으며 다만 개별언어 특정적 제약일 뿐이다."라고 밝히고 있듯이 한국어 결과구문을 결정할만한 제약이 되지 않는다.[22)

---

21) 홍기선(2011:1153)에서도 이와 유사한 인식이 보인다. 즉, "철수가 영미를 예쁘게 분장해 주었으나 영미는 예쁘지 않았다."의 예문에서 앞 절의 '예쁘게'는 철수의 판단을 지시하고 뒷절의 '예쁘게'는 다른 사람이나 객관적인 판단을 지시할 수 있기 때문이라고 하였는데, 이처럼 주관적인 판단이 포함되는 형용사가 쓰이면 결과가 함의되지 않을 수도 있음을 지적하고 있다. 하지만 이에 대한 본격적인 논의는 이루어지지 않았다.

22) 실제로 중국어에서는 다음 예들과 같이 결과술어로써 주어를 서술하는 경우가 흔히 관찰되며 심지어 문장 바깥의 환경을 서술할 수도 있다. 이러한 특징에 대해서는 뒤에서 다시 다루

다음으로 (9)의 경우를 보자. 영어 결과구문의 의미적 제약 중 하나로 '필수적 영향 제약(necessary effect constraint)'이라는 것이 있다. 이는 Simpson (1983:146)에서부터 지적된 것으로서 결과구문의 동사는 반드시 목적어가 나타내는 대상에 영향을 끼쳐야 한다는 것이다. 즉 목적어는 동사가 나타내는 행위의 영향을 받아 물리적이고 가시적인 변화를 드러내어야 한다. 따라서 대상에 직접적인 영향을 끼치지 못하는 지각동사나 인지동사류는 영어 결과구문을 구성하지 못한다.[23] 위에서 언급했듯이 변화의 결과 상태에 대한 주관적 판단이나 평가는 부사형 결과구문으로 표시한다고 한 것도 이와 관련되어 있다.

하지만, 한국어의 경우는 'A게 V' 구문에서 'A게'로 나타낼 수 있는 결과의 종류가 영어의 경우처럼 제한적이지 않고 수용적이어서 (9)의 예 "학생들이 선생님을 훌륭하게 여겼다."에서 보듯 '생각하다, 여기다, 느끼다, 보다, 간주하다' 등의 인지·지각동사 역시 'A게 V' 구문에서 활발하게 쓰일 수 있다. 다음 예문들이 그러한 경우를 보여준다. 이때 '훌륭하게, 유망하게, 성실하게, 불안하게'는 각각 '여기다, 보다, 생각하다, 느끼다' 동사에 선행하여 각 동사가 나타내는 인식 작용의 끝에 대상에 대해 가지게 된 인식 내용을 표시한다고 본다.

기로 한다.
ㄱ. 她洗衣服洗得滿頭大汗。(주어 서술: 그녀는 온 얼굴이 땀투성이가 되도록 빨래를 했다)
ㄴ. 他講話講得我都睡着了。(문외환경 서술: 그는 내가 잠이 들도록 말을 해댔다)

23) "I consider him honest", "I think him honest"과 같은 경우가 있기는 하나 영어에서는 이를 2차 술어구문으로 볼 뿐 결과구문으로 보지는 않는다. 동사와 2차 술어 간에 명확한 인과관계가 성립하지 않을 뿐 아니라 지각동사는 이러한 형식으로 쓰지 않는 등 그 적용이 매우 제한적이고, 영어 결과구문(형용사형 결과구문)의 전형적인 예들에서 나타나는 구체적이고 물리적인 변화와 구별되기 때문일 것이다. 하지만 한국어의 경우에는 '-게'로 나타내는 변화에 있어 주관성과 객관성, 구체성과 추상성에 따른 구별이나 제한이 없으므로 영어와는 사정이 다르다.

(39) ㄱ. 그의 담당 딜러는 내수 관련 종목을 유망하게 보았다.

　　　ㄴ. 나는 철수를 성실하게 생각한다.

　　　ㄷ. 나는 철수가 불안하게 느껴졌다.

예를 들어 (39ㄴ)의 경우, 대상인 '철수'는 이때 가시적으로 아무런 변화도 일으키지 않으므로 동사에 의한 영향을 받지 않는 것으로 보인다. 하지만 기실은 내가 철수에 대하여 '생각한' 결과 대상 '철수'는 나의 인식 상에서 '성실하게' 개념화된 것이다. 따라서 외형적인 변화가 없다고 하여 영향을 전혀 받지 않았다고 볼 수는 없다. 이러한 점을 전제할 때 예문 (9)의 의미구조는 다음과 같이 풀이될 수 있다.

(9') 학생들이 선생님을 훌륭하게 여겼다.

[NP₁ cause NP₂ become X (in NP₁' s mind)] (by V-ing)

[NP₁이 V함으로써 NP₂로 하여금 (NP₁의 인식 속에서) X되게 하다.]

(NP₁=학생들, NP₂=선생님, X=(형용사)훌륭하게, V=여기다)

보다 중요한 점은 언어에 따라 결과표시 형태로 쓸 수 있는 의미 부류의 수용 정도에 차이가 있다는 것이다. 영어는 위 경우 뿐 아니라 전반적으로 주관적이고 추상적인 종류의 변화는 전형적인 형용사형 결과구문으로 쓰지 않는데 반해 한국어 및 중국어는 구체적이고 가시적인 상태변화를 나타내는 경우와 마찬가지로 결과표시 형식으로 쓰고 있다는 것이다.

즉 한국어에서는 "선생님을 훌륭하게 여겼다."와 "나무토막을 매끈하게 사포질했다."가 같은 형식으로 나타나고, 중국어에서도 "把她認爲很偉大。"(그녀를 위대하게 여긴다.)와 "把桌子擦干淨。"(책상을 깨끗하게 닦았다.)가 동일하게 나타난다. 언어적 현실이 이러한데 가시적인 상태변화가 아니라 하여 이를 결과에서 제외할 이유는 없다. 따라서 우리는 이처럼 '인식의 변화'를 나타내는 경우 역시 한국어 결과구문의 범위 내로 받아들일 것이며, 아울러 이를 한국어 결과구문의 중요한 특징 중의 하나로 간주한다.

한 가지, 위에서 제시한 인지·지각동사들 중에서 '여기다'가 가지는 특수성을 언급할 필요가 있다. '생각하다, 느끼다, 보다' 등은 'A게 V' 구문 외에도 일반적인 타동사 구문에 쓸 수 있는 데 반해, '여기다' 동사는 'X를 여기다'의 형식으로 쓸 수 없고 오로지 'X를 A게 여기다', 'X를 NP로 여기다', '여겨 V(여겨 듣다, 여겨 보다)' 등 결과표시 형식으로만 쓸 수 있기 때문이다. 우리는 이에 대해 동사 '여기다'의 어휘적 의미와 결과구문이 가지는 결과 도출의 기능이 완전히 부합하는 경우라고 이해한다. 또, 'A게 여기다' 자체를 하나의 구문으로 볼 때, 이는 보다 큰 'A게 V' 구문을 예시하는 관계로 볼 수 있다. 이처럼 인식의 변화를 나타내는 부류는 'A게 V'의 구문뿐만 아니라 'NP로 V' 및 'V₁어 V₂' 등 이 글에서 한국어 결과구문의 대표형으로 보는 형식들에서 공통적으로 나타남으로써 한국어 결과구문의 차별적 특징을 형성한다.

예문 (10)의 "아이가 강아지를 못살게 굴었다."에서 '굴다' 역시 'X게 굴다' 형식으로만 나타나는 특수한 동사로서 자동사문에 쓰일 때도 '예쁘게 굴다', '밉살스럽게 굴다' 등으로만 나타난다. 또, 이때의 '못살다' 역시 '성가시고 견디기 힘들다'의 뜻으로 어휘화한 단어로서 '못살게'의 형태로 몇몇 동사와만 결합하는 특수한 쓰임을 보인다. '못살다'는 현행 품사 분류상 동사에 속하지만 그 의미상 동작성이 매우 약하고 '괴롭다'라는 뜻으로서 형용사에 가깝다.[24] 동사가 '-게'의 선행어로 오는 경우 의도나 목적을 표시하는 경우가 대부분이지만 이 경우 '강아지를 못살게 하려는 의도를 가지고 '굴다'로 해석되지 않는다. (10)의 의미를 풀어보면 다음과 같다.

---

[24] 국어에는 '(외모가) 잘생겼다', '(외모가) 못생겼다', '(경제적으로) 잘살다', '(경제적으로) 못살다'의 경우와 같이 '잘, 못+동사'가 형용사로 어휘화한 예들이 있다.

(10') 아이가 강아지를 못살게 굴었다.

[NP₁ cause NP₂ become X (by V-ing= behaving in a certain way)]

[NP₁이 (V함으로써=어떠하게 행동하거나 대함으로써) NP₂로 하여금 X되

게 하다]

(NP₁=아이, NP₂=강아지, X=(동사)못살게, V=굴다=어떠하게 행동하거나

대하다)

따라서 우리는 (10)의 '-게 굴다' 구문도 (10)의 '-게 여기다' 구문과 마찬가지로 '-게 V' 결과구문의 특수한 하위 유형으로 본다.

유형 (11)과 (12)는 자동사 구문으로 결과를 나타내는 경우이다. 우선 (11)의 "반죽이 동그랗게 부풀었다."에서 결과 술어는 '동그랗게'로서 대상 주어인 '반죽'의 상태를 표시하며 문장의 주동사인 '부풀다'의 결과로서 '반죽'에 나타난 상태로 읽힌다.

예문 (12) "철수가 운동화가 닳게 달렸다." 역시 자동사로 구성된 또 다른 구문인데 결과를 표시하는 부분이 '운동화가 닳다'의 주술 구조를 이루고 있음을 볼 수 있다. 따라서 이처럼 주술 구조를 이루고 있는 것까지 결과 술어로 볼 수 있느냐 하는 문제가 대두된다. 이는 '-게'가 부사형 어미인가 접속(연결)어미인가 아니면 둘 다인가 하는 국어학의 오랜 난제와 관련된 부분이며 아울러 이것을 부가절로 보느냐 보어절로 보느냐 하는 문제와도 관련되어 있다. 이에 관해서는 기존 연구들의 견해가 몇 가지로 나뉘는데, 홍기선(2011)에서는 이와 관련하여 아래 〈type1〉과 〈type2〉로 제시한 두 가지 유형의 'X(P)게 V'에 대한 문법적 판단을 기준으로 선행연구들의 견해를 종합 정리하고 나아가 자신의 견해를 밝히고 있다.

(40) 'X(P)게 V'의 두 가지 유형

가. 〈type1〉

ㄱ. 물이 단단하게 얼었다.

　　　ㄴ. 철수가 금속을 납작하게 두들겼다.

　　나. 〈type2〉

　　　　ㄱ. 철수가 목이 쉬게 울었다.

　　　　ㄴ. 철수가 신발이 닳게 달렸다. (홍기선 2011:1145)

　　이 두 유형에 대한 판단은 크게 ⅰ) 둘 다 보어절로 보는 견해 ⅱ) 〈type1〉
은 보어절, 〈type2〉는 부가절로 보는 견해 ⅲ) 둘 다 부가절로 보는 견해로
나누어진다. 만일 영어 결과구문의 통사적 특징을 기준으로 결과구문의
적격성을 판정한다면 보어절로 인정할 수 있는 경우에 한하여 결과구문
이라 해야 할 것이다. 하지만 이 문제에 대해서는 연구자들 간에 이견이 있
을 뿐 아니라 본고의 결과구문에 대한 접근 방법과는 차이가 있으므로 깊
이 다루지 않는다. 다만 본고는 〈type2〉의 '목이 쉬게'와 같이 관용적 쓰임
을 보이는 경우는 결과구문의 범위 안에서 다룰 것임을 말하려 한다.

　　위 〈type1〉은 영어의 통제결과구문(Control Resultative)에 대응하는 유
형임에 대해 〈type2〉는 예외적 격표시 결과구문(ECM Resultative)에 대응
되는 경우이다. 〈type2〉의 영어 대응형이 ECM이라 함은 문장의 동사가 자
동사임에도 불구하고 "John cried himself hoarse." 혹은 "John ran his Nikes
threadbare."와 같이 동사에 의해 하위범주화 되지 않는 거짓 재귀사, 혹은
거짓 목적어를 취하기 때문이다. 이는 영어 결과구문의 결과술어가 문장
의 목적어만을 서술해야 한다는 직접목적어 제약(DOR)에 따른 것으로 설
명되어 왔다. 같은 자동사 구문이라도 〈type1〉 자동사 구문의 대응형 "The
pond froze solid."에서는 거짓 목적어를 쓰지 않는 데 대해서는 주어인 'The
pond'가 기저에서 목적어이기 때문에 결과 술어는 여전히 DOR을 준수하
고 있는 것으로 여겼다.

　　하지만, Rappaport Hovav & Levin(2001)에서는 이러한 기존의 설명에 어
긋나는 예들이 발견됨을 지적하고 자동사 결과구문에 대하여 새로운 해
석을 내놓았다. 즉, "John cried himself hoarse." 혹은 "John ran his Nikes

threadbare."와 같이 자동사가 두 개의 논항을 취하는 것은 사건의 복합성을 반영하는 것으로서 이들 문장은 "John cried."와 "John became hoarse." 그리고 "John ran."과 "John's Nikes became threadbare."라는 두 개의 사건이 통합되어 있고, 이 두 사건들 사이에는 명백한 인과관계가 성립되며, 두 사건의 발생이 반드시 동시적이어야 할 필요가 없음을 지적하였다. 즉 John이 cried 한 후 시간이 얼마간 경과한 후에 hoarse의 상태로 되었을 수 있다는 것이다. 반면 맨(bare) 목적어 형식으로 나타나는 "The pond froze solid."의 경우는 기실 두 가지의 사건이 아닌 하나의 사건을 나타낸다고 하였으며 이러한 사건의 단순성이 논항 하나짜리의 구조와 대응되는 것이라고 지적하였다. 해당 예문은 두 개의 서술어로 인해 복합사건인 것처럼 보일 뿐 'freeze'의 과정은 바로 'solid'화의 과정이므로 인과관계가 성립된다고 볼 수 없으며 둘 사이에 시간적 간격도 있을 수 없다고 하였다.[25] 위 연구는 결과 패턴의 선택은 사건들끼리의 시간 구조에 달린 것이지 동사의 부류나 XP의 의미부류에 달린 것이 아니라는 것을 말함으로써 결과구문에 대한 기존의 기준에 큰 변화를 가져왔다.

다시 한국어의 문제로 돌아와서, 한국어에 'ECM Resultative'가 없다고 함은 영어와 달리 "*철수가 목을 쉬게 울었다./ *철수가 쉬게 목을 울었다." 나 "*철수가 신발을 닳게 달렸다./ *철수가 닳게 신발을 달렸다."와 같은 형식으로 쓰지 않는다는 것인데, 위에서 제시한 Rappaport Hovav & Levin (2001)의 주장을 수용한다면 DOR에 따라서 결과구문의 유형을 나누는 것은 큰 의미가 없게 된다. 또 한국어에서도 〈type2〉와 같은 형식은 비록 논항 개수의 많고 적음을 따질 수는 없지만 원인사건과 결과사건 간에 순차적 시간관계가 성립함을 알 수 있다.

---

25) 이러한 시간 관계의 즉각성은 "John hammered the metal flat."과 같은 타동사 통제 결과구문에서도 공유되는 특성이다. 즉 하위사건들이 시간적으로 공존(coextensive)하고 같은 비율(rate)로 전개된다는 점에서 통제 구문들은 공통점을 가진다.

우리는 어떤 특정한 형식이 통사적으로 결과구문의 조건을 만족시키는가의 여부보다는 한국어의 결과구문들이 각각 어떤 다른 모습으로 나타나며 그들이 모여 전체 결과구문을 어떻게 구성하는가에 관심을 가지고 있다. 따라서 〈type2〉와 같은 경우 역시 위에서 말한 바와 같은 특성을 가지고 한국어 결과구문 가족을 형성하는 한 요소로 참여하고 있다고 생각한다.

이상의 사실을 반영하여 (11)과 (12)의 의미를 다음과 같이 풀이할 수 있다.

 (11') 반죽이 동그랗게 부풀었다.

   [NP$_1$ become X while NP$_1$ is V-ing] 혹은

   [NP$_1$' s V-ing cause NP$_1$ become X]

   [NP$_1$이 V하면서 X의 상태로 되다] 혹은

   [NP$_1$의 V함이 NP$_1$으로 하여금 X되게 하다]

   (NP$_1$=반죽, X=(형용사) 동그랗게, V=부풀다)

(11)의 의미를 [NP$_1$ become X while NP$_1$ is V-ing]이라고 풀이한 것은 시간적 관계에 기반한 자동사 결과구문의 의미를 풀이한 것으로서, 이와 같은 경우는 엄밀한 의미에서 두 가지 사건의 통합이 아님을 표시한 것이다. 그 아래 [NP$_1$'s V-ing cause NP$_1$ become X]라고 풀이한 것은 두 술어 간에 전형적인 사역관계는 아니더라도 '약한' 사역성을 인정할 수 있음을 반영한 것이다.

 (12') 철수가 운동화가 닳게 달렸다.

   [NP$_1$' s V-ing cause X-state (X-state = NP$_2$ become X)]

   [NP$_1$의 V함이 X 상태를 초래하다. (X상태= NP$_2$가 X로 됨)]

   (NP$_1$=철수, X=(절) 운동화가 닳게, V=달리다)

(12)의 의미를 [NP₁'s V-ing cause X-state (X-state= NP₂ become X)]라 하여 [NP₁ cause NP₂ become X]와 구별한 것은 NP₂가 목적어인 사역관계와 구별하기 위해서이다. 즉 결과를 표시하는 2차 술어가 주술관계인 '운동화가 닳게'로 나타날지라도 이것은 그 자체로 하나의 상태를 나타냄을 말하는 것이다.

예문 (13) "철수가 숨이 넘어가게 달렸다."는 형식으로 보아서는 (12)의 경우와 동일하다. 즉, 자동사 결과구문에서 결과를 표시하는 요소가 주술구조로 나타나는 예이다. 다만 이 경우 의미상의 특수성이 있는데, '숨이 넘어가게'를 과연 결과로 보아도 좋은가 하는 문제이다. 즉 결과구문을 구획함에 있어 진정으로 실현된 것만을 결과로 볼 것인가 아니면 일종의 과장법처럼 쓰인 것도 결과로 볼 것인가 하는 문제를 제기한다. 이 경우, 만일 '숨이 넘어가게'가 그 실현이 매우 의심되므로 결과로 볼 수 없다고 한다면 "영희가 코피가 터지게 공부했다."와 같이 실현되었을 수도 있고 아닐 수도 있는 경우는 어떻게 처리할 것인가가 문제로 된다. 즉 매 표현마다 그 실현 여부로 결과 구문의 판정을 하기는 어렵다는 것이다.

한국어에는 이러한 표현이 마치 관용어처럼 쓰여 '정도의 심함'을 드러내는 경우가 다수 존재하는데, 다음과 같이 일부 예를 들 수 있다.[26]

[표 3-1] '정도의 심함'을 표시하는 'NP가 VP게'

뼈가 빠지게	허리가 휘게	등골이 내려앉게
입이 찢어지게	배꼽이 빠지게	배가 터지게
입이 떡 벌어지게	눈이 휘둥그레지게	귀청이 터지게
골병이 들게	정신이 번쩍 들게	넋이 나가게
숨이 넘어가게	눈물이 쏙 빠지게	말도 안 되게
어안이 벙벙하게	코피가 터지게	귀에 못이 박히게
속이 터지게	기가 차게	장난 아니게

---

26) 이처럼 '정도의 심함(高程度)'을 드러내는 관용적 표현의 'NP가 VP게'는 'NP가 VP도록'으로 바꾸어 쓸 수 있다.

이들은 모두 뒤에 오는 행위나 상태의 정도가 매우 심함을 나타내는 관용적 표현으로 이 중에는 실현이 거의 불가능한 경우도 있고 실제로 일어남 직한 일도 있다. 하지만 모두 과장의 어기를 가지고 있다는 점에서는 동일한데, 후행 동사로 인하여 범상치 않은 결과에 이르렀음을 말함으로써 결국 그 정도의 대단함을 표현하고 있는 것이다. 즉 실제 세계에서 그러한 일이 일어났는지는 장담할 수 없으나 적어도 언어적으로는 원인 결과 관계가 성립한다고 할 수 있다.

이처럼 결과를 표시하는 방식을 빌어 정도를 나타내는 일은 비단 한국어뿐 아니라 영어와 중국어에서도 관찰된다. 영어의 경우 이른바 거짓 목적어를 취하는 ECM 결과구문 중에 과장의 어기를 표시하는 예가 많으며, 중국어의 경우 이른바 정도보어가 흔히 이러한 의미를 표시한다.

(41) 영어 ECM 결과구문

ㄱ. The joggers ran the pavement thin. (Carrier & Randall 1992)

ㄴ. They drank the pub dry.

(42) 중국어 정도보어구문

ㄱ. 這 几天 我　難過　死　　了。

이　며칠　나　힘들다　죽다　(어기사)

'이 며칠 나는 힘들어 죽겠다.'

ㄴ. 這 件 事 嚇 我 嚇　　得　　魂都　沒了。

이 (양사) 일 놀래다 나 놀래다 (구조조사) 혼 다 없어지다

'이 일로 나는 혼이 나가도록 놀랬다.'

이처럼 결과의 범주와 정도의 범주(특히 정도가 매우 높은 경우)가 교차하는 일은 범언어적으로 드물지 않게 관찰되는 일이다. 따라서 우리는 (9)와 같은 경우 역시 결과를 표시하는 형식의 일종으로 본다.

이상의 논의를 종합하여 위 3.2.1의 서두에서 제시했던 여러 'XP게 V'의

예 중 한국어의 결과구문으로 인정할 수 있는 'AP게 V'의 예들을 다시 보이면 다음과 같다.

(4) 철수가 나무토막을 매끈하게 사포질했다.

(5) 어머니가 케이크를 맛있게 구우셨다.

(6) 철수가 식빵을 두껍게 잘랐다.

(7) 학생들이 교실 바닥을 더럽게 닦았다.

(8) 학생들이 교실 바닥을 힘들게 닦았다.

(9) 학생들이 선생님을 훌륭하게 여겼다.

(10) 아이가 강아지를 못살게 굴었다.

(11) 물집이 동그랗게 부풀었다.

(12) 철수가 운동화가 닳도록 달렸다.

(13) 철수가 숨이 넘어가게 달렸다.

3.3. 방식(Manner)과 묘사(Depictive)를 나타내는 'AP게+V'

우리는 위에서 'VP게 V' 및 'AP게 V'가 결과를 표시하는 경우들을 유형별로 살펴보았고, 이제 예문 (14) "영희가 책상을 서투르게 닦았다."[27]를 살펴볼 차례가 되었다. (14)는 'AP게+V' 형식의 새로운 국면을 드러낸다. 그것은 이전의 경우와 달리 '서투르게'가 동사 '닦았다'로 인하여 초래되는 결과 상태를 나타낸다고 보기 어렵기 때문이다. 즉, 이 문장은 사건 참여자인 영희 혹은 책상이 '닦는' 행위를 통하여 '거칠게' 되는 변화를 경험함을 나타내는 것이 아니라 '닦는' 행위의 방식(Manner)이 '서투르다'는 것을 표시할 뿐이다. 박소영(2001)은 이러한 점에 주목하여 'AP게 V'에서 'AP게'는

---

27) 박소영(2001:46)에서 "순희가 서투르게 테이블을 닦았다."라는 예문을 제시하고 고찰을 진행한 바 있다.

'방식'을 나타내는 부류와 '결과'를 나타내는 부류가 있음을 주장하였다. 이 중 전자는 동사로 나타내는 행위의 방식을 표시한다는 점에서 부사어 본연의 기능에 보다 가까운 경우라고 할 수 있다.

이처럼 (14)의 '서투르게'가 방식(Manner)을 나타낸다는 데는 의심의 여지가 없어 보인다. 그럼에도 불구하고 'AP게 V'에 대하여 본고가 보태고자 하는 한 가지 새로운 이해는 동사의 방식과 동사에 의한 결과를 동일한 형식으로 나타내는 일이 한국어에만 있는 것은 아니며, 관점에 따라서는 이들 모두를 넓은 의미의 '결과'로서 포괄할 수도 있다는 점이다. 중국어가 이러한 경우에 해당되므로 아래에 예문으로써 제시한다.

(43) ㄱ. 學生們　　把　　桌子　擦　　**得**　　**很**　　**馬虎**。
　　　　학생들 (pre.)　탁자　닦다 (구조조사)　매우　엉성하다
　　　　'학생들이 탁자를 **서투르게** 닦았다.'

　　ㄴ. 張三　走　　**得**　　**慢慢的**。
　　　　장삼　걷다 (구조조사)　느릿느릿하다
　　　　'장삼이 **느릿느릿하게** 걷는다.'

　　ㄷ. 張三　　說　　**得**　　**有 道理**。
　　　　장삼　말하다 (구조조사)　있다　일리
　　　　'장삼이 **일리 있게** 말했다.'

우선 (43ㄱ)은 (14)번 예문 "영희가 책상을 서투르게 닦았다."에 대응되는 문장으로 '서투르게'와 대응되는 '很馬虎'가 동사의 뒤에서 보어로 쓰였다. (43ㄴ)과 (43ㄷ)의 '慢慢的(느릿느릿하게)', '有道理(일리있게)' 역시 마찬가지인데 이들은 모두 동사의 방식을 나타내는 것으로 읽힘에도 불구하고 부사어가 아닌 보어로 쓰였다. 앞으로 7장의 한중 대조를 통하여 좀 더 자세히 알아볼 것이지만 중국어에서 보어는 동사 앞에 오는 부사어와 통사·의미적으로 구분되는데, 그것이 가지는 의미 기능은 결국 '결과'를 표

시한다는 것으로 요약된다. 이때의 '결과'에는 구체적이고 객관적이어서 보다 전형적인 결과가 있는가 하면 추상적이고 주관적이어서 보다 비전형적인 결과도 있다.

그런데 위 예들과 같이 방식(manner)으로 읽히는 경우까지 결과로 본다는 것은 그것이 나타내는 방식이 부사어로 나타내는 방식과 다름에서 그 근거를 찾을 수 있다. 특히 위 예들을 보면 동사와 보어 사이에 구조조사 '得'이 개재되어 있는데 이는 화자의 생각, 느낌, 판단, 평가 등 주관적 요소가 들어갈 경우에 주로 쓰이며, 후행하는 보어의 형태 역시 느낌을 보다 생생하게 표현할 수 있는 증첩형(예: 慢慢的)으로 쓰거나,[28] (43ㄷ)처럼 화자의 판단·평가가 드러나는 내용(有道理-일리 있게)이 온다. 따라서 위 (43ㄴ)의 '慢慢的' 역시 단순히 동사 '走(걷다)'의 방식을 표시한다기보다 그 동작을 보고 화자가 가지게 된 생각·느낌까지 함께 표시하고 있다고 보아야 한다. 이를 굳이 한국어로 나타내면 '걷는 걸 보니 느리다(는 생각이 든다).' 혹은 '느리(다는 생각이 들)게 걷는다' 정도가 될 것이다. 같은 맥락에서 이는 객관적 사실로서의 결과를 나타내는 "走慢慢"으로 쓸 수 없다. 한편, 이것을 보어로 쓰지 않고 부사어로 바꾸어 '慢慢地走'라고 쓸 수도 있으나 이 경우에는 '走'라는 동작이 일어나고 있을 때의 방식·양태를 표시할 뿐, 그 행위가 끝나고 난 후 총평으로서 쓸 수는 없다.

이상을 종합하면, 중국어의 보어는 동사로 인해 논항 개체에 일어나는 변화를 표시할 때 객관적으로 관찰 가능한 변화 외에 주관적 평가까지 표시할 수 있을 뿐 아니라 나아가 동사로 표시되는 동작 자체에 대한 주관적 태도까지 결과의 범위 안에 포괄할 수 있다는 것이다.

그렇다면 한국어의 'AP게' 중 방식을 나타내는 (14)와 같은 경우도 중국어 보어와 같이 넓은 의미의 결과로 볼 수 있을까? 마침 우리는 이와 관련

---

[28] 형용사 중첩형이나 접사 파생형, 정도부사 수식형, 조어법상 비유가 들어간 형용사 등이 이에 해당한다.

하여 앞서 (5) "어머니가 케이크를 맛있게 구우셨다.", (6) "철수가 식빵을 두껍게 잘랐다.", (7) "학생들이 교실 바닥을 더럽게 닦았다."의 예들을 통하여 한국어의 'AP게 V'가 변화를 경험하는 개체에 드러나는 객관적이고 가시적인 변화뿐 아니라 그에 대한 주관적이고 추상적인 평가까지 표시할 수 있음을 본 바 있다.

하지만 이러한 정황에도 불구하고 (14)의 '서투르게'를 결과로 보아야 한다고 주장하는 것은 한국어의 현실에 비추어 무리한 일이 될 수밖에 없다. 그 이유는 첫째 한국어 모어 화자의 직관에 부합하지 않고, 둘째, 무엇보다 그것을 증명할 만한 언어적인 증거를 제시할 수 없기 때문이다. 이는 보어와 부사어의 의미적 대립을 통하여 결과성의 구분이 가능한 중국어와는 사정이 다르다 하겠다. 따라서 (14)를 다른 결과 표시의 예들과 구분하여 '방식'으로 봄은 이 글에서도 여전히 유효하다.

다만, 우리는 한국어의 'AP게'가 전형적인 방식·양태 표시 부사와 비교할 때 상대적으로 방식·양태 표시의 기능보다는 결과 표시 기능에 더 적합한 형식임을 말하고자 한다. 이를 위하여 아래에서 중첩형 의성·의태 부사의 단독형과 '-하게' 결합형 간의 비교를 통해 그 의미상의 차이를 보일 것이다.

'흐물흐물, 찰랑찰랑'과 같은 중첩형 의성·의태부사는 다른 요소와 결합하지 않고 홀로 부사어로 쓰일 수 있지만 또 한편으로는 '-하게'와 결합한 형태로 쓰일 수도 있다. 두 경우 모두 동사의 양태를 생동감 있게 나타낼 수도 있고 결과를 표시할 수도 있는데, 만일 '-하게' 결합형과 단독형 간에 별다른 의미 차이가 없다면 이를 통하여 '-게'가 결과 및 방식의 의미 사이에 치우침 없이 둘 다를 표시할 수 있는 성분임을 말할 수 있을 것이며, 만일 그렇지 않고 두 의미 중 어느 한쪽에 더 적합하게 쓰인다면 다른 해석을 낳을 수 있다. 우선 아래의 예들을 보자.

(44) ㄱ. 정윤이가 흐물흐물 수옥의 곁으로 다가갔다.

　　　　(출처: 조선말 대사전 1992)

　　 ㄴ. 정윤이가 ?흐물흐물하게 수옥의 곁으로 다가갔다.

(45) ㄱ. 질이 좋은 칡을 한여름에 베어서 썩히면 껍질이 흐물흐물 벗겨졌다.

　　　　(출처: 한수산, 부초)

　　 ㄴ. 질이 좋은 칡을 한여름에 베어서 썩히면 껍질이 ?흐물흐물하게 벗겨

　　　　졌다.

(44)의 경우 '흐물흐물'은 정윤이라는 인물의 다가가는 동작을 묘사하고 있을 뿐 '다가가다'라는 동작으로 인한 변화를 나타내지는 않는다. 이런 경우, '흐물흐물 다가갔다'는 자연스럽지만 '흐물흐물하게 다가갔다'는 상대적으로 부자연스럽다. (45) 역시 껍질이 벗겨지는 모양이 흐물흐물하다고 형용한 것이지 벗겨진 후 결과가 흐물흐물함을 나타내지는 않는다. 이 경우 '-하게' 결합형보다는 단독형이 더 적합한 것으로 보인다. 하지만 다음의 예는 다르다.

(46) ㄱ. 그 생각을 하는 순간 온몸의 기력이 우뭇가사리처럼 흐물흐물 녹아내

　　　　리는 듯하였다. (출처: 문순태, 타오르는 강)

　　 ㄴ. 그 생각을 하는 순간 온몸의 기력이 우뭇가사리처럼 흐물흐물하게 녹

　　　　아내리는 듯하였다.

위와 같은 경우는 녹아내리는 모양을 형용한 것일 수도 있고 녹아내린 결과 상태를 나타낸 것일 수도 있다. 따라서 두 경우 모두 별 무리 없이 어울리는 것으로 생각된다. 이어서 다음의 예를 보자.

(47) ㄱ. 닭을 푹 고았더니 뼈까지 ?흐물흐물 익었다.

　　 ㄴ. 닭을 푹 고았더니 뼈까지 흐물흐물하게 익었다.

(47)의 경우에는 (47ㄴ) 쪽이 좀 더 적당하게 느껴진다. 이때 닭은 '익다'라는 동사를 통하여 흐물흐물하지 않다가 흐물흐물한 상태로 변화한 정황이 분명하다. 이렇듯 변화의 방향이 뚜렷한 경우 단독형보다는 '-하게' 결합형이 더 적합한 것으로 보인다. 이어서 '찰랑찰랑'과 '찰랑찰랑하게'의 경우를 보자.

(48) ㄱ. 어둠 속에서 나귀들이 찰랑찰랑 방울 소리를 내며 밤길을 가고 있었다.
　　 ㄴ. 어둠 속에서 나귀들이 '찰랑찰랑하게 방울 소리를 내며 밤길을 가고 있었다.

(48)처럼 '찰랑찰랑'이 의성어로 쓰인 경우는 이러한 경향이 더 뚜렷하게 드러난다. 즉 이처럼 순수하게 동작의 양태를 나타내는 경우 '-하게' 결합형은 부적격하다 할 정도로 부자연스럽다. 하지만 다음의 경우는 다른 양상으로 나타난다.

(49) ㄱ. 유리잔에 주스를 ʔ찰랑찰랑 따랐다.
　　 ㄴ. 유리잔에 주스를 찰랑찰랑하게 따랐다.

위의 경우는 '-하게' 결합형이 매우 자연스럽다. '따르는' 행위를 통하여 찰랑찰랑하지 않았던 것을 찰랑찰랑하게 만든 것이기 때문에 방향성 자질을 가진 어미 '-게'와 의미적으로 어울리는 것으로 생각된다. 한편 결과의 의미로 '찰랑찰랑 따랐다'의 적격성을 판정한다면 불가능한 것은 아니나 '찰랑찰랑하게'보다는 못하며 동작의 방식을 묘사한다고 볼 때 더 자연스럽게 읽힌다.

이상을 종합했을 때 의성·의태의 중첩부사가 결과를 표시할 경우 '-하게' 결합형이 상당한 정도로 더 적합하며, 반면에 순수하게 동작의 방식을 형용하고 있는 경우에는 '-하게'와의 결합 없이 쓰는 것이 더 자연스러운 경향이 발견된다. 우리는 이러한 관찰의 결과를 통해 한국어의 '-게 V'는 경우에 따라 방식과 결과를 둘 다 표시할 수 있기는 하나 결과를 표시하는 기능이 보다 본유적인 기능이라고 생각한다.:

아울러 이러한 측면에서 볼 때 위 (14)의 예문 "영희는 책상을 서투르게 닦았다."의 '서투르게'는 동작의 방식·양태를 직접적으로 묘사한 것일 수도 있으나 다른 한편으로는 중국어의 정태보어와 마찬가지로 동사 동작의 결과가 개념화자에 불러일으킨 생각을 표시하는 것으로 볼 여지가 있음을 제기한다.

마지막으로 (15)의 예문 "어머니가 커피를 뜨겁게 드셨다."에 대해서는 또 다른 각도의 설명이 필요하다. 이 경우 '뜨겁게'는 분명히 동사의 직접 목적어 논항인 '커피'의 상태를 서술하므로 2차 서술어로 볼 수 있지만, 그것이 동사 '드셨다'의 결과로 해당 논항에 일어난 상태변화라고 할 수는 없다. 커피는 어머니가 드시기 이전에 이미 뜨거운 상태였고 그러한 상태에서 동사의 행위가 일어났기 때문이다.

이러한 경우를 결과구문(Resultative)과 구분하여 묘사구문(Depictive) 으로 불러왔다. 이때의 묘사(depivtive)란 주동사의 행위가 일어날 당시 이미 동사의 논항들에 갖추어져 있던 상태를 묘사하는 것이며 그 상태가 동작·행위 시에도 지속되는 관계를 나타내는 것이다. 따라서 결과구문과는 매우 다른 의미관계를 표시하는 구문이며 그 통사구조도 다르다고 할 수 있다. 특히 영어에서는 결과구문과 달리 목적어 외에 주어를 지향할 수도 있다는 점이 큰 차이로 지적되어 왔다. 묘사구문은 결과구문과 달리 사건(event)이나 어휘의미 구조에 영향을 미치지 못하는 부가적인 성격을 가진다. 또 결과구문은 원래 동사가 취하지 않던 새로운 논항의 추가를 가능하게 하고 사건구조를 바꾸는 등 그 영향이 크게 미치는 반면 묘사구는 이러한 영향력을 가지지 못한다. 다만 문제는 이처럼 다른 의미를 표시하는 두 구문이 적어도 표면적으로는 같은 형태로 나타난다는 데 있다. 아래의 예에서 볼 수 있듯이 묘사구문은 영어에서 결과구문과 같은 형태로 나타나며, 한국어의 경우에도 'AP게 V', 'NP로 V'형 결과구문 형식과 같이 쓰이는 것으로 관찰된다. 'V₁어 V₂' 구문도 묘사구문과 밀접한 관계가 있기는 하나 결과를 나타내는 성분이 'V₂'인데 반하여 묘사적(depictive)인 상황을 나타내는 요소는 'V₁'으로 표시된다. 이는 'V₁어 V₂' 구성이 기본적으로 시간의 전개과정을 반영하는 구조인 것과 관련된다고 할 것이다.

(50) ㄱ. She handed him the towel wet. (Goldberg and Jackendoff 2004)

  (그녀는 그에게 수건을 젖은 채로 주었다.)

  ㄴ. The chairman came to the meeting drunk. (Wechsler 2005a)

  (회장님이 회의에 취한 채로 참석했다.)

(51) ㄱ. 철수는 커피를 <u>뜨겁게</u> 마신다.

  ㄴ. 철수는 위스키를 <u>언더락으로</u> 마신다.

  ㄷ. 철수는 사과를 <u>깎아</u> 먹었다.

　서로 상이한 의미가 동일한 형식으로 표시되는 예가 복수의 언어에서 관찰된다는 것은 해당 의미들이 모종의 연관성을 가지고 있음을 말한다고 보아도 무방할 것이다. 이때 두 의미 사이의 관계가 직접적일수록 이들이 언어 내부적으로나 범언어적으로 단일한 형식으로 표시될 가능성이 커질 것이다. 그렇다면 '결과구문'과 '묘사구문' 사이에도 모종의 연관성이 있다고 할 것인데 여기에 대해서는 집중적인 고찰이 필요하며 더 이상의 언급은 본고의 역량을 넘는다.

　다만 (51)의 한국어 예문들에서 밑줄 친 부분은 이른바 '방식(manner)'으로 해석되어 온 예들인데, 결과를 나타내는 경우와의 공통점은 두 경우 모두 동사의 논항이 가지는 상태를 표시한다는 점이고 차이점은 동사 행위가 일어나는 시점을 기준으로 그 전에 이루어진 상태인가 그 후에 이루어진 상태인가에 있다고 할 수 있다. 따라서 적어도 표면적으로 보았을 때 이들 형식의 성립 요건은 1차 술어와 2차 술어 간 시간적 선후 관계보다는 논항과의 주술관계가 성립하는가가 우선적으로 작용하는 것으로 보인다.[29] 뒤에 7장에서 보겠지만 중국어 동결식은 묘사(depictive) 구문과 형태를 공유하지 않는데 이는 해당 형식의 성립 요건으로 시간성이 우선적임을 말해 준다 하겠다. 이와 관련한 상세한 논의는 다음 기회를 기다리기로 하고 본 절에서는 예문 (15)에 대해서 형태상 결과구문과 동일하지만 결과구문이 아니라는 사실만을 다시 한 번 강조하고 다음 장으로 넘어간다.

---

29) 이와 관련하여 장영준(2000)에서는 어미 '-게' 결합형 부사어는 전형적인 의미에서의 부사가 아니고 부사형을 취하는 이차적인 서술어라고 주장하였으며 이러한 주장을 뒷받침할 증거로 소절(small clause), 묘사적 서술어(depictive clause), 목적절(purposive clause), 결과절(resultative clause), 사역절(causative clause)에 쓰인 '-게'형 부사어를 분석하고 있다.

4. 'NP로 V'형 결과구문

4.1. 한국어 결과구문으로서의 'NP로 V'의 성격과 범위

이번 장에서 살펴볼 구문 형식은 'NP로 V' 구문이다. 우선 본격적인 논의에 앞서 'NP로' 조사구, 그리고 조사 '로'에 관한 기존의 논의를 살펴볼 필요가 있다. 'NP로' 조사구 및 조사 '로'는 그것이 가지는 이례적으로 다양한 의미 · 기능 때문에 일찍부터 국어학계의 주목을 받아왔는데 이러한 의미 기능들에 대한 이해는 본 연구의 고찰 대상인 'NP로 V'형 결과 구문이 가지는 결과표시 기능의 이해에 바탕이 된다.

'NP로' 혹은 조사 '로'에 대해서는 그것이 가지는 다양한 의미들을 세분하거나 반대로 공통점을 중심으로 크게 대별하는 연구들이 주류를 이루었고, 이들 각각의 쓰임이 가지는 개별적 특징들을 기술하거나 서로 간의 연관 관계를 밝히려는 연구들이 이루어졌다. 예를 들어 조일영 · 김일환(1999)에서는 '-로'의 의미에 '도달, 수단, 경로, 방향, 수량, 변성, 원인, 도구, 분할, 재료, 자격, 선정' 등 12가지가 있음을 제시하면서 각 의미를 세분하여 그 특징들을 살피고 있다. 'NP로' 조사구에 대해서는 일찍이 김민수(1970)에서 조사 '로'가 표시하는 격을 '구격(具格), 향격(向格), 전격(轉格)' 등으로 나눌 수 있음을 말하였는데 이는 'NP로' 조사구가 서술어와의 관계에서 가지는 의미를 중심으로 한 분류이다. 남기심(1993)은 '에 조사구'와 '로 조사구'를 함께 비교하며 기술하고 있다. 동 연구에서는 이 두 조사구를 논항과 비논항으로 분류하고, 논항으로 쓰이는 경우 자동사문과 타동사문의 각 문형에서 어떤 의미로 해석되는지를 자세히 살피고 있다.

한편, '로'가 가지는 다양한 의미들이 단일한 원류에서 비롯되었다고 보는 견해 중에서는 유동석(1984나)의 주장이 주목할 만하다. 'NP로' 중에는 필수 성분인 것도 있고 수의 성분인 것도 있는데, '변성'과 관계된 것은 필수성분이고 그 외 '도구, 원인, 재료' 등의 의미를 가지는 것은 수의성분이라 할 수 있다. 이들 중 수의성분인 'NP로'에 대하여 동 연구는 다음과 같이 주장한다. 원래 '-로 하-, -로 삼-, -로 말미암아'와 같이 후행동사의 부사형과 결합하여 '변성, 자격'의 의미를 가지는 부사구를 형성하였던 것인데 어떤 이유로 인하여 동사가 탈락함으로써 동사와 'NP로' 사이에 형성되었던 '변성, 자격' 등의 의미가 소실되고 'NP로'와 직접 연결되지 않던 두 번째 동사와의 관계에 기초하여 새로운 의미를 획득하게 되었다는 것이다(예:그는 감기로 하여 결석했다 → 그는 감기로 결석했다). 결국, 'NP로'는 '변성'의 의미를 가지는 필수성분으로 쓰이는 것이 가장 원초적인 것이라는 결론에 이르게 된다. 하지만 현재 실재하지 않는 성분의 존재를 상정하기 위해서는 원래의 후행동사가 어떠한 이유와 조건 하에 탈락하는지, 또 그 변화의 과정은 어떠하였는지에 대한 보다 실증적인 논거가 필요하다고 생각된다.

동일 선상의 논의로서 정희정(1988)에서는 '로'는 목표점으로의 방향을 의미하며 거기서 생겨난 '경유'의 의미로 인하여 도구, 원인 등의 기타 의미로 해석된다고 보았다. 권미경(1991) 역시 조사 '로'에 방법, 재료, 원인, 분할, 양태, 한정, 방향, 시간, 자격, 지정, 변성의 의미 표시 기능이 있으며 이들은 '경유'의 의미를 공통적으로 가진다고 보고 있다. 또 이양혜(1992)는 '로'가 나타내는 격에 '수단격, 원인격, 자격격, 방향격, 결과격' 등을 설정하고 이들이 [+변성]의 공통 자질을 가짐을 주장하였다.

이제 논의를 다시 'NP로 V' 구문으로 돌려 본다. 'NP로 V' 구문은 한국어에서 이동사건을 표시하는(예: 지붕위로 날아가다) 대표적인 형식인 동시에 대상의 '변성'을 표시하는 구문 형식이기도 하다(예: 폐교를 문화체험 공간으로 꾸미다). 위의 선행연구들에서 주목하였듯이 'NP로'는 매우 다양한 의미 기능을 가질 수 있는 성분이지만 본고는 무엇보다 'NP로 V' 구문이 위치변화와 상태변화를 표시할 수 있는 형식임에 주목한다. 연구의 서두에서 밝혔듯이 우리는 결과구문을 고찰함에 있어 이동사건을 통해 일어나는 위치변화의 결과와 상태변화 사건의 끝에 도출되는 결과 상태를 동류로서 다루고 있으며, 이 두 종류의 변화 사이에는 은유적 확장 관계가 성립한다고 보고 있다.[1]

위치변화는 물리적 공간과 관련된 구체적인 개념인데 반해 상태변화는 상대적으로 보다 추상적인 개념이다. 그런데 이 둘은 모종의 변화와 관계되어 있다는 점에서 개념적 유사성을 가진다. 따라서 전자를 근원영역으로 하여 후자의 목표영역으로 나아가는 은유 관계를 상정하는 것은 일반적인 인지적 원리에 부합하는 순리적인 과정이라 할 것이다. 이와 관련하여 Johnson(1987)에서는 다음과 같은 '출발점 · 경로 · 도착점 도식(source-path-goal schema)'을 제시한 바 있다.[2]

[그림 4-1] 출발점·경로·도착점 도식 (Johnson 1987)

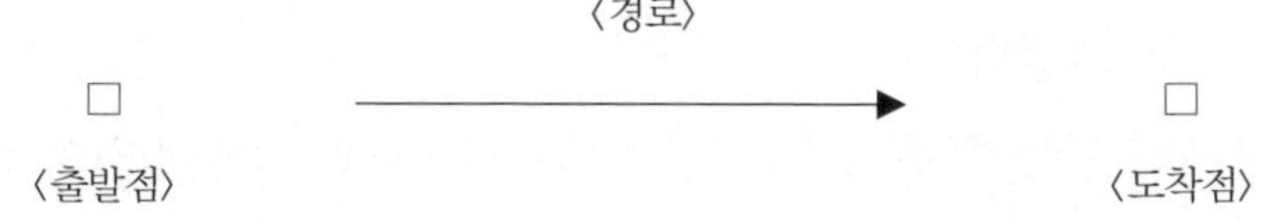

---

1) 처소 · 공간적 개념이 시간, 상태 등 다른 의미영역의 개념적 기초, 혹은 근원 영역이 된다는 사실은 그간의 인지언어학적 연구 성과에 의해 일반적으로 받아들여지는 사실이 되었다.
2) '출발점 · 경로 · 도착점 도식'(source-path-goal schema)에 대한 설명은 '임지룡 외 옮김 (2004), 『인지언어학 키워드 사전』, 한국문화사'의 내용을 일부 인용하였다(p.229).

이 도식은 체험적인 공간인지를 반영한 것으로서 '이동' 현상에 전형적으로 적용되지만 공간적인 '이동'에서 '변화'로의 은유적 사상(mapping)에도 적용된다. 아래 도식에서 보듯 〈출발점〉이 〈재료〉에, 〈도착점〉이 〈산물〉에 사상 되는데 이것이 더 추상화되어 각각 〈원인〉과 〈결과〉로 사상되기도 한다.3)

[그림 4-2] '이동'에서 '변화'로의 은유적 사상

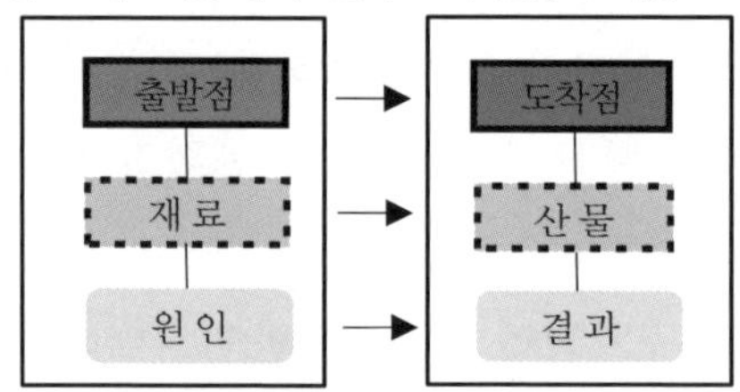

　이러한 인식은 전부터 국어학계에 있어 왔는데, 예를 들어 박정운(1999)는 '로'에 대하여 '경로'의 의미를 중심으로 은유적 확장이 일어난 다의어로 보고 있다. 동 연구에서는 '로'가 공간영역과 시간영역에서 경로의 의미를, 상태영역에서 상태변화와 자격의 의미를, 행동영역에서 도구, 원인, 재료, 양태, 부사화의 의미를 가진다고 하였다. 또 최근 인지언어학 방면에서 특별한 주목을 받았던 '이동사건'에 대한 연구들에서도 물리적·객관적 이동으로부터 주관적·가상적 이동으로 일어나는 확장에 주목하여 관련된 사실을 밝히려 하였다.

　'결과구문'과 관련해서는, 전술했듯이 Goldberg(1995)에서 영어 결과구문이 사역이동구문으로부터 은유적으로 확장된 상속관계에 있음을 주장

---

3) 이에 해당되는 예문은 다음과 같이 제시하고 있다.
　　(1) a. Wine is made from grape.
　　　　b. The house burn to cinder.
　　(2) a. John got sick from overwork.
　　　　b. We have tried hard in vain.

하였고, 그 이후로 영어 결과구문에 대한 연구는 위치의 변화와 상태의 변화를 함께 다루고 있는 경향을 보인다. 한편 영문법계의 이러한 동향과는 별개로 중국어의 결과구문이라고 할 수 있는 '동결식(動結式)'에 대한 연구에서는 일찍부터 상태의 변화를 표시하는 부류와 위치변화를 표시하는 부류를 함께 다루어 왔다. 위치변화를 표시하는 부류를 구분하여 '동추식(動趨式)'이라고 부르기도 하지만 현재 중국어 어법계에서 동결식이라 할 때는 일반적으로 이들을 모두 포함하는 개념이다.[4]

다시 말해 여러 언어에서 위치 변화와 상태 변화는 개념적으로 나아가 언어 형식 상으로 서로 밀접하게 연관되어 있으며, 이동의 끝에 도착하는 도달점 혹은 모종의 변화 끝에 얻어진 새로운 상태를 '결과'라는 개념 아래 포괄할 수 있음이 확인된다. 한국어에서는 'NP로 V' 구문이 이러한 경향을 나타내는 좋은 예가 된다.

이러한 측면에서 볼 때, 'NP로 V' 구문은 한국어의 결과구문을 논할 때 빼놓을 수 없는 핵심적 요소가 된다. 하지만 앞서 살펴본 'AP게 V'형 결과구문에 비하면 'NP로 V' 형식을 본격적으로 결과구문의 범주에서 다룬 연구는 많지 않다. 다만 양정석(2002), 임창국(1999, 2006), 유현경(2004), 황화상(1996)과 같은 몇몇 연구에서 'NP로 V' 구문을 국어의 2차 서술어 구문 중의 하나로 살피고 있다. 결과구문을 정의하는 핵심적 요건은 단문 구조 안에 원인을 나타내는 주동사에 더하여 결과를 나타내는 2차 술어가 있다

---

4) 이와 관련하여 羅思明(2010:2~3)의 내용을 다음과 같이 인용 제시한다.
　"呂叔湘 선생이(1980:11) 처음으로 動結式이라는 개념을 제기할 때, 두 번째 서술어의 의미와 어휘 특성에 따라 '동결식'과 '동추식'을 분명하게 구분하면서 겸하여 다음처럼 밝히셨다. "두 종류의 短語式 동사에 대하여 특별히 언급한다: 하나는 주로 방향을 표시하는 동사가 더해진 것으로 동추식이라 부름직하고, 또 다른 하나는 주로 결과를 표시하는 형용사 혹은 동사가 붙어 이루어진 것으로 동결식이라 부를 만하다."
　중국어의 동결식에는 협의의 동결식과 광의의 동결식이 있다. 협의의 동결식은 통상 두 개의 술어 성분으로 구성되는데 각각 구별되는 두 개의 사건을 표시한다. 즉, 앞의 것은 '행위' 사건을 나타내는데 일반적으로 동사가 담당한다. 뒤의 것은 '결과' 사건을 나타내며 보통 형용사나 동사가 담당한다. …(중략)… 광의의 동결식은 협의의 동결식 외에 동추식(動趨式)까지 포함하는 개념이다. 이러한 관점은 이미 중국어학계에서 널리 받아들여지고 있다."

는 점이다. 따라서 위의 논의들은 'NP로 V' 구문을 결과구문으로 볼 수 있게 하는 바탕이 된다.

물론 국어의 특성상 결과를 나타내는 요소가 있다고 하여도 일반적인 부사어와 동일한 형태를 취하기 때문에 영어나 중국어의 그것처럼 통사적으로 보어 또는 보충어의 자격을 가진다고 단언할 수는 없다. 하지만 적어도 'A게 V'의 'A게'와 마찬가지로 'NP로 V'의 'NP로' 역시 직접 논항을 서술하는 2차 술어임이 인정되고 그것이 나타내는 의미가 동사의 행위로 인한 결과를 표시하는 것이라면 이 글에서 정의하는 결과구문에 해당된다고 할 수 있다.

양정석(2002)는 'NP로 V' 구문을 결과구문에 포함시켜 한국어의 2차 서술어 구문 중의 하나로 기술하고 있는 대표적인 연구인데,5) 결과구문의 하위 유형으로 다음과 같은 예들을 제시하였다.

(1) 양정석 (2002)에서 제시한 한국어 결과구문의 유형

　　(가)-1. 어머니가 그 고추를 가루로 빻았다.

　　(가)-2. 훌륭한 교육이 학생들을 지성인으로 변화시켰다.

　　(나)-1. 날이 훤히 밝았다./ 달이 높이 떴다.

　　(나)-2. 그 큰 바위가 가루로 부서졌다.

　　(다)-1. 인부들이 벽을 하얗게 칠했다.

　　(다)-2. 그가 생선을 얇게 저몄다.

　　(라) 날이 훤하게 밝았다.

　　(마) 그가 나를 힘빠지게 만들었다./ 그 사건이 나를 세상을 달리 보도록 만들었다.

---

5) 양정석(2002)는 Williams(1980)과 Rothstein(1983)의 '서술화 이론'을 바탕으로 '이중목적어문·이중주어문, 한정어, 외치구문, 처소교차구문, '를'판단구문(예외적 격표시구문), 결과구문등 한국어의 2차 서술어 구문들에 대하여 종합적으로 고찰하고 있다.

그의 무심한 태도가 나를 맥없이 만들었다. / 그는 아들을 의사로 만들었다.

위의 예들 중 (가-1, 2)와 (나-2) 그리고 (마)의 마지막 예 등이 'NP로 V' 구문에 해당되는 데, 여기서는 위치변화를 나타내는 예들은 없고 상태변화를 표시하는 부류들만 제시되어 있다. 동 연구에서는 위의 모든 결과구문들의 통사구조에서 임자가 VP의 명시어로 설정되며, 이차서술어는 V'의 부가어 위치에 놓인다고 하였다. 하지만 이에 덧붙여 정작 결과구문을 결정하는 것은 그 의미구조와의 대응에 있어서의 특징이라고 밝히고 있다 (양정석 2002:39~43).

한편 위 연구에서는 2차 서술어 구문 중 '판정구문'이라는 이름으로 다음과 같은 예들을 제시하면서 이들 구문의 의미가 동사가 가지고 있던 의미구조와 사뭇 다른 형식을 가진다는 점에서 주목할 만하다 하였다.

(2) 양정석 (2002)에서 제시한 '판정구문'의 예
  ㄱ. 철수는 영호를 천재로 생각한다.
  ㄴ. 철수는 영호를 가엾이 생각한다.
  ㄷ. 철수는 영호를 측은하게 생각한다.

본고는 위의 예들에서 '천재로', '가엾이', '측은하게' 등의 2차 술어는 문장의 주동사가 표시하는 인지 활동으로 인하여 생겨난 인식상의 변화에 다름 아니라고 보고 이러한 부류들을 결과구문의 틀 안에서 다루려 한다.

이 외에 임창국(2006)에서는 2차 술어를 포함하는 'NP로 V' 구문에 결과(resultative) 2차 술어 구문과 묘사(depictive) 2차 술어 구문이 있음을 지적하고 이 두 구문의 통사적 구조를 대별하여 제시하고 있다. 이어 두 구문 간의 차이를 관계화, 의사분열문화, 정도부사의 명사서술어 수식, 주제화, 어순 뒤섞기, 대동사화 등의 방법을 통하여 증명하려 하였다.

　한편 근래에는 'NP로' 조사구에 어떤 의미역을 부여하는 것이 타당한가에 대한 연구들이 이루어지고 있는데, 이는 우리의 관심과도 직접적으로 연관된다. 의미역 할당은 'NP로'가 가지는 다양한 의미·기능을 몇 가지의 부류로 나눌 것인가와 관련될 뿐 아니라 이들 중 논항성인 것, 나아가 보어에 준하는 지위를 가지는 것들이 무엇인가를 판별하는 일과도 관련되어 있기 때문이다.

　유혜원(2004)에서는 'N-로'를 필수 논항으로 취하는 타동사 구문을 고찰함에 있어 'N1이 N2을 N3로 V'의 분포를 보이는 동사류를 살핀 결과, 다음과 같은 동사 부류를 제시하였다.

(3) 유혜원(2004), 'N1이 N2을 N3로 V'의 분포를 보이는 동사류

　　ㄱ. '삼다'류 : 삼다, 만들다

　　ㄴ. '바꾸다'류 : 바꾸다, 치환하다, 번역하다, 교체하다 등

　　ㄷ. '인식하다'류 : 인식하다, 착각하다, 오인하다, 알다 등

　　ㄹ. '빚다'류 : 빚다, 쑤다, 짓다 등

　　ㅁ. '선택하다'류 : 선출하다, 선택하다, 뽑다, 선발하다 등

　　ㅂ. '판결하다' 류 : 판결하다, 선고하다 등

　　ㅅ. '규정하다'류 : 규정하다, 정하다 등

　　ㅇ. 기타 : 키우다, 섬기다 등

나아가 이들 동사들을 대상으로 통사 의미적 유사성 및 상이성을 살핀 끝에 'NP로'와 관련한 기본 문형과 의미역을 다음과 같이 제시하였다.

(4) 유혜원(2004), 〈N1이 N2를 N3로 V〉 문형의 의미역

　　ㄱ. 행위주-대상-자격-V : 철수가 영희를 며느리로 삼았다.

　　ㄴ. 행위주-대상-결과-V : 철수가 뒷마당을 텃밭으로 바꾸었다.

　　ㄷ. 행위주-대상-선정-V : 판사가 그를 무죄로 판결했다.

ㄹ. 경험주-대상-자격-V : 철수가 영희를 범인으로 의심했다.

이때 NP3에 부과된 '자격, 결과, 선정' 등의 의미역은 해당 문장 안에서 가지는 세부적인 의미로서는 적절한 해석일 수 있으나 과연 이 모두에 다른 의미역을 부여하는 것이 타당한가에 대한 의문이 제기될 수 있다. 또한 만일 엄밀하게 각 의미를 구분하는 것을 지향한다면 (4ㄱ)에서의 '자격'과 (4ㄹ)에서의 '자격'이 같은 의미역인가에 대해서도 재고할 필요가 있다.

어떤 의미 범주를 이루는 요소들을 그 공통점에 근거하여 한데 묶는 것과 그들 간의 차이점에 주목하여 하위 유형으로 세분하는 것은 둘 다 의미가 있다고 생각한다. 본고는 전자의 입장에서 여러 세부 유형들이 '결과'라는 상위 개념으로 포괄될 수 있음을 우선적으로 보일 것이지만 이때 각 세부 유형별로 어떤 차별적인 특징을 보이는가에 여전히 관심을 가지고 있으며, 그런 면에서 유혜원(2004)의 분류는 지속적으로 참조할 만하다고 본다.

한편 한국어 의미역 목록의 확정에 관한 연구로 박철우·김종명(2005)을 빼놓을 수 없다. 동 연구는 21세기 세종계획 전자사전 개발 분과 중 용언 전자사전 구축의 의미역 정보에 대한 기술 지침을 확립하기 위한 기초 연구 결과물로서 한국어 용언사전 기술을 위한 의미역 확정을 목표로 하였다. 따라서 한국어 용언의 의미역 정보 기술에 유효한 의미역 목록을 한정하고 특정 용언이 요구하는 특정 논항에 대해 어떤 의미역을 배당하는 것이 타당한지 그 기준을 명시적으로 제시하려 하였다. 동 연구에서 최종적으로 선택한 의미역 목록을 제시하면 다음과 같다.

[표 4-1] 박철우·김종명(2005)에서 제시한 의미역 목록

행위주(Agent)	대상(Theme)	출발점(Source)	방향(Direction)
경험주(Experience)	장소(Location)	도구(Instrument)	목적(Purpose)
심리행위주(Mental Agent)	도착점(Goal)	영향주(Effector)	내용(Content)
동반주(Companion)	결과상태(Final State)	기준치(Criterion)	

이 중에서 'NP로 V' 결과구문과 관련하여 우리가 관심을 가지는 의미역은 '결과상태역(Final State)'과 '도착점역(Goal)', 그리고 '방향역(Direction)'이다. 본고가 'NP로 V' 형식을 주요 결과구문으로 판정함에 있어 가장 큰 근거로 삼는 것은 동 형식이 위치변화 사건의 결과인 도착점과 상태변화 사건의 결과인 결과상태를 모두 표시할 수 있다는 사실이다. 하지만 박철우·김종명(2005:558~560)에서는 "유조선이 바다 밑으로 가라앉았다."와 같이 위치 이동을 나타내는 예와 관련하여 'NP로(바다 밑으로)'는 도착점이라고 하기에는 끝점이 불분명하고 단순히 '방향'을 나타내는 것으로 보인다고 하여 도착점역(Goal)이 아닌 방향역(Direction)을 부여하고 있다. 〈세종전자사전〉의 '용언사전'에서 채택하는 의미역 기준은 위 연구를 바탕으로 하고 있는데 동 사전의 방향역(DIR)에 대한 기술을 살펴보면 다음과 같다.

· 방향(direction, DIR): 공간적/물리적 행위가 이루어질 때 지향하는 방향. 지금까지 GOL 의미역을 부여하던 논항 중 실제로 도달하는 것이 아니라 지향하기만 하는 논항이 DIR에 해당 됨. 대개 격표지 '-로/에게로'를 달고 나타남. 추상적인 상태변화의 종착점으로서의 FNS는 변동 사항 없음.

이 문제와 관련하여 우리의 입장은 위 기준과 다른 점이 있다. 물론 한국어 조사 '로'가 가지는 기본적인 의미에 [+방향성]의 자질이 있으며, "영희가 학교로 달렸다"와 같은 예에서 '학교로'는 도달점을 나타내지 않는다는 사실을 인정할 수 있다. 이는 영어와 달리 동작의 방식을 나타내는 동사와 후치사구의 결합만으로는 목표한 지점에의 도달을 표시할 수 없는 한국어의 특성과 관련된 사실이다.[6] 하지만 동시에 구문에 따라서는 'NP로' 논항이 도달점을 표시하는 것으로 읽히는 예들이 엄연히 존재한다. 즉,

---

[6] 영어의 경우 심지어 소리내기 동사 등 이동을 전혀 담보하지 않는 동사들마저도 적절한 전치사구와 결합하여 위치이동의 결과를 나타낼 수 있다는 사실이 널리 알려져 있다. 반면에 한국어는 특히 자동사 이동의 경우 '가다/오다'로 대표되는 이동동사 없이는 이동사건을 표시할 수 없다.

"나비가 집안으로 날아 들어왔다", "공을 지붕 위로 던져 올렸다"와 같은 예들에서 이동하는 개체인 '나비'와 '공'이 이동의 결과로 '집안에 있음' 혹은 '지붕 위에 있음'으로 읽히는 것을 부정할 수 없다는 것이다.

이와 관련하여 양정석(2004)에서는 "영어에서 'TO'는 내재적으로 한계성을 가짐에 비해 'TOWARD'와 'VIA'는 비한계성을 가진다. 한계성뿐만 아니라 비한계성의 값도 가지지 않는다는 점에서 국어의 조사 '-로'는 이러한 전치사들의 의미를 아울러 가지고 있다."라고 하였다. 이를 거칠게 풀어 말하면 영어의 'to'는 목표점에의 도달을 함의하는 데 반하여 한국어의 '-로'는 반드시 도착점을 나타내는 것은 아니지만 그렇다고 하여 도착점을 나타내지 못하는 것은 아니라고 볼 수 있다. 즉 '-로'로써 표시되는 이동사건은 때에 따라 위치변화의 결과를 표시할 수도 있고 그렇지 않을 수도 있다. 따라서 문제는 어떠한 경우에, 어떠한 변수에 의하여 도달과 위치변화 여부가 결정되느냐 하는 점일 것이다.

한편, 〈세종 전자사전〉의 의미역 기술에서도 'NP로' 논항에 일괄적으로 방향역(DIR)을 부여한 것은 아니며 도착점역(GOL)으로 표시되어 있는 예들이 적지 않다. 요는 실제로 도착했느냐 그렇지 않으냐 하는 것인데 예문에 따라 그 구분의 기준이 모호하게 느껴지는 경우가 발견된다. 일부 예들을 제시하면 다음과 같다.

[표 4-2] 'NP로'에 부여된 '방향역'과 '도착점역': 〈세종 전자사전〉 中

방향역 (DIR)	자동사 이동	내 모습을 본 좋은 **문밖으로** 달려나왔다.
		비행기가 구름을 뚫고 **하늘로** 날아올랐다.
	타동사 이동	어머니는 막내 동생을 다시 **고아원으로** 돌려보내셨다.
		표범이 사슴을 **나무 위로** 끄집어 올리고는 내려왔다.
도착점역 (GOL)	자동사 이동	아이들은 더위를 식히러 **강물로** 뛰어들었다.
		바로 **집으로** 뛰어 들어가 소인들에게 물을 퍼다 주었습니다.
	타동사 이동	비가 올 것 같으니 염소들을 모두 **우리 안으로** 끌어와라.
		그는 화가 나서 책을 **방바닥으로** 내던졌다.

위 표에서 방향역을 부여받은 경우는 이동하는 개체가 이동의 결과로 '문밖에, 하늘에, 고아원에, 나무 위에' 있다고 할 수 없고, 도착점역을 부여받은 경우는 현재 '강물에, 집에, 방바닥에' 있다고 확신할 수 있는가? 예를 들어 "문밖으로 달려 나왔다."와 "집으로 뛰어 들어갔다."는 둘 다 "NP로+방식+경로+오다/가다"의 동일한 구조를 이루고 있는데 각각 DIR과 GOL의 의미역으로 나뉘었다. 물론 둘 사이에 완전히 차이가 없는 것은 아니다. 전자의 '문밖'은 사방으로 열려있는 공간인 반면 후자의 '집'은 사방의 막힘이 있는 한정된 공간이기 때문이다. 하지만 목표점 도달 여부를 놓고 보았을 때 그것이 이 둘을 다른 의미역으로 갈라야 할 만큼 큰 차이라고 생각되지 않는다.

따라서 본고에서는 이 둘을 구분하는 데에 특별한 노력을 들이지 않으려 한다. 아래 4.2절에서 〈세종 전자사전〉의 표제동사를 대상으로 이 두 의미역 부여 현황과 그 내재적 경향을 좀 더 자세히 분석해 볼 것이지만 그것은 목표점 도달과 미도달로 읽히는 경우의 몇 가지 경향을 제시하려는 것일 뿐 방향역과 도달점역을 엄밀하게 구분하는 데 목적을 두지는 않는다.

이 문제에 관한 본고의 기본 입장은 다음과 같다. 'NP로'는 그 자체만을 보았을 때 'NP에'에 비하여 목표점에의 도달을 나타내기 어렵다. 하지만, 'NP로 V' 구문 안에 놓이면 NP의 의미와 V의 의미, 그리고 둘 간의 관계에 따라 도달 여부가 결정된다. 이는 'NP로 V'가 이동사건이 아닌 상태변화를 나타내는 경우에 그 도달 여부가 확정된 것으로 읽힌다는 사실에서도 확인된다. 문제가 되는 것은 위치변화를 나타내는 경우인데, 우리는 이러한 경우에도 함께 쓰이는 V의 성격에 따라 목표점 도달 여부가 달라질 수 있으며 특히 '원인(방식)+결과'의 의미관계로 해석되는 'V₁어 V₂' 구성의 동사와 결합할 경우 'V₂'가 나타내는 결과표시 기능에 힘입어 'NP로' 역시 도착점으로 확정될 수 있다고 생각한다. 예를 보이면 다음과 같다.

(5) 목표점 도착으로 해석되는 'NP로 V₁어 V₂'의 예

　　가. 자동사 구문

　　　　ㄱ. 나비가 집 안으로 날아 들어왔다.

　　　　ㄴ. 아이들이 강물로 뛰어들었다.

　　나. 타동사 구문

　　　　ㄱ. 경찰은 우리를 짐짝처럼 비좁은 유치장 안으로 밀어 넣었다.

　　　　ㄴ. 굴속에 숨어 있던 공비들을 모두 밖으로 끌어냈다.

정리하면, 이동사건을 나타내는 'NP로 V' 구문에서 'NP로'는 이동의 방향을 나타낼 뿐 아니라 이동의 결과로서 현재 위치하게 된 장소를 나타낼 수도 있다. 여기에는 일률적으로 적용되는 규칙이 있는 것은 아니나 일부 우세한 경향이 있을 수 있다. 이와 관련된 사항은 아래 4.2절에서 살펴볼 것이며 우선 여기에서 목표점 도달 여부는 'NP로'와 결합하는 동사의 형태와도 관계있다는 견해를 밝히고 넘어간다.

또 다른 측면에서는 이처럼 기본적으로 [+방향성], [+과정성]을 가지는 성분이 특정한 구문의 틀에 들어가서 도착점, 즉 확정된 결과를 나타낼 수 있다는 사실에서 'NP로 V' 형식의 구문적 성격이 확인된다고 볼 수 있다. 이는 위 3장에서 살펴보았던 'AP게 V' 구문에서 '-게'가 [+방향성], [+과정성] 의미 자질을 가짐에도 불구하고 특정 조건이 만족되면 결과상태를 표시함과 평행하다 하겠다.

위의 논의가 위치이동의 결과와 관련된 본 연구의 견해를 밝히기 위한 것이었다면 아래는 '결과상태역(Final State)'에 대한 논의가 되어야 할 것이다. 우선 박철우·김종명(2005)에서 제시한 '결과상태역(Final State)'의 일부 예를 아래에 보인다.

(6) '결과 상태역'의 예들 (박철우·김종명 2005:560)

　　ㄱ. 그 항아리의 물이 포도주가 되었다.

ㄴ. 그는 밀가루를 빵으로 만들었다.

ㄷ. 우리 팀의 골키퍼가 김병지로 바뀌었다.

ㄹ 우리 업체는 인삼을 당의정으로 가공한다.

ㅁ. 그녀는 그날 나를 완전히 바보로 만들었다.

ㅂ. 선생님은 철수를 사위로 삼으셨다.

ㅅ. 너는 나를 바보로 아니?

ㅇ. 나는 이번 주에 처리할 업무량을 절반으로 줄이고 싶다.

ㅈ. 그는 감형을 받아 형기가 3년으로 되었다.

위의 예들 중 "그 항아리의 물이 포도주가 되었다."는 'NP₁이 NP₂이/가 되다' 형식을 취하고 있는데, 이는 학교문법에서 말하는 이른바 보어 구문으로서 여기서는 '포도주가'가 결과상태를 나타내는 성분이다. 우리는 앞서 2.1.3절에서 이와 같은 형식의 경우 결과구문 논의에서 제외하기로 한 바 있는데 그 이유는 '되다' 동사의 의미 특성상 결과상태에 앞서는 원인행위를 상정할 수 없기 때문이라 하였다.

두 번째 예인 "그는 밀가루를 빵으로 만들었다."는 이른바 산출구문(창조동사구문)인 "그는 밀가루로 빵을 만들었다."로 바꾸어 쓸 수 있는 경우이다. 그러나 이 경우 역시 '만들다' 동사의 어휘 의미 자체가 결과구문의 의미구조에 상당하며 원인행위를 상정할 수 없으므로 이 글의 결과구문 논의에 포함되지 않는다. 또 위 예문 중 "너는 나를 바보로 아니?"의 경우, 양정석(2002)에서 '판정구문'이라 명명하며 2차 서술어 구문의 한 종류로 보았던 유형이며, 유혜원(2004)에서 제시한 NP3를 필수적으로 취하는 동사 부류 중 '인식하다류'에 속하는 예이다. 박철우 · 김종명(2005)에서는 이때의 '바보로'에 '결과 상태역'을 부여하고 있는데 이는 본 유형을 결과구문의 범위 내에 포괄하여 '인식작용의 결과'로 분류하고자 하는 본고의 생각과 기본적으로 일치한다.

이처럼 위 연구는 'NP로 V' 구문이 한국어에서 상태변화의 결과를 나타낼 수 있는 대표적 형식의 하나임을 보여주고 있다. 따라서 우리는 동 연구의 성과를 적용한 '세종전자사전'의 의미역 기술을 바탕으로 '결과상태역'을 가질 수 있는 동사를 '의미부류(semantic class)'별로 정리하여 예문과 함께 아래에서 보임으로써 한국어에서 상태변화를 표시하는 'NP로 V' 구문의 실제적 모습과 범위를 파악하려 한다. 동 사전에서 제시하는 동사 의미부류(semantic class)는 총 242종이며 이 중 결과상태(FNS)와 관계되는 것은 분석 결과 60여 종으로 나타났다. 그중 상위 그룹을 중심으로 각 그룹에 속하는 동사들의 목록과 예문을 제시할 것이다.

한편 신서인(2007)의 고찰 내용은 이 연구에 시사하는 바가 크다. 동 연구에서는 'NP로' 성분을 요구하는 동사를 크게 이동을 나타내는 동사와 변화를 나타내는 동사로 나눌 수 있다고 전제하고, 전자의 경우 'NP로'를 도달점(到達點)으로, 후자의 경우 'NP로'를 결과상태(結果狀態)로 해석하는 것이 타당하다고 주장하고 있다. 특히 박철우 · 김종명(2005)에서 'NP로'는 방향을 나타낼 뿐 도착점을 표시할 수 없다고 한 것에 이의를 제기하며 동 연구에서 구분했던 '도착점역'과 '방향역'을 합하여 '도달점역'으로 명명하고 있다.

위 연구에서 또 한 가지 주목할 만한 사항은 이동과 변화가 근본적으로 동일한 의미 구조를 가짐을 인식하고 있다는 점인데 저자는 이를 동전의 양면과 같다고 표현하고 있다. 즉 변화를 추상적인 차원의 이동이라고 한다면 도달점(GOL)과 결과상태(FNS)를 구분할 필요 없이 'NP-(으)로' 논항을 단일하게 '도달점(GOL)'으로 볼 여지가 있음을 제기하였다. 하지만 결론적으로는 두 논항이 다음과 같은 면에서 통사 · 의미적으로 다른 행동을 보이므로 둘을 구분하는 것이 타당하다고 하였다. 첫째, 도달점 논항은 어순의 변이가 비교적 자유로우나 결과상태 논항은 어순 변이가 제약된다.[7]

---

7) 첫 번째 이유와 관련하여 제시한 예문은 다음과 같다(신서인 2007:72).
　(18) 가. 경찰은 이씨를 유치장으로 옮겼다.
　　　나. 경찰은 유치장으로 이씨를 옮겼다.

둘째, 도달점 논항은 쉽게 관계화 되지만 결과상태 논항은 관계화가 불가능하다.[8] 셋째, 도달점 논항은 '장소'를 의미하지만 결과상태 논항은 '상태'를 의미한다.

본고는 신서인(2007)에서 보이는 위와 같은 인식에 동의한다. 즉 'NP로'가 표시하는 '도달점역'과 '상태변화역'은 모종의 변화(전자는 위치변화, 후자는 상태변화)가 최종적으로 도달하는 결과를 표시한다는 점에서 '결과'라는 술어 아래 묶일 수 있다고 보며, 이러한 사실을 바탕으로 'NP로 V'는 한국어 결과구문의 원형적 모델을 제시한다고 생각한다. 우리는 기존의 연구에서 이러한 인식을 확인함으로써 'NP로 V' 형식을 한국어의 결과구문으로 판정하는 근거로 삼는 것에 만족하며 이 두 의미역을 굳이 하나로 합하여 기술해야 할 필요성은 크지 않다고 생각한다. 신서인(2007)에서 지적한 통사·의미적 차이에 더하여 의미역을 너무 포괄적으로 설정하여 직관에서 멀어지는 것은 바람직하지 않다고 생각하기 때문이다. 다만 '도달점'과 '상태변화'가 개념적인 유사성을 가지고 '결과'라는 상위 범주에서 만날 수 있음을 자각하고 있을 필요가 있다.

이은섭(2008)은 특별히 '여기-'와 '삼-' 구문에 실현되는 '로' 부사어의 속성에 대하여 고찰하고 있는 연구이다. 일반적으로 기존의 의미역 관련 연구에서는 아래 (7ㄱ)의 'NP로'에 '자격'의 의미역을 부과해 왔는데 (7ㄴ)의 예 역시 동일하게 자격의 의미역을 부과하는 것이 타당한지 의문을 제기

---

(19) 가. 경찰은 이씨를 범인으로 단정했다.
　　　나. *경찰은 범인으로 이씨를 단정했다.

8) 두 번째 이유와 관련하여 제시한 예문은 다음과 같다(신서인 2007:73).
　(20) 가. 경찰은 이씨를 유치장으로 옮겼다.
　　　나. 이씨를 유치장으로 옮긴 경찰
　　　다. 경찰이 유치장으로 옮긴 이씨
　　　라. 경찰이 이씨를 옮긴 유치장
　(21) 가. 경찰은 이씨를 범인으로 단정했다.
　　　나. 이씨를 범인으로 단정한 경찰
　　　다. 경찰이 범인으로 단정한 이씨
　　　라. *경찰이 이씨를 단정한 범인

하였다.

> (7) ㄱ-1. 철수가 영희를 며느리로 삼았다.
>
> ㄱ-2. 철수가 영희를 며느리로 여겼다.
>
> ㄴ-1. 철수는 팔을 베개로 삼아 ……
>
> ㄴ-2. 영희는 사채를 …… 타개의 유일한 방편으로 여기고 ……

아울러 '자격'의 의미역 자체에 문제를 제기하면서 대안적 의미역의 상정을 검토하고 있는데 결론적으로 유혜원(2004)나 홍재성(2002)에서 말하는 결과역, 결과상태역으로 보는 것이 타당하다고 보았다. 유동석(1984), 남기심(1993), 유혜원(2004) 등 기존의 연구에서는 '-로 여기-'에 대하여 '변성'역을 주로 설정해 왔으나 이은섭(2008)은 '변성'이라는 속성은 '로' 부사어가 대상역을 받는 목적어와 맺는 관계를 말한다고 할 때 '삼다'는 외재적 내재적 변화를 다 동반하는 전적 변성인 반면 '여기다'는 내재적 변화만을 동반하는 내적 변성이므로 성질이 다름을 지적하였다. 아울러 전형적인 자격역 논항으로 간주되는 성분들은 통사적인 측면에서 필수 성분이 아닌 경우가 많은데 필수 성분인 '삼-'과 '여기-' 구문의 '로' 부사어에 자격역을 할당한다는 것은 수용하기 어렵다고 하였다. 이어서 '삼-' 구문과 '여기-' 구문의 '로' 부사어는 두 동사의 행위가 표상하는 사태 형성에 참여함으로써 서술어에 관여적이고 의미적으로는 변성의 속성으로 대상역의 목적어에 관여적임을 지적하고 결론적으로 두 부사어는 서술어의 행위가 구현된 후 대상에 나타나는 변화 결과를 표상하므로 '결과역'을 할당받는 논항 성분으로 보아야 함을 주장하였다.

우리는 이와 같은 이은섭(2008)의 견해에 동의하며 '삼-'과 '여기-' 구문의 '로' 부사어에 부과되어 왔던 '자격역'은 '결과역(결과상태역)' 아래에 포괄되도록 함이 타당하다고 생각한다. 나아가 이들 '삼-'과 '여기-' 동사가 일정한 문형, 즉 'NP₁이 NP₂를 NP₃로 삼다/여기다' 형식으로만 쓰이는 것과 관련하여서는 이들 동사가 가지는 의미구조와 결과구문이 표상하는 의미구조가 정확히 일치하기 때문이라고 해석한다. 즉, '여기-' 구문과 '삼-' 구문은 'NP로 V'형 결과구문의 구성원의 하나로서 해당 상위구문의 한 예를 보여주는 예시 관계에 있다고 간주한다.

이상에서 살펴본 바를 종합할 때 'NP로 V' 구문은 'AP게 V' 구문과 마찬가지로 한국어 결과구문으로 인정할 만한 요건을 갖추었다고 볼 수 있다. 두 구문의 가장 큰 공통점은 표면상으로 동사에 전치하는 부사어 성분이 결과표시 요소(2차술어)가 된다는 데 있으며 두 구문 사이의 가장 큰 차이점은 결과표시 요소의 문법범주가 각각 형용사와 명사로서 구별된다는 데 있다. 한편 결과표시 요소에 개재된 문법성분 '-게'와 '-로'가 [+방향성], [+과정성]의 의미자질을 띤다는 것 역시 두 구문의 공통점으로 지적할 수 있을 것이다. 이때의 [방향성]과 [과정성]은 결과를 향한 방향 및 과정이라고 볼 수 있다. 즉 그 자체로는 경계성(telicity)을 가질 수 없는 성분임에도 불구하고 특정 구문에 쓰일 때 경계성을 획득한다는 것이 이 두 형식의 공통점이며 동시에 이들이 구문적 성질을 가지게 되는 지점이기도 하다.

아래 4.2절에서는 위치변화를 나타내는 'NP로 V' 구문의 예들을 제시하고 그 특성을 살펴볼 것이며 이어 4.3절에서는 상태변화를 나타내는 'NP로 V' 구문에 대해서 알아보기로 한다. 한국어에서 이동사건을 나타내는 대표적인 형식은 'V₁어 V₂'형 동사연결 구성이라고 할 수 있는데, 이에 대해서는 5장에서 자세히 살펴보기로 하고 본 장에서는 'NP로 V'가 가지는 상태변화 표시의 기능에 보다 중점을 두고 고찰함을 밝힌다. 한편 4.4절의 내용은 '결과목적어+산출동사(창조동사)'의 구조로 이루어진 이른바 산출구문에 관한 것인데 주로 'NP로 V' 구문과의 연관성을 중심으로 고찰하게 될 것이다.

4.2. 위치변화 'NP로 V' 구문의 유형과 특징

우선 선행 연구를 참고하여 'NP로 V' 형식으로 나타낼 수 있는 구문의 유형을 아래와 같이 제시해 본다. 괄호 속 의미는 'NP로'가 나타내는 의미이다.

(8) 'NP로 V' 구문 유형

    ㄱ. 민수가 집으로 달렸다.   (방향)

    ㄴ. 민수는 산길로 다닌다.   (경로)

    ㄷ. 아이가 방으로 뛰어 들어갔다.   (도착점)

    ㄹ. 우리는 공원으로 모였다.   (도착점)

    ㅁ. 돼지를 우리로 몰아넣었다.   (도착점)

    ㅂ. 아이들을 집 밖으로 꾀어냈다.   (도착점)

    ㅅ. 할머니를 방안으로 모셨다.   (도착점)

    ㅇ. 얼음을 물로 녹였다.   (상태변화의 결과)

    ㅈ. 그는 나를 바보로 여긴다.   (인식작용의 결과)

    ㅊ. 꼬마 아가씨가 학부형으로 성장했다. (상태변화의 결과-자격)

    ㅋ. 오늘 회의는 학부형으로 참가했어요. (사전에 구비된 자격)

    ㅌ. 찹쌀로 경단을 빚었다.   (재료)

    ㅍ. 낫으로 수수를 베었다.   (도구)

    ㅎ. 영희는 감기로 앓아누웠다.   (원인)

    ㄲ. 영희는 슬픈 얼굴로 말했다.   (현재 상태 묘사)

위에 제시한 여러 'NP로 V' 문장 중 [+결과]의 의미를 가지는 것으로 인정되는 것은 실선 박스 안에 있는 예들로서 이동의 결과 도달한 지점을 나타내는 (8ㄷ), (8ㄹ), (8ㅁ), (8ㅂ), (8ㅅ), 어떤 행위로 인해 대상에 일어나게 된 변성의 결과인 (8ㅇ), (8ㅊ), 그리고 인식작용의 결과로 화자의 마음속에 생겨난 결과상태인 (8ㅈ)을 들 수 있다. (8ㅋ)의 '학부형으로'는 '자격'의 의미를 가지기는 하지만 동사 '참가하다'의 결과로서 생겨난 자격이 아니라 동사 '참가하다' 이전에 이미 구비하고 있는 자격이므로 결과 논의에서 제외된다.

위치변화를 나타내는 (8ㄷ)~(8ㅅ) 중 (8ㄷ)은 주어의 자발적 이동을 나타내는 경우로서 이동동사 '가다/오다'가 결합한 전형적인 한국어 자동사 이동구문이다. 이때 목표점 혹은 도착점을 나타내는 'NP로' 뒤에 두 개 이상의 동사가 이어진 동사연결형이 결합하였다. 반면 (8ㄹ)는 자동사 이동구문이지만 하나의 동사만으로 이동이 표현된 경우이다. (8ㅁ)과 (8ㅂ)은 사역 이동에 해당되는 타동사 이동구문인데, 둘 다 동사 연결형이 쓰였지만 (8ㅁ)은 두 동사 '몰다, 넣다'가 모두 이동을 함축하는 경우인 반면 (8ㅂ)은 동사 연결형을 이루는 두 요소 중 이동의 의미와는 전혀 상관없는 동사(꾀다)가 개입된 경우이다. (8ㅅ)은 단일동사로 사역이동을 나타내고 있다.

4.2절에서는 (8ㄷ)~(8ㅂ)과 같이 위치변화에 관계된 유형들을 먼저 다루기로 한다. 논의 전개의 편의를 위하여 자동사로써 위치 변화를 나타내는 부류와 타동사로써 사역적 이동을 나타내는 부류를 나누어서 살펴본다.

4.2.1. 자동사 위치변화 'NP로 V' 구문

4장에서 다룰 내용은 크게 위치변화의 결과를 나타내는 'NP로 V' 구문의 특성과 상태변화를 나타내는 'NP로 V' 구문의 특성 및 그 사이의 관계에 관한 것이다. 그 중 4.2절에서 우선적으로 살피는 것은 위치변화를 나타내는 경우인데, 위치변화 결과구문에 대하여 살펴보기 위해서는 '이동사건'에 대한 이해가 선행되어야 할 것이다.

이동사건에 대해서는 Talmy(1985, 1991, 1996a, 2000)의 일련의 연구들이 인지언어학적, 유형론적 관점의 접근을 통해 핵심적인 통찰을 제공하고 있다. 우선 Talmy(1985:61)에서는 '이동 사건'을 구성하는 인지적 성분으로 전경, 배경, 경로, 이동, 방식, 원인의 6개 요소를 제시하면서 각각의 개념을 아래와 같이 밝히고 있다. 아래의 구성요소들 중에서 이동사건의 기본 요소로 인정되는 것은 '전경, 배경, 경로, 이동'의 네 가지이며 그 외 '방식'과 '원인'을 부차적 요소로 구분하였다.

(9) 이동사건을 구성하는 인지적 성분 (Talmy 1985:61)
　　ㄱ. 전경(Figure)　: 움직임의 주체 혹은 이동체
　　ㄴ. 배경(Ground) : 전경의 이동과 관련된 참조점 대상
　　ㄷ. 경로(Path)　　: 배경과 관련하여 전경이 따라가는 진로
　　ㄹ. 이동(Motion) : 움직임
　　ㅁ. 방식(Manner) : 이동을 실행하는 수단이나 양태(Manner)
　　ㅂ. 원인(Cause)　: 이동을 발생시키는 외적 요인

　이동사건은 대표적인 통합사건(event Integration) 중의 하나라고 할 수 있는데 이동사건에는 위 요소들 중 '전경, 배경, 경로, 이동'으로 이루어진 주사건과 '방식, 원인'으로 구성되는 종속 사건이 하나의 사건으로 통합되어 있다. 주사건(틀사건)은 전체사건을 지배하는 개념적 틀에 종속사건을 연결시켜 주는 틀(frame)로서의 기능을 제공한다. 이때 주사건을 이루는 요소들 중 핵심이 되는 것은 '경로(path)'인데, 경로는 전경체를 배경체에 이어주는 연결 기능을 함으로써 틀 사건의 도식적 중심이 되기 때문이다. 이때 사건의 핵심 스키마는 '경로' 혹은 '경로+배경'이 된다.
　Talmy 이론의 핵심은 이러한 복합사건의 도식적 중심이 어디에 나타나는지에 따라 세상 언어를 두 가지 유형론적 범주로 나눌 수 있다는 데 있다. 즉 이미 널리 알려진 바대로 이동사건에서 '경로(path)'를 나타내는 것이 문장의 주동사인가 아니면 동사에 붙는 위성(satelite)[9]인가에 따라 세

---

9) Talmy(2000)의 언급에 따르면 위성(satelite)에는 다음과 같은 문법 형식들이 포함된다. 영어

상 언어를 '동사틀 언어(Verb framed language)'와 '위성틀 언어(satelite frame language)'로 나눌 수 있다는 것이다.[10] 틀 사건의 스키마적 핵심이 동사에 있는가 아니면 위성 안에 위치하는가 하는 사실과 함께 각각의 경우에 동반 사건은 어디에 나타나는지도 중요한 기준이 된다. 틀 위성을 가진 언어들은 동반사건을 주동사에 사상시키는 반면, 틀 동사를 가진 언어들은 동반사건을 위성이나 부가사(부사류), 더 전형적으로는 동명사 타입의 요소에 사상시킨다. 위성틀 언어인 영어와 동사틀 언어인 스페인어의 예를 들면 다음과 같이 대비된다(Talmy 2000:223).

    (10) ㄱ. 영어   : The bottle floated out.
         ㄴ. 스페인어 : La   botella salio   flotando
                       (관사) bottle   exited floating

이렇게 볼 때, 한국어는 일단 일본어와 마찬가지로 동사틀 언어에 속하는 것으로 생각할 수 있다. 즉 '경로(path)'가 주동사로 표시된다는 것인데 '달려 들어가다'의 예에서 이동의 '방식'에 해당되는 '달려'가 부동사로 표시되고 '경로'에 해당되는 '들어'가 이동을 나타내는 '가다'와 함께 결합하여 주동사를 구성한다고 보면 과연 그러하다. 하지만 한국어 이동사건은 많은 경우 '달려 나가다, 뛰어 들어가다, 날아 올라가다, 굴러 내려오다' 등의 동사연결 구성으로 표시되는데 이때 동사들 간의 긴밀도는 합성동사의 단계에 육박하는 경우가 많아 주종 관계를 따지기 어렵다. 따라서 이러

의 동사 부치사, 독어의 분리 가능한 혹은 불가능한 동사 접두사, 라틴어와 러시아어의 접두사, 중국어의 동사 보어, 라후 어의 비핵 동사, 카도 어의 명사통합형, Atsugewi어의 동사어근 주위의 다중 통사적 접사 등등. Talmy는 이들이 동사 어근과 자매 관계에 있는 명사구 보충어든 전치사구 보충어든 혹은 어떤 구성성분으로 이루어지든 모두 문법적인 요소라고 하였다.
10) 대표적인 동사틀 언어로는 로만스어, 셈어, 일본어, 타밀어, 폴리네시안어, 반투어, 마야어의 일부, 카도어 등등이 포함된다. 위성틀 언어라고 말할 수 언어로는 로만스어를 제외한 대부분의 인도 유러피안어, 피노-우그릭 어족, 중국어, Ojibwa어, Warlpiri어 등이 있다.

한 기준으로 본다면 한국어는 '동사틀 언어'라고 보기가 어려워진다.[11]

이러한 사항들은 한국어 이동구문에 대한 기본적인 이해에 필수 사항이 된다. 하지만 본고의 관심은 한국어 이동구문이 엄밀하게 어떤 유형에 속하는가에 있지 않다. 그보다는 이동구문이 결과구문과 마찬가지로 일종의 사건통합(event Integration)을 구성한다는 사실을 확인하는 데 의의를 둔다. 즉, "바위가 굴러 내려갔다."라는 대상 이동의 사건에는 "바위가 굴렀다."와 "바위가 내려 가 있다."라는 두 가지 사건이 있으며 전자는 후자에 원인 혹은 수단을 제공하는 관계가 성립되는 것이다. 이는 기본적으로 결과구문의 통사 및 의미구조와 동일하다.

한편 위성틀 언어에 속하는 영어의 경우, 이동의 '방식(manner)' 혹은 '원인'을 나타내는 동사가 문장의 주동사로 쓰이며 이것이 이동까지 아울러 나타낸다. 이때 경로를 나타내는 전치사구와 배경체의 결합으로 이동의 결과인 변화된 위치에 있음을 표시한다. 예를 들면 다음과 같은 경우이다.

(11) ㄱ. The pencil rolled off the table.

　　 ㄴ. The bottle floated into the cave.

　　 ㄷ. She danced across the room.

　　 ㄹ. The bullet whistled out of the room.

(11ㄱ), (11ㄴ)에서 the pencil과 the bottle은 전경, the table과 the cave는

---

11) 이와 관련하여 Slobin(2004)에서는 기존에 주장된 동사틀 언어와 위성틀 언어 외에 타이어와 같이 방식과 경로가 동등한 문법적 자격으로 나타나는 언어들이 있음을 들어 Talmy(1991)의 유형 구분을 좀 더 세분화할 필요가 있음을 역설하였다. 또, 한국어에 관한 선행연구 중 임지룡(2000)에서도 한국어는 동사틀 언어와 위성틀 언어 중 어느 하나라고 말하기 어렵다고 한 바 있다. 그 외 진현(2010), 홍연옥(2013) 등은 한국어와 중국어를 비교 고찰하면서 두 언어 모두 전형적인 동사틀 언어 혹은 위성틀 언어라 할 수 없음을 말하였다. 특히 홍연옥(2013)은 한국어와 중국어가 Slobin(2004)에서 제시한 제3의 유형, 즉 '방식-경로 동등형 언어'에 속함을 주장하고 있다.

배경, off와 into는 경로에 해당된다. 이 문장들에서 전경체는 이동의 결과 테이블에서 떨어져 있거나 동굴 안에 위치하게 되었다. (11ㄷ), (11ㄹ)의 경우도 기본 구조는 동일하지만 동사 자체에 이동의 의미가 함의되어 있지 않음에도 불구하고 이동사건을 나타낼 수 있다는 점에서 그 의미가 비합성적이라 할 만하다.

한국어의 경우는 영어와 사정이 다르다. 범언어적으로 이동 현상은 보편적이며 이동 사건의 구성 요소도 동일하지만, 그 구성 요소들이 결합되는 양상은 다르게 나타난다. 한국어 이동사건 구문의 가장 큰 특징은 이동의 방식을 나타내는 동사만으로는 이동사건을 표시할 수 없고, 그에 더하여 반드시 '이동동사' 혹은 '경로동사+이동동사'가 개입되어야 한다는 점이다. 예를 들어 한국어로 위 영어문장들이 나타내는 바를 표현한다면, "병이 동굴 안으로 떴다', "그녀는 방 건너편으로 춤췄다', "총알이 방 밖으로 쉭쉭거렸다'와 같이 하나의 동사로 표시할 수 없고 '병이 동굴 안으로 떠 들어갔다'와 같이 이동을 나타내는 동사가 추가되어야만 한다.

이러한 사실은 다수의 선행연구들에서 밝혀져 왔는데 그 중 임지룡(2000)은 인지언어학적 관점에서 한국어 이동 사건의 어휘화[12] 양상을 밝히는 데 목적을 둔 연구로서 특히 '가다' 합성형에 대한 고찰을 바탕으로 한국어 이동 사건의 언어 유형론적 특징을 밝히려 하였다. 특히 '가다'는 '오다'와 함께 개념화자를 전제로 한 직시 동사로서 여러 이동동사 중 이동의 성격이 가장 잘 드러나는 원형적 보기라고 하였다. 동 연구에서는 Shon(1976), Choi & Bowerman(1991), 채희락(1999) 등 기존의 연구 성과들을 소개하고 있는데, 이 중 Shon(1976)에서는 동시동작을 나타내는 한국어 합성형 동사의 어순이 '활동-방향-이동-심리적'의 순으로 고정된다고 하였다(달려 나 가 보다). 또, Choi & Bowerman(1991)에서는 자발적 이동의 '가다' 및 '오

---

12) 이때의 어휘화(lexicalization)란 이동사건의 인지적 성분들이 함께 표현되는 현상을 말하는 것이다. 즉, '개념 범주를 언어로 나타내는 방식'으로서의 어휘화를 말한다.

다' 합성형에 대하여 다음과 같이 분석하였다. 이는 '가다'와 '오다'가 합성형에서 가장 중요한 동사가 되며 그 의미정보는 〈이동+직시소〉가 융합된 것으로 본 것이다. 이처럼 직시적 요소가 들어간다는 것은 한국어 자발적 이동 구문의 매우 중요한 특징이 된다.

(12) 존이　　방에　　뛰어-　들어-　왔다.
　　　〈전경〉〈배경〉〈방식〉〈경로〉〈이동+직시소〉

　　이러한 선행연구들의 성과를 바탕으로 임지룡(2000)은 한국어 이동사건 구문의 차별적 특징을 다음과 같이 정리하고 있다. 첫째, 한국어의 경우 이동사건의 〈이동〉, 〈경로〉, 〈방식〉 등의 의미 정보가 동사에 함께 나타난다. 둘째, 한국어에서 이동사건의 의미 정보가 어휘화되는 양상은 동사의 단순형을 통해서 표현되기보다 '((V₃어)V₂어)VI어+가다'와 같은 합성형을 통해서 표현된다. 셋째, 한국어 이동사건의 합성형에는 다양한 유형의 의미정보가 결합될 수 있다. 이상 선행연구들의 내용을 종합할 때 한국어 자동사 이동사건은 영어 등과 달리 이동동사[13]가 반드시 들어가야 하고 복수의 동사가 연결되어 이동의 여러 유형을 나타낸다는 것이 특징이며 아울러 대부분의 경우 직시적 요소가 개입된다는 점도 중요한 특징이 됨을 알 수 있다.

---

13) 참고로 양정석(2004:336)에서 제시한 이동동사의 목록을 아래에 인용 제시한다. 이 목록은 국어의 최상위 빈도순(약 3000번까지) 동사에서 추출한 것이다. 여기서 제시된 이동동사 역시 동사연결형인 경우가 많고 특히 '가다, 오다'가 들어간 예들이 다수임을 알 수 있다.

> 오다, 나오다, 나타나다, 나가다, 들어가다, 가다, 다니다, 오르다, 돌아오다, 보내다, 들어오다, 돌아가다, 올라가다, 찾아오다, 지나가다, 가져오다, 내려오다, 내려가다, 다가오다, 찾아가다, 올라오다, 나아가다, 넘어가다, 날아가다, 달려가다, 달려오다, 귀가하다, 몰려오다, 끌려가다, 다가가다, 되돌아가다, 따라오다, 침투하다, 데려가다, 출동하다, 시집가다, 내려서다, 솟아오르다, 되돌아오다, 전전하다, 밀려오다, 쇄도하다, 퇴장하다, 옮겨가다, 이전하다, 입대하다, 쳐들어오다, 뛰쳐나가다, 침범하다, 넘어오다, 넘나들다, 날아들다

한편 본고에서는 'NP로'가 들어간 자발적 이동구문을 한국어 결과구문의 일종으로, 다시 말해 '자동사 위치변화 결과구문'으로 살피고 있다. 따라서 위에서 제시한 한국어 이동구문의 특징은 본고의 논점에서는 그대로 위치변화 결과구문의 특징이 된다. 우선 이동동사가 반드시 들어간다는 것은 결과구문의 주동사에서 위치변화의 결과를 예측할 수 있다는 뜻이 되는데 이는 'AP게 V'형 상태변화 결과구문의 경우에도 해당되는 특징이다. 또, 이때의 이동동사는 주로 '가다/오다'로서 개념화자(conceptualizer)를 전제로 하는 직시적 성격을 가지는데, 이 역시 'AP게 V' 결과구문에서 관찰되는 개념화자 개입성과 상통하는 특징이라 하겠다. 다만 'NP로 V' 구문에서는 그 개입이 '오다/가다'를 통해 드러나는 반면, 'AP게 V'의 경우 특정한 형태를 통해 드러나지는 않는다.

다음으로, 구문의 주동사에 단일형태소 동사가 아닌 동사연결형이 쓰인다는 것은 주로 'NP로 V₁어 V₂'의 꼴로 나타난다는 것인데 이는 다음 장에서 살펴볼 'V₁어 V₂' 형 결과구문과 직접적인 관련이 있다. 본고는 기존의 연구들에서 합성동사로 보아 온 경우까지를 포함하여 'V₁어 V₂' 동사 연결형을 구문(construction)으로 보고 있다. 우리는 'V₁'과 'V₂' 사이에 원인-결과 관계가 성립함에 기대어 'NP로 V₁어 V₂'에서 'NP로'가 도착점으로 읽히게 되는 것이라고 본다. 예를 들어, 'NP로 뛰어들다/날아들다/솟아오르다/튀어 오르다' 등의 예에서 결과를 나타내는 'V₂'는 '들다, 오르다'인데 이들은 〈방향·경로〉를 나타내는 요소이지만 'NP로 V₁어 V₂' 구문 안에서는 동작 방식을 나타내는 선행동사의 결과로 'NP'에 위치하게 되는 결과를 나타낸다. 즉 'NP로 들다/오르다'가 이 구문의 결과부분이고 '뛰다, 날다, 솟다, 튀다' 등 동작 방식을 나타내는 선행 동사는 그러한 결과를 가져오게 하는 원인이 된다. '-로'는 기본적으로 방향을 나타내는 요소임에도 불구하고 이런 경우 구문의 힘에 의해 도착점을 나타낼 수 있게 된다.

한편 자발적 이동구문에 쓰이는 이동동사 중 출현 빈도가 가장 높은 것은 '가다, 오다'인데, 이들은 이동 외에 직시적 성격까지 가지는 요소이다.

그렇다면 이들이 V₂로서 참여하는 '달려가다, 날아오다' 혹은 '들어가다, 나오다, 올라가다, 내려오다' 등 예에서 '가다, 오다'는 앞의 예들과 같이 위치변화의 결과를 나타낼 수 있는가? 이 문제와 관련한 본고의 생각은 이러하다. 즉, 이들이 단독으로 'NP로 V' 구문에 쓰였을 때는 "민호는 학교로 갔다."에서 보듯이 목표점에 도달했다고 말하기 어렵지만 〈방식〉 동사만 쓰인 "민호는 학교로 달렸다."에 비해서 위치의 변화가 더 뚜렷하게 느껴진다. 또 '가다/오다'가 〈방식〉 동사와 결합하여 "NP로 V₁어 V₂" 구문에 들어갈 경우, "나는 아버님을 마중하러 <u>역으로 달려갔다.</u>" "민호는 <u>학교로 달려왔다.</u>"에서 보듯 직관상 위치 변화와 함께 도달의 가능성도 비교적 높아진다. 만일 〈경로〉를 나타내는 동사와 결합하여 위 구문을 구성한다면, "민호는 <u>학교로 들어갔다.</u>", "아버지가 <u>방으로 들어오셨다.</u>"에서 보듯 목표점 도달의 가능성은 상당한 정도로 높아져 거의 확정되는 것으로 보인다. 위치변화를 나타내는 결과구문으로서의 'NP로 V₁어 V₂' 구문이 가지는 의미는 이동행위의 결과 특정 개체의 위치가 바뀌어 'NP'에 있게 됨을 나타내는 것이다. 위의 관찰로서 우리는 '가다, 오다'가 해당 구문에서 'V₂' 요소로 참여할 때, 이와 같은 전체 구문의 의미를 도출하는 데 기여함을 인정할 수 있다. 즉, 위치가 변하였음을 '가다, 오다'로써 나타낼 수 있다는 것이다.

여러 번 언급되었듯이 이들은 이동동사인 동시에 화자의 위치를 기준으로 하는 직시소이기도 하다. 즉, '가다'는 화자로부터 출발하여 화자로부터 멀어지는 이동을 나타내고, '오다'는 다른 곳에서 출발하여 화자의 위치로 접근하는 이동을 나타낸다. 한국어의 자동사 위치변화 결과구문인 'NP로 V₁어 V₂'에는 대부분 직시소인 '가다, 오다'가 V₂로 참여한다 할 때, 이 구문이 나타내는 위치변화란 이러한 특성에 입각한 위치변화로 해석되어야 할 것이다. 다시 말해, 그것은 객관적이고 엄밀한 의미에서 '변화된 위치에의 도달'을 나타낸다기보다는 직시적 특성에 입각한 주관적 위치변화를 가리킨다고 보아야 한국어의 실질에 부합한다는 것이다. 즉, "민호는 학교로 달려갔다."라는 문장은 객관적인 기준으로 보았을 때 현재 민호가 변화된 장소인 학교에 있을지 없을지 완전히 확신하기 어렵다. 반면에 직시소 '가다'의 특성에 비추어 '민호는 현재 화자의 위치에서 떠나 더 이상 그곳에 있지 않다.'라는 사실을 '위치변화'로 인정할 경우 동 구문을 위치변화 결과구문으로 인정하는 데 무리가 없다. '오다'의 경우 "민호는 학교로 달려왔다."에서 보듯 화자가 이동의 결과를 확인할 수 있는 위치에 있으므로 새로운 장소에의 도달 역시 보장된다. 따라서 본고는 한국어의 자동사 위치이동 결과구문의 전형적인 형식을 "NP로 V₁어 가다/오다"로 보고, 당 구문이 표시하는 결과는 주관적 기준에서의 위치변화를 나타낸다고 본다.

4.2.2. 타동사 위치변화 'NP로 V' 구문

4.2.2에서 살펴볼 것은 타동사 구문에 쓰여 위치변화를 나타내는 'NP로 V' 형식, 다시 말해 사역이동과 관련된 'NP로 V' 구문이다. '사역이동구문(caused motion construction)'이란 동사가 표시하는 행동으로 인해서 동사의 논항이 목표 장소로 완전히 이동되는 구문을 말한다. 우리는 이와 같은 위치변화를 상태변화와 함께 '결과'로 다루기로 한 바 있으며, 이 두 가지 변화를 동일한 형식으로 표시할 수 있음을 보이기 위하여 'NP로 V' 구문을 살피고 있다. 한편 남승호(2003:111)에서는 이동동사에 대해 다음과 같이 정의하고 의미상 크게 행위주 이동동사와 대상 이동동사로 나누고 있다.

(13) 남승호(2003:111)의 '이동동사' 정의

· 정의: 문장 S의 본동사 P가 처소 논항을 취할 때, S가 P의 다른 한 논항의 처소 변화를 함의하면 그 동사를 이동동사라 한다.

가. 행위주 이동동사: 동사 P의 행위주(Agent) 논항이 이동함을 함의할 때.

나. 대상 이동동사: 동사 P의 대상(Theme) 논항이 이동함을 함의할 때.

우리가 현재 4.2.2에서 다루고자 하는 한국어 사역이동 구문은 의미상 대상(theme) 논항이 처소 변화를 겪게 되는 경우에 해당되며, 위에서 말하는 '대상 이동동사'가 문장의 주동사로 오게 된다. 위 연구에서는 한국어의 대상 이동동사로 다음과 같은 동사들을 제시하고 있다.

(14) 한국어 '대상 이동동사' (남승호:2003)
가져가다, 가져오다, 건지다, 걸다, 교환하다, 꺼내다, 꽂다, 끌다, 끌어내다, 끌어들이다, 나르다, 내걸다, 내놓다, 내려놓다, 내리다, 내버리다, 내보내다, 내세우다, 넘다, 넘기다, 넣다, 놓다, 달다, 당기다, 던지다, 덮다, 데려가다, 두다, 들여놓다, 맡기다, 매다, 메우다, 몰다, 묻다, 묶다, 밀다, 밀어내다, 바르다, 받다, 벗기다, 벗다, 보내다, 부치다, 붙다, 붙이다, 비우다, 빠뜨리다, 빼다, 빼내다, 빼놓다, 뽑다, 사다, 새기다, 새겨 넣다, 쌓다, 싸다, 쓰다, 씌우다, 없애다, 연행하다, 예금하다, 올려놓다, 올리다, 옮기다, 운반하다, 움직이다, 유도하다, 이식하다, 인출하다, 입다, 입히다, 저장하다, 제거하다, 주다, 지우다, 집어넣다, 쫓다, 차다, 채우다, 치우다, 칠하다, 투입하다, 파견하다, 파묻다, 팔다 등

위에서 한국어 자동사 이동사건을 살펴볼 때 언급하였듯이 한국어에서 이동사건을 표시하는 것은 거의 이동동사 및 이동을 함축하는 동사가 개입함으로써 이루어진다. 이는 어휘 의미 자체에 이동을 전혀 함의하지 않는 동사로도 사역이동을 나타낼 수 있는 영어의 경우와는 대비되는 점이다. 영어의 사역이동 구문, 즉 대상 이동 구문은 기본적으로 '동사+전치사구'의 형식으로 표시되며, 이때 동사에는 이동의 의미를 가지는 타동사뿐만 아니라 각종 동작동사, 특히 자동사 등이 와서 문장 내부의 의미가 불투명하고 비합성적인 구문들을 만들어 낸다. 몇 가지 예를 들면 아래와 같다.

(15) ㄱ. Frank sneezed the tissue off the table.

　　 ㄴ. Frank squeezed the ball through the crack.

　　 ㄷ. The critics laughed the play off the stage.

한국어 사역이동 구문의 경우, 4.2절의 서두에서 제시한 (8ㅂ)과 같이 어휘 의미 자체에 이동의 의미가 들어있지 않은 동사가 개입된 경우도 일부 존재하기는 하나 다음과 같은 몇 경우에 한정된다. 그나마 그러한 동사가 단독으로 쓰이면 아래의 (16ㄴ), (17ㄴ)에서 보듯 완전한 위치 변화를 표시할 수 없고, 추가로 이동의 의미를 가지는 동사가 연결되어야만 위치 변화를 보장할 수 있다.

(16) ㄱ. 그 남자는 아이들을 집 밖으로 꾀어냈다.

　　 ㄴ. 그 남자는 아이들을 집 밖으로 꾀었다.

(17) ㄱ. 어머니가 아이들을 집안으로 불러들였다.

　　 ㄴ. 어머니가 아이들을 집안으로 불렀다.

영어에서 이동사건을 표시하는 기본적인 형식이 '동사+전치사구'라 할 때, 전치사구를 이끄는 데는 'to, into'를 위시하여 'off, onto, across, through, from' 등 여러 전치사가 개입될 수 있듯이 한국어의 이동사건을 표시할 때도 표시하고자 하는 의미에 따라 '에, 에게, 로, 까지, 에서' 등 여러 가지 조사가 이끄는 조사구가 동사와 결합하며 다양한 양상으로 논항 교체가 일어난다. 하지만 전술했듯이 본고는 한국어 이동구문에 대한 본격적인 연구가 아니라 한국어 결과구문을 고찰함에 있어 상태변화와 나란하게 위치변화의 결과를 살피고 있으며 특히 두 변화를 모두 표시할 수 있는 'NP 로 V' 구문을 우선적으로 고찰하고 있다. 따라서 아래에서는 사역이동을 나타내는 'NP로 V' 구문에서 'NP로'가 도달점을 나타낼 수 있는가, 한국어 'NP로 V' 구문으로써 나타내는 위치 변화는 어떤 특징을 가지는가를 중심으로 고찰하기로 한다.

이때 대상 이동을 표시하는 'NP로 V' 구문의 예들은 〈세종 전자사전〉의 '용언사전'에서 의미부류(semantic class)상 '사동 이동 행위'로 분류된 동사들의 용례에서 추출하였다. 물론 전체 문장의 의미가 사역이동을 나타내는 예들은 이 외에도 더 있을 수 있으나 전술했듯이 한국어의 경우 동사 자체에 이동의 의미가 없는 동작동사나 자동사가 이동구문을 구성하는 경우는 많지 않으므로 편의상 사역이동의 의미가 분명히 드러나는 동사들을 중심으로 그 특징을 귀납해 보기로 한다.

우리는 위 4.1절에서 위치변화와 관련된 'NP로'가 과연 이동의 방향만을 나타내는가 아니면 그 결과까지 나타낼 수 있는가에 관한 문제를 제기한 바 있다. 즉, 동일한 'NP로 V' 구문이라 하더라도 상태변화를 나타내는 경우의 'NP로'는 '결과상태'를 나타내는 것으로 인정하여 일괄적으로 'Final State'(결과상태, 이하 Fns로 표기함) 의미역을 부여하는 데 반하여, 위치변화를 나타내는 'NP로'는 실제 변화된 지점에 도달하였는가 여부를 기준으로 'Direction'(방향, 이하 DIR로 표기함)과 'Goal'(도달점, 이하 GOL로 표기함)로 나누고 있는데 대하여 재고의 여지가 있음을 제기하는 것이다.

〈세종 전자사전〉의 〈용언사전〉에서 의미부류(Semantic Class)가 '사동 이동 행위'로 분류되는 동사들을 모아 보면 총 223개 의항(義項, Sense)[14] 이 추출된다. 또 이들 동사가 쓰이는 문형에서 주어와 목적어 논항 외에 장소명사와 관련된 제3의 논항이 있는 경우는 162개였다. 그 논항에 배당되는 의미역은 크게 '방향(Dir), 도달점(Goal), 출발점(Source), 장소(Location)'로 나타났으며 드물게 '도구(Ins)'의 의미역이 섞여 있다.[15] 해당 논항과 결

---

14) 형태를 기준으로 보면 총 167개 동사이다. 223개란 '방향'의 의미역 논항이 들어가는 문형으로 쓰일 수 있는 sense의 개수를 말한다.

15) '도구(Ins)'의 의미역이 부여된 예문은 다음과 같은 것들이다. "나는 문틈으로 편지를 들이밀었다.", "엄마는 주먹밥을 창문으로 디미셨다.", 이는 조사 '로'가 가지는 여러 의미 중 '경로'의 의미와 관련되어 있는 것으로 보인다.

합하는 조사는 '에, 로, 에게, 까지, 에서, 에게서' 등이 관찰된다. 도표로 보이면 다음과 같다.

[표 4-3] 장소명사에 부여된 의미역별 빈도와 결합 조사: 〈세종전자사전〉 中

의미역 구분	출현 횟수	결합된 조사
방향(Dir)	27	로
도착점(Goal)	103	에, 에게, 로, 까지
출발점(Source)	22	에서, 에게서
장소(Location)	8	에, 에서
도구(Instrument)	2	로
합 계	162	

이 중 우리가 관심을 가지는 의미역은 '방향(Dir)'과 '도착점(Gol)' 논항인데, 방향 논항에 붙는 조사는 위 표에서 보듯 '로'가 유일한 반면 도착점 논항에는 여러 가지 조사가 붙을 수 있다. 도착점 논항에 붙는 조사 중 가장 빈번하게 관찰된 것은 '에'로서 도착점을 나타내는 103개 동사 의항(sense) 중 94개가 'NP에' 논항을 취하는 것으로 나타났다. '로' 역시 도착점 논항과 결합하는데 그 횟수는 47회 관찰되었다. 이중 '에'와 '로' 둘 다 쓰이는 경우가 36개인 반면 '로'와만 결합하는 것으로 표시된 경우는 4개에 그쳤다. 나머지 7개는 '에, 로' 뿐 아니라 기타 조사와도 결합하는 경우이다. 표로 정리하면 다음과 같다.

[표 4-4] 방향, 도달점 논항과 결합하는 조사 및 조사 결합 비율

의미역	결합하는 조사	결합 비율		
방향(Dir)	로	27/27		
도착점(Gol)	에, 에게, 로, 까지	에	94/103	
		로	47/103	'에, 로' 둘 다 쓰임
				36/47
				'로'만 쓰임16)
				4/47

				기타

				7/47
		기타	25/103	

위 표에서도 알 수 있듯이 사역 이동 사건에 쓰인 'NP로'는 'NP에'와 호환되어 쓰이는 경우 '도착점'으로 읽힐 수 있는 반면, 그렇지 않은 경우에는 '방향'을 나타낸다고 보는 것이 〈세종 전자사전〉의 기본 생각인 것으로 보인다. 이때 '방향'을 나타내는 경우의 'NP로'는 목표점에의 도달, 즉 사역 이동사건의 결과로서의 위치변화를 나타내지 못한다는 뜻이 된다. 이 글은 'NP로 V' 형식을 한국어 결과구문의 한 유형으로서 다루고 있는 바, 만일 그것이 결과를 나타내지 않는다면 그러한 경우를 결과구문에서 제외해야 할 것이다. 따라서 'NP로'에 '방향역'을 부여한 〈세종 전자사전〉의 해당 예문들이 실제로 '결과 미(未)도달'로 읽히는지를 살펴보고, 만일 그렇지 않다면 결과 도달로 읽히는 경우와 결과 미도달로 읽히는 경우가 어떻게 나뉘는지를 밝혀 제시해야 할 것이다. 이를 위하여 우선 '방향'(DIR)만을 나타낸다고 한 27가지의 문장을 아래에 보인다.

(18) '방향(DIR)만을 나타내는 'NP로'의 예 (세종전자사전 中)

(18-1) 표범이 사슴을 **나무 위로** 끄집어 올리고는 내려왔다.

(18-2) 비밀 경찰이 그를 **어딘가로** 끌어갔다.

(18-3) 그는 발로 앞에 떨어져 있는 돈을 **자기 쪽으로** 끌어왔다.

(18-4) 뱃사공은 마을 주민들을 하루에 세 번씩 **강 건너로** 날라 준다.

(18-5) 동생은 두 팔을 **책상 아래로** 내려뜨리고 힘없이 앉아 있다.

(18-6) 수위는 아이들을 **건물 밖으로** 내몰았다.

---

16) 도착점 논항이면서 조사 '로'와만 결합한다고 표시된 것은 다음과 같은 경우이다.
　　"비가 올 것 같으니 염소들을 모두 <u>우리 안으로</u> 끌어와라"
　　"꽃병을 <u>벽 쪽으로</u> 들이켜 놓다"

(18-7) 미순이는 밥을 얻으러 온 사람을 매정하게 **문밖으로** 내밀었다.

(18-8) 철수는 계속해서 **입으로** 한숨 소리를 내뿜고 있었다.

(18-9) 어머니는 막내 동생을 다시 **고아원으로** 돌려보내셨다.

(18-10) 여자 친구들은 키 큰 남자를 **골목길로** 따돌리고 술집으로 갔다.

(18-11) 인수는 배낭을 **짐칸 깊은 곳으로** 떠다밀었다.

(18-12) 영수는 친구를 **방 한구석으로** 몰아가서는 심하게 두들겨 팼다.

(18-13) 왕은 신하들을 모두 **밖으로** 물리고 그만 남게 했다.

(18-14) 우리는 차를 **앞으로** 밀었다.

(18-15) 그 사람은 엉덩이로 나를 아랫목에서 **문 근처로** 밀어 냈다.

(18-16) 그는 어질러져 있는 물건들을 **한구석으로** 밀쳐놓았다.

(18-17) 그는 어질러져 있는 물건들을 **한구석으로** 밀트렸다.

(18-18) 그들은 아이를 **담장으로** 밀어 올렸다.

(18-19) 그는 자동차를 **뒤로** 뺐다.

(18-20) 사람들이 배에서 **항구로** 짐을 부리고 있다.

(18-21) 낙하산 인사계획을 집행하느라 때로는 임기 중인 위원을 **딴 자리로** 영전시켜 가면서까지 그 자리에 관료출신을 앉히기도 한다.

(18-22) 벽을 새로 도배하려고, 방 안에 있던 모든 가구들을 **마루로** 옮겼다.

(18-23) 이사센터 사람들이 이삿짐을 여기에서 **새 아파트로** 옮겨 갔어요.

(18-24) 그 친구는 직장을 **서울로** 옮겨 왔어요.

(18-25) 가족들은 아버지의 관을 **장지로** 운구했다.

(18-26) 아래에서 **위로** 움직이다.

(18-27) 그 철제 캐비닛을 왼쪽 **벽 쪽으로** 움직여 주세요.

　모국어 화자의 직관으로 이들 문장의 목표점 도달 여부를 가늠했을 때, 우리는 이들 모두에서 목표점 도달이 이루어지지 않았다고는 생각하지 않는다. 다만 각각의 목표점 도달 여부 및 그 가능성의 크기가 같지 않다고 본다. 일단 위의 각 예들을 과거형(혹은 완망상)으로 써서 그 조건을 동일하게 해 놓고 살펴보기로 한다. 이때 우선, 'NP로'에 특정한 장소 명사가 아닌 '~쪽으로, ~방향으로, 앞으로, 뒤로' 등의 방위성 명사가 왔을 때 그것은 특정 지점에 도달한 것으로 보기 어렵다. 예를 들어 (18-5) "두 팔을 책상 아래로 늘어뜨렸다"의 경우, 팔이 아래쪽을 향하여 늘어졌다는 것이지 특정 지점에 도달했는지가 문제로 되는 것은 아니다. 또, (18-19)의 "그는 자동차를 뒤로 뺐다"에서도 자동차가 현재 뒤에 있는가 여부를 말하려는 것이 아니다. (18-26)의 "아래에서 위로 움직였다" 및 (18-27)의 '벽 쪽으로 움직였다'도 마찬가지다. 다만, '~위로'의 경우는 경우에 따라 구체적인 지점이 될 수도 있기에 사정이 좀 다르다. (18-1)의 "나무 위로 끄집어 올렸다"에서 '나무 위로'는 나무 위의 공백 지점일 수도 있지만 특정 나뭇가지와의 접촉면일 수도 있다. 우리의 직관 및 전체 문장의 문맥으로 보았을 때 (18-1)의 경우는 후자로 읽히며 따라서 '나무 위로'는 도착점(Goal) 논항으로 보아야 할 것이다.

이 문제와 관련해서 두 번째로 언급할 것은 'NP로 V'에서 'NP로'가 도착점이냐 방향이냐 하는 것은 후치하는 동사의 형태와도 관련된다는 것이다. 예를 들어, (18-15), (18-16)의 "문 근처로 밀어 냈다", "한구석으로 밀쳐 놓았다"에서 'NP로'와 결합하는 동사는 '밀어냈다', '밀쳐놓았다'로 'V₁어 V₂'의 형태를 취하는 동사 연결 구성이다. 이때 'V₂'는 'V₁' 동작을 통해 도달하게 되는 결과이거나(내다), 'V₁' 동작의 완결을 확실하게 함으로써 동사에 함축된 결과의 실현 가능성을 높이는 요소이다(놓다). 따라서 본고는 이러한 'V₁어 V₂'가 후치동사로 올 때 'NP로'는 방향이 아닌 도착점으로 읽힐 가능성이 현저히 높아진다고 생각한다. 즉, (18-15), (18-16)에서 '나'는 현재 '문 근처'에 있으며 '물건들'은 '한구석'에 있을 가능성이 높다는 것이다. 이는 (18-1)에서의 '끄집어 올렸다'에서도 같이 적용되어 사슴은 틀림없이 현재 나무 위에 올려져 있을 것으로 본다. (18-6), (18-7)의 '내몰았다'와 '내밀었다'는 두 동사의 순서를 바꾼 '몰아냈다'와 '밀어냈다'에 비해서는 위치 변화의 결과가 확실하지 않으나 적어도 '건물 밖으로 내몰았다'가 '건물 밖

으로 몰았다'에 비해, 그리고 '문 밖으로 내밀었다'가 '문 밖으로 밀었다'에
비해 대상이 현재 '건물 밖에' 혹은 '문밖에' 있을 가능성이 높다.

그런데, 문제가 되는 것은 (18-2), (18-3)에서와 같이 'V₂'에 직시적 이동
동사 '가다, 오다'가 쓰인 경우이다. 즉, (18-2) '어딘가로 끌어갔다', (18-3)
'자기 쪽으로 끌어왔다', (18-12) '방 한구석으로 몰아갔다'에서 도착점으로
읽힐 수 있는가 없는가 하는 문제이다. 원칙적으로 '가다'가 개입된 경우,
우리는 그것의 목표점 도착 여부를 확인하기 어렵다. 4.2.1에서 살펴보았
듯이 '가다'는 화자가 위치하는 지점에서 더 멀어짐을 나타내는 직시적 요
소로서, 목표점이 주어진다 하더라도 화자의 시야 내에서 벗어나는 경우
그곳에 도달했는지 확인할 수 없다. 반대로 '오다'는 화자가 위치하는 장소
에 가까워지는 이동을 나타내므로 그 도달 여부를 직접 확인할 수 있다는
차이점이 있다. 그렇다면 이 둘을 나누어서 '가다'가 개입된 경우 '방향'의
의미역을 부과하고, '오다'가 개입된 경우 '도착점'의 의미역을 부과하는
것이 온당한가? 한국어 자동사 이동사건에 직시요소 '가다, 오다'가 대부
분 개입할 수밖에 없는 현실을 고려할 때, 이 경우 위치가 변화하였는지 여
부는 화자를 기준으로 판정되어야 한다고 앞 4.2.1에서 주장하였다. 즉, 목
표점에 진실로 도달하였는지 여부와는 별개로 화자가 관찰하건데 원래
있던 위치에서 떠나 이동하였으면 위치변화가 일어난 것으로 보아야 한
다는 것이다. 그렇다면, 'NP로 V₁어 가다/오다'의 형식 안에 쓰인 'NP로' 역
시 다른 'V₁어 V₂'와 결합하는 경우와 마찬가지로 도착점역을 부과하는 것
이 더 합리적일 것이다.

마지막으로, 동사 연결형이 아니더라도 그 자체가 이동을 강하게 함축
하는 동사라면 'NP로'를 도착점으로 읽히게 할 수 있는 것으로 보인다. 예
를 들어 위 (18-22) "모든 가구들을 마루로 옮겼다"의 경우, 이것을 굳이 "모
든 가구를 마루에 옮겼다"라고 하지 않더라도 가구들이 현재 마루에 있을
것이라고 생각하게 되는 것이다.

이처럼 'NP로 V' 구문 안의 'NP로'가 방향만을 나타내는가 아니면 목표

점에 도달하여 변화한 위치에 있음까지 표시하는가 하는 것은 어떤 하나의 기준에 따라 일률적으로 결정될 수 있는 문제가 아니라는 것이 본고의 기본 생각이며, 이때 목표점 도달로 볼 수 있게 하는 요소로는 후행하는 동사의 형태가 중요한 변수가 될 수 있다는 사실을 제기하였다. 즉, '원인(방식)+결과'의 의미관계로 이어진 'V₁어 V₂' 형식과 결합할 때 'NP로'는 위치변화의 결과를 나타낼 수 있으며, 이러한 'NP로 V₁어V₂' 형식을 한국어의 위치변화 표시 결과구문으로 보아 무방할 것이다.

4.3. 상태변화 'NP로 V' 구문의 유형과 특징

위 4.1~4.2절에서 살펴본 연구들을 포함하여 전통적으로 국어학계에서는 조사 '로' 혹은 'NP로' 논항이 가지는 다양한 의미 · 기능들에 대하여 관심을 가져왔다. 한국어의 문법형태소 중에는 여러 가지 의미 기능을 동시에 가지는 것들이 다수 있지만 그중에서도 조사 '로'가 나타내는 의미가 예외적으로 다양하기 때문이다. 이러한 관심의 결과 '로'가 가지는 의미에 대해서는 '도달, 경로, 방향, 수량, 변성, 원인, 도구, 수단, 분할, 재료, 자격, 선정' 등으로, 혹은 '방법, 재료, 원인, 분할, 양태, 한정, 방향, 시간, 자격, 지정, 변성' 등 10여 가지에 이르도록 그 의미를 최대한 잘게 세분하는가 하면, 이들 중 공통되는 부류들을 가려 묶어 '구격(具格), 향격(向格), 전격(轉格)' 등으로, 혹은 '수단격, 원인격, 자격격, 방향격, 결과격' 등의 격체계로 분류하는 등의 연구가 이루어져 왔다. 이처럼 다양한 의미 기능 중에 본 연구의 주제인 '결과'와 관련된 것은 세분된 의미 중 '도달, 변성, 자격, 선정(지정)' 등을 들 수 있으며, 보다 큰 단위의 개념으로는 '전격, 조격' 등을 지적할 수 있다.

이처럼 'NP로'가 가질 수 있는 의미에 대해서 크고 작은 서로 다른 개념들이 제시되어 왔지만 그중 이 글에서 논하고 있는 '결과'의 개념과 가장 상통한다고 할 수 있는 것은 'NP로' 논항에 부여할 수 있는 의미역에 대한 최근의 논의 중에서 발견된다. 특히, '21세기 세종계획 최종성과물' 중의 하나인 〈세종 전자사전〉이 채택하는 의미역 유형 중 '결과상태역(Final State)'이 본 4.3절에서 다루고자 하는 '결과'의 개념과 가장 가깝다고 보아 이를 기준으로 아래의 내용을 전개하고자 한다. 이와 관련하여 앞서 4.2절의 서두에서 우리는 'NP로 V'로 나타날 수 있는 문장의 종류를 제시하고 그 중 결과 표시와 관련된 부류를 지정한 다음 위치변화를 나타내는 경우를 먼저 다루었다. 이어서 본 4.3절에서는 4.2절의 서두에서 제시한 유형 중 "얼음을 물로 녹였다.", "꼬마 아가씨가 학부형으로 성장했다.", "그는 나를 바보로 여긴다." 류의 상태변화 및 인식 작용의 결과를 나타내는 'NP로 V' 구문을 살펴볼 것이다.

4.3.1. 사역이동 동사로 상태변화를 나타내는 'NP로 V'

본고는 위에서 'NP로 V' 구문이 위치변화와 함께 상태변화를 나타낼 수 있음을 강조해 왔다. 'NP에 V'나 'NP까지 V' 등 위치변화의 결과를 나타낼 수 있는 다른 조사구(후치사구)들이 있음에도 이글에서 'NP로 V'를 그 대표형으로 삼는 것 역시 이러한 사실에서 기인한다. 최근 상태변화를 나타내는 결과구문이 사역이동 구문에서 은유적으로 확장되었다는 견해가 설득력을 얻음에 따라 두 유형의 변화를 모두 결과로 다루는 추세를 보이지만 그럼에도 불구하고 결과구문이 나타내는 결과의 본령은 상태변화에 따른 결과라고 할 수 있다.

우선, 한국어에서 상태변화를 나타내는 'NP로 V' 구문과 사역이동 구문의 연관을 가장 직접적으로 보여주는 경우를 제시하자면 다음과 같이 사역이동 동사가 직접 'NP로 V' 구문에 쓰인 예들을 들 수 있을 것이다.[17]

---

17) 이들은 〈세종전자사전〉에 등재된 동사 중 결과상태역인 'NP로' 논항을 취하는 예들의 일부이며 그 중에서도 동사의 원래 의미부류가 사역이동과 관련된 예를 가려 뽑은 것이다. 이들의 세부 의미부류(Semantic Class)는 [방향성 행위] [변형행위] [결과행위] 등으로 구분되어

(19) 사역이동 동사가 상태변화 구문에 쓰이는 경우

    ㄱ. 조선 중종대에 간신들은 조광조 선생을 역적으로 내몰았다.

        (주동사: 내몰다, FNS 논항: 역적으로)

    ㄴ. 나는 검사에게 내가 그 때 미국에 있었음을 알리바이로 대었다.

        (주동사:대다, FNS 논항: 알리바이로)

    ㄷ. 은행은 만기가 된 내 적금을 자동적으로 정기예금으로 대체하였다.

        (주동사: 대체하다, FNS 논항: 정기예금으로)

    ㄹ. 우리 팀은 휴가비를 일괄적으로 회식비로 돌린다.

        (주동사: 돌리다, FNS 논항: 회식비로)

    ㅁ. 결국 딸 하나를 그 집안 며느리로 들여보냈다.

        (주동사: 들여보내다, FNS 논항: 며느리로)

    ㅂ. 그 대학은 예전에 홍 선생을 총장으로 모셨다.

        (주동사: 모시다, FNS 논항: 총장으로)

    ㅅ. 그 사람은 나를 범인으로 몰고 갔다.

        (주동사: 몰고 가다, FNS 논항: 범인으로)

    ㅇ. 사람을 극한 상황으로 몰아가 보아야 그 사람의 본래 성품을 알 수 있다.

        (주동사: 몰아가다, FNS 논항: 극한 상황으로)

    ㅈ. 그들은 나를 불순세력으로 몰아붙였다.

        (주동사: 몰아붙이다, FNS 논항: 불순세력으로)

    ㅊ. 회사측이 임의로 협상을 다음 주로 물렸다.

        (주동사: 물리다, FNS 논항: 다음 주로)

    ㅋ. 우리는 그를 반장으로 밀었다.

        (주동사: 밀다, FNS 논항: 반장으로)

있으나 공통적으로 [사역이동행위]와 의미 확장 관계에 있는 부류들이라고 할 수 있다. 예를 들어 동사 '대다'는 위 예문에서 [대답]의 의미부류에 속하지만 '마른 논에 물을 대다'와 같은 사동적 이동행위와 의미적 연관을 가지고 있다.

ㅌ. 철수는 성적을 10등으로 상향시키기 위해 과외를 했다.

(주동사: 상향시키다, FNS 논항: 10등으로)

ㅍ. 위원회는 회사 성장에 지대한 공헌을 한 김씨를 이사로 올렸다.

(주동사: 올리다, FNS 논항: 이사로)

ㅎ. 다음 일본어 문장을 한국어로 옮기시오.

(주동사: 옮기다, FNS 논항: 한국어로)

위 예문의 동사들 중 '몰다, 들이다, 물리다, 밀다, 올리다, 옮기다' 등은 전형적인 사역이동의 동사들로서 어떤 대상을 이동시켜 다른 위치에 있게 만듦을 나타내는 것이 본래적 의미라고 할 수 있다. 하지만 위의 경우에는 'NP로 V' 구문에 참여하여 장소 이동이 아닌 상태 변화의 원인 행위를 나타내고 있다. 예를 들어 (19ㄱ)의 경우 '내모는' 행위를 통하여 목적어인 '조광조 선생'으로 하여금 '역적'의 상태(자격)로 되게끔 만들고 있으며, (19ㅎ)의 경우 '옮기는' 행위를 함으로써 목적어 '일본어 문장'이 '한국어로' 되게 하는 역할을 수행한다.

한편 이때 문장 전체의 의미는 투명하지 않다. 다시 말해 문장을 이루는 각 요소들의 의미를 합한다 하여도 전체 문장이 가지는 의미가 도출되지 않는다. (19ㅂ) "그 대학은 예전에 홍 선생을 총장으로 모셨다."를 예로 들면, "그 대학은 홍선생을 모셨다."와 "홍선생이 총장이다."라는 두 사실이 원인과 결과의 관계로 이어진 것인데, 이때 결과 표시 요소 '총장'과 원인 행위인 '모시다' 사이에는 방향을 나타내는 조사 '로'가 개재되었을 뿐 두 사건 사이의 관계는 제대로 표시되지 않았다. 이 문장의 의미를 가장 합성적으로 나타낸다면 "그 대학이 홍선생을 모심으로써 홍선생이 총장이(되었)다"와 같이 되어야 할 것이다. 이로써 상태변화를 나타내는 'NP로 V' 형식은 그 의미가 합성적이지 않은 구문적 성질을 가짐을 확인할 수 있다.

한편, 위의 예문들은 결과구문의 기본적 의미 모형이라 할 수 있는 [X causes Y to become Z by (V-ing)] 즉, [X가 (V함으로써) Y로 하여금 Z 되게 하대를 만족시킬 수 있다. 이때 만일 결과를 나타내는 Z가 형용사성 성분으로서 직접 변화상태를 표시한다면 앞 3장에서 살펴본 'AP게 V'형 결과구문 형식이 된다. 반면 결과를 나타내는 Z가 명사성 성분이라면 조사와 결합하여 조사구를 형성하기에 본 4장에서 살피고 있는 'NP로 V'와 같은 형태로 나타나게 된다. 이때 Z는 주어인 NP1과 목적어인 NP2에 이어 결과를 나타내는 보어성 NP3를 구성한다. 예문 (19ㅈ)의 "그들은 나를 불순세력으로 몰아붙였다."와 (19ㅍ) 중의 "위원회는 김씨를 이사로 올렸다."의 문장 의미를 아래와 같이 풀어 본다.

(19ㅈ') 그들은 나를 불순세력으로 몰아붙였다

[NP1 causes NP2 to become (thought as) NP3 by V-ing]

[NP1이 V함으로써 NP2로 하여금 NP3 (로 생각)되게 하다]

(NP1=그들) (NP2=나) ((NP3=불순세력) (V=몰아붙이다)

(19ㅍ') 위원회는 김씨를 이사로 올렸다

[NP1 causes NP2 to become (the status of) NP3 by V-ing]

[NP1이 V함으로써 NP2로 하여금 NP3(의 자격이) 되게 하다]

(NP1=위원회) (NP2=김씨) ((NP3=이사) (V=올리다)

위의 'NP로 V' 예문들에서 문장의 주동사와 결과 간에 원칙적으로 사역관계가 성립함을 확인하였다. 또한 이들 문장에서 '불순세력으로'나 '이사로'가 결과의 의미를 획득하는 것은 그 자체의 의미가 아니라 'NP로 V'라는 구문 형식에서 얻어짐을 알 수 있다.

한편 위 두 문장의 'NP로'는 일견 균질하게 목적어의 '자격'을 나타내는 것으로 보이지만 자세히 보면 같지 않은 부분이 있다. 즉 전자는 '몰아붙임'으로써 목적어 '나'의 정체에 대한 새로운 해석(불순세력)에 도달하게 되었음을 나타내는 반면, 후자는 '올리는' 행위를 통해서 목적어 '김씨'의 신분·지위에 실질적인 변화(이사)가 일어났음을 나타낸다. 즉 전자가 특정 개체의 정체에 대한 판단을 그 개체의 특징으로 부여한 것임에 비하여 후자는 특정 개체가 경험한 객관적이고 실질적인 변화의 결과를 표시한다는 점에서 구별된다. 하지만 이 둘은 결국 목적어의 신분이나 지위, 혹은 정체성에 나타난 변화를 표시한다는 점에서 '결과'라는 상위 개념으로 묶일 수 있다.

위 두 문장을 구성하고 있는 하위사건을 구문문법적 시각에서 동사사건(verbal subevent)과 구문사건(constructional subevent)으로 나누어 본다면, 동사사건에 해당되는 것은 "그들은 나를 몰아붙였다."와 "위원회는 김씨를 올렸다."이고, 구문사건에 해당되는 것은 "그들은 나를 불순세력이 되게 했다."와 "위원회는 김씨를 이사가 되게 했다."라고 할 수 있다. 전자인 동사사건이 전체 사건에 원인을 제공하는 반면, 문장 전체가 가지는 결과의 의미는 후자인 구문사건에 의해 도출된다. 그런데 이때 이 두 하위사건 간의 관계는 밝혀져 있지 않은데, 그것을 재구하여 함께 정리하면 다음과 같이 된다.

[표4-5] 'NP로 V' 구문의 하위사건들 및 그 사이의 관계

구분	(18ㅈ)	(18ㅍ)
동사사건	그들은 나를 몰아붙였다.	위원회는 김씨를 올렸다.
구문사건	그들은 나를 불순세력이 되게 했다.	위원회는 김씨를 이사가 되게 했다.
두 사건의 관계	그들이 나를 몰아붙임으로써 나를 불순세력이 되게 했다.	위원회가 김씨를 올림으로써 김씨를 이사가 되게 했다.

이처럼 동사사건이 구문사건을 이루게 하는 수단이 되는 관계에 있음은 문장 내부 요소들을 어떻게 합한다 하더라도 얻어지지 않는 의미이다. 이러한 점에서 동 형식의 결과구문적 성격을 확인할 수 있다.

위 예들을 통하여 사역이동의 동사들이 상태변화를 나타낼 수 있음을 살펴보았는데 이는 은유적 기제를 통한 의미 확장의 결과임을 쉽게 알 수

있다. 결과구문이 사역이동구문을 은유관계로 상속하고 있다 함은 이처럼 직접적이고 개별적인 은유에 국한되는 것이 아니라 '사역이동'의 범주와 '상태변화' 범주 간의 개념적 은유를 뜻하는 것이다. 따라서 동사 자체의 의미로는 사역이동과 아무런 관련이 없는 동사라 할지라도 결과상태역(FNS) 논항을 취하여 결과구문을 구성할 수 있다. 하지만 우리는 위 (18ㄱ)-(18ㅎ)의 예들처럼 사역이동 동사들이 직접 결과상태를 표시하는 경우를 통하여 두 범주 간의 은유적 상속관계를 가장 직관적으로 파악할 수 있었다. 이어서 'NP로 V' 구문이 상태변화를 표시하는 일반적인 경우를 살펴보기로 한다.

4.3.2. 상태변화 'NP로 V' 구문에 쓰이는 동사의 부류

우리는 'NP로'가 가지는 의미 중 그동안 '도달, 변성, 자격, 지정' 등으로 지칭되어 온 의미들을 '결과'라는 개념 하에 통일하여 기술하기로 하였다. 첫째로 이러한 방식이 결과라는 의미 범주에 대한 본고의 기본적인 관점과 일치하기 때문이며, 또한 다른 결과구문들로써 표시되는 변화의 유형들 역시 '결과'라는 상위 술어로 포괄하고 있기 때문이다. 한편 우리가 'NP로 V' 형식에 대하여 말하는 '상태변화의 결과'는 그 개념과 범위가 이른바 '결과상태(Final State) 의미역'과 일치함을 밝힌 바 있다. 따라서 아래에서 제시하는 상태변화 표시 'NP로 V' 구문의 예들은 〈세종 전자사전〉의 의미역 구분 기준에 따라 'NP로'에 Fns(결과상태) 의미역이 부과된 예들을 대상으로 한다.[18]

---

18) 〈세종 전자사전〉의 결과상태(FNS) 의미역은 명사성 성분에 부여하는 것을 기본으로 하며 주로 'NP로' 논항에 주어진다. '물이 얼음이 되다'에서의 '얼음이'와 같이 이른바 학교문법에서 말하는 보어 성분에도 결과상태역을 부여하고 있지만 그 수는 미미하다. 또 결과 상태를 나타내는 것으로 보이는 일부 'XP게, XP도록' 성분을 논항성 부사어로 보아 의미역을 부여한 예들도 섞여 있지만 이들 역시 그 숫자는 많지 않다. 본 절에서는 'NP로 V' 형식을 중심으로 그 상태변화 표시 양상을 살피고 있으므로 여타 유형의 예들은 원칙적으로 제외시켜야

우선 상태변화를 나타내는 'NP로 V'가 어떤 부류의 동사들과 결합하는 지를 알아볼 필요가 있다. 본고에서는 〈세종전자사전-용언사전〉에서 결과상태역(Fns) 논항을 갖는 동사를 추출한 끝에 1,024개의 샘플을 얻었다. 이를 분석한 결과, Fns 논항을 취하는 동사는 대부분이 행위동사(934개)였으며 그 외 상태변화 동사(72개), 정적 사태 동사(10), 현상 동사(8), 사건 동사(0) 순으로 나타났다.[19]

지금까지 'AP게 V' 형식을 중심으로 한 선행연구들에서는 한국어 결과구문에 쓰이는 동사가 주로 상태변화 동사이거나 결과를 대략 짐작할 수 있는 행위동사라고 말하여 왔으나 구체적인 목록을 통하여 이를 검증한 경우는 없는 것으로 보인다. 본고의 분석에 의하면 적어도 'NP로 V' 형식으로 표시되는 상태변화 결과의 경우, 행위동사가 제1술어로 쓰이는 경우가 압도적으로 많으며 상태변화 동사는 그 수가 예상보다 많지 않음을 알 수 있다. 결과상태 의미역 논항을 취하는 행위동사를 다시 하위 유형별로 나누어 제시하면 다음과 같다.

할 것이다. 하지만 이 글의 주요한 목표는 정확한 정량적 분석에 있는 것이 아니라 주된 경향을 파악하고자 하는 것이므로 이러한 예들을 굳이 분리하지 않았다.

19) 〈세종전자사전〉에서 의미부류(semantic class)는 일종의 위계구조를 보인다. 우선 동사는 거의 '사태'의 의미부류로 나타나며 '사태'는 다시 '정적사태, 행위, 사건, 현상, 상태변화'로 나뉜다. 또 이들은 다시 각각의 세부 하위 의미부류로 나뉜다. 세 번째 단계까지 도표로 제시하면 다음과 같다.

사태																										
정적사태		행위					사건		현상								상태변화									
속성값	상태	물리적행위	비의도적행위	추상적행위	소통행위	심리행위	우발사건	계획사건	빛	불	냄새	연기	자연현상	인간관련현상	소리	반복적현상	증가	감소	유동	전이	생성	소멸	종료	변형	악화	개선

[표 4-6] 결과상태역(FNS) 논항을 취하는 행위동사의 부류

물리적 행위 (511개)	단독행위 (457개)	단독행위 (16개), 이동행위 (6개), 사동적 이동행위 (1개), 배치 (1개), 접근 (2개), 일 (2개), 지속적 활동 (5개), 지속적 행위 (2개), 범죄 및 비행 (1개), 방식행위 (7개), 시각적 행위 (1개), 종교 및 의례행위 (2개), 결과행위 (411개)
	방향성 행위 (48개)	방향성행위 (39개), 처벌 (1개), 포상 (2개), 제약 (1개), 간섭 (3개), 수여행위 (2개)
	대칭적 행위 (6개)	
비의도적 행위 (248개)	비의도적 행위 (6개)	
	성공 (5개)	
	실패 (4개)	
	인간의 변화 (1개)	
	피동적 행위 (232개)	
추상적 행위 (117개)	추상적 행위 (15개)	
	인지적 행위 (102개)	인지적 행위 (89개) 인지 추상적 행위 (3개), 평가 (10개)
소통행위 (51개)	소통행위 (25개)	
	논쟁 (1개)	
	언어행위 (1개)	
	비난·욕설 (6개)	
	명령 (3개)	
	보고제안 (4개)	
	이야기 (9개)	
	대답 (1개)	
	허락 (1개)	
심리행위 (7개)	외향적 심리행위 (5개)	긍정적 태도 (1개)
	내재적 심리행위 (1개)	

위 표에서 알 수 있듯이 행위동사 중에서도 가장 빈번하게 결과상태역 논항을 취하는 부류로는 물리적 행위 중 '단독행위' 아래의 '결과행위' 동사가 가장 두드러지는데, 결과행위 중에서 다시 '결과행위'로 표시된 것과 '사동적 행위' 및 '변형행위'로 표시된 것이 다수를 차지한다. 위 표에서 제시하지 못한 '결과행위'의 하위부류를 제시하면 다음과 같은 것들이 있다.

[표 4-7] 결과상태 의미역 논항을 취하는 '결과행위' 동사 부류

결 과 행 위 (411개)	결과행위 (240개)
	창조행위 (6개)
	파괴행위 (1개)
	종료행위 (4개)
	개시행위 (2개)
	증가행위 (5개)
	감소행위 (21개)
	변형행위 (52개)
	장식행위 (1개)
	포장행위 (1개)
	가입 (2개)
	탈퇴 (1개)
	긍정적 결과행위 (5개)
	사동적 행위 (62개)
	획득행위 (5개)
	개선행위 (1개)
	악화행위 (1개)
	착용행위 (1개)

'결과행위' 다음으로는 비의도적 행위 아래의 '피동적 행위' 동사가 상당히 많으며 추상적 행위 아래 '인지적 행위' 동사의 수도 상대적으로 많은 편이다. 해당 의미부류(semantic class) 명칭을 통해서도 알 수 있듯이 이들은 동사의 의미로부터 그 결과를 대략 짐작할 수 있는 경우에 해당된다.

한편, 이 중에서 '인지적 행위' 동사의 숫자가 적지 않다는 사실은 한국어 결과구문이 나타낼 수 있는 의미에 객관적 상태 변화 뿐 아니라 주관적 인식의 변화도 포함된다는 본고의 주장과 부합한다. 이는 'NP로 V' 형식뿐만 아니라 다른 유형의 결과구문에서도 공통되는 특징임을 앞서 2장에서 밝힌 바 있다.

행위 동사에 이어서 빈번하게 결과상태역 논항을 취하는 동사부류에는 '상태변화' 동사가 있다. 총 1,039개의 샘플 중 78개의 동사가 상태변화 의미부류에 속하는데, 이는 940여 개의 행위동사에 비하면 적은 수이지만 여

전히 결과상태역과 밀접한 관계를 가지는 동사부류라고 할 수 있다. 상태
변화 동사는 다시 그 세부 의미에 따라 각각 다음과 같은 빈도로 결과상태
역 논항을 취한다.

[표 4-8] 결과상태역 논항을 취하는 상태변화동사의 부류

상태변화 (72개)	상태변화 (37개)
	증가 (1개)
	감소 (3개)
	유동
	전이 (14개)
	생성 (4개)
	소멸
	종료 (1개)
	변형 (1개)
	악화 (6개)
	개선 (5개)

아래에서는 행위동사와 상태변화 동사를 통틀어 가장 빈번하게 결과상
태 논항을 취하는 동사들의 목록을 각 의미부류별로 제시한다. 목록을 제
시할 대상은 '결과행위', '피동적 행위', '인지적 행위', '소통행위', '방향성 행
위' 의미 부류의 동사들과 '상태변화' 동사들이다. 결과행위 동사의 경우,
워낙 그 숫자가 많으므로 다시 '결과행위'로 표시된 부류와 '사동적 행위'
및 '변형행위'로 표시된 부류로 나누어 목록을 보이기로 한다. 이처럼 동사
의 목록을 제시하는 것은 한국어에서 결과구문으로 표시 가능한 상태변
화 결과사건의 종류와 범위를 짐작할 수 있게 하기 때문이다. 우선 가장 많
은 동사가 포함된 '결과행위' 의미부류의 동사들과 그 대표적인 예문들을
아래에 보인다.

(20) '결과상태역(FNS)' 논항을 취하는 '결과행위' 의미 부류의 동사목록 (240개)
　　가계약하다, 가르다, 가장하다, 가칭하다, 간소화시키다, 간택하다, 간행

하다, 갈다, 갈라서다, 갈아치우다, 개종하다, 개편하다, 경계하다, 계층화시키다, 계층화하다, 고르다, 고용하다, 골라잡다, 공식화하다, 공인하다, 공천하다, 교체시키다, 교체하다, 교환하다, 구성하다, 구현시키다, 기록하다, 나타나다, 돌아가다, 둔갑하다, 등분하다, 맞다, 몰고 가다, 몰다, 몰아가다, 못박다, 물리다, 미루다, 밀다, 밀어주다, 바꾸다, 바르다, 받아들이다, 발령하다, 발전시키다, 발전하다, 발탁하다, 발현시키다, 발현하다, 범주화하다, 부르다, 부임하다, 분단하다, 분류시키다, 분류하다, 분반시키다, 분반하다, 분산하다, 분석하다, 분업화시키다, 분절시키다, 분절하다, 분철하다, 분파하다, 분할시키다, 분할하다, 분해시키다, 분화시키다, 사정하다, 상향조정하다, 선도하다, 선발하다, 선임하다, 선처하다, 선출하다, 설정하다, 세분하다, 세분화하다, 속이다, 승계하다, 승급하다, 승진하다, 신고하다, 쓰다, 안착하다, 앞당기다, 약칭하다, 양극화시키다, 양용하다, 엮다, 연기시키다, 연기하다, 오진하다, 올리다, 운명짓다, 유도시키다, 유도하다, 유지시키다, 유형화하다, 육화시키다, 응결시키다, 응결하다, 응고시키다, 응집시키다, 응집하다, 응축시키다, 이르다, 이름붙이다, 이름 짓다, 이름 하다, 이분화하다, 인도하다, 일구다, 일반화시키다, 일컫다, 임명되다, 임명하다, 임용되다, 입관되다, 입관하다, 입증되다, 있다, 자리매김하다, 자리잡다, 작용하다, 잘못짚다, 잡다, 잡히다, 장려되다, 재간택되다, 재결되다, 재결정하다, 재계약되다, 재구성되다, 재당선되다, 재분할되다, 재분할하다, 재생하다, 재선되다, 재인식되다, 재임되다, 재임명되다, 재임명하다, 재임용되다, 재임용하다, 재창조되다, 재창조하다, 재추대되다, 재추대하다, 재편성하다, 재형성하다, 재활용되다, 전락되다, 전성되다, 전용되다, 전제하다, 전직되다, 전해 듣다, 전화되다, 전환되다, 전환하다, 접변되다, 정선되다, 정의되다, 정의하다, 정정되다, 정하다, 정해지다, 제공되다, 제약되다, 제약시키다, 제약하다, 제지받다, 제지하다, 제품화되다, 제한되다, 제한하다, 조련되다, 조련하다, 조작되다, 조치되다, 종합되다, 좌천당하다, 좌천되다, 주의받다, 주의시키다, 주의주다, 준비시키다, 중생하다, 중선시키다, 중용되다, 증언하다, 지레짐작하다, 지명되다, 지명받다, 지목당하다, 지목받다, 지적하다, 지정되다, 지정하다, 지출되다, 지칭되다, 지칭하다, 지탄받다, 직역되다, 진급되다, 진단내리다, 진단되다, 진단받다, 진단하다, 집계하다, 집성되다, 집약하다, 징용하다, 차단시키다, 채용하다, 채택시키다, 채택하다, 책봉하다, 책정하다, 처단하다, 천거하다, 추대하다, 추상화시키다, 축척하다, 출마하다, 치환하다, 캐스팅하다, 키우다, 통일시키다, 통일하다, 통폐합하다, 통합시키다, 통합하다, 판결나다, 판명나다, 판정나다, 편성하다, 형성하다.

(21) '결과행위' 동사가 '결과상태역' 논항을 취하는 예

ㄱ. 지금 사용하는 이 악기는 너무 낡아서 이제 <u>새 것으로</u> **갈아야** 할 것 같다.

ㄴ. 그는 내게 철수를 <u>자기 동생으로</u> **속였다**.

ㄷ. 이것은 제가 그 동안 틈틈이 발표한 글을 <u>책으로</u> **엮은** 것입니다.

ㄹ. 글의 제목을 <u>무엇으로</u> **정할까?**

ㅁ. 히틀러는 유대인들을 <u>실험대상으로</u> 강제로 **징용했었다**.

ㅂ. 우리 회사는 명망있는 지도층 인사를 <u>고문으로</u> **추대하려고** 합니다.

ㅅ. 이 사건의 피고인은 결국 <u>무죄로</u> **판결났다**.

위 (20)의 예문에서 알 수 있듯이 결과행위 동사가 취하는 결과상태역 논항은 기존에 '변성, 자격, 지정, 선정, 결과' 등의 의미를 가진다고 논의되어 왔던 종류들이 포괄되어 있다. 어떤 동사의 의미부류(semantic class)가 '결과행위'에 속한다면 그 동사가 결과상태 논항을 취할 개연성은 매우 크다고 할 것이다. 다시 말해 결과상태역 논항을 취하는 동사에 결과행위 의미부류의 동사들이 가장 많다는 것은 어쩌면 당연한 일이라 할 수 있다. 아울러 이들이 구성하는 'NP로 V' 결과구문은 동사의 의미에서 결과인 'NP로'의 내용이 거의 예측될 것임을 짐작할 수 있다. 이는 영어 결과구문의 경우 동사의 의미에서 구문전체의 결과의미가 예측되지 않는 경우가 많음에 대비된다. 하지만 이는 앞 장에서 살펴본 'AP게 V' 결과구문 역시 동사의 의미로부터 결과가 짐작되는 경우가 많고, 동사와 그 동사가 참여한 결과구문의 상적특징 혹은 사건구조가 완전히 달라지는 일이 많지 않다는 사실과 나란하다고 할 수 있다.

이어서 결과상태역 논항을 취하는 동사 중 '사동적 행위'와 '변형행위'의 의미부류에 속하는 동사들의 목록과 예문을 살펴본다.

(22) '결과상태역(FNS)' 논항을 취하는 '사동적 행위' 의미부류의 동사목록 (62개)

가입시키다, 갈아입히다, 개간시키다, 개량시키다, 개명시키다, 개종시키다, 갱생시키다, 격상시키다, 귀결시키다, 귀착시키다, 귀화시키다, 끌어내리다, 내세우다, 늘리다, 늙히다, 다변화시키다, 다운시키다, 당선시키다, 대비시키다, 대체시키다, 동결시키다, 되돌리다, 등극시키다, 등장시키다, 등재시키다, 마모시키다, 매도시키다, 물들이다, 변이시키다, 부임시키다, 선동시키다, 선임시키다, 선출시키다, 세분화시키다, 소개시키다, 수행시키다, 승격시키다, 승단시키다, 승진시키다, 시키다, 응집시키다, 임관시키다, 입상시키다, 입선시키다, 입양시키다, 전개 시키다, 전락시키다, 전성시키다, 전역시키다, 전위시키다, 전이시키다, 전향시키다, 전환시키다, 지향시키다, 진급시키다, 출세시키다, 취임시키다, 취직시키다, 탄생시키다, 탈바꿈시키다, 통용시키다, 특진시키다.

(23) '사동적 행위' 동사가 '결과상태역' 논항을 취하는 예

ㄱ. 우리 학교는 교양 강의시간을 <u>여섯 시간으로</u> **늘리고**, 전공은 두 시간을 줄였다.

ㄴ. 성희는 막내동생에게 옷을 <u>외출복으로</u> **갈아입혔다.**

ㄷ. 우리는 그 물질을 <u>액체 상태로</u> **응집시켰다.**

ㄹ. 어머니의 엄격한 가르침이 결국에는 나를 <u>사장으로</u> **출세시켰다.**

이들 동사는 형태적으로 뚜렷한 특징을 보이는데, 어근에 '-시키다, -이/히/리/우' 등의 접사가 개재된 사동사라는 점이다. 주지하듯이 결과구문이 나타내는 '원인-결과' 관계는 사역관계(causative)를 그 의미적ㆍ형태적 원류로 하는 경향이 범언어적으로 발견된다. 우리가 어떤 형식을 결과구문으로 판정함에 있어 그 의미적 기준으로 "X cause Y to become Z by V-ing"의 기본적인 사역관계가 성립하는지를 보는 것도 이러한 이유라고 할 수 있다. 그런 점에서 위 동사들은 따로 사역성의 검증 과정을 거칠 필요가 없는 예들이다. 또, 동사의 의미부류(semantic class) 중 위에서 살펴본 '결과행위'의 일부로서 동사의 의미로부터 결과를 예측할 수 있는 부류에 든다.

한편 '변형행위'의 의미부류에 속하는 동사들의 목록과 예문을 제시하면 다음과 같다. '개조하다, 나누다, 번안하다' 등의 예에서 보듯 '변형' 역시 특정한 방향으로의 변화를 강하게 함축하는 것이므로 이들로 구성된 결과구문 역시 동사 의미를 통하여 참여자에게 일어날 결과 상태를 거의 추측할 수 있는 종류가 될 것이다.

(24) **'결과상태역(FNS)' 논항을 취하는 '변형행위' 의미부류의 동사목록 (52개)**
가꾸다, 각색시키다, 갈라놓다, 개간하다, 개명하다, 개발하다, 개선하다, 개작-하다, 개정하다, 개제하다, 개조시키다, 개조하다, 개축하다, 개칭하다, 개헌하다, 개혁하다, 고치다, 교환시키다, 나누다, 대체하다, 도식화하다, 돌려쓰다, 돌리다, 동결하다, 바람넣다,[20] 반전시키다, 번안하다, 번역하다, 변개시키다, 변개하다, 변경시키다, 변모시키다, 변색시키다,

---

20) 각주 (113)에서 밝혔듯이 〈세종전자사전〉에서는 'NP로 V'의 'NP로' 이외의 일부 성분에도 결과상태 의미역을 부여하고 있다. '바람넣다' 역시 그와 같은 경우로, 'XP도록'에 결과상태 역을 부여한 다음 예문을 제시하고 있다.
ex) 삼촌이 내게 <u>주식을 투자하도록</u> 자꾸만 **바람넣는** 바람에 돈을 천만원 날렸다.

변성하다, 변신시키다, 변용하다, 변장-시키다, 변장하다, 변조하다, 변천시키다, 변혁시키다, 변형시키다, 변형하다, 변환시키다, 변환하다, 분장시키다, 분장하다, 재활용하다, 착색하다, 탈바꿈-되다, 탈바꿈하다, 편곡하다

(25) '변형 행위' 동사가 '결과 상태역' 논항을 취하는 예

   ㄱ. 철수는 사과를 <u>세 조각으로</u> **나누었다.**

   ㄴ. 우리 팀은 휴가비를 일괄적으로 <u>회식비로</u> **돌린다.**

   ㄷ. 김 씨는 섹스피어의 작품을 <u>우리 것으로</u> **번안해** 공연하여 흥행에 성공했다.

   ㄹ. 우리 당은 젊은 사람들을 많이 받아들여 <u>새로운 정당으로</u> **탈바꿈했다.**

다음으로 결과상태역 논항을 취하는 동사 중 '피동적 행위'의 의미부류(semantic class)에 속하는 동사들의 목록과 예문을 보이면 다음과 같다.

(26) '결과상태역(FNS)' 논항을 취하는 '피동적 행위' 의미부류의 동사목록 (232개)

가장되다, 가정되다, 가집행되다, 가칭되다, 각인되다, 간소화되다, 간주되다, 간직되다, 간척되다, 간탁되다, 간택되다, 간행되다, 갈라지다, 감면되다, 감별되다, 감축되다, 감형되다, 강요당하다, 강제당하다, 강제되다, 개간되다, 개념화되다, 개량되다, 개명되다, 개발되다, 개작되다, 개제되다, 개조되다, 개칭되다, 개편되다, 거론되다, 건의되다, 격하되다, 결론나다, 결말나다, 결산되다, 결의되다, 결정나다, 결정되다, 계산되다, 계층화되다, 계획되다, 고시되다, 공인되다, 공채되다, 공천되다, 과장되다, 관측되다, 교사되다, 교체되다, 교환되다, 구별되다, 구분되다, 구현되다, 규범화되다, 규정되다, 기대되다, 기록되다, 기술되다, 기용되다, 나누어지다, 나누이다, 나뉘다, 낙인찍히다, 낙점되다, 낙착되다, 내면화

되다, 내정되다, 논평되다, 다변화되다, 단순화되다, 단일화되다, 단장되다, 단정되다, 단축되다, 당선되다, 대두되다, 대별되다, 대분되다, 대신되다, 대용되다, 대우 받다, 대접받다, 대체되다, 대치되다, 대표되다, 도식화되다, 되다, 들리다, 매도되다, 모함받다, 몰리다, 불리다, 비평되다, 비평받다, 빗보이다, 뽑히다, 사용되다, 상징되다, 서술되다, 선동되다, 선발되다, 선약되다, 선전되다, 선정되다, 선출당하다, 선출되다, 선포되다, 설득당하다, 설득되다, 설명되다, 설정되다, 세뇌당하다, 세분되다, 세분화되다, 소개되다, 소환되다, 숭배받다, 숭상받다, 숭앙받다, 승격되다, 승급되다, 승단되다, 승압되다, 승진되다, 시인되다, 신뢰받다, 쓰이다, 안착되다, 약속되다, 약정되다, 약조되다, 약칭되다, 양극화되다, 양용되다, 얘기되다, 여겨지다, 연기되다, 예견되다, 예상되다, 예언되다, 예우되다, 예우받다, 예정되다, 예측되다, 예편되다, 오역되다, 오용되다, 오인당하다, 오인되다, 오진되다, 오판되다, 오해당하다, 오해되다, 오해받다, 요약되다, 유도되다, 유인되다, 윤허되다, 응집되다, 응축되다, 의결되다, 의심당하다, 이야기되다, 이임되다, 이해되다, 인식되다, 인정되다, 인정받다, 인준받다, 인증되다, 일단락되다, 일축되다, 일컬어지다, 집계되다, 찍히다, 착각되다, 착색되다, 채용되다, 채택되다, 책봉되다, 책정되다, 처단되다, 처벌당하다, 처벌되다, 처벌받다, 처분되다, 처형당하다, 처형되다, 천거되다, 체포당하다, 초빙되다, 초청되다, 총살당하다, 총살되다, 총칭되다, 추대되다, 추대받다, 추론되다, 추방되다, 추산되다, 추상화되다, 추서되다, 추앙되다, 추앙받다, 추정되다, 추천되다, 추천받다, 추측되다, 축약되다, 취급당하다, 취급되다, 취급받다, 취직되다, 측량되다, 측정되다, 치부되다, 치이다, 치환되다, 칭찬받다, 캐스팅되다, 통역되다, 통칭되다, 통합되다, 특파되다, 판단되다, 판명되다, 판정되다, 편곡되다, 편성되다, 평가되다, 평가받다.

(27) '피동적 행위' 동사가 '결과상태역' 논항을 취하는 예

    ㄱ. 한방에서는 벌침이 <u>통증 치료제로</u> **쓰인다**.

    ㄴ. 연섭이는 여자들에게 <u>바람둥이로</u> **찍혔다**.

    ㄷ. 그는 자녀들에게 <u>좋은 아버지로</u> **신뢰받는다**.

    ㄹ. 이것은 <u>인공지능 로봇으로</u> **이야기되는** 신제품이다.

    ㅁ. 그는 <u>새 드라마의 의사 역으로</u> **캐스팅되었다**.

이들 동사는 형태적으로 '되다, 당하다, 지다, 나다, 받다' 등의 피동 관련 접사 혹은 보조용언과 결합하여 피동의 의미를 표시하는 부류들이다. '피동'은 원인-결과 관계의 원형이 되는 '사역(casative)' 형식과 표리 관계에 있다. 특히 사역주를 주어로 하는 사동문에서는 그 사동행위의 실현여부가 불분명함에 반하여 피동주를 주어로 취하는 피동문은 피동적 변화의 실현이 보장된다는 점에서 결과를 표시하는 형식으로 알맞은 요건을 가지고 있다. 이들은 한국어 자동사 결과구문을 구성하는데, 일반적으로 자동사 결과구문은 타동사 결과구문에 비하여 결과의 확정성이 높고 결과의 취소도 일어나지 않는다고 알려져 있다. 또 그중 위의 예들과 같이 '되다, 당하다, 지다' 등의 피동표지(혹은 '변화'의 표지)가 붙거나 피동접사가 결합한 경우, 본 4장에서 다루고 있는 'NP로 V'뿐만 아니라 기타 한국어 결과구문 형식, 즉 'AP게 V, V_1어 V_2' 구문에서도 다음 예들과 같이 제1술어로 쓰여 'NP로'나 'AP게' 혹은 'V_2'를 확정된 결과로 만들어 준다. 혹은 (28ㄷ)의 '넘어지다'와 같이 스스로 결과표시 요소로 참여할 수도 있다. 따라서 피동적 행위의 의미부류(semantic class)에 속하는 동사들은 각종 한국어 자동사 결과구문을 구성하는 중요한 요소라고 할 수 있다.

(28) ㄱ. 흔히 마도로스라면 <u>방탕아적인 비가정적 인간으로</u> **취급당하기** 일쑤다.

    ㄴ. 소설 속에서 그 인물은 <u>무척 야비하게</u> **그려졌다**.

    ㄷ. 철수가 돌부리에 **걸려** <u>넘어졌다</u>.

한편, 결과상태역(FNS)를 취하는 동사의 부류 중에 '인지적 행위'를 빼놓을 수 없다. 한국어 결과구문이 인지적 행위의 결과를 나타냄은 'AP게 V'(영희는 철수를 <u>유능하게</u> 생각한다)와 'NP로 V'(영희는 철수를 <u>천재로</u> 생각한다)에서 공통되며 뒤에서 살펴볼 'V₁어 V₂' 형식에서도 확인된다(나는 그의 말을 <u>알아</u> 들었다). 즉, 한국어는 인지적 행위의 결과로 얻어진 인식상의 변화를 표시할 때 상태변화를 나타내는 것과 동일한 형태로 표시하는 경향을 보인다.[21] 본고는 이러한 점에 주목하여 대상에 대한 인식 작용의 결과를 표시할 수 있음을 한국어 결과구문이 가지는 주요한 특징 중의 하나로 보고 있다. 다음은 결과상태역 논항을 취하는 동사 중 '인지적 행위' 의미부류에 속하는 동사의 목록인데, 상대적으로 많은 수가 관찰됨으로써 본고의 이러한 생각을 뒷받침하고 있다.

(29) **'결과상태역(FNS)' 논항을 취하는 '인지적 행위' 의미부류의 동사 목록 (112개)**

가상하다, 가정하다, 개념화하다, 건너짚다, 결단하다, 결론짓다, 결심하다, 결의하다, 결정짓다, 결정하다, 계획하다, 곡해하다, 과대평가하다, 관측하다, 구별시키다, 구별하다, 구분하다, 귀결짓다, 규정짓다, 기대하다, 기억되다, 나누다, 나타나다, 낙관하다, 낙인찍다, 낙점하다, 넘겨짚다, 논리화하다, 단정짓다, 단정하다, 대별하다, 대분하다, 듣다, 맹신하다, 묘사하다, 믿다, 배려하다, 보다, 보이다, 사유되다, 산정하다, 삼다, 생각되다, 생각하다, 선택하다, 소구분하다, 소분하다, 소화하다, 속단하다, 시인하다, 알다, 알아듣다, 여기다, 예상하다, 예정하다, 예측하다, 오역하다, 오인하다, 오판하다, 오해하다, 옮기다, 유의하다, 이해하다, 인정하다, 정죄하다, 짐작되다, 착각하다, 착오하다, 총칭하다, 총합하다,

---

21) 거듭 언급되었듯이 영어의 경우 대상에 직접적인 영향을 미치지 못하는 인지동사 · 지각동사류는 결과구문을 구성하지 못한다.

추론하다, 추산하다, 추정하다, 추측하다, 치다, 치부하다, 택하다, 통하다, 특징짓다, 파악하다, 판결내리다, 판결짓다, 판결하다, 판단하다, 판명하다. 판정하다, 평가하다, 평판하다, 확정하다.

(30) '인지적 행위' 동사가 '결과상태역' 논항을 취하는 예

　ㄱ. 대구 지하철 화재는 우리들에게 <u>악몽으로</u> **기억된다.**

　ㄴ. 아버지는 다 큰 자식을 아직도 <u>어린애로</u> **여겼다.**

　ㄷ. 그는 현실을 무척 <u>긍정적으로</u> **본다.**

　ㄹ. 나는 <u>선생님께 드릴 선물로</u> 넥타이를 **선택했다.**

　ㅁ. 재판부는 결국 그의 행위를 <u>무죄로</u> **판결내렸다.**

한편 위 예들 중 (30ㄷ)은 결과표시 요소인 'NP'에 'X적' 형태의 명사가 쓰였다는 점에서 흥미롭다. '경제적, 기계적, 사실적' 등 일련의 'X적' 명사는 여러모로 특수한 문법적 행동을 보이는데 정도부사의 수식을 받는 데서 알 수 있듯이 의미적으로는 형용사와 같이 [+정도성]의 자질을 가지지만 통사적 분포에 있어서는 명사와 같은 행동을 보인다. 하지만 'X적' 명사가 결합할 수 있는 조사는 '이다'를 제외하면 '로' 밖에 없는데, 이때의 '로'가 나타내는 의미는 "그들은 경제적으로 어렵게 산다."와 "그들은 경제적으로 산다."에서 다르게 나타난다.

우리는 위 (30ㄷ)과 같은 예문을 통해 'X적으로'가 결과상태를 표시하는 'NP로'의 한 종류로 쓰임을 알 수 있다. 이 예문 안에는 '그는 현실을 본다.'와 '현실은 긍정적이다.'라는 두 사태가 있으며, 문장의 목적어인 '현실'은 '보다'라는 인지적 행위의 결과로 그의 인식 속에서 '긍정적'이라는 해석·평가를 얻었다. 즉, "그는 현실을 긍정적으로 본다."와 "영희는 철수를 바보로 본다."는 통사·의미적으로 동일한 구조를 가지고 있다는 것이다. 'X적으로'가 결과를 나타내는 것은 이처럼 인지적 행위를 나타내는 동사와 쓰일 때가 주된 것으로 보이나 아래와 같이 다른 유형의 동사가 올 수도 있

다. 이때 '부정적으로, 합리적으로, 경제적으로'가 나타내는 바는 '여기다, 짜다, 배치하다'의 결과로 나타난 상태에 대한 개념화자의 판단·평가 내용을 행위의 대상인 '이(창경궁의 중건), 작업스케줄, 각 공간의 배치'의 특성으로 부여한 것이다. 앞서 3장에서도 살펴보았듯이 이러한 현상은 'AP게 V' 구문에서도 나타나는바, "그녀는 자신의 방을 아름답게 꾸몄다"와 같은 예문에서와 평행한 것으로 볼 수 있다.

> (31) ㄱ. 왕은 창경궁을 중건할 것을 명하였으나 대신들은 이를 <u>부정적으로</u> **여겼다.**
>
> ㄴ. 그들은 작업 스케줄을 매우 <u>합리적으로</u> **짰다.**
>
> ㄷ. 이 건물 설계자는 각 공간을 매우 <u>경제적으로</u> **배치했다.**

한편, 'X적으로'가 결과를 표시할 수 있다는 사실은 한국어의 결과구문 형식이 기본적으로 결과표시 성분의 문법적 범주에 따라 달라짐을 재확인하게 한다는 점에서도 흥미롭다. 예를 들어, 위 (31ㄴ)의 예문에서 명사인 'X적'을 형용사적 성질을 가지는 'X적이다'로 바꾸면 결과구문의 형식도 "그들은 작업 스케줄을 무척 합리적이게 짰다"로 되어 'AP게 V' 구문으로 바뀜을 알 수 있다.

다음으로 '방향성행위' 의미부류에 속하는 동사들 역시 결과상태로의 변화를 강하게 함축하는 부류라고 할 수 있다. 즉, 이때의 방향성이란 변화의 방향성을 가리킨다. 특히 '수여' 행위와 관계된 동사들이 다수 포함되어 있음이 눈에 띈다. 방향성 행위 동사들의 목록을 제시하면 다음과 같다.

(32) **'결과상태역(FNS)' 논항을 취하는 '방향성행위' 의미부류의 동사목록 (48개)**
가르치다, 감독하다, 감시하다,[22] 강제시키다, 강제하다, 걸다, 격하시키

---

22) 이들 동사 목록에는 '감독하다, 감시하다'와 같이 결과표시 요소로 'NP로'가 아닌 'XP게' 'XP

다, 격하하다, 교육시키다, 교육하다, 국한하다, 기용하다, 나서다, 말리다, 내몰다, 내버려두다, 닦달하다, 단속하다, 대우하다, 대접하다, 독려하다, 독촉하다, 등용하다, 막다, 맞이하다, 모시다, 바뀌다, 받들다, 배역하다, 보내다, 보하다, 봉하다, 사주하다, 소개하다, 윤허하다, 의결하다, 인증하다, 임관하다, 임용하다, 제지하다, 지도하다, 주다, 추기다, 추방시키다, 추서하다, 추천하다, 표창하다, 허용하다.

(33) '방향성행위' 동사가 '결과 상태역' 논항을 취하는 예

    ㄱ. 어린 학생들에게 도둑들을 <u>정치가로</u> **가르쳐서야** 되겠소?

    ㄴ. 김교수는 학생들에게 들뢰즈를 <u>프랑스 철학의 선구자로</u> **소개했다.**

    ㄷ. 김영감은 참한 색시를 <u>며느리로</u> **맞이해서** 싱글벙글이다.

    ㄹ. 왕은 김 장군을 <u>병마절도사로</u> **임명하여** 난을 평정하도록 했다.

한편, 위 예문 중 (33ㄱ)의 '정치가로'는 목적어 '도둑들'에 대한 다른 각도의 해석·평가를 뜻한다. 즉, 이때의 변화는 목적어인 '도둑들'이 경험하는 실제적인 변화의 결과가 아니다. (33ㄴ)의 '프랑스 철학의 선구자로' 역시 목적어 '들뢰즈'에 주어지는 평가일 뿐, 들뢰즈 자신은 구체적인 변화를 경험하지 않았다. 물론 '도둑들'과 '들뢰즈'는 누군가의 머리 속에서 새로운 존재로 인식되므로 전혀 변화를 입지 않았다고 볼 수는 없으나 그들의 객관적인 모습과 상태, 혹은 지위와 자격에 변화가 초래된 것은 아니다. 이때 변화를 경험하는 개체는 오히려 여격을 취한 '학생들' 쪽인데, 이들은 '가르치다, 소개하다'라는 행위의 결과로 '도둑들'에 대해, 그리고 '들뢰즈'에 대해 새로운 인식을 가지게 될 것이기 때문이다.

도록'을 취하는 예들도 포함되어 있다. 예문을 제시하면 다음과 같다. "너희들은 <u>인부들이 자재를 빼돌리지 못하도록</u> 철저히 감시해야 한다" "학생들이 컨닝을 못 하게 철저히 감독해야 한다."

이처럼 '변화를 경험하는 자(undergoer)'가 행위주나 피동주 외에 다른 논항으로 나타나는 경우는 아래와 같은 한국어의 일부 'AP게 V' 결과구문 및 영어와 중국어 결과구문에서도 관찰된다.

(34) ㄱ. 할머니는 술잔 세 개에 <u>가득 차게</u> 술을 따랐다.

　　ㄴ. John loaded the truck full with the hay.

　　ㄷ. 張三　裝　　滿　　了　卡車。

　　　장삼　채우다 가득 (완료) 트럭

　　　"장삼은 트럭을 가득 채웠다."

위 예문에서 각각 '가득 차게, full, 滿'의 결과 상태를 경험하는 것은 '술잔 세 개', 'the truck', '卡車(트럭)' 등으로, 이들은 동사의 직접목적어 피동주 논항이 아니라 대상을 채워 넣는 장소(location) 논항이다.23) 이와 유사하게 (33ㄱ), (33ㄴ)에서의 '학생들' 역시 새로운 정보를 채워 넣는 장소로 은유될 수 있다.

반면, (33ㄷ)과 (33ㄹ)의 경우 문장의 목적어인 '참한 색시'와 '김 장군'은 그 자격에 있어 객관적이고 분명한 변화를 경험하였다. 누군가의 '며느리'가 된다든가 '병마절도사'가 된다는 것은 공문서에도 기재되는 엄중하고 객관적인 변화인 것이다. 한편 둘 사이에는 차이도 있다. 전자의 '며느리'는 둘 사이의 관계성을 전제로 한 명사임에 따라 이때 일어난 변화는 참한 색시에게 일어난 신분·자격의 변화인 동시에 김영감과 참한 색시 간의 관계의 변화이기도 하다. 이는 "그 부부는 아들을 형님 댁에 양자로 주었다."에서 '양자로'에서도 동일하게 적용된다. 반면, '병마절도사'는 관계성

---

23) 이러한 현상에 대해 羅思明(2009:92-94)에서는 '준전형동결식(准典型動結式)'이라 명명하고 '전형동결식' 및 '비전형동결식'과 구분하고 있다. '전형동결식'은 '통제 결과구문'에 해당되고, '비전형동결식'은 'ECM 결과구문'에 해당되는 개념이다. 즉, '준전형동결식'이란 이 둘의 중간적 속성을 가지는 형식이라고 보아 무방할 것이다.

을 전제로 하지 않으므로 (33ㄹ)에 일어난 변화는 단지 김장군이 경험한
신분·지위의 변화일 뿐이다.

　다음으로 '상태변화'의 의미부류에 속하는 동사들을 살펴보기로 한다.
이들은 거의 비대격 자동사에 속하는 부류로서 형태적으로 '-어지다, -되
다, -화(化)하다' 등 상태변화를 표지하는 문법적 성분이 개재된 예가 많다.
이처럼 자체적으로 상태변화를 강하게 함축하고 있는 경계성(telic) 동사
들이므로 동사의 의미에서 결과 상태가 예측될 가능성이 높으며 구문에
의한 사건구조의 변화는 관찰되지 않는다.

　이들이 구성하는 자동사 결과구문은 타동사 결과구문에 비하여 결과의
실현이 뚜렷하고 따라서 결과 취소가 일어나지 않는다(*온몸이 노을빛으로
물들었으나 온몸이 노을빛이 아니었다). 이와 관련하여 Rappaport Hovav
& Levin (2001)에서는 이러한 비대격 자동사 결과구문이 근본적으로 하나
의 사건을 표시하고 있음을 지적한 바 있다.

(35) **'결과상태역(FNS)' 논항을 취하는 '상태변화' 의미부류의 동사목록 (72개)**
　　가져가다, 갈리다, 개과천선하다, 갱생하다, 거듭나다, 격상되다, 격상하
　　다, 격하되다, 굳어지다, 급부상하다, 끝나다, 다운되다, 대두하다, 도출
　　되다, 돌아서다, 돌아오다, 되다, 되어가다,[24) 등장하다, 뜀박질하다, 묘
　　사되다, 물들다, 미루어지다, 반전되다, 발신(發身)하다, 발전되다, 발탁
　　되다, 발현되다, 밝혀지다, 변모하다, 변색하다, 변성하다, 변신하다, 변
　　용되다, 변전되다, 변전하다, 변질되다, 보직되다, 분류되다, 분립되다,
　　분석되다, 분업화하다, 분열하다, 분절되다, 분철되다, 분해되다, 분화되
　　다, 분화하다, 비화되다, 비화시키다, 비화하다, 삼분되다, 선임되다, 승

---

24) '되어가다'는 'NP₁이 NP₂이/가 V'의 형태로 나타나며 이때 'NP₂'가 결과상태 의미역을 받는
　　다. '되다' 역시 'NP로 V' 외에 이러한 논항 구조를 취하는 경우가 있다.
　　ex) · 저축액이 벌써 1000만원이 다 되어간다.
　　　　· 인호는 복권에 당첨되어 갑자기 부자가 되었다.

격하다, 승화하다, 양극화하다, 예편하다, 오다, 유형화되다, 윤색되다, 인하되다, 일괄되다, 일반화되다, 전락하다, 전성하다, 좌천하다, 진화하다, 퇴행하다.

(36) '상태변화' 동사가 '결과 상태역' 논항을 취하는 예

ㄱ. 올해 프로야구의 판도는 <u>양강 체제로</u> **굳어졌다**.

ㄴ. 온몸이 <u>타는 노을빛으로</u> **물들어** 있는 것 같았다.

ㄷ. 잔다르크의 죽음은 당시에는 한 마녀의 처형이었지만 훗날 <u>성스러운 순교로</u> **승화했다**.

ㄹ. 구전 소설이 <u>극작품으로</u> **윤색되어** 무대에 올려지게 되었다.

동사의 의미부류 중 '소통행위'로 분류되는 부류들도 종종 결과상태역 논항을 취하는 것으로 나타난다. '소통행위'의 경우 소통의 상대를 전제하므로 '-에게' 등이 붙은 간접목적어 성분이 들어간 "NP₁이 NP₂에게 NP₃로 V" 문형을 구성하는 경우가 많다. 아래에 소통행위 동사의 목록과 예들을 보인다.

(37) '결과상태역(FNS)' 논항을 취하는 '소통행위' 의미부류의 동사목록 (51개)

강요하다, 거짓말하다, 건의하다, 격려하다, 공약하다, 과장시키다, 과장하다, 꼬드기다, 꾸며대다, 나서다, 내걸다, 내세우다, 논박하다, 논평하다, 당부하다, 대다, 둘러대다, 들여보내다, 매도하다, 맹세하다, 명령하다, 모함하다, 몰아대다, 몰아붙이다, 몰아세우다, 묵시되다, 보도되다, 부르다, 부탁하다, 분부하다, 붙이다, 빌다, 사인하다, 사정사정하다, 사정하다, 서술하다, 선전하다, 설득시키다, 설득하다, 성원하다, 시달하다, 애원하다, 어르다, 언약하다, 진술하다, 촉탁하다, 칭하다, 통역하다, 통칭하다, 폄하하다, 평론하다.

(38) ‘소통행위’ 동사가 ‘결과 상태역’ 논항을 취하는 예

ㄱ. 사기꾼들은 땅을 사면 금방 부자가 될 것으로 **거짓말한다.**

ㄴ. 이동통신 회사마다 많은 물건들을 경품으로 **내걸고** 고객 유치에 안간 힘을 쓰고 있다.

ㄱ. 그들은 철수를 파렴치한으로 **몰아세웠다.**

ㄴ. 이 회사는 고객들에게 그 염색제를 판매 1위 상품으로 **선전한다.**

‘소통행위’ 의미부류에 속하는 동사들의 경우, 결과구문을 구성함에 있어 위의 예문들처럼 ‘NP로 V’ 형식을 취하기도 하지만, 아래 (39)의 예와 같이 ‘XP도록 V’ 혹은 ‘XP게 V’의 형식을 취하는 경우도 적지 않다. 〈세종 전자 사전〉의 결과상태(FNS) 의미역은 ‘NP로’나 ‘NP이’(얼음이 되다), ‘NP라고’(이름을 예삐라고 붙였다)와 같은 명사성 논항 외에 일부 ‘XP게’나 ‘XP도록’ 역시 논항성 부사어로 보아 결과상태역을 부여하기도 함을 앞에서 언급한 바 있다. 특히 소통행위 의미부류의 경우, ‘강요하다, 격려하다, 꼬드기다, 당부하다, 사인하다, 설득시키다, 사정하다, 어르다’ 등 상대적으로 많은 동사가 결과상태역을 부여받는 ‘XP게’나 ‘XP도록’을 취하여 “NP$_1$이 NP$_2$에게 XP게/도록 V” 문형을 구성함이 관찰된다.

(39) ㄱ. 김 선생님은 학생들에게 추천도서들을 한 달 내에 모두 읽게 **강요했다.**

ㄴ. 내가 철수를 수업에 빠지도록 **꼬드겼다.**

ㄷ. 박감독은 준호에게 공을 승준에게 패스하도록 **사인했다.**

ㄹ. 기영이는 자기와 동생이 함께 지낼 수 있도록 주인에게 **사정사정했다.**

이상으로 결과상태 의미역의 ‘NP로’를 논항으로 취하는 동사들을 의미부류(semantic class)별로 나열하고 해당 예문들을 제시해 보았다. 동사에 따라 의미부류 분류가 모호하게 느껴지는 예들도 있으나 전체적인 경향을 살피기에는 무리가 없다. 위에서는 출현빈도에서 상위를 차지하는 유

형을 중심으로 살펴보았는데 이들은 거의 동사의 의미에서 결과의 내용을 대략적으로 추정할 수 있는 경우였다. 이는 선행연구에서 지적해 왔듯이 한국어 결과구문이 가지는 의미적 특징 중의 하나라고 보아야 할 것이다.

그렇다면 한국어 결과구문에는 영어 결과구문과 같이 동사의 의미에서 그 결과 상태를 추정하기 어려운 경우가 전혀 없을까? 기존의 연구들에서는 대체로 그러하다는 태도를 취하고 있지만 그렇다고 전무할 수는 없을 것이다. 이에 대해서는 실제 자료에 대한 보다 면밀한 검토가 필요하다. 본고에서는 아래 몇몇 예를 들어 그 가능성을 제시하는 것으로 4.3절을 마무리한다.

(40) 동사의 의미로부터 결과를 짐작하기 어려운 예

    ㄱ. 정부는 <u>주요 당직자들을 교체하는 것으로</u> 체포동의안 부결 사태를 **매듭짓기로** 했다.

    ㄴ. 대통령의 공약은 <u>구호로</u> **그치고** 말았다.

    ㄷ. 김 과장은 편하게 <u>한직으로만</u> **돌았다**.

    ㄹ. 처음부터 철이는 민이를 <u>자기 짝으로</u> **찍어놓고** 있었다.

    ㅁ. 이 영화는 베토벤의 피아노 소나타를 <u>배경으로</u> **깔아** 크게 성공했다.

4.4. 산출구문

위에서 한국어의 결과 의미를 단문 구조로 표시하는 결과구문의 대표적인 형식들로 'AP게 V'와 'NP로 V'를 중심으로 살펴보았다. 이들은 '상태변화', '위치변화' 그리고 '인식의 변화'를 나타냄에 있어서 한국어에서 고빈도로 쓰이는 형식이며 문장의 주동사 외에 그로 인해 주어 혹은 목적어에 나타난 상태를 서술하는 결과 서술이 한 문장 안에 공존하는 형식임을 보았다. 또한 결과구문이란 두 가지의 사건을 하나의 사건으로 통합하여 인식하는 개념 통합의 결과가 그에 상응하는 단문의 형태로 언어 형식에 반영되는 것임을 살폈다.

한편 본 절에서 고찰하고자 하는 것은 동사와 그 목적어의 결합을 통해서 '결과'의 의미를 표시하는 특수한 구문이다. 한국어에서 목적어의 의미역은 대상 혹은 피동주로 나타나는 것이 가장 일반적이지만, '케이크를 굽다', '종이학을 접다'와 같이 경우에 따라 행위 동작의 결과물이 목적어로 나타나는 예들도 있다.[25] 이런 경우 전체 문장의 의미는 '창조' 혹은 '산출'의 의미를 가지게 되는데, 이때의 동사를 일반적으로 '창조동사' 혹은 '산출동사'로 불러왔으며,[26] 이런 종류의 목적어는 '결과목적어'로 지칭할 수 있다. 본 연구에서는 이러한 특수한 구문을 편의상 '산출구문'이라고 부르기로 한다.

위에서 논한 결과구문들과 비교했을 때 본 절에서 다룰 '산출구문'은 결과의 의미를 표시한다는 점에서는 동일하나 나타내고자 하는 변화의 종류가 다르고 문장의 논항 구조에서도 뚜렷한 차이를 보인다. 우선 변화의 종류에 있어 위에서 다루었던 결과구문들은 문장 안의 특정 개체가 경험하는 변화 (그것이 상태의 변화이든 위치의 변화이든 인식의 변화이든)를 다루고 있으며, 해당 개체는 비록 변화를 경험했다 하더라도 동일한 개체로서 존재하고 인식되는 반면, '산출구문'이 나타내는 변화는 새로운 존재의 '생겨남'과 관련된 변화로서 여타의 결과구문들이 나타내는 변화에 비하여 보다 근본적인 변화라 할 수 있다.[27] 또 '산출구문'은 그 형식에 있어

---

25) 창조동사와 결과목적어가 바로 결합하여 산출구문을 형성하는 것은 세계 언어에서 보편적으로 관찰되는 언어현상 중 하나라고 할 수 있다(Andrews 1985, Hopper & Thompson 1980, Levin 1993).

26) 한편, 이렇듯 구문을 통하여 표시되는 경우 외에 '만들다, 짓다'와 같이 그 자체로 산출의 의미를 가지는 동사들도 있다. 즉, '의자를 만들다'에서 '의자'는 '만들다'라는 행위의 결과로 얻어진 산출물인데, '만들다'는 이처럼 결과목적어만을 취하는 동사이다. 이러한 경우에 대해서는 앞서 'AP계+V' 구문에서 '하다, 만들다'를 어휘적 결과구문으로 보아 논의에서 제외한 것과 마찬가지로 이 글의 주요한 고찰 대상에서 제외하기로 한다.

27) 이와 관련하여 Levin(1993)에서는 전자와 후자의 구문에 관계되는 동사를 각각 영향류(affective) 동사와 제작류(effective)동사로 구분하여 불렀다. 즉, 결과구문을 구성하는 경우 영향류(affective) 동사, 결과목적어 구문(이 글에서 말하는 산출구문) 중의 동사는 제작류

서도 '주어+목적어+술어동사'로 이루어진 단순한 구성으로서 무엇보다 문장의 목적어가 담당하는 역할이 대상 혹은 피동주가 아니라 '결과물'이라는 것이 가장 큰 특징이라 할 수 있다.

'산출구문'은 결과 의미를 담지하는 요소가 있다는 점에서 결과범주를 구성하는 한 요소로 다루어야 할 것이며 그 내부 요소들 간의 관계를 기반으로 특수한 의미를 만들어 낸다는 점에서 전형적인 '구문'의 일종이라고 할 수 있다. 이는 "철수가 케이크를 구웠다."에서와는 달리 "철수가 생선을 구웠다."와 같이 피동주 논항을 목적어로 취하는 일반적인 문장에서는 산출의 의미가 나타나지 않는다는 사실에서 뚜렷이 드러난다. 또한 본 연구는 한국어에서 결과의 의미가 어떻게 나타나는지 그 전체적인 구도를 염두에 두되 그것이 단문 구조로 표시되는 경우에 특히 주목하고 있다는 점에서 산출구문을 고찰의 대상으로 삼을 만하다. 하지만, 이를 '결과구문'으로 지칭하여 여타의 결과구문들과 함께 분류하지 않는 것은 '결과구문'을 정의함에 있어 '결과'의 의미를 표시한다는 의미적 기준 외에, 주동사 외에 결과를 표시하는 술어 요소를 포함해야 한다는 통사적 기준을 적용해온 전통에 따른 것이다.

다만, 상술한 몇 가지 뚜렷한 차이점에도 불구하고 우리는 '산출구문'을 고찰함에 있어 '결과구문'과의 밀접한 관련성을 중심에 두고 살피려 한다. 이는 다시 말해 그 의미적 동질성에서 출발하여 형식상의 관련성까지 살핌으로써 '산출구문'을 '결과구문'의 연장선상에서 파악할 수 있다는 것을 보이려는 것이며 더 구체적으로는 산출구문과 'NP로 V' 결과구문의 연관성을 확인하려 하는 것이다. 이때 다른 언어(주로 중국어)의 대응형식 간의 관련성을 함께 살펴 본 장의 주장의 근거로 삼는데, 이처럼 산출구문이 복수의 언어에서 발견된다는 사실은 이러한 구조가 언어 일반적인 인지적 바탕을 가지고 있음을 방증한다고 생각된다.

(effective) 동사라 할 수 있다.

우선, 아래 4.4.1에서는 한국어 '산출구문'이 가지는 일반적인 특징을 살펴보되 산출물 및 그 재료 논항의 특징을 중심으로 한다. 이는 'NP로 V' 결과구문과 산출구문의 관련성을 파악하는데 중요한 단서가 된다.

4.4.1. 한국어 산출구문의 종류와 특징

(41) ㄱ. 생일날, 어머니가 <u>케이크를 구우셨다</u>.

ㄴ. 김 작가는 올해 두 편의 <u>소설을 썼다</u>.

ㄷ. 지방정부는 교통편의를 위해 <u>터널을 뚫었다</u>.

ㄹ. 우리는 급히 (여행) <u>가방을 싸서</u> 제주도로 떠났다.

ㅁ. 철수는 요즘 <u>새 여자 친구를 사귀었다</u>.

ㅂ. 김수녕 선수가 이번에는 <u>10점을 쏘았습니다</u>.

ㅅ. 아이가 즐거운 <u>꿈을 꾸는지</u> 자면서 웃고 있다.

위 (41)의 예문들은 한국어 '산출구문'의 예들로서, 동사와 그 동사가 나타내는 동작 행위의 결과로 만들어진 산출물이 목적어로 결합하여 '창조, 생산'의 의미를 표시하는 구문이다. 이들 문장의 목적어는 동작의 '대상'으로 해석할 수 없는데, (41ㄱ)-(41ㄹ)에서 보듯이 '케이크' 자체를 오븐에 넣고 굽는 것이 아니고, '터널'에 굴착기를 대고 뚫을 수 없으며, 여행 가방을 다시 보자기로 싸는 것이 아니기 때문이다. 이들 목적어는 동사의 행위가 끝나야만 그 결과로 존재하게 된다. 마찬가지 논리로 (41ㅁ) (41ㅂ) (41ㅅ)에서의 동사-목적어 관계도 '사귀-'기 전에는 '여자 친구'가 아니고 '쏘-'기 전에는 '10점'인지 모르며, '꾸-'어야만 꿈이 되는 것이다. 한편 이들 구문에서 쓰인 동사들은 일반적인 문장에서 아래와 같이 대상 혹은 피동주역 목적어를 취할 수도 있는데, 그런 경우 전체 문장의 뜻에서 '창조, 산출'의 의미는 찾아볼 수 없다.

(42) ㄱ. 생일날 어머니가 조기를 구우셨다.

　　ㄴ. 아이가 종이에 알파벳을 썼다.[28]

　　ㄷ. 지방정부는 교통 편의를 위해 산을 뚫었다.

　　ㄹ. 우리는 급히 떡을 싸서 가방에 넣었다.

　　ㅁ. 철수는 쉽게 사람을 사귄다.

　　ㅂ. 김수녕 선수가 화살을 쏘았습니다.

　　ㅅ. 아이가 낮의 일을 *(꿈으로) 꾸는지[29] 자면서 웃고 있다.

　이러한 기본적인 공통점을 가지지만 위 (41)의 문장들을 살펴보면 다시 그 유형이 몇 가지로 나누어짐을 알 수 있다. 우선, (41ㄱ)의 '케이크를 굽다'에서 '케이크'와 '굽다'의 관계는 ⅰ)구운 결과 케이크가 만들어지며 ⅱ)굽는 행위가 끝나기 전에는 케이크라 할 수 없는 전형적인 산출구문의 의미구조를 보인다. 단, 이선웅(2011:326)에서 제시된 다음 예문에서 보듯 이때의 목적어는 한정성이 부여되느냐 여부에 따라 결과목적어로도 대상/피영향주 목적어로도 해석될 수 있다. 즉 화자가 그 대상을 비한정적(indefinite)으로 인식하는 (43ㄱ)의 경우 결과목적어로만 인식되는데 이는 행위가 완료되기 전 그 실체를 확인할 수 없는 '산출물'의 특성에 부합하는 것이다. 반면 (43ㄴ), (43ㄷ)와 같이 부사어나 관형어의 개입으로 한정성 획득이 확인되는 경우, 대상 목적어로 해석될 수 있거나 혹은 그렇게 해석

---

28) 이 경우, 목적어 '알파벳'이 (2a)의 '조기'와 같은 정도로 뚜렷한 피영향성을 가진다고 보기는 어렵다. 글씨로서의 '알파벳'은 써야만 나타나는 것이기 때문이다. 다만, 문자체계로서의 '알파벳'은 '쓰'는 행위 후에 만들어지는 것이 아니라 행위 전 이미 대상으로서 인지된 것이라고 보아야 할 것이다. 보다 중요한 점은 '알파벳을 쓰다'에서는 '소설을 쓰다'에서와 같은 '예술작품 창조'의 의미를 찾을 수 없다는 것이다.

29) '꾸다'는 '웃다' '울다' '자다' 등과 함께 이른바 동족목적어를 취하는 동사로서, '-을 꿈으로 꾸다'의 형식 외에는 '꿈' 이외의 다른 대상을 직접목적어로 취하기 어렵다. 동족목적어를 결과목적어로 보아야 할지에 대해서는 이견이 있을 수 있으나 이 글에서는 일단 넓게 보아 함께 살피기로 한다.
　(42ㅅ)은 '꿈으로'가 들어가지 않으면 비문이 된다는 뜻에서 '*(꿈으로) 꾸는지'와 같이 표시하였다.

되어야만 한다.

> (43) ㄱ. 철수는 라면을 끓였다. (결과목적어)
>
> ㄴ. 라면을 다시 끓여라. (대상/피영향주 목적어, 결과목적어)
>
> ㄷ. 나는 그 라면을 다시 끓였다. (대상/피영향주 목적어)

이처럼 음식물 조리와 관련된 경우 산출구문으로 표시되는 일이 많은데 '된장찌개를 끓이다', '튀김을 튀기다', '매실주를 담그다'와 같은 예들이 여기에 해당된다. 이 경우 재료 논항이 생략되는 경우가 많지만 "청매실로 매실주를 담그다"와 같이 쉽게 복원할 수 있다. (41ㄴ)의 예는 목적어로 나타나는 산출물이 '예술작품'에 해당되는 경우로서 구문 전체에는 '예술창작'의 의미가 나타나게 된다. 구체적인 창작의 원재료를 상정할 수 있는 (41ㄱ)와 달리, (41ㄴ)의 '소설'과 같은 예술작품의 경우 그 원재료로 즉물성을 띤 구체적 사물을 상정하기는 어렵다. '풍경화를 그리다', '곡을 쓰다', '소설을 쓰다', '도장을 파다' 등의 경우가 이에 해당된다.

(41ㄷ)은 특정한 장소나 사물의 일부분을 제거함으로써 생겨나는 빈 공간이 산출물로 파악되는 경우로서 '터널을 뚫다, 구멍을 뚫다, 연못을 파다, 구멍을 파다' 등을 그 예로 들 수 있다. 이때의 산출 활동은 무엇인가를 원재료로 삼아 가공하는 것이 아니라 '제거'하는 활동이므로 재료 논항을 상정할 수 없다는 특징이 있다. 또한 남승호(2007:134)에서 지적되었듯이 '구멍'의 종류에는 한쪽에서 다른 쪽으로 완전히 관통된 경우와 한쪽에만 파인 경우가 있는데, 후자인 경우에는 '구멍'이 산출물일 수도 있지만 동시에 '파-'거나 '뚫-'는 행위의 대상이 될 수도 있다. 이와 관련하여 이선웅(2011:336)에서는 다음과 같은 예문들을 제시하고 있다. 이 경우 역시 목적어의 유형을 결정하는 것은 화자가 그것을 한정적인 것으로 인식하느냐 아니냐에 달려 있다.

(44) ㄱ. 철수는 구멍을 팠다. (결과목적어)

　　　ㄴ. 철수는 구멍을 더 팠다. (대상/피영향주 목적어, 결과목적어)

　　　ㄷ. 나는 이미 판 구멍을 더 팠다. (대상/피영향주 목적어)

　다음으로 (41ㄹ)의 경우는 특정 사물에 대해 그것을 구성하는 내용물의 구조와 배열을 재조정하고 그 용도를 변경한 것인데 이렇게 구조 변경된 결과를 산출물로 보아 결과목적어로 취했다. 이때 목적어 '가방'은 새로이 창조되었다기보다는 기존에 있는 '가방'의 내용물을 용도에 맞게 재조정한 것으로, '가방' 그 자체에는 어떠한 변화도 일어나지 않았다. 다만 짐을 넣기 전의 가방은 단순한 사물로서의 가방인데 반해, '싼' 이후의 가방은 여행에 필요한 짐을 갈무리한 새로운 실체로서의 가방으로 인식된다. 이러한 경우의 다른 예로 '(잔치)상을 차리다' 등을 들 수 있다. '상' 역시 '차리-' 기 전에는 table을 뜻하는 사물에 불과하나 그 위에 놓이는 음식물들을 조정 배치함으로써 '차린-' 후의 '상'은 그 모두를 포함하는 새로운 상이며 따라서 결과목적어로 해석될 수 있다. 이는 '반찬을 차리다'에서의 '반찬'이 대상 목적어로 해석되는 것과 대비된다.

　한편 (41ㅁ)은 일종의 관계·자격 변화를 나타내는 경우로서, 역시 목적어 그 자체에는 아무런 물리적·화학적 변화도 나타나지 않는다. 다만, '사귀-'는 행위의 결과로 여자친구가 아니었던 사람이 '여자친구'로 되는 변화를 나타내는 바, 이는 관계 혹은 자격의 변화라고 볼 수 있을 것이다. 반면 (42ㅁ)에서 보듯 '사람을 사귀다'에서는 '사귀-'는 행위의 결과로서 '사람'이 만들어지는 것이 아니므로 대상 목적어를 취하고 있다고 보아야 한다. (41ㅁ)과 같은 유형으로는 '거래처를 트다', '체험단을 모시다' 등의 예가 있다. 역시 '트-'기 전에는 아직 '거래처'가 아니고, '모시-'고 나서야 체험단으로 구성되는 것이기 때문이다. 이는 '벽을 트다'나 '어른을 모시다'에서의 목적어가 대상으로 읽히는 것과 구별된다.

　(41ㅂ)은 동사가 표시하는 행위의 결과로 얻은 성과 내지 성적을 목적어

로 취하는 경우이다. 따라서 이때의 산출물은 실체적인 사물이 아니며 산출물의 원재료를 상정 내지 복원할 수도 없다. 엄밀히 말하면 창조의 의미를 가진다고 보기 어려우나 '쏘-'는 행위의 끝에 얻어진 결과가 성적 '10점'이라는 사실은 어렵지 않게 수용된다. 이러한 부류에 해당되는 예는 주로 운동경기나 시험 등 상황에서 발견되는데 '(당구) 220을 치다', '(수학시험) 100점을 맞다' 등이 이 부류에 든다.

마지막으로 (41人)은 이른바 동족목적어를 취하는 경우이다. 이 경우 목적어 '꿈'을 동사가 표시하는 행위의 끝에 나타나는 결과로 볼지, 아니면 의미상으로나 논항 결정에 있어서나 핵심 역할은 서술성 명사 '꿈'에 있고 동사 '꾸-'는 형식동사에 불과한 것으로 볼지에 대해서는 이견이 있을 수 있으나 일단 이 글에서는 전자로 보고 결과목적어가 들어간 산출구문의 일종으로 분류한다. 이 경우에 해당되는 예로 '꿈을 꾸다', '잠을 자다', '웃음을 웃다', '울음을 울다' 등이 있다. '꿈'의 경우에는 (42人)에서 보듯 '경험한 일' 등을 그 재료로 삼을 수 있으나, 나머지의 경우에는 구체적인 재료를 상정하기 어렵다.[30]

4.4.2. 산출구문과 'NP로 V' 결과구문의 연관관계

위 4.4.1.에서 한국어 산출구문과 종류와 특징을 개관하여 보았다. 본 절에서는 이들 구문에 생략되어 있던 재료 논항을 추가하는 경우 어떤 양상으로 나타나는지를 살피고, 나아가 이를 바탕으로 산출구문과 결과구문의 연관 관계를 파악하고자 한다.

산출의 의미를 가지는 문장 중에는 재료 논항을 추가해 넣을 경우 문장의 문법성이 떨어지거나 의미상 성립되지 않는 경우가 있으며, 재료 논항

---

[30] 가능하다 하더라도, "그간의 설움을 기나긴 울음으로 울었다"와 같이 문학적 색채를 띠는 표현이 되는데, 이는 표현력을 강화하기 위한 의도적인 장치라 할 수 있을 것이다.

과 산출물 논항이 동시에 출현할 수 있다 하더라도 각 논항이 취하는 격이 다르게 나타날 수 있다. 본 절에서는 이러한 차이가 어떤 요인으로 인해 생겨나는지 알아보는 것을 주요한 내용으로 삼는다.

우선, 한국어에서 산출의 의미를 가지는 문장에 재료 논항과 산출물 논항이 모두 출현하는 경우 세 가지 유형으로 나타날 수 있다. 즉, (45ㄱ)과 같이 재료논항에 대격이 주어지고 산출물 논항에 구격표지31)가 붙는 예가 그 첫 번째이고, 두 번째는 반대로 재료논항이 구격을 취하고 산출물 논항에 대격표지가 붙는 (45ㄴ)과 같은 경우이다. 또 세 번째로 두 가지 논항이 동일한 격표지를 취하는 경우도 있을 수 있다. 두 논항 모두 구격을 취하는 경우는 (45ㄹ)에서 보듯 성립하지 않는다. 두 논항 모두 대격을 취하는 경우는 (45ㄷ)과 같은 예를 찾을 수 있으나 문장의 동사가 '만들다, 시키다, 삼다' 등 그 자체로 '제작'의 의미를 가지는 일부 동사에 한정된다. 따라서 여기서는 첫 번째와 두 번째 유형을 중심으로 살펴본다.

(45) ㄱ. 학생들을 인재로 키우다.

　　 ㄴ. 벽돌로 탑을 쌓다.

　　 ㄷ. 딸 셋을 의사를 만들다.

　　 ㄹ. *찹쌀 반죽으로 경단으로 빚다.

재료 및 산출물, 또는 동사의 성질에 따라 이들 유형 중 어느 한쪽을 선호하거나 혹은 어느 한쪽으로는 실현되지 못하는 경우가 있는가 하면 복수의 유형을 넘나들며 쓰일 수 있는 경우가 있다. 아래의 예문을 보자.

---

31) 조사 '-로'는 매우 다양한 의미와 기능을 가지는데, 일반적으로는 이들을 크게 '구격'과 '향격' 표지로 분류하여 왔다. 위 (4a)와 (4b)의 '-로' 결합형 중 (4a)의 '글로벌 인재로'는 '향격'에 가깝고 (4b)의 '벽돌로'는 '구격'에 속한다고 할 수 있다. 의미역으로 보자면 (4a)는 '결과상태역', (4b)는 '도구·수단역'이라고 할 수 있다. 이 절에서는 편의상 '-로'를 '구격'으로 통일하여 지칭한다.

(46) ㄱ. 황금을 돌로 생각하다.

ㄴ. *황금으로 돌을 생각하다.

(47) ㄱ. 자신의 경험을 소설로 쓰다.

ㄴ. 자신의 경험으로 소설을 쓰다.

(48) ㄱ. 학생들을 인재로 키우다.

ㄴ. ??학생들로 인재를 키우다.

(49) ㄱ. ?벽돌을 탑으로 쌓다.

ㄴ. 벽돌로 탑을 쌓다.

(50) ㄱ. *밀가루 반죽을 케이크로 굽다.

ㄴ. ?밀가루 반죽으로 케이크를 굽다.

ㄷ. 케이크를 굽다.

(51) ㄱ. *마당을 연못으로 파다.

ㄴ. *마당으로 연못을 파다.

ㄷ. 연못을 파다.

ㄹ. 마당에 연못을 파다.

우선, (46)의 예는 앞에서 살펴보았던 '-로 V' 결과구문 중 '인식의 변화'를 나타내는 예에 해당된다. 이 경우 인식 작용의 대상인 '황금'을 재료로 보고 그 인식작용의 결과로서 대상에 대해 새로이 가지게 된 평가를 산출물로 상정할 수 있는데 전자에 구격을, 후자에 향격을 부여하였다. 주목할 점은 (46ㄴ)에서 보듯 인식의 변화를 나타내는 경우 재료 논항과 산출물 논항 간의 격교체가 이루어지지 않는다는 점이다. 이는 황금을 돌로 여기는 인식의 변성에 중심이 주어질 뿐 황금을 재료로 하여 돌을 산출하는 사건으로 볼 수 없음을 뜻한다.[32]

---

32) 즉 (46)의 예문은 변화의 종류 중 '인식의 변화'를 나타내는 것으로서, '존재적 변화'를 나타내는 예들, 즉 결과목적어를 취하는 산출구문과 구별된다 하겠다.

다음으로 (47)의 예는 재료 논항과 산출물 논항 간의 격교체가 자연스럽게 이루어지는 경우이다. 재료 논항이 대격을 취하든 구격을 취하든, 혹은 산출물이 대격을 취하든 구격을 취하든 문장의 적격성 정도에 별 차이가 없다.

(48)의 경우 재료 논항이 대격을, 산출물 논항이 구격을 취하는 것이 가장 자연스럽고 그들 사이에 격이 바뀌면 문장의 의미가 바로 서지 않는다. (49)의 예는 산출물 논항에 구격이 붙는 것이 부자연스럽고 대격이 와야만 자연스럽다. (50)의 경우도 (49)처럼 산출물에 대격이 붙는 것이 자연스러우며 산출물에 구격이 왔을 때 부적격성이 (49)보다 더 크게 느껴진다.

한편, (51)의 '연못'은 무엇인가를 제거함으로써 얻어지는 산출물로서 그 재료를 특정하기 어렵다. 따라서 재료논항이 실현되는 경우는 (51ㄱ) 처럼 대격을 취하든 (51ㄴ)처럼 구격을 취하든 문장이 바로 설 수 없으며, 재료 논항 없이 산출물 논항만 출현하는 (51ㄷ)의 형식으로 쓰거나 아니면 (51ㄹ)처럼 재료논항이 아닌 장소논항이 와야만 성립된다. 재료를 특정할 수 없는 경우로는 다음과 같은 예들이 있다.

(52) ㄱ. 터널을 뚫다. / 구멍을 뚫다. / 구멍을 파다. / 연못을 파다.

　　 ㄴ. 100점을 맞다. / 10점을 쏘다.

　　 ㄷ. 웃음을 웃다. / 잠을 자다.

이처럼 선호와 제약에 차이가 있다는 것은 각 유형이 표시하는 의미가 동일하지 않다는 것을 말해준다. 주지하듯이 형태의 차이는 필연적으로 의미 혹은 화용의 차이를 가져온다. 우리는 이들 유형의 차이가 '결과물의 산출'에 중심을 두는지 아니면 '재료의 변성'에 중심을 두는지에 있다고 본다. 이때 두 유형 중 하나를 선택하게 되는 몇 가지 요인이 있을 수 있는데 우리는 그중 하나로 사태를 인식하는 '관점'을 지적하고자 한다. 즉 다른 요인이 동일하다면, 사태를 어떠한 각도에서 파악하는지 그 관점에 따라

두 유형 간 선택이 갈라질 수 있다는 것이다.33) 이 점에 대해서는 아래에서 다시 논하기로 한다.

여기서 우선 강조할 점은 어떤 바를 중점적으로 표현하고자 하느냐에 따라 대격을 부여하는 대상이 달라진다는 것이다. 대격이 가지는 가장 원형적인 의미는 '영향 받는 자'라고 할 때, 재료논항에 대격을 부여한다는 것은 그 재료가 행위의 영향을 받아 어떻게 변화하는지에 관심을 집중하는 것이며, 산출물 논항에 대격을 부여한다는 것은 행위의 영향으로 어떤 결과물이 만들어지는지에 관심을 집중하는 것이다. 정보구조의 측면에서 볼 때 한국어 문장에서 정보적 가치가 가장 높고 초점을 받는 요소는 동사 바로 앞자리에 오는 것이 일반적이다. 위 예문들처럼 산출의 의미를 가지는 문장에서는 의도적으로 재료 논항을 동사 앞자리에 가져오지 않는 한 산출물이 동사 앞자리에 오는 것이 일반적이다. 즉, 행위의 결과로 만들어지는 산출물이 초점을 받는다 할 수 있는데 그것이 '-로'를 취하면 해당 사건을 '변화'로 파악하는 관점을 표시하고 '-를'을 취하면 '창조(산출)'로 파악하는 관점을 표시한다고 하겠다. 이 글에서는 이러한 의미적 특징을 중심으로 전자를 '변성 중심형', 후자를 '산출 중심형', 그리고 두 논항이 모두 대격으로 표시되는 경우를 '변성·산출 중심형'으로 구분하여 부르기로 한다. 정리하면 다음과 같다.

---

33) 격교체에 관한 이러한 생각과 관련하여 오충연(2009:45)에서 다음과 같은 견해를 발견할 수 있다.
  "격은 어휘적으로 결정되는 자동화된 체계가 아니라 문법성의 재조정을 통해서 결정된다. 여기서는 그 문법성의 조절체계를 '관점'이라는 개념으로 고찰해 보고자 한다. 관점이란 상황과 문맥, 그리고 화자의 정서와 의도로부터 결정된다. '처격-대격' 교체의 경우, 대격으로 표시될 수 있는 논항이 둘 이상이라면 이들 중 어느 것이 대격 논항으로 선택되느냐의 문제와 직결된다. 처격 또는 구격이 대격과 교체되는 구성에서는 어느 논항이 술부 내에서 화자에게 심리적 대상화가 되느냐에 따라 격의 구성이 결정되기도 한다. 이때 문맥은 '심리적 대상화'의 여건을 형성한다."

[표4-9] 개체의 변화를 나타내는 두 방식: 변성중심형과 산출중심형

유 형	논항의 격	예 문
변성중심형	재료논항 - 대격	우리 대학은 학생들을 인재로 키웁니다.
	산출물논항 - 구격	
산출중심형	재료논항 - 구격	신라인들은 벽돌로 탑을 쌓았다.
	산출물논항 - 대격	
변성·산출 중심형	재료논항 - 대격	저 집은 딸 셋을 의사를 만들었다
	산출물논항 - 대격	

이와 같이 산출 의미를 가지는 문장의 유형을 결정할 때 기준으로 삼은 문장은 재료 논항과 산출물 논항에 아무런 지시적, 한정적 요소가 붙어있지 않은 문장들을 대상으로 하였다. 따라서 이는 절대적인 분류라고 할 수는 없고 다만 전형적인 경향을 표시한다고 할 수 있다. 또 위의 분류에서 '산출중심형'은 본 절의 주제인 이른바 '산출구문'에 해당하되 재료 논항이 생략되지 않고 명시된 경우이며, '변성중심형'은 '결과구문' 중 4.3절에서 집중적으로 고찰한 '상태변화의 NP로+V'형 결과구문에 해당된다.

한편 위에서 이러한 의미상, 형태상의 차이가 사태를 인식하는 관점에 따라 결정될 수 있다고 하였는데, 그렇다면 동일한 명제라도 관점을 달리했을 때는 다른 형태로 나타날 수 있음을 확인해야 할 것이다. 이와 관련하여 위 (47)은 변성중심형, 산출중심형 양쪽으로 모두 쓰일 수 있는 경우로 이러한 사실을 말해주는 가장 대표적인 예가 될 수 있다. 즉, '유년의 경험'이라는 재료가 소설로 변화하는 사건에 관심을 가진다면 (47ㄱ)의 형식이 적합하고, 그보다는 최종적으로 어떤 산출물이 만들어졌는지(소설인지, 시인지)에 주목한다면 (47ㄴ) 형식을 선택하게 될 것이다.

(48)의 예 중에서 (48ㄱ)이 적합하고 (48ㄴ)이 부적합하게 느껴지는 이유는 그것이 표시하는 사태 자체가 '변성중심형'일 가능성이 높기 때문이다. 즉, (누군가의 소중한 딸 혹은 아들인) 학생들의 교육에 관한 문제에서는 그들이 교육의 결과 어떻게 변화하는지에 관심이 놓일 수밖에 없는 것이다. 따라서 원재료가 유정물, 특히 사람일 경우에는 '변성중심형'으로

쓰이는 것이 보다 전형적이라고 할 것이다. 하지만 그렇다 할지라도 산출 중심형으로 쓸 수 없는 것은 아니다. 적당한 맥락과 관점이 주어지면 형식의 변화, 즉 격의 교체가 일어날 수 있다.

(53) ㄱ. ??우리 대학은 <u>학생들로</u> **인재를** 키웁니다.

ㄱ'. 우리 대학은 **평범한 학생들로** <u>인재를</u> 키웁니다.

ㄴ. ?어머니는 <u>고추로</u> **고춧가루를** 빻으셨다.

ㄴ'. 어머니는 <u>손수 수확하여 말린 햇고추로</u> **고춧가루를** 빻으셨다.

변성중심형으로 쓰는 것이 우세한 경우라도 위 (53)의 예처럼 적절한 맥락을 제공하면 산출중심형으로 쓸 수 있다. 이 경우 적절한 맥락은 재료의 특수성에서 나오는 것으로 보인다. 위 (53)의 사건들은 기본적으로 재료의 변화를 문제 삼는 변성중심형 사건이지만 특수한 재료가 주어지면 그 특수한 재료를 가지고 수행하는 산출활동으로 관점이 변화할 수 있게 되며, 따라서 (53ㄱ'), (53ㄴ')가 성립하게 된다. 물론 재료가 특수해도 변성중심형으로 쓰는 것은 여전히 가능하다. (우리 대학은 평범한 학생들을 인재로 키웁니다.)

(48)과 달리 (49)는 '산출중심형'의 예문이다. 일반적으로 탑을 만드는 사건에서 관심의 중심이 되는 것은 새로이 만들어지는 그 무엇이지 재료인 벽돌이 어떠한 변화를 경험하는가에 있지 않다. 따라서 산출중심형으로 쓰는 것이 보다 자연스럽다 할 것인데 만일 이를 변성중심형으로 쓰려면 거기에는 역시 적당한 맥락과 관점의 변화가 주어져야 한다. 이 경우에도 '재료의 특수성'은 적절한 맥락을 제공할 수 있다. 예를 들어 아래 (54ㄴ)에서 재료논항은 '세존에 대한 그리움'으로, 탑 제작 사건에서 전형적으로 예상되는 돌·나무·벽돌 등의 재료를 벗어나 있다. 이와 같이 특수한 재료가 온다면 그 특수한 재료가 어떠한 변화를 경험하는지에 관심을 집중하는 변성중심형으로 쓸 수 있다. 물론 이 경우도 원래처럼 산출중심형으

로 쓰는 것은 가능하다. (미얀마인들은 <u>세존에 대한 그리움으로</u> **탑을** 쌓았다.)

(54) ㄱ. ˀ그들은 <u>벽돌을</u> **탑으로** 쌓았다.

ㄴ. 미얀마인들은 <u>세존에 대한 그리움을</u> **탑으로** 쌓았다.

반대로 (55ㄴ)과 같이 완성 후의 산출물이 특수성, 의외성을 띠는 경우에도 그 변화의 내용이 주목받게 되어 변성중심형으로 쓸 수 있다. 흔히 산출물에 수식·한정어가 붙는 경우 이런 효과를 낳는다. 이때 아래 (55ㄷ)처럼 재료 논항까지 특정한 대상으로 한정되면 변성중심형으로 썼을 때 더욱 자연스러운 문장이 된다. 물론 이 경우도 산출중심형으로 쓰는 데는 문제가 없다. (돌멩이로 높디높은 탑을 쌓았다. 길가에 굴러다니는 돌멩이로 높디높은 탑을 쌓았다.)

(55) ㄱ. ˀ등산객들이 돌멩이를 탑으로 쌓았다.

ㄴ. 등산객들이 돌멩이를 높디높은 탑으로 쌓았다.

ㄷ. 등산객들이 길가에 굴러다니는 돌멩이를 높디높은 탑으로 쌓았다.

그런데, 특정한 물체 자체가 아니라 '-모양'이나 '-형, -꼴' 등 그것의 형태를 표시하는 요소를 산출물 논항으로 제시할 경우, 아래 (56), (57)에서 보듯 변성중심형으로 쓸 수 있을 뿐 아니라 오히려 그것이 산출중심형으로 쓰는 것보다 낫거나 심지어 그렇게 써야만 한다. 다시 말해 원재료의 배열 및 구성만을 달리하는 변화인 경우는 우리의 인식에 '창조(산출)'로 포착되지 않고 '변화'로 인식된다고 하겠다.

(56) ㄱ. 이쑤시개를 **탑 모양으로** 쌓았다.

ㄴ. ˀˀ이쑤시개로 **탑 모양을** 쌓았다.

(57) ㄱ. 찰밥을 **삼각형으로** 뭉쳤다.

ㄴ. *찰밥으로 **삼각형을** 뭉쳤다.

예문 (49)는 (50)과 같은 산출중심형으로서 기본적인 성질은 (49)와 유사하지만 변화의 성격면에서 다소 다른 점이 있다. (47)~(50)의 예문은 모두 모종의 변화를 표시한다는 공통점을 가지지만, (47), (48), (49)의 경우를 물리적 변화라 한다면 (50)의 경우는 화학적 변화 혹은 그에 버금가는 변화라 할 만하다. 즉 전자들의 변화에서는 재료의 성질 및 형체가 유지되는 반면 후자의 경우는 완성된 산출물에서 원재료의 모습과 성질을 확인하기 어렵다. (50)처럼 변화의 정도가 비교적 크고 그 과정을 인간의 오감으로 확인하기 어려운 경우, 우리는 그것을 변화로 인지하지 않는 경향이 있다. 따라서 원재료의 성질이 유지되는 탑을 쌓는 사건에 비하여 케이크를 굽는 사건은 (58ㄱ)에서 보듯 변성중심형으로 썼을 때 적격성이 현저히 떨어진다. 이에 반해 (58ㄴ)처럼 재료의 성질이 다소나마 유지되는 경우는 변성중심형으로 쓸 수 있다는 것을 알 수 있다.

(58) ㄱ. *영희는 밀가루와 버터와 우유를 케이크로 구웠다.

ㄴ. 오늘은 비스킷 가루와 치즈를 케이크로 구워 봅시다.

이러한 사실은 음식물 조리와 관련된 다른 예문을 통해서도 확인할 수 있다. 즉, 식재료의 구성에 변화가 일어났을 뿐 그 형태와 성질이 유지되는 (59ㄱ)의 경우 변성중심형으로 써도 수용 가능하지만 식재료의 형태와 성질에 비교적 큰 변화가 일어난 (59ㄴ)의 경우 변성중심형으로 쓰는 것이 상대적으로 부자연스럽다.

(59) ㄱ. 남은 음식들을 김밥으로 말았다.

ㄴ. ?남은 딸기를 잼으로 고았다.

　이상으로 한국어에서 산출의 의미를 가지는 문장의 유형을 변성중심형과 산출중심형으로 나누고 두 유형 간에 넘나듦이 가능한지를 살펴보았다. 이를 통해 알 수 있는 사실 중 한 가지는 두 유형 간의 호환 가능성이 일종의 연속체를 이루고 있다는 점이다. 즉, '변성중심형으로만 쓰이는 경우'와 '산출중심형으로만 쓰이는 경우'를 양 극단으로 하여 그 중간 단계에는 '변성중심형이 우세한 경우', '두 유형 모두 가능한 경우', '산출중심형이 우세한 경우' 등이 놓임을 알 수 있다. 예와 함께 정리하면 다음과 같다.

[표 4-10] 변성중심형과 산출중심형의 연속체

'변성중심형으로만 쓰이는 경우'
ㄱ. 영희는 철수를 바보로 생각한다.
ㄱ'. *영희는 철수로 바보를 생각한다.
ㄴ. 영희는 찰밥을 삼각형으로 뭉쳤다.
ㄴ'. *영희는 찰밥으로 삼각형을 뭉쳤다.

↓

'변성중심형'이 우세한 경우
우리 대학은 학생들을 글로벌 인재로 키웁니다.
??우리 대학은 학생들로 글로벌 인재를 키웁니다.

↓

두 유형 모두 가능한 경우
그는 유년의 경험을 소설로 썼다.
그는 유년의 경험으로 소설을 썼다.

↓

'산출 중심형'이 우세한 경우
ㄱ. 등산객들이 돌멩이로 탑을 쌓았다.
ㄱ'. ?등산객들이 돌멩이를 탑으로 쌓았다.
ㄴ. 영희는 남은 사과로 주스를 짰다.
ㄴ'. ??영희는 남은 사과를 주스로 짰다.

↓

'산출중심형'으로만 쓰이는 경우 1
영희가 케이크를 구웠다.
*영희가 반죽을 케이크로 구웠다.

↓

| '산출중심형'으로만 쓰이는 경우 2 |

이상의 사실들을 종합할 때 우리는 다음과 같은 결론에 이르게 된다. 첫째, A라는 재료와 그것으로 만들어진 B라는 산출물이 있을 때, 이들과 관련된 사건을 '변화'로 볼 것인지 아니면 '창조(산출)'로 볼 것인지는 A, B의 성격 및 동사의 성격, 그리고 오감을 통한 변화의 관찰 가능성에 따라 일정한 경향성이 존재한다.

예를 들어 유정물이 재료 논항으로 실현되는 경우는 그것의 변화 방향에 관심을 집중하는 변성중심형, 즉 'NP로 V'형 결과구문으로 쓰는 것이 전형적이다.[34] 반면, 무정물이 재료 논항으로 실현되면서 그 재료와 산출물의 관계가 일반적인 예측을 벗어나지 않는 관계일 때는 변화의 내용이나 방향에 관심을 두기보다는 무엇이 결과로 도출되는지에 관심을 두는 산출구문으로 쓰는 것이 보다 전형적이다.

특히 재료가 경험하는 변화가 화학적인 변화라 할 만큼 크고 근본적이어서 재료의 원래 형태 및 성질이 보존되지 않거나 그 변화의 과정을 오감으로 확인할 수 없는 경우, 우리는 그러한 사건을 '변화'로 인지하기보다 '창조'로 인지하여 개념화하는 경향이 있기에 그것의 언어적 실현 역시 산출중심형으로 나타내는 것이 자연스럽다. 물론 관점에 따라 변화로 파악할 수도 있고 창조로 파악할 수도 있는 사건인 경우 두 유형 중 어떤 쪽으로 쓰더라도 적격성에 큰 차이가 없이 넘나들 수 있다. 반면, 재료를 아예

---

34) 유정물 재료 논항 외에 어떤 요인이 변성중심형을 구성하는지는 좀 더 관찰이 필요하다. '-을-으로 여기다' 구문도 사유의 대상을 재료로 보고 사유의 결과를 산출물로 보았을 때 재료 논항에 대격이 붙고 산출물 논항에 구격이 붙는다는 점에서 전형적으로 변성중심형을 취하는 경우로 볼 수 있다. 하지만, '여기다' 동사는 그 자체로 '-을-(으)로 여기다' '-을-라고/다고 여기다' 형식으로만 쓰이므로 변성중심형과 산출중심형 중 비교 우세를 논하는 다른 예들과 달라 일단 논의에서 제외하였다.

특정할 수 없는 경우는 변성중심형으로 쓸 수 없고 산출중심형으로만 쓸 수 있으며 이때 재료 논항은 당연히 나타나지 않는다.

둘째, 위와 같은 경향성은 사건을 바라보는 관점에 따라 바뀔 수 있어서 전형적으로 '-로'를 취하거나 '-을/를'을 취하는 논항들 간에 서로 격표지가 바뀌어 실현되기도 한다. 이러한 관점의 변화를 표시하고 그에 따른 격교체를 가능하게 하는 요인으로는 재료 논항 및 산출물 논항의 특수성 부각을 들 수 있는데, 이는 해당 논항에 한정 수식어를 부가하는 방식을 통해 나타난다. 즉 해당 논항의 특수성이 관습과 세상사 지식에 기초한 두 논항 간의 전형적인 관계를 깰 만큼 클 때는 원래의 유형이 아닌 다른 형식으로 쓰는 것이 가능하다는 것이다.

셋째, 본 연구에서 고찰하고 있는 두 형식, 즉 'NP로+V'형 결과구문과 산출물을 목적어로 취하는 산출구문은 관점의 차이에 따라 서로 교체되는 관계에 있음을 알 수 있다. 본 연구는 이러한 사실을 중시하여 산출구문을 결과구문의 파생 형식의 하나로 보고자 한다. 두 구문의 의미적 연관관계는 위에서 상술한 바와 같이 비교적 명확하다. 하지만 형태적으로는 그 연관성을 쉽게 파악하기 어려운 경우가 많다. 즉, 'NP로+V'형 결과구문은 재료 논항의 변화에 주목하는 형식인 만큼 재료 논항이 반드시 실현되어야 하는 반면 산출구문은 새로이 산출된 결과에 주목하기 때문에 재료 논항이 생략되어도 무방하며 재료를 특정할 수 없는 경우 생략될 수밖에 없다. 이렇게 재료 논항이 생략된 산출구문은 'NP로+V' 구문과 형태상 차이가 크기 때문에 상호 연관성을 파악하기 어렵다. 하지만 그들 간의 내적 연관성은 여전히 쉽게 복원될 수 있다.

한편, 위 [표 4-10]에서 '산출 중심형으로만 쓰이는 경우 2'로 분류한 것은 다른 유형들과 달리 논리적으로나 경험적으로 아예 재료논항을 상정할 수 없는 경우인데, "그들은 마당에 연못을 팠다."나 "김선수가 10점을 쏘았다." 등이 이에 해당된다. 이때는 "NP로 V" 구문과의 연관성 속에서 파악하기가 어렵기에 다른 유형들과 연결 짓지 않고 따로 점선으로 표시하였다.

이들 문장에 대해서는 다음과 같은 해석이 가능하다. 우선, 이들의 원래 모습은 아래와 같다고 볼 수 있다.

(60) ㄱ. 그들은 마당을 파서 마당에 연못을 만들었다.

ㄴ. 김선수가 10점 부분을 쏘아서 10점을 받았다.

(60)의 문장들은 논리적으로는 마땅히 그렇게 써야 하겠으나 중복으로 인해 경제성이 떨어지는 문장이 되었다. 따라서, 전체로 보아 정보 부담량이 적은 '만들다' 동사와 '받다' 동사를 생략하고 그 자리에 '파다'와 '쏘다' 동사를 대체해 넣은 다음 다시 중복된 성분을 생략하는 과정을 거친다.

(61) ㄱ. 그들은 마당을 파서 마당에 연못을 (만들었다)

(대체)　　　　　　　→ 그들은 마당을 파서 마당에 연못을 팠다.

그들은 (마당을) (파서) 마당에 연못을 팠다.

(중복성분 생략) → 그들은 마당에 연못을 팠다.

ㄴ. 김선수가 10점 부분을 쏘아서 10점을 (받았다)

(대체)　　　　　　　→ 김선수가 10점 부분을 쏘아서 10점을 쏘았다.

→ 김선수가 (10점 부분을) (쏘아서) 10점을 쏘았다.

(중복성분 생략) → 김선수가 10점을 쏘았다.

이와 같은 과정이 일어나는 것은 일종의 구문적 환유(type coercion)에 의한 것이라고 볼 수 있다. 즉 '마당에 연못을 V'라는 구문과 '10점을 V'라는 구문이 있다 할 때 여기에 가장 전형적인 동사는 '만들다'와 '받다'일 것이다. '파다'와 '쏘다'는 이러한 구문에 딱 들어맞는 동사는 아니지만 인접한 개념이라 할 수 있고 위와 같은 이유로 해서 상기 구문에 끼워 넣어진 것으로 볼 수 있다.

우리는 이처럼 구문적 환유에 의해 형성된 산출구문과 재료를 상정할 수 있는 여타의 산출구문들, 그리고 'NP로+V' 결과구문, 'NP로+V₁어 V₂' 결과구문이 의미적으로 결과를 표시한다는 점에서 공통되며 서로 조금씩 통사적 형식을 달리하지만 연관을 맺고 있는 관계로 본다.

한편, 결과구문과 이른바 산출구문 사이의 밀접한 연관관계는 다른 언어, 특히 중국어에서 유사한 양상으로 발견된다. 이러한 사실은 결과구문과 산출구문 사이 연관관계의 내재적 긴밀성을 방증하는 자료가 될 수 있다고 보고 아래에서 별도로 제시한다.

4.4.3. 중국어 결과구문과 산출구문의 연관관계

중국어에도 동사의 행위로 만들어진 결과물을 동사의 목적어로 취하는 '동사+결과목적어' 구성이 아래와 같이 존재하는데,[35] 그 통사적·의미적 구성 방식이 이 글에서 말하는 산출구문과 동일함을 알 수 있다.

(62) 烤蛋糕　　케이크를 굽다　　　包餃子　　만두를 싸다(빚다)

　　　沏茶　　　차를 끓이다　　　　煮咖啡　　커피를 끓이다

　　　壘塔　　　탑을 쌓다　　　　　刻印　　　도장을 파다

　　　挖隧道　　터널을 파다　　　　鉆孔　　　구멍을 뚫다

　　　挖荷塘　　연못을 파다　　　　裝包　　　가방을 싸다

---

35) "孟琮, 1984, 《動詞用法詞典》, 上海辭書出版社"에 따르면 중국어의 '동사+목적어' 구조에서 목적어가 나타내는 의미 종류와 그 비율은 다음과 같다.

목적어 의미역	비 율	목적어 의미역	비 율
피동주	65%	방식	6.7%
대상	32%	도달점	6%
결과	**19%**	목적	4.7%
도구	13%	원인	3.3%
장소	12%	동등	2.7%
행위주	8.7%	시간	1.3%

剪春聯	춘련을 오리다	折紙鶴	종이학을 접다
織毛衣	스웨터를 짜다	編竹筐	대바구니를 짜다
砌房子	집을 쌓다(짓다)	盖房子	집을 덮다(짓다)

이처럼 결과목적어[36]로 결과를 나타내는 것 외에 현대중국어에서 일반적으로 결과를 표시하는 방법은 동결식(動結式)을 이용하는 것이다. 동결식은 두 개의 서술성 성분이 '행위+결과'의 의미관계로 이어진 구조를 말하며 이때 결과를 나타내는 서술성 성분을 보어라고 부른다. 이처럼 동결식(動結式)은 중국어의 결과구문이라 할 수 있는데 가장 전형적인 예를 들면 다음과 같다.

(63) ㄱ. 踩　　碎了　　　　　　花瓶。

　　　밟다　부수다(부서지다)　화병

　　　'화병을 밟아 부쉈다.'

　　ㄴ. 洗　　干淨　　　了　　衣服。

　　　빨다　깨끗하다　(완료)　옷

　　　'옷을 깨끗하게 빨았다.'

위 (62)와 (63)의 예들을 비교했을 때 결과목적어는 어떤 동작 행위를 통하여 만들어진 모종의 사물 혹은 현상을 가리키며 목적어 부분이 결과를 표시하는 반면 동결식은 어떤 동작 행위가 사물에 영향을 미쳐 생겨난 새로운 상태를 표시하며 결과부분은 보어를 이용하여 표시한다.[37] 전통적

---

36) 중국어 문법용어로는 결과빈어(結果賓語)라고 한다.

37) 결과목적어를 거느리는 동사의 동작 결과는 새로운 사물을 생성하는 것이다. A류의 "編, 織, 盖"의 결과물이 각각 "筐, 毛衣, 房子". B류의 "一个包, 一身痱子" 등 역시 각각 "撞, 捂" 등 동작의 결과로 생겨난 것이다. 하지만, 결과보어를 거느리는 동사는 새로운 사물을 만들어 내지는 못한다. 단지 이미 존재하는 사물에 영향을 미쳐 사물의 새로운 상태가 출현하도록 할 뿐이다. Levin(1993)에서는 이런 두 종류의 동사를 각각 제작류(effective)동사와 영향류(affective)동사로 구분하여 불렀다.

인 방식을 따라 하나는 목적어, 하나는 보어로 분석하고 있지만 이 둘은 결과를 표시한다는 점에 있어서는 큰 공통점을 가지며 그 출현 위치도 동사 뒤로 동일하다. 또한 원래 끝점을 가지지 않는 무경계성(atelic) 동사에 붙어 유경계성(telic)으로 만들어 줄 수 있다는 점도 동일하다.

(64) 刻 (파다, 무경계 동사) → 刻印　(도장을 파다, 산출구문, 유경계)

　　織 (짜다, 무경계 동사) → 織毛衣 (스웨터를 짜다, 산출구문, 유경계)

　　踩 (밟다, 무경계 동사) → 踩碎了 (때려 부수다, 결과구문, 유경계)

　　洗 (빨다, 무경계 동사) → 洗干淨 (깨끗하게 빨다, 결과구문, 유경계)

　한편, 彭國珍(2011:103~120)에서는 중국어의 결과목적어와 관련된 몇몇 문제들이 표면적으로는 동결식(결과구문)과 아무런 관계가 없는 것처럼 보이지만 실제로는 하나의 통일된 해석을 얻을 수 있음을 주장하고 있다. 이는 한국어의 산출구문을 결과구문과의 연계 속에서 일종의 연속관계로 파악하고자 하는 본고의 방향과 기본적으로 일치하므로 아래에서 그 논의를 소개한다.

　우선, 중국어의 결과목적어 중에는 아래 (65)와 (66)의 예문에서 보듯 쟁론의 여지가 없는 전형적인 부류가 있다.

　(65) A1류 결과목적어

　　ㄱ. 爺爺　編 了　一个 筐。

　　　할아버지 짜다 (완료) 하나 광주리

　　　'할아버지가 광주리를 하나 짰다.'

　　ㄴ. 她 綉 了　一朵 花。

　　　그녀 수놓다 (완료) 한 송이 꽃

　　　'그녀가 한 송이 꽃을 수놓았다.'

(66) A2류 결과목적어

　ㄱ. 大　公鷄　刨　　了　一个　坑。

　　큰　수탉　쪼다 (완료)　하나　구멍

　　'큰 수탉이 구멍을 쪼아 (만들었다.)'

　ㄴ. 張三　鑿　　了　　一个　冰窟窿。

　　장삼　뚫다 (완료)　하나　얼음동굴

　　'장삼이 얼음동굴을 뚫었다.'

이때 목적어는 (65)의 "筐(광주리), 花(꽃)" 등과 같이 동작 행위가 창조한 일종의 새로운 사물이거나 (66)의 "坑(구멍), 冰窟窿(얼음동굴)" 등과 같이 물체 표면에 생겨난 움푹 팬 상태를 나타낼 수도 있는데 이를 각각 ⟨A1류⟩와 ⟨A2류⟩로 분류하였다. 이러한 것들은 한국어 결과목적어에서도 공통적으로 관찰되는 부류이다.

이런 전형적인 경우와는 다르게 모종의 동작 행위가 초래한 일종의 상태나 현상을 결과목적어로 나타내는 경우도 있는데, 아래의 예문에서 보듯이 이들 중 다수는 '口子(구멍), 窟窿眼儿(구멍)'과 같이 행위주가 의도하지 않은 의외의 파손일 수 있고, '泡(물집), 包(모기 물린 흔적), 汗(땀)'과 같이 예견되지 않은 결과일 수도 있다. 이러한 종류의 결과목적어 구문에서 주어는 파손이나 예기치 않은 사물이 생겨난 장소일 수도 있고 행위의 결과를 일어나게 한 사람 혹은 사건일 수도 있다. 彭國珍(2011)에서는 이런 경우를 ⟨B류⟩로 분류했다.

(67) B류 결과목적어

　ㄱ. 棉被　上　燒　　了　兩个　窟窿。

　　솜이불　위　태우다 (완료)　두 개　구멍

　　'(솜이불이) 타서 솜이불에 구멍이 두 개 났다.'

ㄱ'. 他 把　棉被　　燒　　　了　兩 个 窟窿。

그 (pre.) 솜이불 태우다 (완료) 두 개 구멍

'그가 솜이불을 태워서 구멍을 두 개 냈다.'

ㄴ. 衣服 上 剛　　了　　一 个　口子。

옷　위 찢다 (완료)　하나　틈새

'(옷이) 찢어져서 옷에 구멍이 하나 생겼다.'

ㄴ'. 樹枝　　　把 衣服 剛　了　一 个　口子。

나뭇가지 (Pre.)　옷　찢다 (완료)　한개 틈새

'나뭇가지에 옷이 찢어져서 구멍이 났다.'

ㄷ. 手上 叮　了　一　　个　　大 包。

손 위 물다 (완료)　하나　(양사) 큰 물집

'손에 모기에게 물린 흔적이 크게 생겼다.'

ㄷ'. 蚊子 把　我的手 叮　了　一　　个　　大 包。

모기 (pre.) 나의 손 물다 (완료) 하나　(양사) 큰 물집

'모기가 나의 손을 물어서 큰 흔적이 생겼다.'

ㄹ. 張三　跑　　了　一身 汗。

장삼 달리다 (완료)　온몸　땀

'장삼은 온몸이 땀투성이가 되도록 달렸다.'

ㄹ'. 這 段 路 把 張三　　跑　了 一身 汗。

이 단계 길 (pre.) 장삼　달리다 (완료) 온몸　땀

'이 길은 장삼으로 하여금 온몸이 땀투성이가 되도록 달리게 했다.'

　앞서 우리는 (63)을 통해 전형적인 중국어 결과구문의 예를 보았는데 이때 결과를 나타내는 보어는 "干淨(깨끗하다), 碎(부서지다)"와 같은 실질적 의미를 가진 성분이었다. 하지만 동결식의 보어는 아래 예문과 같이 상대적으로 허화된 성분이 올 수도 있으며,[38] "成, 立, 出" 등이 이에 속한다.

(68) ㄱ. 養　　　成　　　了　　一种　好的　習慣。

　　　기르다 이루다 (완료)　일종　좋은　습관

　　　'한 가지 좋은 습관을 길렀다.'

ㄴ. 形　　　　成　　　了　　一种　獨特的　風格。

　　　만들다 이루다 (완료)　일종　독특한　기풍

　　　'하나의 독특한 기풍을 이루었다.'

ㄷ. 建　　　　立　　　了　　一种　友好的　關系。

　　　세우다 일으키다 (완료)　일종　우호적　관계

　　　'일종의 우호적 관계를 건립했다.'

ㄹ. 想　　　　出　　　了　　一个　好　　辦法。

　　　생각하다　내다 (완료)　하나　좋은　방법

　　　'한 가지 좋은 방법을 생각해 냈다.'

　　이상의 각종 결과구문과 산출구문을 잘 늘어놓고 살피면 이들 간에 일종의 연속성이 발견되는데 이는 결과 표시 요소, 즉 보어가 가지는 의미의 실질성 정도와 관련되어 있다. 즉 그 의미가 매우 실질적인 것부터 허화된 단계를 거쳐 아예 ø인 것까지 분포한다는 것이다. 彭國珍(2011:109)의 표를 가져와 아래에 인용한다.

---

38) 이러한 종류의 동결식 문장에 대해서는 다소 쟁론이 있다. 연구자에 따라서 "養成, 建立, 想出" 중의 "成, 立, 出"를 매우 허화된 보어성분으로 보기도 하고, 혹자는 "V成, V立, V出" 등에 대하여 목적어를 취할 수 있는 동사로 보아 뒤에 나오는 목적어를 결과목적어에 넣기도 한다. 이에 대하여 彭國珍(2011)에서는 "V成" 구조와 일반적인 결과구문은 모두 동일한 절 생성과정을 가지고 있다고 하여 문제 삼지 않으며 단지 글 구성의 편의를 위하여 "V成" 구조를 결과구문(동결식)의 보어 안에 넣어서 다룬다고 밝히고 있다.

[표 4-11] 중국어 결과구문에서의 결과 표시 요소

實義보어 동결식	洗 干淨 踩 碎	了	衣服 花瓶
虛化보어 동결식	養 成 想 出	了	一种好的習慣 一个好辦法
B류 결과목적어	叮 ∅ 跑 ∅	了	一个包 一身汗
A류 결과목적어	盖 ∅ 編 ∅	了	一所房子 一个筐

[표 4-11]의 맨 위 칸은 일반적인 결과보어의 예로서 그 의미가 실질적인 반면, 두 번째 칸의 보어는 '成, 出' 등 허화된 경우로서 어휘적 의미가 뚜렷하지 않다. 이어서 세 번째 칸은 결과목적어의 예 중 의도하지 않은 결과를 나타내는 목적어이며, 네 번째 칸은 역시 결과목적어의 예지만 행위주가 의도한 결과를 표시한다. 여기서 주목할 점은 이들 결과목적어 구문을 虛化보어 동결식으로 다음과 같이 바꾸어 쓸 수 있다는 것이다.

(69) ㄱ. 叮 出 了 一个 包。

　　　물다 내다 (완료) 하나 자국

　　　'모기에 물려서 자국이 생겼다.'

　　ㄴ. 盖 成 了 一 所 房子。

　　　얹다 이루다 (완료) 한 채 집

　　　'집을 한 채 지었다.'

이때 (69ㄱ) '叮出了一个包'가 (69ㄴ) '盖成了一所房子'보다 좀 더 자연스러우며, 후자의 경우 위와 같이 말하기 위해서는 적절한 맥락이 필요하다. 하지만 어쨌든 위 [표 4-11]은 실질적 의미의 동결식과 허화된 의미의 동결식, 그리고 의도하지 않은 결과목적어와 의도한 결과목적어에 이르기까지 일관된 연속성을 보여주고 있음을 알 수 있다.

이는 앞에서 살펴보았던 한국어 산출구문(결과목적어 구문)과 'NP로+V' 구문 간의 연속적 연관 관계와 평행한 현상으로 볼 수 있다. 한 가지 다른 점이라면 중국어의 경우, 결과표시 2차술어가 형용사이든 동사이든 혹은 명사성분을 포함하는 것이든 상관없이 동일하게 'VV'형식으로 나타나므로 이 모두를 연속선 상에서 파악할 수 있으나, 한국어의 경우 각각의 형태가 다르기 때문에 결과표시 요소가 명사로 나타나는 'NP로+V' 구문에 한하여 산출구문(결과목적어 구문)과의 연속관계를 포착할 수 있었다. 하지만 이러한 차이점에도 불구하고 결과구문과 산출구문(결과목적어 구문) 간의 연관관계가 중국어에서도 마찬가지로 발견된다는 사실은 한국어 산출구문을 결과구문과 연관지어 다루고자 하는 본고의 생각을 뒷받침한다고 볼 수 있다.

이러한 주장은 어떤 구성체 및 그 구성 요소들의 통사적 자질은 그것을 인식하는 주체의 심리적 태도에 따라서도 결정될 수 있다는 생각을 반영하는 것이다. 즉, 공통적으로 변화의 결과를 나타냄에 있어서도 화자가 그 변화를 재료에 일어난 변성으로 파악하느냐 아니면 새로운 존재가 산출되었다고 보느냐에 따라 재료논항과 결과 논항 간에 격교체가 일어날 수 있고 나아가 재료 논항의 생략과 함께 산출물을 결과목적어로 취하는 산출구문으로 나타날 수도 있다는 것이다. 물론 이때 격교체나 논항의 생략이 반드시 화자의 개념화에 의해서만 좌우되는 것은 아니며 그것을 결정할 수 있는 객관적 조건의 영향을 받을 것은 당연하지만 적어도 실제 세계에서 일어나는 사실에 대한 화자의 인식 방식이 해당 사건의 언어적 구성에 영향을 끼칠 수 있음이 밝혀져 왔고, 이른바 산출 구문 역시 그러한 현상의 하나로서 파악할 수 있다.

5. 'V₁어 V₂'형 결과구문[1]

우리가 이 장에서 살펴보고자 하는 'V₁어 V₂' 구성은 한국어의 대표적인 동사연결 구성으로 그것이 가지는 형태·통사·의미상의 특수성과 다양성 때문에 일찍부터 국어학계의 주요 연구 주제가 되어 왔다.

우선 형태·통사적으로 'V₁어 V₂'는 접속절 구성(만나(서) 이야기하다)에서부터 본동사와 보조동사의 연결형(먹어 버리다), 그리고 합성동사(달려들다)에 이르기까지 다양한 단계에 해당되는 예들이 나타난다. 강현화(1998)에서는 이러한 특성에 주목하여 한국어 'V₁어 V₂' 구성은 몇 가지의 형식에 나뉘어 귀속되는 것이 아니라 일종의 연속체(continuum)를 이루고 있음을 밝힌 바 있다.

의미·기능상으로도 'V₁어 V₂'는 다양한 양상을 보여준다. 우선 V₁ 및 V₂의 의미에서 전체 구성의 의미를 예측할 수 있는 합성적인 경우(넘쳐흐르다)가 있는 반면, 예측이 불가능한 경우도 있다(넘겨짚다). 또, V₁과 V₂가 시간적으로 계기(繼起)하여 일어나는 경우가 있는가 하면(사과를 깎아 먹다), 동시적으로 발생하는 경우도 있다(걸어 다니다). 또 V₁과 V₂ 간의 관계

---

1) 본 5장의 내용은 "심지영(2015), 한국어 결과구문으로서의 V₁어 V₂ 특성 고찰-중국어 動結式과의 비교를 통하여, 『새국어교육』 제103호, 한국국어교육학회, 355~390."의 내용을 기반으로 하고 있다.

에서도 두 요소가 원인 행위와 결과의 관계로 이어질 수도 있고 (밟아 뭉개다), 단순히 연속되는 관계일 수도 있으며(데려가다), 그 외에 방식이나 방향을 나타내는 관계로 분석하기도 한다. 하지만 이들 의미관계 역시 명백한 경계선을 구획하기 어렵다.

우리는 이처럼 복합적인 성격을 가진 'V₁어 V₂' 형식이 선행행위와 그것의 결과상태를 표시하는 기능을 가짐에 주목하며, 나아가 한국어 결과구문의 한 종류를 구성한다고 본다. 그동안의 한국어 결과구문 연구는 주로 'AP게 V'(깨끗하게 닦았다) 혹은 'NP가 V도록 V'(목이 쉬도록 외쳤다) 구문에 집중되어 왔고, 거기에 'NP로 V'(가루로 빻았다) 형에 대한 언급이 일부 추가되는 양상을 보였다.

물론 'AP게 V' 형식은 전형적으로 상태 변화를 나타낸다는 점에서 한국어 결과구문의 대표적인 형식이라 할 만하다. 하지만 'AP게 V' 형식이 한국어 결과구문으로서 가장 먼저 인식되고 주목받은 반면 'V₁어 V₂'의 결과구문적 성격이 온당한 평가를 받지 못한 것은 결과구문을 정의하고 범위를 정함에 있어 영어 결과구문의 특징과 제약을 기준으로 삼은 것이 이유의 하나로 작용했다고 생각된다. 영어 결과구문에서는 동사가 결과표시 2차 술어로 쓰이지 않고 연쇄동사 구문(Serial Verb Construction)도 없기 때문이다. 하지만 중국어의 경우 결과구문은 '주동사+보어'의 술어 연결형으로 구성되며 그중 결과 표시 성분인 보어에 동사가 쓰이는 비율이 상당히 높다. 이러한 사정을 감안한다면 한국어의 대표적인 동사연결형인 'V₁어 V₂' 역시 결과구문으로 볼 여지가 충분하다.

선행 연구 중에도 한국어 동사연결형을 결과구문으로 볼 가능성을 언급한 연구들이 있다. 허세문(2004)에서는 "철수가 호랑이를 때려 죽였다. (Lee 2003)"의 예문을 인용하며 "한국어에서 결과 상태를 표시할 수 있는 결과표현은 연쇄동사(SVC) 형태로도 나타난다. 그리고 중국어의 경우도 결과구문은 연쇄동사 유형으로 나타난다. SVO의 언어가 연쇄동사형을 이룰 때는 보통 V₂의 위치에 비대격 동사가 나타난다(Lee 1996). 그러나 SOV

어순인 한국어의 경우는 V2의 위치에 타동사만이 나타날 수 있고, 타동사가 결과상태를 함의하는 전이동사일 경우는 결과상태를 표현할 수도 있다. 그러나 이는 매우 제한적인 현상이다"라고 그 가능성과 한계를 동시에 언급하고 있다.

노명현(2007)에서는 국어에서도 원인과 결과를 표현하는 여러 가지 방법들이 있다고 하며 그중 하나로 복합동사를 들었다. 또 이 유형은 원인을 나타내는 동사와 결과를 나타내는 동사가 연계되어 복합동사를 이루고 있는 형태라고 하며 "철수는 영희를 [때려/찔러/쏘아] 죽였다.", "철수는 문을 밀어 젖혔다.", "동수는 순이의 발을 걸어 넘어뜨렸다."와 같은 예를 제시하고 있다. 다만, 그래도 가장 중요한 결과구문 형식은 '-게, -도록'을 취하는 경우라며 복합동사형에 대한 것은 언급에 그쳤다.

한편, 오충연(2010)에서는 영어의 결과구문 중 "The water froze solid."와 같은 비대격 자동사 구문이 "영희가 미끄러져 넘어졌다."와 같은 한국어 표현과 술어 연결구성이라는 측면에서 유사하다고 지적하고, 이처럼 결과표시부가 주어를 지향하는 경우의 동사연결구성을 한국어 결과구문 유형의 하나로 보았다. 또 이를 'Pr게 Pc'형에 대응되는 'Pc어 Pr'형으로 설정함으로써 한국어의 결과구문 범주를 결과전치형과 결과후치형으로 대별하는 틀을 마련하였다. 다만 이때 V1과 V2 사이에는 '자동적'인 인과관계가 성립해야 하며 시간적으로 연속되어야 함을 조건으로 부과하고 있다. 또 두 술어 중에 적어도 하나가 성취동사여야 결과성을 담지하게 된다고 하였다. 황주원(2011)에서도 위 오충연(2010)의 내용을 수용하여 'V1어 V2'형 동사연속 구성을 한국어 결과구문의 한 유형으로 받아들이고 있다.

이상 살펴본 바와 같이 'V1어 V2' 동사연결형의 한국어 결과구문 편입 가능성을 제시한 선행연구들은 간헐적으로 이어져 왔으나 이를 본격적으로 주장한 경우는 오충연(2010) 정도에 그치며 동 연구 역시 'V1어 V2' 구성 중에서 결과구문으로 인정할 수 있는 부류를 자동사성인 경우에 한정하고 있다. 따라서 본고에서는 'V1어 V2'가 결과를 표시하는 실제의 모습을 살펴보고 기술함으로써 가능성으로만 존재해 온 'V₁어 V₂'의 한국어 결과구문으로서의 위상을 정립하고자 한다. 또 이때 'V₁어 V₂'와 마찬가지로 동사연결형의 형식을 취하는 중국어 결과구문과의 비교를 논거의 하나로 삼을 것이다.

5.1. 한국어 결과구문으로서의 'V₁어 V₂'의 성격과 범위

여기서 우리가 살펴보고자 하는 대상은 'V₁어 V₂'의 수많은 예들 중 V₁과 V₂ 사이에 '(원인)행위-결과'의 관계가 있다고 생각되는 부류들이다. 우선 자동사성을 띠는 예들부터 일부 제시하면 다음과 같은 것들이 있다.

(1) '원인-결과' 관계 자동사성 'V₁어 V₂'의 예

뛰어오다, 걸어오다, 기어 오다, 날아오다, 굴러오다, 흘러오다, 전해오다, 달려오다, 돌아오다, 되돌아오다, 다가오다, 쫓아오다, 올라오다, 내려오다, 들어오다, 나오다, 건너오다, 들려오다, 따라오다, 뛰어가다, 걸어가다, 기어가다, 날아가다, 굴러가다, 흘러가다, 올라가다, 내려가다, 들어가다, 나가다, 건너가다, 다가가다, 달려가다, 밀려가다, 끌려가다, 날아오르다, 뛰어오르다, 차오르다, 떠오르다, 타오르다, 부어오르다, 불타오르다, 부풀어 오르다, 솟아오르다, 기어오르다, 치밀어 오르다, 솟구쳐 오르다, 녹아내리다, 흘러내리다, 떨어져 내리다, 미끄러져 내리다, 뛰어내리다, 쏟아져 내리다, 뛰어들다, 기어들다, 날아들다, 끼어들다, 빠져들다, 덤벼들다, 밀려들다, 녹아들다, 스며들다, 조여들다, 줄어들다, 오그라들다, 움츠러들다, 모여들다, 몰려들다, 뛰쳐나오다, 걸어 나오다, 기어 나오다, 달려 나오다, 기어 올라오다, 뛰어 들어오다, 풍겨 나오다, 빠져나오다, 퍼져 나오다, 쏟아져 나오다, 터져 나오다, 뛰어나오다, 배어 나오다, 몰려나오다, 흘러나오다, 풀려나오다, 새어 나오다, 튀어나오다, 도망쳐 나오다, 새어 들어오다, 비쳐 들어오다, 기어들어 오다, 전해져 오다, 치밀어 올라오다, 솟아

올라오다, 삐져나오다, 스며 나오다, 불거져 나오다, 뿜어져 나오다, 떠내려오다, 쏘아져 나오다, 떨어져 나오다, 잘려 나가다, 뻗어나가다, 퍼져 나가다, 달려 내려가다, 떠내려가다, 날아 올라가다, 뛰어 내려가다, 굴러 나가다, 빠져나가다, 달려 내려가다, 뛰어 들어가다, 흘러 나가다, 걸어 들어가다, 빨려 들어가다, 떠내려가다, 꿇어앉다, 주저앉다, 일어나 앉다, 가라앉다, 내려앉다, 일어서다, 멈춰서다, 올라서다, 앓아눕다, 드러눕다, 얼어붙다, 녹아 붙다, 엉겨 붙다, 눌어붙다, 달라붙다, 들어붙다, 오그라붙다, 썩어 문드러지다, 피어 흐드러지다, 말라 부스러지다, 끓어 넘치다, 흘러넘치다, 넘쳐흐르다, 살아남다, 생겨나다, 살아나다, 되살아나다, 드러나다, 나타나다, 달아나다, 일어나다, 물러나다, 깨어나다, 자라나다, 살아나다, 만들어지다, 죽어 없어지다, 썩어 없어지다, 닳아 없어지다, 삭아 없어지다, 늙어 죽다, 얼어 죽다, 굶어 죽다, 맞아 죽다, 찔려 죽다, 말라죽다, 아파죽다, 미워죽다, 배고파 죽다, 심심해 죽다, 불어 터지다, 부어터지다, 익어 터지다, 부풀어 터지다, 썩어 빠지다, 놀라 자빠지다, 죽어 자빠지다, 걸려 넘어지다, 삭아 떨어지다, 지쳐 쓰러지다, 걸려 넘어지다, 울려 퍼지다, 굴러 떨어지다 등

이어서 타동사성을 띠는 'V₁어 V₂'의 예들을 일부 제시한다.

(2) '원인-결과' 관계의 타동사성 'V₁어 V₂'의 예

들어 올리다, 건져 올리다, 던져 올리다, 밀어 올리다, 떠올리다, 퍼 올리다, 걷어 올리다, 차올리다, 추어올리다, 깎아내리다, 찍어 내리다, 끌어내리다, 밀어 내리다, 쓸어내리다, 당겨 내리다, 끌어당기다, 잡아당기다, 따라잡다, 뛰어넘다, 벌어들이다, 받아들이다, 끌어들이다, 걷어 들이다, 거둬들이다, 모아들이다, 주워 들이다, 떠받들다, 깎아내다, 잘라내다, 도려내다, 긁어내다, 쳐내다, 밀어내다, 파내다, 뽑아내다, 떼어내다, 닦아내다, 씻어내다, 밀어내다, 밀쳐내다, 쓸어내다, 지워내다, 들어내다, 덜어내다, 몰

아내다, 덜어내다, 빼내다, 솎아내다, 짜내다, 벗겨내다, 꺼내다, 주워내다, 뜯어내다, 토해내다, 게워내다, 뱉어내다, 뿜어내다, 쏟아내다, 도려내다, 알아내다, 밝혀내다, 생각해 내다, 잡아내다, 드러내다, 빚어내다, 만들어내다, 불러내다, 꾀어내다, 찾아내다, 길러내다, 키워내다, 밀어 넣다, 몰아넣다, 끼워 넣다, 붙여 넣다, 쑤셔 넣다, 꽂아 넣다, 접어 넣다, 박아 넣다, 찔러 넣다, 새겨 넣다, 채워 넣다, 던져 넣다, 열어젖히다, 밀어젖히다, 꺾어젖히다, 벗어젖히다, 끌어당기다, 눌러 펴다, 두드려 펴다, 다려 펴다, 불어 끄다, 두드려 끄다, 밀어 떨어뜨리다, 밀어 넘어뜨리다, 밀어 자빠뜨리다, 밀어 쓰러뜨리다, 밀어 무너뜨리다, 걸어 넘어뜨리다, 걸어 자빠뜨리다, 눌러 터뜨리다, 깔아뭉개다, 밟아 뭉개다, 까뭉개다, 쳐부수다, 밟아 부수다, 때려 부수다, 까부수다, 찢어발기다, 허물다, 때려잡다, 쏘아 죽이다, 밟아 죽이다, 때려죽이다, 쳐 죽이다, 말려 죽이다, 먹어 없애다, 지워 없애다, 태워 없애다, 씻어 없애다, 쏘아붙이다, 밀어붙이다, 몰아가다, 매달다, 치켜들다, 구워 익히다, 삶아 익히다, 데쳐 익히다, 불러일으키다, 일으켜 세우다, 틀어막다, 내려놓다, 빌려주다, 던져주다, 찔러주다, 건네주다, 건네받다, 받아 들다, 받아 쥐다, 움켜쥐다, 꺼내 들다, 빼어 들다, 집어 들다, 알아듣다, 알아보다, 여겨듣다, 여겨보다, 내몰다, 내쉬다, 내쫓다, 내밀다, 내치다, 내두르다 등

이상에서 제시한 것은 '원인-결과' 관계로 이어진 'V₁어 V₂' 구성의 일부 예들이다. 즉, 'V₁'의 행위가 원인이 되어 'V₂'라는 결과로 이어지는 관계라고 볼 수 있는 예를 제시한 것이다.

그런데 이 중에는 이미 합성동사의 단계에 이른 것도 있고 합성동사와 통사적 구성의 중간적 성격을 띠는 연쇄동사 구성(serial verb construction)의 단계에 있는 것들도 있다. 우리는 V₁과 V₂ 사이에 '(원인)행위-결과'의 의미관계가 성립되고 그것의 통사적 성격이 절 접속의 단계로 넘어가지 않는 한 이들을 구분하지 않고 다룰 것이다. 이러한 태도는 어휘부와 통사부

사이에 엄격한 구분이 있다고 생각하지 않는 구문문법적 시각과 상통한다. 또 동사 연결형에서 합성동사와 구의 구분이 명확하지 않아 일종의 연속체로 보아야 한다는 점은 중국어의 결과구문으로 불리는 동결식('동사+보어' 구성) 역시 마찬가지다. 다시 말해 이러한 연속성이 'V₁어 V₂'를 한국어의 결과구문으로 보는 데 장애가 되지는 않는다는 것이다. 다만 중국어의 동사연결형 결과구문에서는 선행동사와 후행동사 간에 어떠한 문법 요소도 들어가지 않는 데 반해, 'V₁어 V₂'의 경우 어미가 개재되어 있다는 것은 차이점으로 남는다. 하지만 '-아/어-'는 한국어 어미 중 그 의미가 가장 무표적인 부류에 속하므로 'V₁어 V₂'를 연쇄 동사 구문(SVC)으로 보는 데 있어서 '-아/어-'의 존재가 결정적인 문제가 되지는 않는다. 앞장들의 내용에서 언급했듯이 본고에서는 한국어 결과구문을 고찰함에 있어 그 구문적 특징의 핵심을 '사건통합(event integration)'의 측면에서 찾고 있는데 'V₁어 V₂' 구성은 한국어에서 사건통합을 표시하는 대표적인 형식이라 할 수 있다.

　결과구문이란 기본적으로 어떤 동작이나 행위를 통해 초래된 모종의 변화를 표시한다고 할 때, 위 (1), (2)에서 제시한 예들 중에는 위치의 변화를 나타내는 것도 있고 상태의 변화를 나타내는 것도 있다. 즉 '내려가다, 날아오르다, 스며들다, 뻗어나가다, 들어 올리다, 덜어내다, 몰아넣다' 등은 위치의 변화를 나타내는 반면, '썩어 문드러지다, 얼어 죽다, 불어 터지다, 열어젖히다, 걸어 넘어뜨리다' 등은 상태의 변화를 나타낸다고 할 수 있다. 상태변화를 나타내는 부류를 아래에 따로 제시해 본다.

(3) '상태변화'를 나타내는 자동사성 'V₁어 V₂'의 예

　　떠오르다, 부어오르다, 불타오르다, 부풀어 오르다, 치밀어 오르다, 녹아내리다, 녹아들다, 스며들다, 조여들다, 줄어들다, 오그라들다, 움츠러들다, 꿇어앉다, 주저앉다, 일어나 앉다, 일어서다, 멈춰서다, 앓아눕다, 얼어붙다, 녹아 붙다, 엉겨 붙다, 눌어붙다, 달라붙다, 들어붙다, 썩어 문드러지다,

피어 흐드러지다, 말라 바스라지다, 끓어 넘치다, 살아남다, 생겨나다, 살
아나다, 되살아나다, 드러나다, 일어나다, 깨어나다, 자라나다, 솟아나다,
만들어지다, 밀려나다, 쫓겨나다, 터져 나가다, 죽어 없어지다, 썩어 없어
지다, 닳아 없어지다, 삭아 없어지다, 삭아 떨어지다, 밀어닥치다, 밀려닥
치다, 몰아닥치다, 늙어 죽다, 얼어 죽다, 굶어 죽다, 맞아 죽다, 찔려 죽다,
말라죽다, 아파죽다, 미워죽다, 배고파 죽다, 치어 죽다, 타죽다, 떨어져 죽
다, 불어터지다, 부어터지다, 익어 터지다, 부풀어 터지다, 썩어 빠지다, 놀
라 자빠지다, 죽어 자빠지다, 걸려 넘어지다, 밀려 넘어지다, 지쳐 쓰러지
다, 울려 퍼지다 등

(4) '상태변화'를 나타내는 타동사성 'V₁어 V₂'의 예

떠올리다, 깎아내리다, 벌어들이다, 받아들이다, 지워내다, 솎아내다, 알아
내다, 밝혀내다, 생각해 내다, 잡아내다, 드러내다, 빚어내다, 만들어내다,
찾아내다, 길러내다, 키워내다, 빌려주다, 새겨 넣다, 채워 넣다, 열어젖히
다, 밀어젖히다, 꺾어 젖히다, 벗어젖히다, 눌러 펴다, 두드려 펴다, 다려 펴
다, 불어 끄다, 두드려 잡다, 때려잡다, 밀어 무너뜨리다, 걸어 넘어뜨리다,
걸어 자빠뜨리다, 눌러 터뜨리다, 깔아뭉개다, 밟아 뭉개다, 까뭉개다, 쳐
부수다, 밟아 부수다, 때려 부수다, 까부수다, 찢어발기다, 허물다, 때려잡
다, 쏘아 죽이다, 쳐 죽이다, 밟아 죽이다, 때려죽이다, 말려 죽이다, 먹어
없애다, 지워 없애다, 태워 없애다, 씻어 없애다, 쏘아붙이다, 밀어붙이다,
치켜들다, 구워 익히다, 삶아 익히다, 데쳐 익히다, 불러일으키다, 일으켜
세우다, 틀어막다, 움켜쥐다, 알아듣다, 알아보다, 여겨듣다, 여겨보다, 내
쉬다, 내치다, 내두르다 등

이 중 '올라오다, 내려가다, 뛰어오다, 기어 오다, 날아오르다, 기어들다'
등 이동사건과 관계된 예들을 '(원인)행위-결과' 관계로 파악한 것에는 이
견이 있을 수 있다. '올라오다, 내려가다' 등은 '경로(path)+이동'으로 볼 수

있고, '뛰어오다, 기어가다' 등은 '방식(manner)+이동'으로 보는 것이 일반적이며, '날아들다, 기어오르다' 등은 '방식+경로·이동'으로 볼 수 있기 때문이다.

우선, '올라오다, 내려가다' 및 여기에서 더 확장된 '날아 올라오다, 뛰어 내려가다, 기어 들어오다, 굴러 나가다' 등을 본고에서 '(원인)행위+결과'로 보는 것은 서론에서 밝혔듯이 기본적으로 '결과'에 대한 본고의 인식이 '어떤 (원인) 행위의 자연스런 전개과정을 거쳐 다다른 마지막 상태'의 개념이며, 이때의 원인은 반드시 결과에 대한 직접적이고 유일한 원인일 필요는 없다고 보기 때문이다. 즉, 오르거나 내리는 행위 끝에 화자에 가까워지거나(올라오다) 화자로부터 멀어지는(내려가다) 결과가 일어났다고 파악하며, 날거나 기는 행위 끝에 도착점에 '들-'거나(날아들다) '오르-'(기어오르다)는 결과가 생겨났다고 본다.[2] 이는 상태변화를 나타내는 '밟아 뭉개다'와 같은 경우에도 마찬가지로 적용된다. V₁인 '밟아'는 V₂인 '뭉개다'의 '방식'으로 볼 수도 있지만, 동시에 '밟-'는 행위 끝에 '뭉개-'는 결과로 이어짐을 인정할 수 있기 때문이다.

다음으로 목표지점에의 도달 여부와 관계된 문제를 언급할 필요가 있다. 한국어에서 이동사건을 나타내는 방식은 대부분의 경우 동사연결형을 취하고 있으며, 이동사건을 구성하는 요소들 즉 〈전경〉, 〈배경〉, 〈경로〉, 〈이동〉, 〈방식〉, 〈원인〉이 각각 동사로 표시된다. 이때 이동의 목표점에 분명히 도달하였음을 나타내는 요소는 〈경로〉이다. 즉, "나비가 방 안으로 날아들었다.", "아이들이 물속으로 뛰어 들어갔다." 의 예에서와 같이 〈경로〉 요소가 개재되면 'NP로/에/까지' 등으로 표시되는 목표점에 도

---

2) 이와 관련하여 임지룡(2000:35)에서는 한국어의 '가다/오다'를 〈이동+직시소〉의 정보가 융합된 것이라고 하였다. 또, "그 중 〈이동〉은 합성형에서 공간 및 시간의 변화를 표시하며, 〈직시소〉는 이동체의 출발점과 도착점의 위치를 명시적으로 드러내는 기능을 하는데, '가다'는 화자의 위치가 이동체의 출발점이며 상대적으로 '오다'는 화자의 위치가 이동체의 도착점임을 뜻한다"고 말하고 있다.

달하였음이 드러난다. 이처럼 목표점 도착을 확신할 수 있는 경우야말로 전형적인 위치변화의 결과구문이라고 할 수 있을 것이다.

반면 '지붕위로 날아갔다', '집안으로 굴러왔다'와 같이 경로 요소 없이 '〈방식〉+가다/오다'로 구성된 동사연결 구성이 한국어에서 높은 빈도로 쓰이는데 이때에는 목표점 도달을 확신할 수 없다. 따라서 이러한 경우의 'NP로 V₁어 V₂'를 결과구문으로 볼 수 있는가 하는 점이 문제로 된다.

한국어는 영어와 달리 자발적 이동구문에서 '오다, 가다' 혹은 '오르다, 내리다, 들다, 나다' 등의 이동동사를 쓰지 않고서는 위치변화를 나타낼 수 없다는 것은 이미 잘 알려진 사실이다. 다음 예문3)을 보자.

(5) ㄱ. she took to her heels and galloped **away into the field**.

그녀는 들판 쪽으로 뛰어가 버렸다.

ㄴ. The cows declared unanimously that Snowball **crept into their stalls** and milked them in their sleep.

암소들은 스노볼이 그들의 우리 속으로 몰래 들어와서 그들이 잠자고 있는 사이에 우유를 짜 갔다고 한결같이 주장했다.

위 예문에서 보듯 영어의 경우는 'galloped, crept' 등 동작의 방식을 나타내는 동사와 'into' 등 전치사구의 결합만으로도 위치이동을 나타낼 수 있지만 한국어에서는 "들판 쪽으로 뛰어 버렸다.' 혹은 '?우리 속으로 몰래 들었다.'와 같이 '가다/오다'를 빼고 쓰면 비문이거나 어색한 문장이 되어 버린다. 이는 영어의 "He walked to the store."가 가게에 도착했음을 나타낼 수 있는 반면, "그는 가게로 걸었다"라고 한국어로 직역하면 도달의 의미가 사라지는 데서도 확인할 수 있다.

---

3) (5)의 예문들은 George Orwell의 1945년작 〈Animal Farm〉에서 추출한 것이며, 번역본은 '최윤영 역(1994), 〈동물농장, 1984년〉, '헤원세계문학 73', 헤원출판사'를 참조하였다.

이처럼 한국어에서 자발적 이동사건을 나타낼 때는 이동동사가 개입된 'NP로+V₁어+V₂'로 주로 쓰이며, 이때 V₂에는 '가다/오다'가 오는 경우가 많다. 또한 'NP로+V₁어+V₂어+가다/오다'로 실현되기도 한다. 한편 위에서 제기한 문제, 즉 '〈방식〉+가다/오다'는 목표점 도달을 담보할 수 있는가, 그리고 한국어 결과구문으로 볼 수 있는가 하는 문제로 돌아가 보자. 결론적으로 본고는 이러한 경우 역시 한국어의 위치변화 결과구문으로 보고 있음을 앞 4장에서 밝힌 바 있는데, 그 이유는 '가다/오다'가 가지는 직시적(deixis) 성격이 '결과'의 의미 표시와 관련되어 있다고 생각하기 때문이다. 즉 '집안으로 굴러왔다.', '지붕위로 날아갔다.'가 나타내는 이동사건에서 '위치의 변화'를 판별할 때 그 기준은 '목표점에의 객관적인 도달'이 아니라 '화자가 관찰한 바로서의 위치변화'가 되어야 한다고 생각하는 것이다. '집안으로 굴러왔다.'에서 '왔다'는 화자가 관찰하건데 이동체의 위치가 집밖에서 집안으로 바뀌었다는 것을 나타낸다. '갔다'는 '왔다'와 사정이 또 다르다. '지붕 위로 날아갔다.'에서는 화자가 출발점에 위치하기 때문에 이동체가 실질적으로 지붕 위에 도달했는지를 확인할 수 없다. 그렇다면 객관적인 목표점 도달을 장담할 수 없는 '갔다'는 결과를 나타내지 못하고 '왔다'만이 결과를 표시할 수 있다고 하는 것은 온당한 일일까? 앞의 예문에서 '갔다'는 '화자의 관찰에 의하면 이동체는 더 이상 이곳에 없다.'는 것을 나타낸다. 따라서 한국어에서는 이러한 경우 역시 위치변화를 나타내는 결과구문으로 보아야 한다는 것이 본고의 생각이다. 그것이 이동사건에 직시적 요소 '가다/오다'가 고빈도로 쓰여 개념화자의 개입을 드러내는 한국어의 실질에 부합하기 때문이다.

한편, 위에서 'V₁어 V₂' 구성이 상태변화의 결과를 나타낼 수 있다 하였으나 여기에는 주의할 점이 있다. 즉, V₂가 변화와 관계된 요소라 할지라도 그것이 동사인 이상 변화된 상태를 직접적으로 표시할 수는 없다는 것이다. 상태를 표시하는 것은 원칙적으로 형용사가 하는 일이다. 다만 동사의 행위가 실현되었을 경우 그것이 함축하는 결과를 통해 상태변화를 나타낼 수는 있다. 예를 들어, '얼어 죽었다'와 '젖어젖혔다'에서 '얼다'와 '열다'가 표시하는 행위는 자연스럽게 '죽다'와 '젖히다'로 이어지는데, '죽다'와 '젖히다'가 실현되었을 경우 그것이 의미적으로 지향하는 대상(전자는 유생성 경험주, 후자는 창문 따위의 피동주 대상물)이 '죽은' 혹은 '젖혀진' 상태로 변화했을 것임을 함축한다는 것이다.

이러한 함축은 대체로 순조롭게 작동하는 듯 보인다. 특히 자동사 구문의 경우 결과표시 성분인 V_2가 주어를 의미적으로 지향하는 동시에 태(態)의 일치를 보이므로 주어의 상태변화를 나타냄에 무리가 없다. 또 한국어 동사의 결과 함축 정도는 영어 등에 비해 상대적으로 낮아서 결과의 취소가 일어나는 일이 많다고 알려져 있지만,[4] 아래 (6ㄱ), (6ㄴ)에서 보듯이 자동사성 'V_1어 V_2'가 나타내는 결과는 확정되어 취소되지 않는다. 타동사 결과구문과 달리 자동사 결과구문에서 결과가 확정되는 경향은 (6ㄷ), (6ㄹ)에서 보듯 'AP게 V' 결과구문의 경우에도 동일하다.

(6) ㄱ. *밥이 <u>눌어붙었으나</u> 밥솥 바닥에 붙어있지 않다.

　　ㄴ. *문고리가 <u>삭아 떨어졌으나</u> 떨어지지 않고 붙어있다.

　　ㄷ. *물집이 <u>볼록하게</u> 부풀었으나 볼록하지 않다.

　　ㄹ. *옷감이 <u>푸르게</u> 물들었으나 푸르지 않다.

---

4) 어떤 목적을 가지고 수행되는 행위를 나타내는 동사를 과거시제(past tense) 또는 완망상(perfective aspect)으로 사용했을 때 그 동사가 나타내는 행위의 목적이 달성되었는가 여부, 즉 결과(달성) 함축의 강도는 언어에 따라, 동사에 따라, 구성에 따라 차이가 있다. 또 목적 지향적 행위를 나타내는 선행절과 결과 취소(result cancellation)를 나타내는 행위절을 결합했을 때, 일부 언어에서는 동사에 함축되었던 결과가 취소되는 경우가 있는데, 이를 불완전성 효과(incompleteness effect)라 한다. 한국어나 일본어에서는 결과 취소가 자연스러운 경우가 많은 반면 영어에서는 수용불가(unacceptable)한 경우가 많다. 달리 말하면 영어는 동사의 결과 함축이 강한 반면에 한국어와 일본어는 약하다고 할 수 있을 것이다. 언어 간 동사의 결과 함축 강도 차이 및 결과 취소 가능성에 대한 선도적인 연구로는 Ikegami(1985), 宮島達雄(1985), 影山太郎(1996), 佐藤琢三(2005) 등이 있다(순효신 外 5인 2012:102~104에서 요약, 인용).

문제는 타동사 구문의 경우인데, 결과를 표시하는 타동사성 'V₁어 V₂'에서 'V₂'는 항상 타동사로 나타나며 주어에 태의 일치를 보이기 때문에 목적어에 나타난 상태 변화를 직접적으로 표시하기 어렵다. 만일 "철수가 민수를 밀어 떨어뜨렸다."와 같은 예문에서 V₂에 타동사 '떨어뜨리다'가 아닌 자동사 '떨어지다'가 올 수 있다면, 즉 "*철수가 민수를 밀어 떨어졌다."와 같은 문장이 성립한다면 목적어에 일어난 변화 상태를 'V₁어 V₂'로 표시하는 데 문제가 없을 것이다. '떨어졌다'가 '민수'에 대한 서술이 되기 때문이다. 그러나 한국어의 실제는 그렇지 않아서 위의 예는 성립하지 않는다. 만일 이를 적격한 문장이라 한다면 그것은 "철수가 민수를 밀어, (민수가) 떨어졌다"와 같은 접속문으로 보았기 때문이다.

기존의 연구에서 밝혀져 왔듯이 한국어의 연쇄동사 구성에는 '타동사+비대격동사' 혹은 '비대격동사+타동사'의 구성이 없다.[5] 이러한 사실은 위 두 구성이 모두 가능한 중국어의 경우와 대비된다. 한국어 연쇄동사 구성이 가질 수 있는 논항구조의 종류를 제시해 보면 다음 표와 같다(함희진 2010:71에서 인용).

[표 5-1] 연쇄동사 구성의 논항구조

V1 \ V2	〈Ag〈theme2〉〉	〈Ag〉	〈〈theme2〉〉
〈Ag〈theme1〉〉	〈Ag〈themeX〉〉 졸라매다	〈Ag〈theme1〉〉 찾아가다	〈Ag〈themeX〉〉 *때려죽다
〈Ag〉	〈Ag〈theme2〉〉 뛰어넘다	〈Ag〉 기어가다	〈Ag〈theme2〉〉 목매 죽다
〈theme1〉	〈Ag〈themeX〉〉 *끓어 쏟다	〈Ag=theme1〉〉 퍼져 눕다	〈theme1=2〉 맞아 죽다

---

5) Li(1997)은 한국어에 '타동사+비대격동사'의 결과구문이 없는 이유는 한국어가 핵말 언어이기 때문이라고 설명한 바 있다. 결과보어 구문은 의미상 원인 사건이 주절이 되고 결과 사건이 보어가 되어야 하는데 한국어는 핵말 언어여서 이 관계를 동사 연결로 표시할 수 없다고 설명한다. 행여 원인 사건을 핵이 되는 동사로 표시하게 된다면 '결과-원인'의 순서가 되기 때문에 동사를 연결할 때 사건 순서를 어순에 반영해야 한다는 도상성을 어기게 되므로 이러한 연결은 불가능하다고 설명하였다(함희진 2010:70에서 재인용).

이처럼 한국어 'V₁어 V₂' 구성 자체에 '타동사+비대격동사' 구성이 성립되지 않기 때문에 목적어의 변화를 표시하는 타동사 결과구문으로 쓰인 'V₁어 V₂' 구성은 '타동사+타동사'의 구성으로 나타날 수밖에 없다. 이러한 사실로 인하여 'V₂'로써 목적어의 결과 상태를 표시하는 것에 일정한 제한이 따른다. 'V₁어 V₂' 구성을 한국어의 결과구문으로 적극 주장한 오충연(2010)에서도 이러한 점을 지적하면서 주어에 대한 결과서술, 즉 '걸려 넘어지다'와 같은 자동사성 'V₁어 V₂'에 한해서만 결과구문으로 인정하고 있다.

이와 달리 본 연구에서는 타동사성 'V₁어 V₂' 역시 한국어 결과구문 논의에 포함할 수 있다고 주장한다. 물론 '타동사+타동사'로 구성된 'V₁어 V₂'의 경우, 결과 표시 기능을 V₂ 타동사에 함축된 결과에 기댈 수밖에 없다. 본고는 한국어에서 이러한 결과 함축이 일반적으로 무리 없이 작동한다고 생각한다. 다만 한국어 동사의 결과 함축 정도는 영어 등의 언어에 비해 약하며, 실현된 듯 보이는 결과도 취소를 일으킬 수 있다는 문제가 있다. 이와 관련하여 먼저 순효신 외(2012)에서 다음과 같이 일부 예문을 발췌하여 제시한다.

(7) ㄱ. 영희는 철수를 誘惑했지만, 철수는 誘惑에 넘어가지 않았다.

   ㄱ'. *Mary seduced John, but John didn't succumb.

   ㄴ. 철수는 그 옷을 불 속에 던져 태웠지만, 그 옷은 (不燃 素材로 만들어져 있어서) 타지 않았다.

   ㄴ'. *I burned it, but it didn't burn.

   ㄷ. 물을 끓였으나, (불이 弱해서 그런지) 도통 끓지 않았다.

   ㄷ'. *I boiled the water, but it didn't boil.

한국어 동사에 '-았/었-'을 붙여 쓰면 일반적으로 동사에 함축된 결과가 실현된 것으로 읽힌다. 하지만 위 예문에서 보듯이 한국어는 영어와 달리 이러한 결과 함축에 종종 취소를 일으킬 수 있다. 'V₁어 V₂' 구성 역시 한국어 동사의 이런 특징으로부터 자유롭지 않아서 일부 타동사성 'V₁어 V₂'에서 아래와 같이 결과 취소를 일으킬 수 있다.

(8) 철수가 자판기에 동전을 밀어 넣었지만, 동전은 들어가지 않았다.

하지만 단일 동사보다는 'V₁어 V₂' 구성에서 결과 함축의 강도가 상대적으로 높다고 할 수 있다. 아래는 이러한 경향을 보여주는 예가 된다.

(9) ㄱ. 철수가 옷을 불 속에 던져 태웠지만, 그 옷은 타지 않았다.
    ㄴ. *철수가 옷을 불 속에 던져 태워 없앴지만, 그 옷은 타지 않았다.
    ㄷ. *철수가 옷을 불 속에 던져 태워 없앴지만, 그 옷은 없어지지 않았다.

만일 'V₁어 V₂' 구성이 결과 달성을 담보할 수 없다면 이를 결과구문으로 인정하기 어려워진다. 하지만, 결과 취소의 경향은 한국어의 대표적인 결과구문으로 인정되고 있는 '-게 V' 구문의 경우도 마찬가지며,[6] '-로 V' 구문도 예외가 아니다. 이처럼 결과 실현이 종종 취소된다는 점은 영어나 중국어의 결과구문과 구별되는 한국어의 특징으로 볼 수 있다. 아래 예문을 보자.

(10) ㄱ. 영희가 책상을 <u>깨끗하게</u> 닦았지만 책상은 깨끗하지 않았다.
    ㄴ. *John wiped the table <u>clean</u>, but it was not clean.
    ㄷ. *張三　擦　<u>干淨</u>　了　桌子, 但是　桌子　不　　干淨。
       장삼　닦다　깨끗하다 (완료) 탁자, 하지만　탁자 (부정) 깨끗하다

---

6) '-게 V'구문의 결과취소 경향은 여러 선행연구에서 공통적으로 지적되었다. 본 연구의 3장에서는 'AP게 V' 구문에 결과 취소가 일어나는 이유에 대하여 개념화자의 개입이 허용되기 때문이라고 보았다. 즉, 동일한 상태에 대하여 서로 다른 평가가 가능하기 때문에 결과 취소가 일어나는 것처럼 보인다는 것이다.

(11) ㄱ. 어머니가 고추를 <u>가루로</u> 빻았지만 가루가 되지 않았다.

　　ㄴ. *Mom pounded the chillies <u>into powder</u>, but powder was not made.

　　ㄷ. *媽媽　把　辣椒　舂　<u>成</u>　辣椒粉,　但是　沒有　成　辣椒粉。

　　어머니 (pre.) 고추 빻다 되다 고춧가루, 하지만 (부정) 되다 고춧가루

(12) ㄱ. 영희가 비닐봉투를 물어<u>뜯었지만</u> 봉투는 뜯어지지 않았다.

　　ㄴ. *John bite the plastic bag <u>open</u>,[7] but the bag was not open.

　　ㄷ. *張三　咬　<u>破</u>　了　塑料袋,　但是　塑料袋　沒有　破。

　　장삼 물다 뜯다 (완료) 비닐봉투, 하지만 비닐봉투 안(부정) 뜯어지다

앞서 영어 결과구문의 가장 큰 특징의 하나로 '유경계(telic)'의 상적 특징을 가진다는 점을 제시하였다. 한국어 결과 표현에서 위와 같이 결과 취소가 일어난다는 사실은 경계성(telicity)이 보장되지 않는다는 것을 나타낸다. 따라서 영어 결과구문의 기준을 엄격하게 적용한다면 한국어에서는 결과구문의 존재를 인정하기 어렵고 나아가 취소되는 결과를 진정한 결과라고 할 수 있는지 그 자체에 의문이 제기될 수 있다.

하지만 우리는 위 예들에서 결과가 취소될 수 있기는 하나 취소 전 문장의 기본적 해석은 결과가 실현된 것으로 읽힌다는 사실에 더욱 주목한다. 결과 취소는 굳이 그러한 환경을 조성했을 때 일어날 가능성으로 존재할 뿐, 기본적 해석은 아니다. 즉, '-았/었-'을 붙여 썼을 때 결과 실현의 가능성이 미실현의 가능성보다 훨씬 우세한 것으로 해석된다면 결과 범주 내에서 다루는 것이 옳다고 생각하는 것이다.

뿐만 아니라 동사연결형으로 결과를 표시할 때 그 동사의 결과 함축에 기대는 일은 한국어에서만 일어나는 것이 아니다. 중국어의 결과구문이

---

7) 한국어의 '뜯다'와 중국어의 '破'는 동사이지만 영어의 open은 형용사이다. 영어 결과구문에서는 결과를 표시하는 XP가 동사로 나타나지 않으며, 특히 동사 연결 구조로 결과를 나타내는 형식은 관찰되지 않는다.

라 할 수 있는 동결식(動結式) 역시 'VV'식 동사연결형으로 구성되는 일이 많은데, 이때 그 구성이 '타동사+타동사' 로 나타나는 일이 있으며 이때의 결과 표시는 한국어와 마찬가지로 두 번째 동사의 결과 함축에 기대게 된다.

(13) 孩子　玩　<u>忘　　了</u>　　時間。
　　　아이　놀다　잊다 (완료)　시간
　　　'아이는 노느라 시간을 잊어버렸다.'

이 경우 'VV' 동결식은 '玩(타동사)+忘(타동사)'로 구성된다. 예문에서 목적어인 '時間'은 '잊혀진' 상태가 되는데 이는 두 번째 동사인 '忘了(잊었다)'에 함축된 결과라고 할 수 있다. 이처럼 목적어에 대한 직접적 서술이 아니라 동사에 함축된 바를 통해 결과를 나타낸다 하여도 중국어 결과구문에서 배제되지 않는다. 한편 타동사가 보어로 쓰여 결과를 나타낼 수 있는 경우에는 동작동사인 '翻, 服, 混, 見, 開, 賠, 折, 勝, 贏, 賺' 등과 심리동사인 '懂, 忘' 등이 있다(박정구 1998:85).

　물론 중국어의 타동성 동결식의 경우 한국어 'V₁어 V₂' 구성과 달리 '타동사+비대격동사' 구성으로 나타나는 일이 일반적이다. 따라서 그러한 구성이 불가능한 한국어의 'V₁어 V₂'보다 목적어에 대한 서술이 자유롭다고 생각할 수도 있다. 즉, 첫 번째 동사는 주어의 행위를 서술하더라도 V₂가 목적어의 상태를 직접적으로 나타낸다고 생각할 수 있기 때문이다. 하지만 보어에 비대격 동사가 온다 하여도 중국어에서는 이것이 '행위(V)+결과(R)' 구조를 가진 새로운 하나의 타동사성 단위를 구성하며, 이것이 다시 목적어를 취하는 일이 흔하다. 그리하여 'SVRO' 형식의 결과구문을 구성한다 할 때 보어(R)인 비대격 동사가 직접적으로 목적어의 상태를 표시하는 것이 아니라 타동사성의 'VR' 합성동사에 함축되는 바에 의지하여 결과를 표시한다고 보아야 한다. 예를 들면 다음과 같은 경우이다.

(14) ㄱ. 他 推   開   窗戶。

그 밀다 열(리)다 창문

'그는 창문을 밀어 열었다.'

ㄴ. 他 吃   斷   了 兩 双 筷子。

그 먹다 부러지다 (완료) 두 (양사) 젓가락

'그는 먹다가 젓가락 두 벌을 부러뜨렸다.'

위 (14ㄱ)에서 결과를 나타내는 '開'는 중국어에서 '열리다'의 뜻으로 쓰일 수 있으나 위 예에서는 동사 '推(밀다)'와 먼저 결합하여 '推開'를 형성한 후 이것이 다시 목적어 '窗戶(창문)'을 취하는 구조라고 보아야 한다. 즉 '開'가 '窗戶'의 상태를 단독으로 직접 표시하는 것이 아니라 '推開'라는 타동사를 통하여 열린 결과를 표시한다는 것이다. (14ㄴ)에서는 동사 '吃(먹다)'가 목적어인 '兩双筷子(젓가락 두벌)'을 바로 취할 수 없기 때문에 이러한 사실이 더 뚜렷하게 드러난다. 즉, '斷'은 중국어에서 '부러지다'의 의미로 쓰일 수 있는 동사지만 위 예에서는 주동사와 먼저 결합하여 합성타동사에 준하는 '吃斷'을 먼저 형성하고 이것이 다시 '兩双筷子(젓가락 두벌)'을 목적어로 취하는 것으로 보아야 할 것이다. 그렇다면 이 경우 역시 '젓가락이 부러진' 결과는 '먹어서 부러뜨리다' 정도의 의미를 가지는 타동사 '吃斷'에 함축된 것이라고 보아야 한다.8)

따라서 한국어의 타동사성 'V₁어 V₂' 구성이 '타동사+타동사'로만 나타날 뿐 '타동사+비대격동사'의 구성을 취할 수 없다고 하여 이 형식의 결과 표시 기능을 부정할 필요는 없다는 것이 본고의 생각이다. 즉, 'V₁어 V₂' 구

---

8) 이와 관련하여 박정구(1998)에서는 원래 타동사가 아닌 성분(자동사 혹은 형용사)이 보어로 쓰여 타동성을 획득하게 되는 것은 중국어의 역사적 발전 과정에서 발견되는 하나의 뚜렷한 경향이라고 지적한다. 또 이러한 현상은 중국어 문법의 어느 한 부분에만 적용되는 개별적인 특징이 아니라, 중국어에서 일종의 유형화 과정을 관통하고 있는 원리라고 주장하였다. 즉, '遠之, 活之' 등의 예가 보여주듯 이전 시기 중국어에서 자동사나 형용사를 타동사처럼 쓰던 '致動'의 용법이 이러한 보어의 쓰임에 이어지고 있다는 것이다.

성을 과거형으로 썼을 때 그것이 나타내는 결과 함축이 성공적으로 작동하기만 한다면 그 함축에 기대어 결과를 표시할 수 있으며 이는 중국어 등 다른 언어에서도 유효한 방식이기 때문이다. 다만 사실상 거의 개방부류에 가까운 중국어 'VV' 동결식에 비하여 한국어 'V₁어 V₂'는 두 동사의 공기에 일정한 제한이 있다는 점이 결과구문으로서 'V₁어 V₂'가 가지는 약점이라는 사실은 지적해야 할 것이다.

5.2. 'V₁어 V₂'의 결과표시 기능

한국어에서 결과표시와 관련하여 'V₁어 V₂' 형식이 부담하는 비중은 결코 작지 않으며 오히려 기능 부담량에 관한 한 다른 형식을 능가한다고 볼 수 있다. 이는 아래 7장의 텍스트 분석에서도 드러나는데 중국어 텍스트의 결과구문에 대한 한국어 대응 형식으로 가장 큰 비중을 차지하는 것이 바로 'V₁어 V₂'로 나타났다. 또, 그 자체로 결과를 표시하는 외에 'A게 V₁어 V₂' 혹은 'NP로 V₁어 V₂'와 같이 다른 구문 형식을 도와 결과의 의미를 확실하게 해 주는 역할을 수행한다. 이어서, 실제로 'V₁어 V₂' 형식이 어떻게 결과를 표시하는지 그 구체적인 양상을 보기로 한다.

(15) ㄱ. 밥이 밥솥에 눌어 붙었다.　　　　　　(상태의 변화)

　　　ㄴ. 철수가 케이크를 밟아 뭉갰다.　　　　(상태의 변화)

　　　ㄷ. 비둘기들이 날아 올랐다.　　　　　　(위치의 변화)

　　　ㄹ. 나비가 건물 안으로 날아 들어 왔다.　(위치의 변화)

　　　ㅁ. 물속에서 보따리를 건져 올렸다.　　　(위치의 변화)

　　　ㅂ. 그는 마침내 내 말을 알아 들었다.　　(인식의 변화)

　　　ㅅ. 영희는 나를 못 알아 보았다.　　　　(인식의 변화)

이와 같이 'V₁어 V₂'는 한국어에서 상태의 변화와 위치의 변화, 그리고 인식의 변화까지를 표시할 수 있는 것으로 보인다.[9] 이때 원인 사건은 주로 선행동사 'V₁'이, 결과 사건은 후행동사 'V₂'가 표시한다.

각각의 경우를 살펴보면, (15ㄱ)와 (15ㄴ)의 경우 상태변화를 표시한다. 밥이 '눋-'은 결과 밥솥 바닥에 '붙-'는 상태로 변화했고, 철수가 '밟-'은 결과 케이크가 '뭉개지-'었다고 볼 수 있기 때문이다. 이는 동사 연결 구성으로 상태변화를 표시한다는 점에서 아래와 같은 중국어의 '결과보어' 구문과 유사하다.

   (16) ㄱ. 飯　焦　　**煳**　　　　　　了。

         밥　눋다　타다(엉키다)　(완료)

        '밥이 눌어 **붙었다**.'

     ㄴ. 他　把　　蛋糕　踩　　**碾**　　了。

         그　(pre.)　케이크　밟다　뭉개다　(완료)

        '그가 케이크를 밟아 **뭉갰다**.'

다만, 한국어 'V₁어 V₂'에서 'V₂'는 동사로만 나타나므로 변화의 결과로 나타난 상태를 직접적으로 표시할 수는 없다. 특히 타동사 구문인 (16ㄴ)에서 '뭉개다'는 주어와 일치를 보인다는 점에서 목적어에 대한 직접 서술이라고 하기 어렵다. 하지만 '뭉개다'가 '-았/었-'과 결합한 경우 동사의 의미에 함축된 결과로써 목적어인 '케이크'의 변화된 상태를 나타낼 수 있음

---

9) '결과'라는 것이 결국 모종의 '변화'를 뜻하는 것이라 할 때, 변화의 가장 전형적인 양상으로는 '상태의 변화'를 꼽을 수 있다. 따라서 전통적인 영어 결과구문 연구에서는 엄격하게 정의된 '상태 변화' 구문을 다루어 왔다. 하지만 논리상으로 생각할 수 있는 변화에는 상태변화 외에도 위치변화나 인식의 변화 등이 있을 수 있다. 이와 관련하여 Goldberg(1995)는 영어의 결과구문이 사역이동구문의 은유적 확장이라고 한 바 있다. 이어서 Goldberg & Jackendoff(2004)에서는 위치 이동과 관련된 구문도 결과구문의 일원(family)으로 포함시키고 있다. 현재 '결과'에 관한 구문문법적 연구는 대체로 상태변화 결과구문과 위치변화 결과구문을 같이 다루고 있는 추세이다.

을 위에서 말한 바 있다.

(15ㄷ)의 경우, 동작동사인 자동사 V_1 뒤에 이동동사 V_2가 와서 비둘기의 위치가 전보다 상승했음을 나타낸다. 하지만, 이때 종착점은 명시되지 않았다. '비둘기들이 나무 위로 날아 올랐다.'와 같이 목표지점이 추가되는 경우에도 비둘기들이 현재 종착점인 나무 위에 있는지 아닌지는 확실히 보장하기 어렵다.[10)]

우리는 '-로'의 형태로 목표지점이 명시되는 경우 (15ㄹ)의 경우처럼 동작동사와 이동동사 뒤에 다시 직시적 요소 '가다/오다'가 추가되었을 때 이동사건의 달성이 보다 확실하게 이루어진 것으로 본다. 이때 이동의 결과는 화자의 위치에서 이루어진 관찰을 기준으로 해야 함을 위에서 주장한 바 있다.

한편 중국어 보어에도 위치변화를 나타내는 부류가 있는데 한국어의 'V_1어 V_2'와 구조 및 형태면에서 유사점이 발견된다. 일반적으로 '추향(방향)보어'라고 불린다.

(17) ㄱ. 气球　飘　　上　　　了。

　　　풍선　뜨다　오르다 (완료)

　　　'풍선이 떠 올랐다.'

　　ㄴ. 气球　飘　上　　了　　天空。

　　　풍선　뜨다　오르다 (완료) 공중

　　　'풍선이 공중으로 떠 올랐다.'

　　ㄷ. 孩子們　等待　　着　水　流　進　村　來。

　　　아이들 기다리다 (지속) 물 흐르다 들다 마을 오다.

　　　'아이들은 물이 마을로 흘러들어 오기를 기다리고 있다.'

---

10) 이에 대해서는 모국어 화자들 간에도 직관의 차이가 있지만 한국어 동사가 일반적으로 가지는 결과 함축의 불완전 효과에 의해서 '날아올랐으나 오르지 못했다.'와 같이 결과 취소가 일어날 수 있는 것으로 보았다.

위 예를 통해 중국어에도 '동작동사+이동동사' 혹은 '동작동사+이동동사+목표지점(도달점)+來/去' 형식으로 위치의 변화를 표시하고 있음을 알수 있다.[11] 중국어의 다양한 보어 중에서도 이러한 '추향(방향)보어'는 앞서 상태변화를 표시하는 형식으로 살펴보았던 이른바 '결과보어'와 함께 결과 달성을 가장 확실하게 표시하는 부류라 할 수 있으며, 중국어의 결과 구문으로 불리는 '동결식(動結式)'을 구성하는 주요 요소가 된다.

마지막으로 'V₁어 V₂' 구성은 (15ㅂ), (15ㅅ)과 같이 인식 작용의 결과도 표시할 수 있다. 이때는 V₂로써 결과를 표시했던 위 두 경우와 달리 V₁으로써 결과를, V₂로써 선행행위를 나타낸다. 시간의 구성 순서로 보아 '듣-'거나 '보-'는 행위가 선행되어 내 말의 내용이나 나를 '알-'게 된 것이기 때문이다. 이러한 예는 '알아보다, 알아듣다, 여겨듣다, 여겨 보다'[12] 등 극소수의 몇 예에 국한되어 있는데, 이들은 V₁과 V₂ 사이의 통합이 긴밀해져 합성동사의 수준에 이른 예들이다.

이처럼 동사 복합 구성으로 인식작용의 결과를 나타내는 것은 중국어 동결구조에서도 역시 발견된다. 단, 중국어는 이러한 때에도 다른 경우와 마찬가지로 후행성분으로 결과를 나타낸다.

(18) 他　終于　听　**懂**　了　我　的　話。
그　마침내　듣다　알다　(완료)　나　(속격)　말
'그는 마침내 내 말을 **알아** 들었다.'

---

11) 중국어에서 위치변화는 'V+부치사(개사)+목표지점'으로 표시되기도 한다. 이 역시 동결구조의 일종이다. 아래 예문에서 원숭이는 현재 말 등 위에 있음을 나타낸다.
ex)　猴子　跳　在　　馬背　上。
원숭이　뛰다　(pre.)-에　말등　위
'원숭이가 말 등 위로 뛰어 올랐다.'

12) 중세국어의 동사 복합 구성에서는 선행동사가 결과를 나타내는 일이 현대국어보다 많았다고 알려져 있다. '알아듣다'류 'V₁어 V₂' 구성이 이러한 역사적 사실과 관련되어 있는지에 대해서는 후속 연구가 필요하다.

이상으로 한국어 'V₁어 V₂' 구성이 상태변화, 위치변화, 인식작용의 결과로서의 인식변화 등을 나타낼 수 있다는 사실을 알아보았는데, 이는 'AP게 V', 'NP로 V' 등 한국어의 다른 주요 결과구문들이 표시하는 결과의 양상과 대체로 평행하다. 아래의 예문을 보자.

(19) ㄱ. 영희가 책상을 깨끗하게 닦았다. (상태의 변화)

 ㄴ. 철수는 영희를 불쌍하게 여겼다. (인식의 변화)

(20) ㄱ. 우리는 공원으로 모였다. (위치의 변화)

 ㄴ. 얼음을 물로 녹였다. (상태의 변화)

 ㄷ. 그는 나를 바보로 여긴다. (인식의 변화)

(21) ㄱ. 돼지를 우리로 몰아넣었다. (위치의 변화)

 ㄴ. 아이가 물속으로 뛰어들었다. (위치의 변화)

 ㄷ. 나비가 교실로 날아들어 왔다. (위치의 변화)

 ㄹ. 어머니가 고기를 물렁하게 삶아 익혔다. (상태의 변화)

위 (19)는 'AP게 V' 결과구문의 예로서 각각 상태변화와 인식의 변화를 나타낸다. (20)은 'NP로 V' 구문의 예로서, 위치변화와 상태변화 및 인식의 변화까지를 표시하고 있다. 우리는 이들 예를 통해 한국어에서 결과를 표시한다고 알려진 대표적인 세 형식, 즉 'AP게 V'와 'NP로 V' 그리고 'V₁어 V₂' 구성은 결과를 표시하는 성분의 문법범주가 무엇이냐에 따라 분화됨을 다시 한 번 확인할 수 있다. 즉 결과를 나타내는 성분이 형용사일 경우 '-게 V'로 나타나고, 명사성일 경우 '-로 V'로 표시되며, 결과표시 요소가 동사로 나타날 때는 'V₁어 V₂'의 형태를 취한다는 것이다.

한편, (21)의 예에서는 'NP로 V' 구문 혹은 'AP게 V' 구문의 V 위치에 'V₁어 V₂' 구성이 와서 각각 위치변화 혹은 상태변화를 보다 확실하게 표시해 주고 있다. 이 예들은 한국어에서 결과를 나타내는 두 구문 형식이 합쳐지거나 서로 협력할 수 있음을 보여준다. 이때 결과를 표시하는 부분은 'AP게 +V₂' 혹은 'NP로+V₂'로서 문장 주동사의 양쪽에 나타난다.

이상으로 'V₁어 V₂' 구성의 결과표시 기능을 살펴보았는데 표시할 수 있는 결과의 종류에서 'AP게 V', 'NP로 V' 등 한국어의 다른 결과구문들과 비교하여 모자람이 없음을 알 수 있었다. 또 중국어와의 비교를 통해서 한국어 'V₁어 V₂' 구성이 중국어의 대표적인 결과표시 구문인 동결식과 그 구조와 형태, 그리고 기능에서 유사한 점이 많음을 확인하였다.

물론 'V₁어 V₂'에는 중국어의 동결식과 다른 특징도 발견된다. 위 5.1과 5.2절에서 언급한 바 있는 몇 가지 사실들 외에 V₁과 V₂ 간에 공기할 수 있는 쌍이 대체로 정해져 있어서 적용 범위가 넓지 않다는 점도 지적되어야 할 것이다. 예를 들어 '때려 부수다'는 자연스럽지만 '?(머리로) 받아 부수다'는 부자연스럽다. 하지만 어휘에 따라 공기할 수 있는 상대가 제한되어 있는 것은 영어 결과구문의 경우도 마찬가지이며, 정도의 차이는 있지만 결과구문은 결국 어휘화와 관련되어 있다는 것이 최근의 통설이다. 즉, 중국어의 'VV'형 결과구문과 몇 가지 차이점을 보임에도 불구하고 'V₁어 V₂'가 결과표시 기능을 대체로 성공적으로 수행한다는 사실은 해당 형식을 한국어의 결과구문으로 인정하는 데 긍정적인 논거가 된다. 상기한 몇몇 차이점은 개별 언어적 특성으로 보아야 할 것이며, 'V₁어 V₂' 형식으로 표시할 수 없는 결과의 경우 다른 형식들이 그것을 보충함으로써 한국어의 전체 결과 범주를 구성한다고 보아야 할 것이다.

5.3. 'V₁어 V₂'의 상(相, aspect) 표시 기능

앞서 1장 서론에서 보인 예문 (1ㄱ)은 한국어의 결과상태상(결과상) 표지 '-어 있-'의 쓰임을 보이는 예문이었다. '결과상(resultative aspect)'은 어떤 사건이 완결된 후 그 결과로 도출된 상태가 지속됨을 나타내는 문법상으

로, 한국어에서는 '-어 있-'과 '-고 있2-'이 결과상 표지로 인정되고 있다.[13]

한국어에서 동작의 완결을 나타내는 요소로 보조동사를 들 수 있는데 '먹어 버렸다, 씻어 두었다' 등의 예에서 보듯 이들은 원래의 어휘적 의미를 상당 부분 유지하면서 한편으로는 선행 동사가 나타내는 사건이 완결되었음을 표시한다. 선행동사의 완결을 확정짓는 것은 그에 함축된 결과 상태의 실현을 강화하는 효과를 낳는다. 이러한 보조동사에는 '버리다, 치우다, 내다, 두다, 놓다' 등이 거론되어 왔다. 결과상태상 표지인 '-어 있-'과 '-고2 있-' 역시 원래는 '본동사+보조동사'의 구조였으나 거기서 한 단계 더 문법화된 것으로 알려져 있다.

한편, 한국어의 동사는 '-았/었-'과 함께 썼을 때 그 동사가 나타내는 행위의 자연적인 도달점, 즉 결과에 이르렀음을 나타내지만 그 결과는 취소될 수 있다 하였다. 아래 (21)는 단일 동사와 '동사+보조동사' 구성의 결과를 취소해 본 것이다. 동사가 나타내는 사건이 완결되었음을 표시하는 '버리다' 따위의 보조동사가 추가되면 '참고서가 불타(없어지)는' 결과는 취소되기 어려움을 이 예들을 통해 알 수 있다.

(22) ㄱ. 민수가 참고서를 불태웠으나 타지 않았다.

　　 ㄱ'. *민수가 참고서를 불태워 버렸으나 타지 않았다.

이처럼 결과상 표지 '-어 있-'이나 사건의 완결을 표시하는 '-어 버리다/두다/내다/놓다/치우다' 역시 그 형식에 있어 'V₁어 V₂' 구조에서 왔음을 환기함으로써 이 형식이 한국어의 상 체계와 밀접한 관련을 가짐을 확인할 수 있다. 'V₁어 V₂'가 상적으로 민감한 이유는 V₁과 V₂의 배열이 시간의 흐름을 반영하고 있다는 사실과 관련되어 있다. 다시 말해 'V₁어 V₂'는 그 자체

---

13) 한국어의 문법상(grammatical aspect) 체계 및 그것을 구성하는 한 요소로서의 결과상 (resultative aspect), 결과상과 완료상의 관계 등에 대해서는 박진호(2003, 2011)의 내용을 참조하였다.

로 시간적 혹은 상적인 구조이며, 이러한 특성을 바탕으로 한국어의 '결과'
범주를 지탱하는 주요한 형식이 됨을 알 수 있다. 아래 (23)의 ㄱ~ㄷ의 예
는 'V₁어 V₂'의 성격이 문법적 요소에서부터 어휘적 요소에 이르기까지 걸
쳐 있으며 각각의 단계에서 '결과' 혹은 '완결'을 나타낸다.

> (23) ㄱ. 책상 위에 책이 <u>놓여 있다</u>.
>
> ㄴ. 철수가 밥 세 공기를 <u>먹어 치웠다</u>.
>
> ㄷ. 범인이 인질을 <u>쏘아 죽였다</u>.

한편, 이러한 현상은 중국어의 동결식(동사+보어)에서도 유사하게 발
견된다. 중국어의 보어는 술어 뒤에 출현하여 보충적인 설명을 보태는 성
분을 말한다. 보어가 가지는 상(相, aspect) 표지로서의 기능은 일찍부터
학계에서 주목받아 왔다.

본고에서 중국어 보어에 주목하는 이유는 현대 중국어 보어의 가장 큰
기능이 '결과' 표시에 있다고 생각되기 때문이다. 1장 서론 중 (1)~(15)의 예
문들에서 제시하였듯이 한국어에는 '결과'와 관련된 형식들이 다양하게
혼재한다. 그런데, 이들이 담당하는 결과표시 기능의 거의 대부분을 중국
어에서는 보어의 형식으로 통일되게 표시할 수 있다.

예를 들어, 흔히 '결과보어'라 불리는 유형은 '洗干淨(씻다+깨끗하다)',
'摔倒(넘어지다+뒤집히다)'와 같이 선행동사로 초래된 상태를 뒤따르는
보어로써 표시하는 형식인데, 그 중 아래(24)와 같은 예들에서는 보어가
선행 술어로 표시되는 사건의 완결을 나타낸다.[14]

---

14) 范曉(1985)에서는 일반적으로 결과보어라고 말해지는 형식은 실제로 다음 세 가지의 의미
　　를 나타낸다고 하였다.
　　ⅰ) 동작의 결과: 凍坏, 喂肥, 逗笑 등
　　ⅱ) 동작의 정도: 吃多, 穿小, 來晩 등
　　ⅲ) 동작의 태(態) (情貌): 단어의 확장의미 혹은 허화된 의미 到, 着, 住, 上, 完, 好, 掉, 起來,
　　　　下去

(24)　　說　　　完　　　　　　吃　掉　　　　　　做　好
　　　　말하다　끝나다　　　　먹다　떨어지다　　　하다　끝나다
　　　　‘말 다하다’　　　　　　‘먹어 버리다’　　　　‘해서 끝내다’

‘完, 掉, 好’ 외에도 ‘到, 着(zhao), 住, 上’ 등이 이에 해당되는데, 이들이 사건
의 결과를 구체적으로 명시하는 것은 아니지만 우선 그에 앞서 사건이 완
결되었음을 나타낸다. 이러한 완결의 의미는 이들 보어가 원래 가지는 어
휘적 의미에 바탕을 두고 있다. 이는 상기한 한국어의 ‘버리다’류 보조 동
사의 기능과 평행하다고 할 수 있다.

　중국어의 결과상태 지속상 표지로는 ‘着(zhe)’가 거론되어 왔는데 이 역
시 결과보어에서 문법화 되어 나온 것으로 알려져 있다. 위에서 밝혔듯이
한국어의 결과상태상 표지 ‘-어 있-’이 ‘V₁어 V₂’ 형식인 ‘본동사+보조동사’
구성에서 문법화된 것과 비교할 수 있다.[15] 위 (23)의 한국어 예문을 중국
어로 나타내면 다음과 같이 나란하게 나타난다.

(25) ㄱ. 桌　上　放　　着　　　　　　書。[16]
　　　　탁자 위 놓다 (결과상표지)　책
　　　　‘탁자 위에 책이 놓여있다.’

　　 ㄴ. 哲秀　吃　　掉　　　了　　三　碗　飯。
　　　　철수 먹다 떨어지다 (완료) 세 그릇 밥
　　　　‘철수가 밥 세 그릇을 먹어 치웠다.’

　　 ㄷ. 犯人　開　槍　把　　人質　打　　死　　了。
　　　　범인 쏘다 총 (pre.) 인질 때리다 죽다 (완료)
　　　　‘범인이 인질을 총 쏘아 죽였다.’

---

15) 다만 결과상 표지로서 ‘着(zhe)’와 ‘-어 있-’의 분포나 기능 부담량이 일치하는 것은 아니다.
16) ‘着(zhe)’의 문법화 정도는 상당히 높아서 현대 중국어 문법에서는 이를 ‘動態助詞(동태조
　　사)’로 분류하고 있다. (10a)의 예문 역시 결과보어로서 쓰인 것은 아니나, 형태적인 연관성
　　을 보이기 위하여 제시하였다.

이처럼 한국어의 'V₁어 V₂' 구성과 중국어의 '동사+보어' 구성은 시간의 흐름을 반영하는 구조를 바탕으로 각각의 언어에서 '결과'와 관련된 상적 특성을 표시하는 일관된 계통을 이루고 있다. 정리하면 다음과 같다.

[표 5-2] 중국어 결과보어와 한국어 보조동사의 상적 기능

구 분		동작의 완료	결과상태 지속
한국어 (보조 동사)		'-어 버리다/치우다/두다/놓다/내다'	'-어 있다, -고 있다'
		숙제를 해 버렸다	ㄱ. 얼음이 얼어 있다 ㄴ. 모자를 쓰고 있다.
중국어 (보어)	완결	'完, 好, 過'	'着(zhe)'
		寫　好　了　一封　信。 쓰다 (완결)(완료) 한 통 편지 '편지 한 통을 다 썼다.'	
	결과17)	'着(zhao), 到, 見, 得, 住'	桌　上　放　着　　書。 탁자 위 놓다 (결과상태) 책 '탁자 위에 책이 놓여 있다.'
		做　得　了　一件 衣裳。 짓다 (결과)(완료) 한 벌 옷 '옷 한 벌을 지어 냈다.'	

5.4. 'V₁어 V₂'의 사건 통합 표시 기능과 구문적 성격

5장의 서두에서 밝혔듯이 본 장에서는 그동안 가능성으로만 존재해 왔던 'V₁어 V₂'의 한국어 결과구문으로서의 위상을 정립하는 것을 주요한 목표로 하고 있다. 위 내용에서는 'V₁어 V₂'가 가지는 결과표시 기능의 종류 및 특징을 살펴보았다. 결론적으로 'V₁어 V₂'의 결과 표시 기능은 다른 구문과 비교해 모자람이 없다. 또한 'V₁어 V₂'를 포함하여 한국어 결과구문 형식

---

17) 중국어의 경우 다시 완결상 표지와 결과상 표지로 나눈 것은 陳前瑞(2003) 등 중국어 상표지에 관한 연구의 결과들을 따른 것이다. 동연구에 따르면 완결상 표지는 동작의 종결 혹은 완성을 나타내는 요소로서 telic 상황이나 atelic 상황에 모두 쓰일 수 있다. telic 상황에 쓰여 완성을 표시할 때는 상황에 내재하는 자연적인 끝점을 나타내고, atelic 상황에 쓰이면 임의의 시점에서 상황을 종결했음을 나타낸다. 한편 결과상 표지들은 상황의 종결과 완성을 표시하는 외에 동작이 획득한 결과까지 표시할 수 있다. 결과상 표지는 telic 상황에만 쓰일 수 있다.

들은 결과를 표시하는 성분이 속하는 문법범주에 따라 각각의 맡은 바 임무를 나누어 수행하고 있음을 알 수 있다.

한편, 'V₁어 V₂' 형식이 실제 한국어에서 결과표시의 기능을 얼마나 부담하느냐 하는 것은 추가적인 확인이 필요한데, 이에 대해서는 아래 6장의 텍스트 분석 결과 중국어 결과구문에 대응하는 표현으로 'V₁어 V₂' 형식이 여러 결과 표시 형식들 중에서 가장 큰 비중을 차지했음을 언급할 수 있다.[18]

그뿐 아니라 동작의 완결을 표시하는 몇몇 보조용언 구성과 결과상태상 표지 '-어 있-'등이 이 형식을 취하는 바, 'V₁어 V₂' 구성은 한국어 상체계의 일부를 문법적으로 표시하는 요소이기도 함을 알 수 있었다. 그렇다면, 이제 남은 문제는 이 형식이 가지는 구문적 성격을 다시 한 번 확인하는 것이라고 할 수 있다.

영어 혹은 중국어의 경우, 결과표현이 가지는 구문으로서의 성질이 한국어에 비해 확연히 드러난다. 상태변화 동사가 아닌 동작동사가 널리 쓰일 수 있다는 점, 그리고 행위표시 성분과 결과표시 성분 간에 어떠한 문법요소도 들어가지 않는다는 점 등이 구문으로서의 성질을 뚜렷하게 한다. 다시 말해 구문 전체의 의미가 합성적이지 않다는 것이다. 아래의 예문[19]을 보자.

(26) ㄱ. The horses dragged the logs smooth.

　　 ㄴ. 那　些　馬　把　木頭　拖　光滑　　　了.

　　　그 (pl.) 말 (pre.) 통나무 끌다 반들거리다 (완료)

---

18) 분석의 대상이 중국어 텍스트라는 점에서 중국어 동결식과 가장 유사한 형태를 가지는 'V₁어 V₂'의 비중이 순수한 한국어 텍스트보다 높게 나올 가능성을 인정한다 하더라도 그 영향이 전체적인 경향을 뒤바꿀 만큼 크다고 할 수는 없다.

19) 영어 예문은 와시오 류이치(1997b:435)에서 재인용하였는데 원래 Carrier and Randall(1992)에 나오는 예문이다. 한국어 대응표현 일부와 중국어의 예문은 대응표현을 만들어 제시하였다.

ㄷ. *말들이 통나무를 반들반들하게 끌었다.

*말들이 통나무를 끌어 반들거린다.

(27) ㄱ. The bullet whistled out of the room.

ㄴ. *총알이 방으로부터 휘파람 소리를 냈다.

(26)는 상태변화를 나타내는 경우로 영어와 중국어의 예문에서는 동작 동사 drag과 拖가 쓰여도 문장이 성립되는 반면, 한국어에서는 '끌다'라는 동작 동사로는 결과구문을 성립시키지 못한다.[20] 위치변화를 나타내는 경우에도 영어는 (27ㄱ)과 같이 소리내기 동사(whistle)로도 결과구문을 구성할 수 있는 데 반해, 한국어는 위 4장에서 보았듯이 이동 동사가 들어가야만 한다.[21] 즉, 한국어의 결과 표현들은 의미상 구문으로서의 성격이 뚜렷하게 드러나지 않는다. 뿐만 아니라 영어나 중국어의 결과구문은 한 문장 안에 주서술어 외에 2차 술어가 공존하는 통사적 특징이 뚜렷하고 그 2차 술어가 활용하지 않는다. 따라서 소절(small clause) 구성으로 볼 가능성도 다분한 반면 한국어에서는 결과를 표시하는 부분이 일반적인 한국어 통사구조에서 벗어나지 않아 통사 상으로도 구문적 성격이 분명하지 않다.[22]

---

20) 이와 관련하여 와시오 류이치(1997b)에서는 한국어에는 Strong Resultative가 없다 하였고, 박소영(2001)에서는 한국어의 결과부사형 '-게'는 상태변화를 수반하는 동사만이 공기 가능하다고 하였다.

21) 위치변화 구문의 경우, 중국어는 영어식의 구문과 한국어와 유사한 구문을 모두 가진다. 5.2.의 내용 참조.

22) 오충연(2010)에서 "결과구문의 기본적인 개념, 즉 원인에 해당하는 술어에 대하여 결과에 해당하는 서술이 공존하는 구문으로서 결과술어가 있는 문장이라는 전제만을 남겨두고 나머지 통사 의미론적 성격에 대해서는 개별언어적인 특성으로 다루고자 한다"라고 한 것이나, 황주원(2011)에서 "한국어 결과구문은 영어 결과구문과 달리 통사 구성 자체로 결과구문을 구성하지 못하고 1차 서술어와 2차 서술어의 밀접한 의미 관계를 제약 조건으로 하여 결과구문의 성립 여부가 결정된다. 한국어 결과구문 분석을 의미를 바탕으로 해야 하는 이유이다"라고 쓰고 있는 것도 이와 같은 사정과 관련된다고 할 것이다.

그럼에도 불구하고 우리는 이 구성들을 구문(construction)으로 부르고 있는데 그 이유는 다음과 같다. 첫째, 이들 구성에서는 모종의 행위 사건과 그 행위의 결과로 나타나는 결과 사건이 하나로 통합되어 나타난다. 둘째, 이러한 두 사건 사이의 통합이 언어 형식에도 반영되어 단문 구조로 나타난다. 셋째, 행위사건과 결과사건을 표시하는 성분들 사이에 문법 요소가 개재되기는 하나 그 의미 기능이 극히 무표적이다. 이러한 생각은 기본적으로 Talmy(2000)의 내용에 기반한 것인데, 'V₁어 V₂'에 관한 최근의 연구 중 주지연(2008:19~20)에서 이러한 접근법을 채택하고 있다. 동 연구에서는 'V₁어 V₂'가 표상하는 '사건'의 유형을 기준으로 분류를 시도한다. 즉, '사건(event)'이란 '인간의 인지가 자연과 세상을 구획하는 방식에 따라 하나의 개체로서 분절적으로 인지되는 행위 혹은 상태의 변화'라는 시각에서 출발하며, 하나의 사건은 언어적으로는 하나의 절로 표상된다는 전제하에 'V₁어 V₂'를 구성하는 두 가지의 사건 요소가 각각 별개의 사건을 구성한다면 두 개의 절이 접속된 것으로 보고, 반대로 둘이 합쳐져서 하나의 사건 의미를 만든다면 그 복합적 의미가 하나의 절에 표상된 것으로 본다는 것이다.[23]

본고는 'V₁어 V₂'에 대한 위와 같은 접근 방식에 동의하며, 아울러 결과구문으로서의 'V₁어 V₂' 구성을 구획하는 데도 상기의 방식이 유효하다고 생각한다. 즉, 두 개의 사건이 있다면 그 각각을 독립된 절로써 표시한 후 두 절 사이의 의미관계를 드러내 주는 접속어미로 연결하는 것이 한국어의 가장 전형적인 방식이라 할 때, 이른바 결과구문으로 거론되는 '-게 V' 구문이나 'V₁어 V₂' 구성은 그러한 전형과는 구별되는 형식이기 때문이다.

---

23) 동 연구에서는 하나의 행위의미가 하나의 사건을 구성하는 경우를 단일사건 구성, 두 개 이상의 행위로 구성되나 그 관계가 매우 긴밀하여 하나의 사건으로 인식되는 예는 합성사건 구성, 복수의 행위가 각각 별개의 사건으로 성립하는 경우를 각립사건 구성으로 명명하고 각각의 목록을 제시하고 있는데, 본고에서 다루는 결과구문은 이 중 두 번째 유형, 즉 합성사건 구성의 일부분이라고 할 수 있다.

물론 이들 역시 두 개의 동사성 성분이 어미로 연결되어 있기 때문에 접
속절일 가능성은 상존하고, 그 통사적 정체에 대한 논란도 이어지고 있다.
하지만, 이들 형식은 해당 어휘의 문법적 성질이나 구성 요소들 간의 의미
적 관계에 따라 각각 다른 양상으로 연결되므로 현재는 'V₁어 V₂' 구성에 대
하여 합성동사에서부터 연쇄동사 구성(SVC)[24]을 거쳐 접속절에 이르기
까지 일종의 연속체(continuum)를 이루고 있다고 보는 것이 일반적이다.
그리고 그 중 두 성분이 원인-결과 관계로 이어진 경우는 연속체의 한쪽 극
단인 접속절의 반대쪽, 즉 연속동사 구성 혹은 더 나아가 합성동사에 접근
한다고 볼 수 있다. 이처럼 의미와 통사는 서로 영향을 미치는 데, 한국어
의 결과구문은 두 사건이 하나로 통합된 의미관계에 힘입어 단문 형식으
로 나타난다는 점에서 그 구문적 속성을 찾을 수 있다. 특히 본고의 관심사
인 'V₁어 V₂' 구성은 두 성분을 매개하는 어미 '-어'가 현대국어에서 일반적
인 절 접속에 거의 쓰이지 않아 연속동사(SVC)를 구성할 가능성이 매우 높
다.[25]

마지막으로, 한국어의 'V₁어 V₂' 구성은 두 사건이 하나의 사건으로 통합
될 때 이를 표상할 수 있는 대표적 형식임을 말하고자 한다. 결과 구문으로
서의 'V₁어 V₂' 구성은 그러한 경우의 한 유형에 해당한다. 앞서 언급한

---

24) 연속동사구성(Serial Verb Construction), 즉 SVC는 둘 이상의 동사가 하나의 동사구에서 연
   결 표지 없이 연속되어 쓰이는 경우를 말한다. 한국어의 경우 동사들 사이에 어미가 들어가
   기 마련이므로 연쇄동사라 하더라도 연결 표지가 전혀 없는 SVC를 찾기는 어렵지만 해당 어
   미의 기능이 매우 미미한 경우 SVC로 보는 견해가 있다.
   한편 범언어적으로 SVC는 다음과 같은 특징들을 가지는 것으로 알려져 있다(이선웅 2011:
   166 참조).
   • SVC는 단일 서술어이다.
   • SVC는 단일 절의 현상이다.
   • SVC는 단일 동사의 운율 특성을 지닌다.
   • SVC는 하나의 사건을 구성한다.
   • 연결된 동사는 시제/상, 서법, 양태, 극성(極性: polarity)을 공유한다.
   • 전형적인 SVC에서 각 동사는 적어도 한 개 이상의 논항을 공유한다.
25) 한국어에서 SVC 구성에 들어갈 수 있는 연결어미로는 '-어, -고, -게' 등이 거론되나 그 중 '-어'
   가 가장 대표적이다. 다시 말해 그 기능이 가장 미약하다.

Talmy(2000)에서는 두 사건이 융합되어 하나의 사건으로 개념화되는 복합사건의 기본적인 유형(Macro Event)이 있음을 말하고, 이들은 교차 연관된 '전경-배경' 사건으로 이루어진 단문으로 표현된다고 하였다. 이어서 매크로 이벤트의 5가지 유형을 제시했는데, 예와 함께 보이면 아래와 같다.

(28) ㄱ. 이동(Motion): the ball rolled in.

ㄴ. 상태의 변화(Change of State): the candle blew out.

ㄷ. 시간적 윤곽, 相(Temporal Contouring): they talked on.

ㄹ. 동작의 연계(Action Correlating): she sang along.

ㅁ. 실현(Realization): the police hunted the fugitive down.

우리는 위 5가지의 기본적인 통합사건 중 '이동(Motion)' 및 '상태변화(Change of State)'가 포함되어 있음과 이들 통합사건이 단문으로 표시된다는 사실에 주목한다. 우리가 지금까지 살펴온 이른바 결과구문이 바로 이 부류의 통합사건을 표시하기 때문이다. 아울러, 'V₁어 V₂'는 한국어에서 '이동(Motion)' 및 '상태변화'를 비롯하여 위 5종의 근본적인 통합사건을 대부분 표시할 수 있는 대표적인 형식임을 말하고자 한다. 앞서 5.2절에서 'V₁어 V₂'가 가지는 위치변화와 상태변화의 결과표시 기능을 살펴보았고, 5.3절에서는 완료상 및 결과상을 중심으로 한 상(相) 표시 기능을 밝힌 바 있다. 그 외에도 '노래를 따라 부르다'와 같이 '동작의 연계'를 표시하는 경우 역시 'V₁어 V₂' 형식이 가지는 계기(繼起) 용법으로 알려져 있다. 우리는 'V₁어 V₂'가 가지는 구문적 성격은 근본적으로 이 지점에서 비롯된다고 생각하며, 결과구문이 가지는 구문적 특징의 핵심적인 요건도 여기에 있다고 본다.

6. 결과구문에 대한 한·중 대조 분석적 고찰

6장에서는 결과구문을 중심으로 한국어와 중국어에서 결과 의미를 부호화하는 방식에 대한 대조언어학적 고찰을 진행한다. 이는 한국어 결과 범주에 대한 이해에 도움을 얻고자 함인데, 한국어에서는 결과의 의미를 부호화하는 방식이 일정하지 않아 범주 자체가 뚜렷하게 부각되지 않는 반면, 중국어의 경우 어순 및 보어와 같은 일정한 수단을 통하여 결과 의미를 일정하게 표시함에 따라 그 범주적 현저성이 뚜렷하기 때문이다. 한국어에서는 결과 범주 혹은 결과구문에 대한 연구가 통합적으로 이루어지기보다는 결과를 표시하는 각 형태에 따라 개별적으로 이루어진 경향이 있다. 따라서 결과 범주에 대한 통합적인 체계화나 범위에 대한 합의가 뚜렷하게 이루어지지 않았고 결과 의미를 부호화하는 방식에 대한 이해도 정립되어 있다고 하기 어렵다. 따라서 중국어와의 대조 연구는 한국어의 결과 범주를 고찰함에 있어 좋은 길잡이가 될 수 있을 것으로 생각한다. 다만 이글의 목표는 중국어와의 비교를 통하여 한국어 결과 구문에 대한 이해를 넓히고자 하는 것이므로 중국어 결과 표시 형식에 대한 심도 깊은 고찰보다는 한국어에 통찰을 제공해 줄 수 있는 요소를 위주로 살펴보기로 한다. 아울러 이러한 대조적 고찰은 중국어권 한국어 학습자를 위한 교수 학습 방안 마련에 기초 자료가 될 수 있을 것으로 기대한다.

6장의 구성은 6.1.절에서 한국어와 중국어에서 결과의 의미를 부호화하는 양상을 전반적으로 비교하여 기술하며 이어 6.2.절에서는 소설 텍스트에 대한 계량적 분석을 통하여 한·중 결과표시 형식 간의 실제적인 대응 양상을 알아본다. 이러한 실증적 대조 분석에서 얻어진 결과를 바탕으로 다음 7장에서는 한국어 교육적 측면에서 중국인 학습자를 위한 한국어 결과구문 교육의 필요성과 교육 현황, 그리고 교육 방안에 대하여 고찰할 것이다.

6.1. 한·중 결과구문의 결과 부호화 양상 비교 분석

앞서 2장의 기본 논의 중 2.2절에서 중국어 보어의 결과 의미 표시 기능과 중국어 결과구문의 유형 및 특징에 대하여 알아본 바 있다. 또, 한국어 결과구문에 대해서는 앞의 여러 장들에서 자세히 다루었다. 이러한 선행 내용을 바탕으로 본 절에서는 한국어와 중국어 결과구문의 결과 부호화 양상을 비교 정리해 본다. 단 이글은 두 언어 결과구문의 통사·의미·화용적 특징을 통틀어 비교하는 것을 목표로 삼지 않는다. 예를 들어 중국어 결과구문의 형식 중 把子句(파자구)나 Copy句(동사복사구문)와 같은 형식이 있음은 중국어에 특수한 현상으로서 한국어에 시사하는 바가 크지 않아 그 특성을 세세히 다룰 필요를 느끼지 않는다. 즉 본 절에서는 한국어 결과구문의 특성을 이해하는 데 필요한 통찰을 제공해 줄 수 있는 내용을 중심으로 두 언어 결과구문의 공통점과 차이점을 고찰할 것이다. 때로 특정 언어 현상을 고찰할 때 개별언어 내부만을 관찰하는 것보다는 다른 언어와의 비교·대조를 통해서 그 특성을 더 잘 이해할 수 있거나 비교를 통해서만 그 특성을 포착할 수 있는 경우가 있다. 중국어는 결과 범주가 잘 체계화되어 있는 언어라는 점에서 이러한 비교의 목적에 부응한다. 한편 이와 함께 본 절의 내용은 다음 7장의 한국어 교육적 고찰을 위한 기초 자료가 될 수 있을 것으로 기대한다.

6.1.1. 결과 표시 성분의 위치 및 문법범주에 따른 비교

한국어 결과구문은 크게 결과 전치형과 결과 후치형으로 나누어진다. 결과 전치형의 경우 결과 표시 요소가 부사어로 나타나고 결과 후치형의 경우 동사연결형으로 나타난다. 이에 반하여 중국어의 경우 결과는 일관되게 원인 동사의 뒤에 나타난다.

한국어 결과 전치형 결과구문의 대표적인 형식에는 'AP게 V'와 'NP로 V' 형이 있고[1] 이들 형식에서 결과표시 요소는 'AP게'와 'NP로'와 같이 문장 구조상 부사어로 나타난다. 한국어 결과구문 중 결과 후치형의 대표적인 형식은 'V₁어 V₂' 형식이다. 'V₁어 V₂' 형식은 다양한 의미 기능을 가지지만 그중 선행 행위인 'V₁'의 자연스런 전개가 'V₂'의 결과로 이어지는 경우에 이를 결과구문으로 볼 수 있음을 앞에서 주장하였다(걸려 넘어지다, 밀어 넘어뜨리다, 밟아 부수다, 눌어붙다, 날아 들어오다 등). 'V₁어 V₂' 형식은 동사 두 개 연결형을 기본으로 세 개 혹은 네 개의 동사가 연결된 구성으로 나타날 수도 있다. 'V₁어 V₂' 형식이 한국어에서 담당하는 결과표시 역할 부담량은 상당히 크며,[2] 특히 다른 결과구문과 연계하여 그 결과의 실현을 더욱 확실히 해 주는 역할을 한다(예: 학생들을 인재로 키워 내다).

중국어의 결과구문은 시간 전개의 순서에 따라 결과를 표시하는 성분이 원인 동사에 후치하여 '동사+보어'의 구조를 이룬다. 중국어와 한국어를 모어로 하는 학습자가 각기 상대의 언어를 제2언어로 학습할 때 목표어의 결과표시 방식과 모국어의 결과표시 방식을 쉽게 연결 짓지 못하는 데는 이처럼 두 언어의 결과 표시 방식이 통사적으로 차이를 보인다는 점이

---

1) 그 외 'A이/히 V', 'VP도록 V', 'NP에 V', 'NP까지 V' 등이 주변적 형식으로서 한국어 결과구문의 구성 요소가 될 수 있다.
2) 이는 다음 절의 텍스트 분석결과에서도 증명되는데 중국어 소설 텍스트의 결과구문에 대한 한국어 번역표현으로 가장 큰 비중을 차지하는 것이 'V₁어 V₂' 형식이었으며 전체 대응 표현의 30퍼센트 이상을 차지하는 것으로 나타났다.

큰 요인으로 작용하는 것으로 보인다.

한편 한국어 결과구문에서 결과를 표시하는 요소가 원인 행위 표시 요소에 전치하거나 후치하는 것은 기본적으로 결과표시 요소의 문법범주에 따라 결정된다. 즉, 결과표시 성분이 형용사성인 경우 기본적으로 'AP게 V' 형을 취하고,3) 명사성인 경우에는 'NP로 V'형이 대표적이며, 동사로써 결과를 표시하는 경우 'V₁어 V₂' 형식으로 쓰인다. 'V₁어 V₂' 형식은 다른 결과구문 형식과 함께 쓰여 그것의 결과 실현을 보다 확실하게 할 수 있는데, 이때 그 형태는 'NP로 V₁어 V₂'와 같이 결과 전치형과 후치형이 복합된 형태를 구성한다. 전술했듯이 중국어의 경우는 이 모든 결과 성분들이 동사 뒤 보어로써 표시된다.

[표6-1] 결과 요소의 문법 범주에 따른 한·중 결과구문 유형

결과 표시 요소의 문법범주	한 국 어	중 국 어
형용사성	책상을 **깨끗하게** 닦다 **단단하게** 쥐다 **분명하게** 얘기하다 **검게** 타다	他擦干**淨**桌子 抓**緊** 說**淸楚** 晒**黑**
동사성	가구를 때려 **부수다** 그의 말을 **알아** 듣다 나비 한 마리가 날아 **들어오다**	把家具打**破**了 听**懂**了他的話 一只蝴蝶飛**進來**
명사성4)	부귀를 **뜬구름으로** 여기다 **회장으로** 선출하다	富貴看**成浮**云 選**出董事長**

이처럼 한국어는 기본적으로 결과표시 요소의 문법범주에 따라 결과구

---

3) 단, 일부 동사의 경우 '술을 술잔에 가득 차게 따랐다.'와 같이 'VP게 V' 형식으로 결과를 표시할 수도 있다. 하지만 이때도 '의도'나 '목적', 혹은 '방식'으로 읽히는 것을 완전히 배제하기 어렵다.

4) 한국어에서 명사성 성분이 결과를 표시할 때는 '-로, -에, -까지' 등 조사가 붙어 조사구를 형성한다. 중국어의 경우, 명사성 성분이 바로 보어로 쓰일 수는 없고 '成, 出, 做, 爲' 등 허화된 동사를 먼저 보어로 취한 다음 다시 결과를 나타내는 명사성 성분을 목적어로 취하는 'V成NP' 등 형식으로 나타난다.

문의 유형이 나뉜다는 사실은 한·중 두 언어를 각각 모국어로 하는 학습
자들이 상대 언어를 제2언어로 학습할 때 목표어 결과 표현의 습득과 관련
된 가장 실질적인 정보가 될 수 있을 것으로 생각한다.

한편 한국어에서 목적어로써 결과를 표시하는 이른바 산출 구문은 'NP
로 V'형 결과구문과 밀접한 관계를 맺고 있다. 중국어의 목적어(賓語) 중에
도 결과를 표시하는 부류들이 존재한다(예: 烤蛋糕 -케이크를 굽다, 刻印-
도장을 파다, 編竹筐-대바구니를 짜다). 결과 목적어 역시 한국어와 중국
어에서 각각 동사에 전치하고 후치하는 차이는 있으나 이는 한국어가 SOV
형 어순을 가지는 반면 중국어는 SVO형 어순을 가진다는 기본적인 어순
차이에 의한 것이므로 결과표시 방식과 관련하여 특별히 문제가 되지는
않는다.

6.1.2. 한·중 결과구문이 표시하는 결과 의미의 공통점과 차이점

결과구문은 각 언어에서 '결과'의 의미를 표시한다는 점에서 기본적으
로 동일한 의미 범주를 이룬다. 하지만 각 언어에서 결과구문으로 표시할
수 있는 결과 의미의 범위와 특성이 모두 동일한 것은 아니어서 개별 언어
적으로 차이를 보일 수 있다. 한·중 결과구문이 표시하는 의미 기능도 몇
가지 점에서 주목할 만한 공통점과 차이점을 보인다.

우선, 한국어 'V₁어 V₂' 형식은 구체적인 어휘 의미를 가지는 요소로써 결
과를 표시하기도 하지만 동사가 나타내는 행위·동작의 완결을 표시하는
상표지적 요소, 즉 일부 보조동사를 'V₂'로 취하기도 한다는 점에서 중국어
의 동결식과 공통점을 가진다. 이와 관련하여 위 5장에서 중국어의 결과
보어 중 상(相)표지 기능을 하는 요소들, 즉 동작·행위의 완결을 나타내
거나 결과상태의 지속을 표지하는 예들과 한국어에서 그러한 역할을 하
는 보조동사들을 [표 5-2]로 비교하여 보인 바 있다. 이처럼 한국어의 'V₁어
V₂' 형식과 중국어 결과보어는 상적인 특성을 민감하게 반영한다.

한편 한국어 'V₁어 V₂' 구문이 'V₂'로써 어휘적으로 표시하는 결과의 종류는 중국어의 결과보어 중 동사로 쓰인 보어 및 방향보어가 나타내는 결과의 종류와 가장 유사하다. 위 2.2.에서 중국어 보어를 개관하면서 밝혔듯이 중국어의 여러 보어 중 가장 객관적이고 뚜렷한 결과를 표시하는 부류는 결과보어와 추향보어라 할 수 있다. 둘 사이의 대응 양상을 보이면 다음과 같다.

[표 6-2] 한국어 'V₁어 V₂'와 중국어 결과보어 구문 대응 양상

한국어 V₁어 V₂	중국어 결과보어 구문
밥이 밥솥에 눌어 **붙었다**	飯焦**煳**了.
철수가 케이크를 밟아 **뭉갰다**	他把蛋糕踩**碾**了。
그는 한자를 **알아** 본다	他看**懂**漢子

[표 6-3] 한국어 'V₁어 V₂'와 중국어 추향보어 구문 대응 양상

한국어 V₁어 V₂	중국어 추향보어 구문
풍선이 떠 **올랐다**.	气球飘**上**了.
선반 위의 짐을 끌어 **내렸다**	擱板上的行李拉**下來**

하지만, 한국어 'V₁어 V₂' 구문은 중국어의 결과 구문과 중요한 차이를 보이기도 한다. 우선 한국어 'V₁어 V₂' 구문에서 결과표시 성분 'V₂'에 올 수 있는 성분은 동사로 제한되는 데 반해 중국어의 경우 결과표시 성분인 보어로 동사, 형용사, 동사구, 형용사구, 전치사구, 주술구조, 수량구 등 다양한 성분이 올 수 있다는 점에서 차이가 있다. 이 중 'V₁어 V₂' 구문으로 표시하지 못하는 성분은 'AP게 V'나 'NP로 V' 등의 다른 형식으로 표시된다.

또, 한국어의 'V₁어 V₂'는 동사로써 결과를 표시하기 때문에 태생적으로 결과의 '상태'를 형용사만큼 직접적으로 표시할 수는 없다. 즉, '컵을 밟아 부쉈다.'에서 대상인 컵에 나타나는 결과 상태는 동사 '부쉈다'에 함축되는 결과에 의존하여 표시되기 때문이다. 중국어의 경우 결과보어로 동사를 쓰는 일이 많지만 원인 행위를 나타내는 첫 번째 동사와 결과를 표시하는

두 번째 동사 간에 어휘적 공기 제약이 거의 없어서 보다 폭넓게 결과의 의미를 표시할 수 있다. 또한 이 경우 한국어보다 직접적인 결과 표시로 읽힐 가능성도 높다. 중국어 동사의 경우 행위주인 주어를 서술하는 경우나 대상(혹은 피동주)을 서술하는 경우나 동일한 형태로 표시되는 경우가 많기 때문이다. 즉, '張三把杯子碾碎了。(장삼이 컵을 밟아 부쉈다.)'와 같이 행위주를 주어로 쓰나 '杯子碾碎了。(컵이 밟혀 부서졌다.)'와 같이 대상을 주어로 쓰나 결과표시 성분인 '碎'에 형태 변화가 없음을 알 수 있다. 따라서 동사로 행위의 결과를 나타낼 수 있는 범위가 한국어에 비하여 넓다고 할 수 있다. 하지만 이러한 차이에도 불구하고 역시 한국어 결과구문 중 중국어의 동결식에 가장 근접하는 형식은 'V₁어 V₂' 구문이라 할 수 있다.

다음으로 한국어의 결과구문 중 'AP게 V' 구문이 표시할 수 있는 결과의 유형과 이에 대응되는 중국어 결과구문을 대별시켜 그 의미 기능을 비교해 보기로 한다. 'AP게 V' 구문은 한국어 결과구문 중 상태변화의 결과를 가장 전형적으로 표시하는 형식이다. 아래 표에서 제시하는 결과의 유형은 앞서 3장의 고찰에서 얻어진 것이다.

[표 6-4] 'AP게 V'구문과 중국어 동결식의 대응 양상

구 분		한 국 어	중 국 어
객관적 상태 변화	타동문	나무토막을 **매끈하게** 사포질했다.	他把樹皮磨**光滑**了。 他把樹皮磨**得很光滑**。
	자동문	피부가 **검게** 탔다.	皮膚晒**黑**了。
상태변화에 대한 주관적 평가		교실 바닥을 **더럽게** 닦았다.	把地板擦**臟**了。 把地板擦**得很臟**。
선택적 상태변화		식빵을 **얇게** 잘랐다.	面包**薄薄地**切了一刀。(부사어) 面包切**得很薄**。(보어)
산출물의 상태		어머니가 케이크를 **맛있게** 구우셨다.	媽媽把面包烤**得很好吃**。
인식의 변화		학생들이 선생님을 **훌륭하게** 생각한다.	學生們覺得老師**挺厲害的**。
상태변화의 정도		철수가 목이 **쉬게** 울었다.	哲秀把嗓子哭**啞**了。
방식		학생들이 책상을 **서투르게** 닦았다.	學生們把桌子擦**得很馬虎**。

위 표에서 알 수 있듯이, 한국어의 'AP게 V' 구문과 중국어 동결식은 대

상의 객관적 상태 변화 뿐만 아니라 상태 변화에 대한 주관적 평가, 선택적 상태변화, 산출물의 상태, 인식의 변화, 상태변화의 정도 등을 공통적으로 나타낼 수 있다. 이때 중국어는 이러한 변화 자체를 있는 그대로 표시하느냐 아니면 그에 대한 주관적 태도를 반영하느냐에 따라 '得(個)'이 들어가고 들어가지 않는 차이가 있다.

한편 마지막 점선으로 표시된 칸, 즉 '방식'에 해당되는 의미는 일반적으로 부사어가 전형적으로 표시하는 의미 기능으로서 동사를 수식하는 성분이라고 할 수 있다. 한국어 'AP게 V' 구문은 이처럼 크게 결과를 나타내는 부류와 방식을 나타내는 부류로 대별됨이 지적되어 왔다.

하지만 위의 "**서투르게** 닦았다.(擦**得很馬虎**。)"의 예에서 보듯 중국어의 경우 일견 방식(manner)으로 읽히는 부류도 보어로 표시하는 경우가 적지 않다. 위 7.1에서 제시한 바 있는 "走**得慢慢的**。(**느릿느릿하게** 걷는다.)" 역시 이러한 경우에 해당된다. 이는 사태가 개념화자에게 불러일으킨 판단을 결과로 보기 때문이라 생각된다. 중국어에서 이것을 전형적인 방식(manner)과 다르다고 볼 수 있는 근거는 부사어가 있음에도 굳이 보어로 썼기 때문이며 부사어로 썼을 때와 보어로 썼을 때의 의미 대립이 있기 때문이다.

한국어의 경우, 중국어 대응형을 근거로 이것이 방식(manner)이 아니라 넓은 의미의 결과라고 말할 만한 근거와 그렇게 처리할 때의 실효성을 확실하게 주장하기 어렵다. 다만 한국어 'A게'가 가지는 의미 중 '결과'의 의미는 '방식'의 의미보다 한층 더 포괄적인 것이라는 점을 지적할 수 있다.

다음으로 또 다른 결과 전치 구문인 'NP로 V' 구문이 가지는 결과 표시 유형들을 제시하고 이들이 표시하는 의미 기능을 중국어 동결식으로 나타낼 수 있는지를 살펴보면 다음과 같다. 'NP로 V' 구문이 표시하는 아래와 같은 결과의 유형은 앞 4장의 내용을 바탕으로 한다.

[표6-5] 'NP로 V' 구문과 중국어 동결식의 대응 양상

구 분	한 국 어	중 국 어
위치변화 (자동사 이동)	방으로 뛰어 들어왔다.	跑進房間里來。
위치변화 (사역 이동)	지붕 위로 던져 올렸다.	扔到房頂上去了。
상태변화	빵을 반으로 나누다. 고추를 가루로 빻다.	把面包分成兩半。 把辣椒磨成粉末。
자격변화	철수가 반장으로 선출되다.	哲秀被選爲班長。
인식의 변화	그의 말을 진리로 믿다.	把他的話当成眞理。

이처럼 'NP로 V' 구문이 위치이동의 결과를 나타낼 때는 중국어의 복합 추향보어 형식과 대응하는데 이때 도착점은 '동사+추향보어'의 목적어 형태로 실현된다. 또, 'NP로 V' 구문이 상태변화의 결과, 즉 '변성' 혹은 '자격' 등의 의미를 나타낼 때 중국어 대응형태는 결과보어 중 '成, 做, 爲'와 같이 의미가 허화된 동사성 보어와 결합한 후 다시 결과의 'NP'에 해당되는 성분을 목적어로 취한다. 다시 말해 한국어 'NP로 V' 구문은 중국어 대응 동결식에 비하여 동사가 하나 적어서 구문적 성격은 더욱 크다. 반대로 중국어의 'V+成/做/爲+NP'에서 동사 '成/做/爲'는 한국어 조사 '로, 에'와 같은 문법성분으로 문법화하는 과정에 있다고 보아도 좋을 것이다.

한국어와 중국어 결과구문의 차이점을 자세하게 밝히려면 상당히 많은 사항을 언급해야 할 것이다. 하지만 한국어 결과구문과 중국어 결과구문의 가장 큰 차이점은 결과술어의 통사적 일관성에서 찾을 수 있다. 즉, 중국어 결과구문에서 결과를 나타내는 요소는 서술어 뒤의 보어로 일관되게 표시되는 반면, 한국어의 경우는 결과를 표시하는 요소의 문법 범주에 따라 부사어 혹은 동사연결형으로 표시되기도 한다. 또, 중국어 결과구문을 구성하는 '동사+보어' 구성은 많은 경우 형태·통사적으로 합성동사에 준하는 문법적 행동을 보임에도 불구하고 사실상 개방 부류를 이룬다고 할 만큼 두 요소 간 공기(共起)의 범위가 넓다. 반면, 한국어의 경우는 이에 일정한 어휘적 제약이 있다.

6.1.3. 한·중 결과구문과 영어 결과구문의 공통점과 차이점

한국어 결과 구문과 중국어 결과구문은 그 특징 및 제약에 있어 영어 결과구문의 그것과 일치하는 부분과 그렇지 않은 부분이 있다. 예를 들어 한 중 결과구문은 영어 결과구문과 달리 결과표시 성분에 동사가 올 수 있다는 사실에서 공통점을 가진다. 이는 한국어와 중국어에서 SVC(연쇄동사 구성)에 해당되는 동사연결 구성이 존재하는 반면 영어에서는 그러한 구성이 성립하지 않는다는 사실과 관련되어 있다.

또, 영어와 달리 결과를 표시하는 2차 서술어가 반드시 문장의 목적어를 서술해야 한다는 직접목적어 제약(DOR)의 적용을 받지 않는다는 점도 유사한데, 두 언어에서 결과 표시 성분이 주어를 서술하는 예가 공통적으로 관찰되며5) 나아가 중국어에서는 주어와 목적어를 동시에 지향하거나 문외의 상황을 서술하는 경우도 존재한다.

영어와 중국어에는 ECM 결과구문, 즉 동사에 의해 하위범주화 되지 않는 목적어를 취하는 형식이 발견되는 반면 한국어에는 그러한 형식이 없다는 점도 차이점의 하나로 지적할 만하다.

한편, 한국어 결과구문의 경우 동사 자체의 의미에 결과가 함축되어 있는 경우가 많으며, 따라서 구문이 동사의 경계성(telicity)을 바꾸어 버리는 일이 영어의 경우처럼 흔히 관찰되지 않는다. 중국어의 경우는 그러한 경우와 그렇지 않은 경우가 모두 다양하게 존재하고 활발하게 쓰인다.

여기에 더하여 한·중 결과구문은 대상에 일어나는 객관적이고 구체적인 변화와 더불어 주관적이고 추상적인 변화를 모두 표시할 수 있어서 영어 (형용사형) 결과구문의 '필수적 영향 제약(necessary effect constraint)'6)

---

5) 영어에서도 이러한 예들이 발견되기는 하지만 극히 제한적이다.

   a. The wise men followed the star out of Bethlehem.

   b. The sailors managed to catch a breeze and ride it clear of the rocks.

   c. He followed Lassie free of his captors. (Wechsler 1997:313)

이 적용되지 않는다는 점도 유사하다. 한국어와 중국어 결과구문이 인식의 변화, 인지작용의 결과를 표시하는 예는 풍부하게 관찰되는데(영희는 철수를 훌륭하게 여긴다, 철수는 영희를 엄마로 생각한다, 張三把她看做干媽 등), 위에서 언급한 바 있으므로 자세한 설명은 생략한다.

한국어의 결과구문들은 구체적이고 가시적인 변화와 추상적이며 인지적인 변화의 결과를 형태상으로 구분하여 표시하지 않는다. 따라서 대상에 일어난 변화에 대한 주관적인 평가나 인식작용의 결과도 결과구문의 범위 안에 포괄될 수 있다. 이러한 경향은 한국어 결과구문의 대표적 유형들에서 공통적으로 관찰된다. 또한 이는 영어의 (형용사형) 결과구문으로는 표시되지 않는 의미적 특성인데 반해, 중국어의 결과구문에서는 이른바 정태보어 혹은 상태보어가 이러한 의미를 표시할 수 있다는 점을 위에서 기술한 바 있다.

즉, 한국어에서는 "영희는 방을 **파랗게** 칠했다."의 객관적·가시적인 결과와 "영희는 방을 **아름답게** 칠했다."의 주관적·추상적 결과가 같은 'AP게 V' 형태로 나타난다.[7] 중국어에서 "英姬把房間刷**藍**了。(영희는 방을 **파랗게** 칠했다.)"와 "英姬把房間刷**得很漂亮**。(영희는 방을 **아름답게** 칠했다.)" 역시 동일하게 보어 성분으로 결과를 표시하지만 추상적이고 주관적인 결과를 표시하는 경우 '得'과 같은 표지가 들어간다는 점에서는 구분된다. 그러나 어쨌든 이러한 경우를 부사어등 통사적으로 다른 수단을 통하여 표시하지는 않는다는 점이 중요하다. 영어의 경우, "She painted her room **blue**."와 "She painted her room **beautifully**."가 각각 형용사와 형용사

---

6) '필수적 영향 제약(necessary effect constraint)'이란 동사의 행위가 반드시 대상에게 구체적인 영향을 미쳐야만 한다는 영어 결과구문의 의미적 제약이다. 이는 영어에서 인지동사, 지각동사류가 결과구문을 구성하지 않는다는 사실과도 관련되어 있다.

7) 나아가 "영희는 철수를 성실하게 생각한다."와 같은 인지작용의 결과도 동일하게 'A게 V'형으로 나타낸다. 중국어 대응표현 "英姬覺得哲洙很誠實"의 경우 '覺得'이 역사적으로 원래는 '동사+보어'의 구조였으나 이미 하나의 단어로 공고하게 굳어져 공시적으로는 동결식이라고 말하기 어렵다.

의 부사형으로 다르게 나타나는 점에서 대비된다.

[표6-6] 한·중·영 결과구문의 결과 의미 종류에 따른 부호화 방식

구분	객관적 구체적 변화	주관적 추상적 변화
한국어	영희는 방을 **파랗게** 칠했다.	영희는 방을 **아름답게** 칠했다.
중국어	英姬把房間刷**藍**了。	英姬把房間刷**得很漂亮**。
영어	She painted her room **blue**.	She painted her room **beautifully**.

즉, 영어의 (형용사형) 결과구문은 객관적이고 구체적인 변화를 직접적으로 표시하는 데 특화된 형식임에 반하여, 한국어와 중국어의 결과구문은 전형적인 상태변화의 결과뿐 아니라 그 외 비전형적인 결과의 의미까지 폭넓게 수용하는 것으로 보인다.

하지만 또 항상 그런 것만은 아니어서 중국어는 결과를 나타내는 요소, 즉 보어로써 '목적·의도'를 나타내지 않으며 동사가 나타내는 동작 행위 이전에 이미 참여자에게 갖추어져 있던 상태를 표시하는 이른바 묘사구문(Depictive)을 보어로써 표시할 수 없다. 즉, 중국어는 아직 일어나지 않은 일에 대해서는 그것이 비록 예정된 결과라 해도 보어로 나타내지 않으며, 이미 일어난 일이라 하더라도 그것이 동사의 결과로 도출된 것이 아니면 보어로 표시하지 않는다. 다시 말해 중국어 보어는 인접 의미 범주를 결과의 의미 범주 안에 포괄하는 데 있어 매우 수용적이지만 동시에 역설적으로 결과가 아닌 것은 보어로 받아들이지 않는다는 점에서 배타적이다.

우선 '목적·의도'의 의미와 '결과' 의미의 관계와 관련하여, 한국어에는 결과표시 요소이면서 목적·의도를 함께 나타내는 경우들이 관찰된다. 특히 '-게, -도록'8) 등 일부 연결어미가 선행절과 후행절을 연결할 때 선행

---

8) '-도록'은 최현배(1937)에서부터 미침꼴(도급형, 到及形)로 분류된 어미로서 원래 역사적으로 '시간적 미침'을 나타내는 요소였던 것이 그 의미가 확장되어 '목적, 정도, 결과' 등의 의미를 가지게 된 것으로 생각되어 왔다. 윤평현(1937)에서는 '-도록'을 '-게, 게끔' 등과 함께 결과관계 접속어미로 분류하고 있다.

절의 내용이 후행절의 행위의 결과로 일어났음을 표시하는 경우와 후행
절 행위의 목적을 표시하는 경우의 두 가지 기능을 가짐이 지적되어 왔다.
예를 들면 다음과 같은 경우들이다.

> (1) ㄱ. 찬바람이 들어오지 않게 두꺼운 커튼을 쳤다.　　　(목적 · 의도)
>
> 　　 ㄴ. 영희는 커튼을 깨끗하게 빨았다.　　　　　　　　(결과)
>
> (2) ㄱ. 학생들이 자유롭게 얘기하도록 자리를 비켜주었다.　(목적 · 의도)
>
> 　　 ㄴ. 그들은 코피가 터지도록 공부했다.　　　　　　　(결과, 정도)

이처럼 결과의 의미와 목적의 의미가 교차하는 현상은 한국어뿐 아니
라 다른 언어에서도 적지 않게 발견됨이 최근의 유형론적 연구들에서 밝
혀지고 있다. 이는 목적이라는 개념 자체가 어떠한 의도를 가지고 기대되
는 결과를 얻고자 하는 것이므로 충분히 개연성 있는 현상이라고 할 수 있다.

특히 한국어는 결과표시 성분이 흔히 부사어로 나타남에 따라 본래 부
사어가 표시할 법한 '목적 · 의도'의 의미가 결과표시 요소와 동일한 형태
로 나타날 가능성이 높을 수밖에 없다. 하지만 중국어의 경우는 부사어와
보어의 통사적 위치가 각각 동사의 앞과 뒤로 나누어져 있고 그들 각각이
전형적으로 표시하는 의미도 구분되어 있다. 중국어의 보어는 결국 결과
를 표시하기 위한 성분이며 그중에서도 이미 일어난 사건에 대한 결과만
을 표시한다. 따라서 비록 '목적'이 '예정된 결과'를 의미한다 할지라도 그
것을 보어로 표시하지 않는다.

다음으로 이른바 묘사구문(Depictive)과 결과구문(Resultative)의 관계
를 보자. 우선 영어와 한국어는 결과구문과 동일한 형식으로 묘사구문
(Depictive)을 표시할 수 있다. 한 문장 안의 두 서술성분이 묘사적인 관계
를 보이는 경우란 아래 예들처럼 주동사의 행위가 일어날 당시 이미 동사
의 논항들에 갖추어져 있던 상태가 행위 시에도 지속되는 관계를 말하는
것으로서 동사가 표시하는 행위의 결과로 제2술어 성분이 도출되는 관계

와는 다르다. 따라서 결과구문과 묘사구문은 명백히 다른 통사구조를 가
지지만 적어도 표면적으로는 같은 형식으로 보인다.

(3) ㄱ. She handed him the towel **wet**.

그녀는 그에게 수건을 젖은 채로 주었다.

(Goldberg and Jackendoff 2004)

ㄴ. The chairman came to the meeting **drunk**.

회장님이 회의에 취한 채로 참석했다.

(Wechsler 2005a)

(4) ㄱ. 철수는 커피를 **뜨겁게** 마신다.

ㄴ. 철수는 위스키를 **언더락으로** 마신다.

ㄷ. 철수는 사과를 **깎아** 먹었다.[9]

위 예에서 보듯 영어와 한국어에서는 '묘사구문'이 '결과구문'과 표면상
으로 같은 형식을 띠고 나타날 수 있는 반면, 중국어에서는 위와 같은 문장
구성이 불가능하다. 전술했듯이 중국어의 보어는 결과의 의미를 넓게 수
용하여 표시하지만 이처럼 두 서술 성분 간에 하등의 주관적 · 객관적 인
과관계나 시간적 선후 관계가 성립하지 않는 경우를 보어로 표시하지는
않는다. 다시 말해 위 영어나 한국어의 묘사 구문을 중국어로 옮겼을 때 묘
사에 해당되는 부분을 중국어 보어로 표시할 수 없다는 것이다. 아래 (5)에
서 영어 묘사구문을 중국어의 동결식으로 옮겼을 때 (5ㄱ')와 (5ㄴ')에
서 보듯 그 의미는 묘사적(depictive)으로 해석되는 것이 아니라 결과적

---

9) 한국어 'V₁어 V₂'형 결과구문에서 결과를 나타내는 성분은 극소수의 예외(알아듣다, 알아보
다, 여겨듣다, 여겨 알다)를 제외하고는 V₂이다. 반면, 묘사적인(depictive)한 상태를 나타내
는 성분은 위 (4ㄷ)에서 보듯 V₁이다. 따라서 결과구문과 묘사구문이 완전히 동일한 형태로
나타나는 예는 아니지만 참고를 위하여 함께 제시하였다.

(resultative)으로 바뀌어 버림을 알 수 있다.

> (5) ㄱ. She handed him the towel **wet**.
>
> ㄱ'. 她把毛巾遞給他**濕了**。
>
> (그녀가 그에게 수건을 건네줘서 축축해졌다.)
>
> ㄴ. The chairman came to the meeting **drunk**.
>
> ㄴ'. 那位董事長參加會議**大醉**。
>
> (회장님이 회의에 참석해서 대취했다.)

이처럼 서로 상이한 의미가 동일한 형식으로 표시되는 예가 복수의 언어에서 관찰된다는 것은 해당 의미들이 모종의 연관성을 가지고 있음을 말한다고 보아 무방할 것이다. 또 이때 두 의미 사이의 관계가 직접적일수록 이들이 언어 내부적으로나 범언어적으로 단일한 형식으로 표시될 가능성은 크다. 그렇다면 '결과구문'과 '묘사구문' 사이에도 모종의 연관성이 있다고 할 것인데, 여기에 대해서는 좀 더 본격적인 고찰이 필요하므로 자세한 언급은 삼간다.

일반적으로 어떤 언어가 표시해야 하는 의미와 개념의 수는 셀 수 없이 많은 반면 그것을 표시하는 수단인 형식과 구조는 제한적이므로 하나의 형식으로 비슷한 부류의 유사한 의미들을 표시하는 것은 필연적인 일이 된다. 다만, 실제로 그 중의 어떤 것들을 같은 형태로 표시할 것인가는 개별 언어에 따라 다른 양상으로 나타날 수밖에 없다.

6.2. 텍스트 분석을 통한 한·중 결과 표현 대응양상 고찰

이 절에서는 실제의 텍스트를 분석하여 한·중 간 결과표시 형식의 대응양상을 살펴보려 한다. 이러한 분석을 진행하는 데에는 두 가지의 이유가 있다. 첫째, 앞 장에서 살펴보았던 한국어의 결과구문 형식들이 과연 제대로 설정된 것인가를 간접적으로 검증하는 작업이 될 수 있다. 중국어에서 하나의 체계로 정비되어 있는 결과 범주의 구성원들이 이 글에서 한국어의 결과 표시 형식으로 제시한 형식들과 등가로 대응될 수 있다면 이러한 설정의 정당성을 증명하는 간접적인 근거가 될 것이기 때문이다. 둘째, 한·중 결과표시 형식 간에 의미 있는 대응관계가 발견된다면 제2언어 교육이나 번역 등의 분야에서 유용하게 쓰일 수 있을 것으로 기대되기 때문이다.

본 장에서 분석의 대상으로 삼은 텍스트는 모옌(莫言)의 1986년 작 소설 〈紅高粱〉과 그의 한국어 번역본이다. 원작은 총 43,199자의 한자로 이루어진 텍스트로서 현대중국어의 실제 모습을 잘 반영하고 있는 작품으로 인정할 수 있다. 한국어 번역본은 2014년 '문학과 지성사'에서 출간한 〈붉은 수수밭〉 중 〈紅高粱〉에 해당되는 〈붉은 수수〉 부분이다. 이는 모옌의 일련의 연작을 모아 번역 출간한 단행본으로 역자는 심혜영이다.[10]

분석의 방향은 중국어에서 한국어로 이루어진다. 즉 중국어 텍스트 원문에 나타나는 '동사+보어' 구조를 추출한 후[11] 그에 대한 한국어 번역 표현을 찾고 그 유형을 분류하였다. 아래에서는 그 결과를 수치로 제시하고 한·중간 결과표현 대응양상을 밝히며 아울러 이러한 수치 및 대응관계를 통하여 한국어 결과범주에 대해 시사 받을 수 있는 몇 가지 사실들을 제시하고자 한다.

중국어 원문 텍스트를 통하여 추출한 '동사+보어' 구성은 총 1,808개인데, 이는 중국어의 각종 보어를 포함하되 수량보어를 제외한 수치이다. 이

---

10) 언어 간 번역은 번역자의 개성과 성향에 따라 의역이나 생략 등 변용의 폭이 넓으므로 반드시 두 언어간 대응 관계를 엄밀히 반영한다고 볼 수는 없다. 하지만 본 연구에서 선택한 번역본은 대체로 원문의 내용과 구조를 충실하게 반영하고 있다고 생각되며, 따라서 한·중간 결과표현의 대응 관계를 오도할 위험은 없는 것으로 생각한다.

11) '동사+보어' 구조를 추출하는 이유는 앞서 7.1장 및 7.2장에서 언급하였듯이 중국어에서는 보어로써 결과범주를 거의 포괄하여 표시할 수 있다 할 만큼 결과의 의미와 직접적으로 연관되어 있는 형식이기 때문이다.

들에 대한 한국어 번역 표현은 몇 종류로 나누어지는데, 이에는 "X게+V", "NP로+V" 및 "V₁어 V₂" 등 앞서 한국어 결과구문으로 주장한 바 있는 형식들과 그 외 기타 표현들이 포함된다. 이를 노출 횟수와 함께 표로 제시하면 다음과 같다.

[표6-7] 『紅高粱』추출 '동사+보어' 구성의 한국어 대응표현 유형 및 노출 빈도

대응표현 유형	하위 유형	노출횟수	비율
하나의 동사[12]	단일형태소 동사	383	21%
	사동·피동접사 개입		
	비통사적 합성어		
	기타		
'V₁어 V₂'형 동사연결 구문으로 대응	V₁어V₂	585	32%
	V₁어V₂어V₃		
	V₁어V₂어V₃어V₄		
	V₁어V₂어V₃어V₄어V₅		
'V₁고 V₂'형 동사연결 구성으로 대응	V₁고 V₂	30	2%
	V₁고 V₂어 V₃		
'X게+V'구문[13]으로 대응	X게+V	56	3%
	X게+V어V₂(…)[14]		
'X도록+V'구문으로 대응	X도록+V	5	0.3%
	X도록+V		
'NP로+V'구문으로 대응	NP로+V	171	10%
	NP로+V₁어V₂(…)		
'NP에+V'구문으로 대응	NP에+V	178	10%
	NP에+V₁어V₂(…) (-에 V₁고 V₂:4개)		
'기타조사구+V'로 대응	NP까지+V	39	2%
	기타		
'부사[15]+V'로 대응	부사+V	77	4%
	부사+V₁어 V₂		
	부사+V₁고 V₂		
'A이/히+V'로 대응	A이/히+V	19	1%
	A이/히+ V₁어 V₂(…)		
	소계		
'NP이+V'로 대응	NP이+V	7	0.4%

접속절로 대응	NP이+V₁어 V₂		62	3%
	'-어서' 개입			
	V₁어+기타 성분+ V₂			
	기타 접속절			
기타	'주어+술어' 관계	(24)		
	'목적어+술어' 관계	(45)		
	상적 표지	(20)		
	생략	(44)		
	의역, 기타	(63)		
소 계			196	11%
총 계			1,808	99.7 %

아래에서는 이들 유형 각각의 대응 양상과 그 특징을 분석해보기로 한다.

6.2.1. 하나의 동사로 대응

위에서 제시한 여러 대응 형식 중 첫 번째로 살펴볼 유형은 중국어 '動-結' 구조에 대하여 하나의 한국어 동사로 대응하는 경우이다. 중국어의 '동사+보어' 구성은 두 개의 서술성 성분이 결합한 것인데 이에 대한 한국어 번역 표현에는 다음과 같이 동사 하나만이 나타난다는 것이다.

---

12) 여기서 하나의 동사라고 할 때는 합성동사를 포함하기는 하지만 'V₁어V₂' 혹은 'V₁고V₂' 구조 의 합성동사는 제외한 것이다. 이 글에서는 이러한 형식을 결과구문의 하나로 보고 있기 때 문이며, 도표에서 보듯이 따로 하나의 항목으로 다루고 있다. 현대중국어에서도 이른바 점 합식, 혹은 간단형식의 'VV' 동결구성은 합성동사로 보아야 한다는 견해가 주류를 이루고 있 으나 이와는 별도로 구문론적 관점의 연구에서는 결과구문(動結式)으로 논의하고 있다.

13) 이때 X에는 '형용사, 형용사구, 동사, 동사구'가 해당된다.

14) 동사 두 개 이상이 연결된 경우가 있으므로 (…)로 표시하였다.

15) 어미 '-게'가 결합된 부사어, 접사 '-이/히'가 개재된 파생부사를 제외한 순수한 부사들을 말 한다.

(6) 高粱【長高】時, 爺爺帶着我到高粱地里去。

'수수가 **자라면** 할아버지는 나를 데리고 수수밭으로 들어갔다.'

이는 다시 다음 표에서와 같이 하위유형으로 나눌 수 있다.

[표6-8] '하나의 동사로 대응'되는 유형의 하위유형

대응표현 유형	하위유형		노출 횟수
하나의 동사로 대응	단일형태소 동사		254
	파생동사	사동 · 피동 접사 개재	53
		기타	53
	합성어	비통사적 합성어	8
		기타	15
	계		383

우선 공시적으로 보았을 때 단일형태소 동사라고 할 수 있는 부류가 있고, 그 외 파생어와 합성어가 있다. 파생어 중에서 이 글의 논의와 관련하여 의미 있는 부분은 사동 · 피동 접사에 의해 파생된 경우를 들 수 있으며 합성어 중에서는 비통사적 합성어의 존재가 주목되지만 그 수가 매우 적다.

6.2.1.1. 단일형태소 동사로 대응

우선 단일형태소 동사로 대응되는 경우에서 첫 번째로 발견되는 경향은 중국어 원문 문장이 거의 대부분 타동사문이며, 여기에 더해 이른바 추향보어(혹은 방향보어)라고 불리는 부류에 대한 번역 표현인 경우가 월등히 많다는 점이다. 표에서 보듯 하나의 한국어 동사로 대응되는 경우는 총 383개가 추출되었고 그 중 단일형태소로 된 동사가 254개인데, 이들 중 중국어 원문 대응형이 '동사+방향보어'인 경우가 186개로 나타났다. 하지만 이는 모든 방향보어가 한국어 번역시 의미가 누락된다는 것을 뜻하지는 않는다. 아래에서 살펴볼 'V₁어 V₂' 등의 대응형에서도 방향보어에 대응하

는 요소들이 나타나기 때문이다. 따라서 이는 동사의 부류에 따라 결과표시 부분을 밝혀 쓰지 않는 경우가 있음을 시사한다.

우선 중국어의 '동사+방향보어' 구성이 한국어의 단일 형태소 동사와 대응하는 구체적인 예를 보이면 다음과 같다.

(7) 轎夫放下轎子, 也把新得的銅錢掏出,【扔下】。

'가마꾼들도 가마를 내려놓고 새로 얻은 돈들을 꺼내 던졌다.'

(8) 國破了, 家亡了, 同胞們快起來,【拿起】刀拿起槍, 打鬼子保家鄉……

'나라는 쪼개지고 집안은 망했다네. 동포들아, 어서 일어나 칼 들고 총 들고, 왜 놈을 무찔러 고향을 지키자.'

(9) 冷支隊長【端起】酒, 喝了半碗。放下碗, 他說: "余司令, 兄弟不胜酒力, 告辭啦!"

'렁 지대장은 술 사발을 들고 반쯤 마시고는 내려놓으며 말했다. "위 사령관, 이 몸은 술기운을 못 이겨서 이만 가야겠소!"'

특히 '자세동사+방향보어'의 경우에는 이러한 경향이 뚜렷하게 관찰된다. 즉 자세의 변화를 나타낼 때 중국어에서는 '자세동사+방향보어'의 형식으로 나타내는 데 반해 한국어에서는 자세동사만으로 이를 표시한다는 것이다. 이러한 사실로 볼 때, 한국어의 자세동사는 자세 변화와 관련된 전체 사건을 나타낸다고 볼 수도 있을 것이다. 실제의 대응 예들을 보이면 다음과 같은 것들이 있다.

(10) 冷支隊長【坐下】, 抽出一支烟点燃。

'렁 지대장이 자리에 **앉아** 담배를 한 대 붙여 물었고'

(11) 余司令說"趴下"。父親又不情愿地趴下。

'위 사령관이 **"엎드려"** 하고 고함을 질렀고, 아버지는 어쩔 수 없이 다시 엎드렸다.'

(12) 父親【跪下】, 讓奶奶的胳膊攬住自己的脖頸, 然后用力站起

　　'아버지는 무릎을 **꿇고** 할머니의 팔을 자신의 목에 휘감고는 힘을 주며 일
　　어났고'

　　또 한 가지 두드러진 경향은 이처럼 단일형태소 동사 하나로 대응되는
경우, 감각동사 혹은 인지동사인 예가 많다는 점이다. 총 254개의 단일형
태소 동사 중 인지동사와 감각동사는 89개였다. 한편 이들의 중국어 원문
대응표현은 바로 위에서 언급한 바 있는 추향보어가 개재된 경우가 대부
분이어서, 89개 표본 중 87개가 '감각·인지 동사+추향보어'의 형식이었다.

　　중국어에서는 일반적으로 보고, 듣고, 냄새 맡고, 느끼고, 생각하는 사
건에 있어서 동작과 그것을 인지한 결과를 동결식으로 나타낸다. 즉, '감
각의 입력+대뇌의 인지' 및 '사고 작용+대뇌의 인지'를 '동사+보어'의 구조
로 각각 나누어 표시하는 반면, 한국어의 대응 동사는 두 가지를 다 포괄한
다고 볼 수 있다. 다음은 이 유형에 해당되는 예들이다.

(13) ㄱ. 父親【看到】泪水在奶奶腮上流過、就變紅了。

　　　'아버지는 할머니의 뺨 위로 눈물이 흘러내려 볼이 발갛게 물드는 걸 **보**
았다.'

　　ㄴ. 父親先是【听到】耳邊一聲尖厲呼嘯……

　　　'아버지는 먼저 획 하며 귓가를 스쳐가는 날카로운 소리를 **들었고**'

　　ㄷ. 父親【聞到】了那种新奇的、黃紅相間的腥眊气息。

　　　'아버지는 어떤 신기하고, 딱히 뭐라고 꼬집어 말할 수도 없는 들척지근한
비린내를 **맡았다.**'

　　ㄹ. 突然【感到】凉气逼人、他打了一个戰。

　　　'서늘한 기운이 엄습해오는 걸 **느끼며** 몸서리를 쳤다.'

　　ㅁ. 長大后努力學習馬克思主義、我終于【悟到】。

　　　'성장해서 마르크스주의를 열심히 공부하고 난 뒤에 결국 나는 **깨달았다.**'

ㅂ. 婦道人家【懂得】什么! 余司令心煩意亂地說。

'"여인네가 뭘 **안다고** 끼어들어!" 위 사령관이 심란한 듯이 말했다.'

ㅅ. 父親【覺出】余司令前跨了一大步、一只手捺住了王文義的后頸皮。

'아버지는, 위 사령관이 왕원이 쪽으로 한 걸음 성큼 다가서더니 한 손으로 그의 목덜미를 내리누르는 걸 **느꼈다.**'

위 예들에서 보듯이 중국어에서는 '보다, 듣다, (냄새)맡다' 등 감각과 관련된 행위와 '알다, 느끼다, 깨닫다' 등 인지와 관련된 행위를 '看到, 听到, 聞到, 感到, 悟到, 懂得, 覺出'와 같이 표시하는데, 이는 두 개의 서술성 성분이 아무 표지 없이 결합하여 이룬 '동사+보어'의 구조이다.[16]

요는 이들에 대한 한국어 번역 표현이 동사 하나로 나타나는 경향이 강하다는 것인데, 중국어에서는 무릇 결과를 나타내고자 하는 경우라면 동사유형에 관계 없이 동결구조를 쓰므로 이러한 대응관계의 특수성은 오히려 한국어 인지·감각 동사 쪽에 있다 하겠다. 즉 한국어의 인지·감각 동사는 한국어 내의 다른 동사들에 비하여, 혹은 중국어의 인지·감각 동사에 비하여 결과 함축이 높다고 볼 수 있다.

다음으로 관찰되는 바는 중국어에서 '고정됨과 개방됨'을 결과로서 표시하는 동결식의 경우 한국어로 번역할 때 하나의 동사로 대응되는 경향이 있다는 것이다. 고정됨을 나타내는 'V+住'와 개방됨을 나타내는 'V+開' 등이 대표적인데, 그 예를 뽑아 보이면 다음과 같은 것들이 있다.

(14) ㄱ. 啞巴又【按住】了父親的鼻子、用力一掀、父親的眼泪噗噗冒出。

'벙어리는 다시 아버지의 코를 힘껏 **눌렀고** 아버지의 눈에서는 눈물이 펑펑 쏟아져 나왔다.'

---

16) 이때, '인지하였음'을 결과로 표시하는 '到, 得, 出' 등의 보어는 위 5장에서 중국어의 결과상 표지로 언급한 바 있는 예들 중 일부이다.

ㄴ. 花容月貌巧机關、調來鐵耙擺連环、【擋住】鬼子不能前……

'꽃 같고 달 같은 아리따운 얼굴에 지략까지 뛰어났지. 쇠써레를 가져다가
둥그렇게 울을 쳐서 왜놈들이 도망가는 걸 **막았고**...'

ㄷ. 孫五躺在地上、双手【捂住】臉。

'쑨씨네 다섯째는 땅바닥에 드러누워 두 손으로 얼굴을 **가렸다**.'

ㄹ.【站住】! 劫路人有气无力地喊着。

'"**멈춰!**"강도는 김이 다 빠져나가 버린 것 같은 소리로 고함을 질렀다.'

ㅁ. 罩頭的紅布把她的双眼【遮住】。

'머리에 뒤집어쓴 붉은 수건이 두 눈을 **가리고** 있었다.'

ㅂ. 娘、你好了!你不要死、我已經把你的血【堵住】了。"

'"엄마, 이제 괜찮아요! 엄마 죽지 않아요, 내가 벌써 피를 **막았다고요**."'

ㅅ. 小个子僞軍把騾子【解開】、用力牽扯 ……

'키 작은 괴뢰군이 노새를 **풀어** 힘껏 끌어당겼지만 ……'

ㅇ.【開開】大門、剛要飛跑、就被一把拉住。

'방문을 넘어 대문을 **열고** 막 달아나려고 할 때 어떤 손이 그녀를 붙잡았다.'

ㅈ. "爺爺【撕開】袖子、讓父親抽出他腰里那條白布、帮他捆扎在傷口上。

'할아버지는 소매를 **찢고** 아버지에게 허리춤에 있는 하얀 천을 꺼내 상처
를 묶게 했다.'

ㅊ. 奶奶【松開】手、冷支隊長把左輪手槍抓過去、挂在腰帶上。

'렁 지대장의 대답을 듣고 할머니는 손을 **풀었고** 렁 지대장은 모체르 총을
받아 들어 허리띠에 매달았다.'

　　위 예들에서 보듯 중국어의 결과보어 중 '住'는 '정지하여 머무름, 부착ㆍ
고정됨'의 의미를 가지는데, 이처럼 동사의 행위로 인해 발생되는 고정ㆍ
부착 상태를 중국어에서는 'V+住'[17) 구조로 나타내지만 한국어에서는 단

---

17) 'V+住' 외에 'V+準', 'V+定' 같은 경우도 '고정됨'의 의미를 가진다.

일동사 V로 나타내고 있다. 이때 한국어의 '누르다, 막다, 가리다, 멈추다' 등 동사는 동작·행위와 그에 함축된 결과를 함께 표시하는 것으로 보인다.

또 이와 나란하게 중국어에서 'V+開' 구조로 나타내는 '열림·개방·놓아줌'의 의미 역시 한국어에서는 대체로 단일동사 V로 나타내는 경향이 발견된다. 중국어 보어 '開'가 동사의 행위로 인해 무엇인가가 외부를 향해 열리게 되는 결과를 표시한다 할 때, 한국어의 '열다, 찢다, 풀다' 등은 그러한 결과를 자체 내에 함축하는 정도에 있어 중국어 동사 '解, 開, 撕, 松' 등에 비하여 더 강하다고 볼 수 있을 것이다.

중국어의 '동사+보어' 구성이 한국어의 단일 동사로 대응되는 경우를 위에서 살펴보았는데, 이때 번역에서 누락되는 보어는 '下, 起, 到, 出, 住, 開' 등이었다. 이들은 중국어 보어 중에서도 문법화 정도가 상당히 높은 부류에 속하는 것들로서 원래의 어휘적 의미에서 상당히 멀어진 경우이다. 이러한 사실도 한중 대응관계에서 발견되는 하나의 경향으로 볼 수 있을 것이다. 한편 중국어의 '동사+보어' 구조를 한국어에서 하나의 단일동사로 번역하는 경우, 선행 동사 쪽을 택할 수도 있고 결과를 나타내는 보어 쪽을 택할 수도 있으며 그 외에 둘을 포괄할 수 있는 새로운 동사를 채택하는 방법도 있을 수 있다.

6.2.1.2. 하나의 피·사동 동사로 대응

이른바 동결식(결과구문)이란 궁극적으로 어떠한 변화의 결과를 나타내는 것이고 기본적으로 "NP1 causes NP2 become X" 즉, "NP1이 NP2로 하여금 X(상태로) 되게 만들다"의 사역의미를 구성한다 할 때, 이를 나타낼 수

ㄱ. 大爺【瞄准】騾臉, 啪地一響, 正中騾子寬广的腦門
　　'아저씨는 노새의 얼굴을 **겨누고** '앗' 하는 소리를 내며 ……'
ㄴ. 送葬隊伍在柳樹下圍成一个圓圈【站定】時、
　　'운구 행렬은 버드나무 아래에서 **멈췄다.**'

있는 가장 간단한 방법은 동사의 사동형을 쓰거나 혹은 어휘 자체에 사동의 의미가 있는 상태변화 동사를 쓰는 것이라 할 수 있다.

그런데 중국어에는 형태적 사동이 없어[18] 사동사를 쓸 수 없을 뿐 아니라 앞서 언급한 바 있듯이 영어 등에 비해 동사의 결과 함축이 매우 약한 편으로, 설사 과거형으로 (혹은 완망상으로) 쓴다 하더라도 동사에 함축되어 있는 결과에 도달하지 못할 가능성이 높다.[19] 이와 관련하여 중국어의 단일 동사는 반드시 결과를 표시하는 또 다른 서술 성분과 함께 'VV'형으로 써야만 결과에 이르렀음을 표시할 수 있다는 지적들이 있었다. 즉, 중국어 동사가 그 결과를 표시하기 위해서 또 다른 서술성분인 보어를 취하는 것은 피할 수 없는 일이 되는 것이다.

반면, 한국어 동사는 영어보다는 약하지만 중국어보다는 강한 결과 함축을 가진다고 알려져 있고 형태적 사동화의 적용 범위도 상당히 넓다. 따라서 중국어 동결식에 대한 한국어 번역 표현에 한 개의 상태변화 동사나 사동사가 나올 수 있음은 예측 가능한 일이라 하겠다.

한편 피동은 사동과 표리의 관계에 있지만 상태의 변화를 표시함에 있어 사동보다 더 직접적이고 확실한데, 이는 피동 자체가 변화를 경험하는 대상에 대한 직접 서술이기 때문이다. 피동의 상황이란 대상이 행위주에 의해 어떤 영향을 받아 상태의 변화를 일으켰음을 가리키는 것으로, 달리 말하면 상태변화를 나타내는 방법 중의 하나라고도 말할 수 있다.

중국어에는 형태적으로 피동사를 만드는 방식은 없으나 통사적으로 피

---

18) 형태 변화가 거의 없는 중국어에서는 통사적으로 사동 혹은 피동을 나타내는 방법은 있으나 접사를 붙여 형태론적으로 사동사 혹은 피동사를 만드는 방법은 발달되어 있지 않다는 것이 일반적인 견해이다. 이에 대한 이견으로 노금송(2014:123~124)에서는 '弄, 放, 加, 化' 등 요소가 뒤 혹은 앞에 오는 어휘와 결합하여 사동문을 실현하는 것으로 보았으며 "弄臟, 弄坏, 弄干, 弄黑, 弄碎, 弄死…; 放跑, 放松, 放走, 放高, 放大, 放低…; 加粗, 加快, 加固, 加厚, 加劇, 加强, 加深…; 丑化, 醇化, 磁化, 淡化, 惡化, 鈣化, 簡化…"와 같이 생산성이 강하므로 '弄, 放, 加'는 접두사, '化'는 접미사로 보아 형태적 사동으로 취급하는 것이 타당하다고 주장한 바 있다.
19) 앞서 언급하였듯이 이는 '미완료 효과(incompleteness effect)'라 불린다.

동을 나타내는 수단은 있다. 하지만 피동 상황을 나타내고자 할 때 굳이 통
사적인 방법을 동원할 필요가 크지 않다. 그 이유는 중국어의 동사는 아무
런 형태 변화 없이 이른바 무표지 피동문을 구성하는 경우가 매우 많기 때
문이다. 이를 다음과 같이 예시할 수 있다.

 (15) ㄱ. 我　　完成　　了　學業。

    나　완성하다 (완료)　학업

    '나는 학업을 완성했다.'

  ㄴ. 學業　　完成　　了。

    학업　완성하다 (완료)

    '학업이 완성되었다.'

 (16) ㄱ. 我　把　衣服　挂　　在　墙上。

    나 (pre.)　옷　걸다 (pre.) 벽

    '나는 벽에 옷을 걸었다.'

  ㄴ. 衣服 挂　　在　墙上。

    옷　걸다 (pre.) 벽

    '옷이 벽에 걸려 있다.'

위 예에서 보듯 중국어는 '완성하는' 것과 '완성되는' 것, '거는' 것과 '걸
리는' 것 사이에 형태 차이가 없어서 주어와 서술어 간 태의 일치가 문제
되지 않는데, 이처럼 따로 피동형을 쓰지 않아도 피동의 의미가 자연스럽
게 도출되는 경우가 많다.

이러한 특성은 중국어 동결식에도 그대로 적용되는데, 주어와 목적어
가 있는 타동문에서 사·피동 관계를 밝히지 않은 두 개의 동사를 나란히
쓰더라도 대상의 상태변화와 피동의 의미를 적법하게 표시할 수 있다. 하
지만 한국어의 사정은 달라서 타동문에서 동사 연결형을 쓰는 경우 두 동

사 모두 '타동사+타동사' 구성으로 문장의 주어에 일치를 보여야 한다.

(17) ㄱ. 張三　把　我的　杯子　<u>踩</u>　**碎了**。

　　　장삼　(pre.)　나의　컵　밟다 부쉈다.

　　　'장삼이 내 컵을 <u>밟아 **부수었다**</u>.'

　　ㄴ. 我的　杯子　<u>踩</u>　**碎**　　了。

　　　나의　컵　밟다 부수다 (완료)

　　　'내 컵이 <u>밟혀 **부서졌다**</u>'

(18) ㄱ. 장삼이 내 컵을 <u>밟아 부쉈다</u>.

　　ㄴ. *장삼이 내 컵을 <u>밟아 부서졌다</u>.

　　ㄷ. 내 컵이 (장삼에게) <u>밟혀 부서졌다</u>.

위 (17)에서 중국어 동사 '碎'는 주어가 행위주이든 대상이든 관계없이 아무런 사동·피동 표지가 붙지 않은 채 쓰였다. 반면, 한국어의 '밟아 부쉈다'는 주어인 장삼에 일치를 보이고 있으며 만일 두 번째 동사를 피동형으로 표시하면 (18ㄴ)과 같이 문장의 적법성에 문제가 생긴다. 따라서 대상의 상태변화를 직접적으로 서술하려면 (18ㄷ)처럼 대상을 문장의 주어로 한 피동문을 구성하는 수밖에 없다.

우리가 이 절에서 다루고 있는 것은 하나의 사동사 혹은 피동사로써 중국어의 동결식에 대응하는 경우인데, 이중 피동사가 쓰인 경우 위와 같은 이유로 번역표현의 주어와 중국어 원문의 주어가 다를 수 있다. 또, 앞서 언급했듯이 중국어에는 무표지 피동문의 출현빈도가 높으므로 원문에서는 피동문이 아닌데 번역문에서는 피동문으로 나타나는 경우가 있다.

텍스트 분석 결과 중국어 동결식을 사·피동사 하나로 번역한 경우는 전체 40여 건 정도로 그 숫자가 많지 않았으며 이중 사동 형태는 10여 건, 피동 형태는 20여 건이 관찰되었다. 피동의 경우 원문에서는 피동형이 아닌데 번역문에서는 피동형으로 나타난 예가 20건, 다시 그중에서 원문의

주어와 번역문의 주어가 다른 경우, 즉 원문의 목적어를 주어로 취해 피동
문으로 구성한 것이 15건 관찰되었다. 이 경우 7.4.1.1에서의 관찰과 일치
되게 역시 대부분이 감각동사였다. 아래에 예문을 보인다.

    (19) ㄱ. 父親精神一振、眼睛睜開、然而【看到】的、依然是半凝固半透明气。

          '아버지는 그 소리에 정신을 번쩍 차리고 눈을 둥그렇게 떴다. **보이는**

          건 여전히 반쯤은 엉겨 있고 반쯤은 투명하게 흩어져 있는 안개뿐이었

          다.'

      ㄴ. 他恍惚【听到】一陣尖厲的哨響

          '갑자기 날카롭게 울리는 호각 소리가 **들렸고**,'

6.2.1.3. 기타 파생어와 합성어로 대응

중국어의 동결식을 한국어의 동사 하나로 대응시켜 번역한 경우 중 위
에서 살펴본 두 가지 유형, 즉 단일 형태소 동사와 피·사동 접사 파생어를
쓴 경우를 제외하고 다음과 같은 유형이 있다.

    (20) ㄱ. X+하다

          명심하다(記住), 성장하다(長大), 생각하다(想起), 그득하다(布滿), 사

          랑하다(愛上) 등

      ㄴ. X+되다

          뒤범벅되다(凝成)

      ㄷ. 강세접사 파생어

          휘감기다(罩住), 휘두르다(揮動起), 뒤덮다(盖住), 뿌리치다(掙開), 펼

          치다(伸展開來), 덮치다(扑到) 등

      ㄹ. 비통사적 합성어

          붙잡다(扯住, 促獲, 促住, 拉住, 抓住), 일깨우다(喚醒) 등

ㅁ. 기타 합성어

가로막다(擋住), 물들다(濕透), 뒤쫓다(追上), 수놓다(綉出) 등

이 중 강세접사가 개입된 파생어와 비통사적 합성어를 주목할 만하다. 우선 강세접사 파생어는 해당 예들에서 보듯이 접두사가 들어간 것도 있고 접미사가 들어간 것도 있는데, 이들을 강세접사라 함은 주로 그것이 결합하는 어기의 뜻을 강하게 해 준다는 뜻에서 붙은 명칭이다. 우리는 이때 '뜻을 강하게' 함으로써 얻어지는 효과 중 하나로 결과 확정의 가능성을 높이는 것을 들 수 있다고 생각한다. 즉, '감기다'보다는 '휘감기다'가, '덮다'보다는 '뒤덮다'가 행위의 보다 확실한 완결을 표시할 수 있으며, 따라서 결과의 취소 가능성도 낮다고 보는 것이다. 중국어의 동결식과 한국어 강세접사 파생어간 대응이 하나의 경향으로 확인된다면 이러한 주장이 뒷받침될 수 있을 것이다. 하지만, 그러기에는 해당되는 예가 위 몇 개에 불과하여 충분한 증거가 되지 못함이 아쉽다. 한편 비통사적 합성어는 두 어근 사이에 어떠한 요소도 들어가지 않는다는 점에서 사실상 그 구조가 중국어의 'VV' 동결식과 가장 유사하며, '일깨우다-喚醒'과 같은 예에서 그 동질성이 확인된다. 하지만 이 역시 추출된 예가 두어 개에 불과하여 믿을만한 분석의 대상이 되지 못한다.

6.2.2. 'V₁어 V₂(…)'[20) 구문으로 대응

주지하듯이 'V₁어 V₂' 형식은 한국어의 대표적인 동사연결 구성으로 일찍부터 학계의 주목을 받아왔으며 이 글에서는 한국어의 결과구문의 한 종류로 보고 있다. 한국어 'V₁어 V₂' 형식이 가지는 특질에 대해서는 앞서 5

---

20) 'V₁어 V₂(…)'와 같이 표기하는 것은 동사 두 개가 연결된 구성뿐만 아니라 세 개 이상이 연결된 경우까지를 함께 나타내기 위한 것이다. 아래에서도 (…)로 표시된 것은 이러한 뜻을 담고 있다.

장에서 다루었으므로 본 절에서는 텍스트 분석 결과에 주목해서 살펴보기로 한다. 이러한 작업은 'V1어 V2' 형식이 과연 한국어의 결과구문으로서 그 기능을 수행하고 있는지 검증하는 일이 되기도 한다.

본격적인 분석에 앞서 몇 가지 전제할 사실이 있다. 첫째, 본 절에서 말하는 'V1어 V2' 형식은 동사 두 개가 연결된 구성뿐 아니라 그 이상이 연결된 구성까지도 포괄한다는 점이다. 즉, 'V1어 V2어 V3'와 'V1어 V2어 V3어 V4'를 비롯하여, 극히 제한적이긴 하지만 'V1어 V2어 V3어 V4어 V5'까지 그 대상으로 삼는다. 이때, '지다, 버리다, 놓다, 있다, 주다' 등 일반적으로 보조동사로 분류되는 것들과 접미사인지 동사인지 논란이 있는 '뜨리다'까지 대상에 넣기로 한다. '뜨리다'는 어근에 바로 결합하는 경우보다 어미 '-아/어'로 연결되는 예가 더 많기 때문에 접사로 보기 어려울 뿐 아니라 '지다'와 의미상 한 쌍을 이루어 상태변화를 나타내는 중요한 요소가 된다고 보고 이를 보조동사로서 통계에 포함시켰다.

둘째, 이들 중에는 이미 합성동사가 되었다고 생각되는 예들이 상당히 많이 포함되어 있으나 구분하지 않고 다른 예들과 함께 처리하기로 한다. 이는 텍스트 분석의 출발점이 되는 중국어 동결식 역시 'VV' 합성동사로 보는 경우가 많아 동일한 조건이 되기 때문이며, 'V1어 V2어' 구성에 대한 이 글의 시각이 이러한 구성이 만들어지는 기본 원리에 관심을 두고 있기 때문이다. 셋째, 'V1어 V2' 형식은 단독으로 결과를 표시하기도 하지만 다른 결과 표시 구문들과 함께 쓰이기도 한다. 즉, 'X게+V1어 V2', 'NP로+V1어 V2', 'NP에+V1어 V2' 등의 형태로 나타나기도 하는데, 이들은 'X게'나 'NP로' 등 기타 요소들이 표시하는 결과의 의미를 보다 확정적으로 만들어 주는 역할을 하는 것으로 보아 각 해당 구문에 넣기로 한다.

이러한 사실들을 전제하고 분석하였을 때, [표 6-7]에서 보듯이 중국어 원문의 동결식을 한국어 'V1어 V2(…)' 형식으로 번역한 예는 585건이 관찰되었다. 이는 전체 1,808건 중에서 약 32퍼센트를 차지하는 것으로서 다른 형식들과 함께 나타나는 경우까지 포함시킨다면 수치는 더 커질 수 있다.

이러한 분석 결과는 우선 한국어 결과범주에 있어 'V₁어 V₂' 형식이 차지하는 비중이 매우 크다는 사실을 알 수 있게 해 준다. 이 유형과 위에서 살펴본 하나의 동사로 대응하는 경우(약 21%)를 합하면 약 53%가 되어 전체의 절반 이상이 된다.

한편 'V₁어 V₂(…)' 대응형을 세부적으로 보면 동사 두 개가 연결된 'V₁어 V₂' 구성은 450건, 동사 세 개가 연결된 'V₁어 V₂어 V₃'는 약 100건이 추출되었으며, 'V₁어 V₂어 V₃어 V₄'는 30여 건, 'V₁어 V₂어 V₃어 V₄어 V₅'는 2건이 관찰되었다. 아래에서 각 하위 유형별로 분석의 결과와 특징을 알아보기로 한다.

6.2.2.1. 'V₁어 V₂'로 대응

중국어의 동결식을 한국어로 나타낼 때 동사 두 개가 연결된 'V₁어 V₂'로 쓰이는 경우, 일반적으로 'V₁'이 원인행위, 혹은 선행행위를 나타내고 'V₂'가 그 결과로 나타난 상태를 표시한다.[21] 'V₁어 V₂' 구문에 대해서는 앞서 5장에서 다루었으므로 여기서는 텍스트 분석 결과를 중심으로 살펴본다.

상기했듯이 텍스트 원문의 동결식을 한국어로 번역할 때 어미 '-어'로 연결된 동사연결 구성을 쓴 예는 585건이었으며 그중 동사 두 개가 연결된 'V₁어 V₂' 형식은 450건으로 동사연결형의 대다수를 차지한다. 몇몇 예를 중국어 원문의 동결식과 함께 보이면 다음과 같다.

---

21) 다만 이때 '날아 올랐다'의 예에서 보듯 'V₁'이 원인이라기보다 방식(manner)으로 읽히는 예들이 많으며, '때려 부쉈다'처럼 결과의 'V₂'가 동사로 나타나고 주어에 일치를 보이기 때문에 형용사와 같이 대상의 상태에 대한 직접적인 서술을 하기는 어렵다는 사실을 앞에서 밝힌 바 있다. 하지만 이때 'V₁'은 방식과 행위동작이 결합된 것으로 볼 수 있으며 그러한 행위의 끝에 도달하게 되는 상태가 V₂로 나타남을 인정할 수 있으므로 이 글에서 채택하는 결과의 정의에 따라 'V₁어 V₂'를 결과구문의 일종으로 보았다.

(21) 'V₁어 V₂'로 대응되는 예

　　ㄱ. "【打死】了, 這東西, 這么不經打!"

　　　'"<u>맞아 **죽었군**</u>. 병신, 매도 못 견디는 게!"'

　　ㄴ. 羅漢大爺胯骨灼熱【脹大】。

　　　'뤄한 큰할아버지는 사타구니 뼈가 후끈거리며 <u>부풀어 **오르는**</u> 것 같

　　　았다.'

　　ㄷ. 從路兩邊高粱地里【飄來】的幽淡的薄荷气息。

　　　'길 양쪽의 수수밭에서 <u>날아 **오는**</u> 그윽하고 담백한 박하 향기.'

　　ㄹ. 一个高大的人影在河堤上一閃, 我父親和我奶奶被【拉下】河堤。

　　　'커다란 사람 그림자 하나가 갑자기 둑 위에서 번쩍하더니 아버지와

　　　할머니를 둑 아래로 <u>끌어 **내렸다**</u>.'

　　ㅁ. 它們竟然【認不出】主人啦。

　　　'나귀들은 뜻밖에 주인을 <u>**알아** 보지 못했다</u>.'

　이때, 'V₁어 V₂'는 (21ㄱ), (21ㄴ)과 같이 상태변화를 나타내는 것도 있고 (21ㄷ), (21ㄹ)처럼 위치변화를 나타내는 것도 있으며 (21ㅁ)과 같이 인식의 변화를 나타내는 부류도 있다.

　한편 중국어 동결식과 대응하여 쓰인 'V₁어 V₂'에서 V₂ 자리에 보조동사인 '버리다, 치우다, 두다, 놓다, 있다, 지다, 주다' 등이 오는 예들도 다수 발견된다. 그 이유는 한국어에서 이러한 보조동사들이 그 자신의 어휘적 의미 외에 선행 동사의 완결을 표시해 주는 기능을 아울러 수행하기 때문이다. 선행 동사의 완결을 확정 짓는 것은 그에 함축된 결과상태의 실현을 확실히 하는 효과를 낳는다. 이는 중국어 동결식에서도 마찬가지로 중국어의 결과보어 중에는 '好, 完, 過, 到, 得, 着, 掉' 등의 요소가 있어 선행동사의 완결을 표시하거나 그 이후의 결과상태를 표시하는 상적 표지로 쓰인다. 따라서 중국어 동결식의 대응 표현에 한국어 보조동사가 등장하는 것은 자연스러운 현상이라 할 수 있다. 한국어에서 주동사와 보조동사의 결합

이 'V₁어 V₂' 형식을 이룸은 주지의 사실이다. 아래는 그 대응 양상의 보기를 보인 것이다.

[표6-9] 중국어 PVC 구문의 한국어 대응 형식

중국어 PVC 구문	한국어 대응 형식
那人【撕掉】蒙面黑布, 顯出了眞相	그자가 얼굴에 뒤집어쓰고 있던 검은 수건을 **벗어 버리자**……
他【找到】一柄鋒利的鐵鍬。	날카로운 삽 하나를 **찾아 냈다**.
你躺在這里【睡着】了嗎……"	니가 여기 누워서 곯아 **떨어 진** 거냐……

이처럼 한국어의 'V₁어 V₂' 형식과 중국어의 동결식은 상적인 특성을 민감하게 반영할 수 있는 구조를 가지고 있으며, 결과적으로 각각의 언어에서 문법화를 통해 각종 상적 표지들을 만들어내는 원재료가 된다는 공통점을 가진다. 또 두 형식은 어순에 있어서도 동일한 구조를 가지므로 한국어의 각종 결과표시 형식 중에서 중국어의 동결식과 가장 유사하고 가장 효과적으로 대응되는 형식은 'V₁어 V₂' 구문이라고 해야 할 것이다. 이는 본 장의 텍스트 분석 결과 중국어 동결식에 양적으로 가장 많이 대응하는 형식이 'V₁어 V₂'라는 점에서도 뒷받침되는 사실이다.

6.2.2.2. 'V1어 V2어 V3(…)'로 대응

동사 세 개가 연결된 'V₁어 V₂어 V₃' 대응형에서 뚜렷하게 드러나는 특징은 해당 중국어 원문의 '동사+보어' 중 '보어'가 대부분 추향보어(방향보어)라는 점이다. 원래 중국어 추향보어의 사용 빈도가 높기도 하지만 전체 약 100건의 샘플 중 80건 이상이 이러한 경우에 해당된다는 것은 일반적인 비율을 상회한다. 이때 문장의 형식은 거의 자동사문이다. 이는 다시 말해, 한국어 대응 표현이 동사 세 개 연결형인 경우, 자동사 이동구문을 구성하여 자발적 이동과 관련된 내용을 나타낼 가능성이 매우 크다는 것이다.

앞서 하나의 한국어 동사로 대응하는 경우에도 해당 중국어 동결식의 보어가 추향보어인 예가 현저하게 많다고 하였으나 그 경우 문장형식이 타동문이면서 지각동사·인지동사·자세동사와 관련된 경우가 주를 이룬다 하였다.

한편 세 개의 동사로 대응되는 경우 중국어 원문의 표현은 동사 두 개가 결합된 경우도 있고 세 개가 결합된 경우도 있는데 그 둘 간의 비율은 7:3 정도로 여전히 두 개 동사 결합형이 더 많지만 그래도 세 개 동사 결합형의 비중이 이 유형에서 상대적으로 높은 편이다.[22] 이러한 사정은 한국어 번역 표현에서 동사 네 개 이상이 '-아/어'로 연결된 경우에도 비슷해서 이들과 대응하는 중국어 원문의 동결식 역시 3개(혹은 이상)의 동사로 구성되는 경우가 약 30%를 차지한다. 즉 중국어 원문의 동결식이 동사 세 개 결합형이면 한국어도 세 개 이상의 동사로 대응될 가능성이 높다고 할 수 있다. 다음은 'V₁어 V₂어 V₃(…)'로 대응된 실제 예들이다.

    (22) 'V₁어 V₂어 V₃'의 예

        ㄱ. 羅漢大爺几乎不敢相信，這么容易就【逃出來】了。

        '뤄한 큰할아버지는 자신이 이렇게 쉽게 <u>도망쳐 나 올</u> 수 있었다는 게 도무지 믿기지 않았다.'

        ㄴ. 引火繩口兹口兹地響着，冒着白烟【消逝】了。

        '도화선은 츠츠츠 하는 소리를 내며 하얀 연기를 뿜어내고는 그만 <u>사그라 져 버렸다</u>.'

        ㄷ. 兩股熱辣辣的泪水從眼窩里【凸出來】。

        '뤄한 큰할아버지의 두 눈에서는 뜨거운 눈물이 <u>솟구쳐 올라 왔다</u>.'

---

22) 한국어 번역 표현이 단일형태소 동사 하나로 나타나는 경우 중국어 원문 동결식의 동사 개수는 2개인 경우가 절대다수로 254개 샘플 중 원문 동결식의 동사 개수가 3개 이상인 경우는 10여 건에 불과하여 5퍼센트에도 미치지 못한다. 또 번역 표현이 'V₁어 V₂'형, 즉 2개 동사 연결형인 경우에도 중국어 원문 동결식의 동사 숫자가 3개 이상인 경우는 전체의 10퍼센트 정도에 그친다.

(23) 'V₁어 V₂어 V₃어 V₄'의 예

ㄱ. 隱在傾斜的臉面下的嘴里,【吐出】一串一串的五彩泡沫。

'비스듬한 얼굴 밑에 감춰져 있는 입속에서는 계속해서 오색찬란한 거품이 <u>뿜어 져 나 왔다</u>.'

ㄴ. 手槍已老, 燒藍【退盡】。

'소총은 낡아서 총 표면에 칠해져 있던 산화 방지막이 다 <u>닳아 없어져 버렸다</u>.'

(24) 'V₁어 V₂어 V₃어 V₄어 V₅'의 예

一對對圓杆狀的眼睛從凹陷的眼窩里【打出來】。

'작은 막대 사탕같이 생긴 게 눈은 움푹 들어간 눈구멍이 속에서 툭 <u>불거 져 나 와 있었다</u>.'

동사 세 개의 연결형인 'V₁어 V₂어 V₃'로 대응되는 경우 각 동사는 어떤 순서로 배열되며 그들 간의 의미관계는 어떻게 구성될까? 우선 'V₁어 V₂어 V₃'의 구조를 보이는 예들의 유형을 보이면 다음과 같은 것들이 있다.

(25) ㄱ. 쓰러 져 있다, 흩어 져 있다, 늘어 져 있다

ㄴ. 올라 와 있다, 들어 와 있다

ㄷ. 들어 와 버리다, 날아 가 버리다, 내 버려 두다, 늘어 뜨려 놓다

ㄹ. 닳아 없어 지다, 울려 퍼 지다, 굴러 떨어 지다

ㅁ. 쏘아 쓰러 뜨리다, 밀어 떨어 뜨리다

ㅂ. 미끄러 져 내리다, 떨어 져 내리다

ㅅ. 달려 들어 오다, 떠 내려 오다, 풀려 나 오다, 기어 올라 오다

ㅇ. 걸어 들어 가다, 달려 내려 가다, 뛰어 올라 가다, 흘러 나 가다,

ㅈ. 숨어 들어 가다, 빨려 들어 가다

우선 위의 예들은 보조동사가 결합된 예들이다. 이 중에서 (25ㄱ), (25ㄴ)은 'V₁어 V₂어'가 다시 보조동사 '있다'와 결합한 것인데, '-어 있다'는 한국어의 대표적인 결과상 표지로 인정되고 있는 요소이다. 하지만 아직 완전한 문법 형태소로 문법화하기 전의 우언적 구성 단계에 있어 보조동사로 분류되므로 여기서 'V₁어 V₂어 V₃'의 한 유형으로 계산되었다.[23]

(25ㄱ)의 '쓰러져 있다, 흩어져 있다' 등은 'V₁어+지어+있다'의 구조로서 이때 '지다'는 피동주 혹은 경험주가 '지다'에 선행하는 V₁ 동사의 영향을 입은 상태로 변화함을 나타내는 요소이며 '있다'는 그러한 변화의 결과 상태가 지속됨을 나타내는 요소이다. 즉, 이들은 어미 '-어'로 연결되는 'V₁어 V₂(…)'형 동사연결 구성 중 상태변화 결과 지속의 의미를 가장 확실하게 나타내는 부류라고 할 수 있다. (25ㄴ)의 '올라 와 있다, 들어 와 있다'는 이동 후 위치가 변화된 결과의 지속을 나타내고 있다. (25ㄷ)의 '버리다, 두다, 놓다' 등은 주지하듯이 이들이 원래 가지는 어휘적 의미에 더해 선행 동사가 완료되었음을 표시해 주는 보조동사들로서, (25ㄷ)의 예에서도 이러한 기능을 보태고 있다. 동작의 완료나 결과상태를 나타내는 이러한 표지들은 동사 두 개 연결구성인 'V₁어 V₂'에서 V₂로 나타나는 일이 많은데 이는 중국어의 결과보어 중에도 완료상 및 결과상 표지로 쓰이는 부류들이 포함되어 있는 것과 평행한 현상이며 따라서 중국어 동결식의 번역 표현에 나타나는 것은 자연스러운 일이라 할 수 있다. 다만, 동사 세 개 연결형 'V₁어 V₂어 V₃'에서는 V₂가 이미 결과를 표시하고 있음에도 불구하고 위와 같은 보조동사들로써 상기한 의미 기능을 더욱 확실하게 해 주고 있다. 이때 그 쓰임은 필수적인 것이 아니라 선택적인 것이다.

한편, (25ㄹ)과 (25ㅁ)에서 세 번째 동사로 나타난 '지다'와 '뜨리다'는 역

---

23) 단 본고의 앞선 논의에서는 '부산에 <u>가 있다</u>'와 같은 예들을 결과구문으로 보지는 않았으며 본 텍스트 분석에서만 대응 표현으로 카운트하였음을 밝힌다. 본고에서는 '-어 있다'를 결과상 표지로 보고 있기 때문이다. 한편, 오충연(2010)에서는 '걸려 넘어지다'의 예와 함께 '부산에 <u>가 있다</u>'의 예도 한국어의 결과 후치형 결과구문으로 볼 것을 제안한 바 있다.

시 보조동사에 포함되지만 그 성격이 다소 다르다. 일단 표면상 '지다'는 동사에 피동적 의미를 더하는 반면, '뜨리다'는 사동적 의미를 강화하는 것으로 보이는데 결과적으로 둘 다 사건 참여자가 모종의 변화를 입게 됨을 표시한다. 이때 '지다'는 경험주나 피동주, 혹은 대상 주어가 변화되었음을 나타내고, '뜨리다'는 대상 및 피동주 목적어가 변화되었을 것이라는 함축을 강화한다.

다음으로 (25ㅂ)~(25ㅈ)의 예들은 이동에 따른 위치변화를 나타내는 경우로서 'V₁어 V₂어 V₃' 대응형의 대부분을 차지하는 부류이다. 즉 위에서도 언급했듯이 동사 세 개 연결형은 한국어에서 자동사 이동사건을 표시하는 데 가장 전형적으로 쓰이는 형식이다. 이때 세 번째 동사에는 이동을 나타내는 '가다, 오다, 오르다, 내리다, 들다, 나다' 등 이동 동사만이 올 수 있으며, 그중에서도 '가다/오다' 결합형이 가장 많다.[24] 한편 이처럼 자동사 이동을 나타내는 'V₁어 V₂어 V₃'의 경우, 앞 장에서 밝혔듯이 각 동사들의 의미 관계는 일정한 배열을 보인다. 우선 '가다/오다'는 마지막 순서(V_3)에 고정되며 이때 그것이 나타내는 의미는 [이동+직시(deixis)]이다. '가다/오다' 앞 V_2에는 일반적으로 [경로]를 나타내는 요소가 오며, 그보다 앞자리에는 이동사건의 [방식]이나 [원인]이 온다.[25] 이러한 관계를 다음과 같이 예시할 수 있다.

---

24) '오르다, 내리다, 나다, 들다' 등은 현대 한국어에서 '날아오르다, 뛰어내리다, 벗어나다, 굴러들다'와 같이 복합동사에 참여하여 이동을 표시하기는 하지만 단독형으로는 그 쓰임이 제한적이다. 또, 쓰인다 하더라도 의고적인 색채를 띠는 경우가 많다.

25) 앞의 4장과 5장에서 살펴본 대로 이동사건을 구성하는 의미요소에는 여러 가지가 있다. 인지언어학적 관점에서 이동에 관한 논의의 새로운 장을 열었다고 할 수 있는 Talmy(1985:61)에 따르면 '이동 사건'을 구성하는 성분으로는 '전경(Figure), 배경(Ground), 경로(Path), 이동(Motion), 방식(Manner), 원인(Cause)' 등이 있고, 그중 '전경, 배경, 경로, 이동'이 이동 사건의 기본 요소가 되며 '방식과 원인'은 부차적 요소로 구분할 수 있다 하였다. "The paper blew off the table."에서 보듯 영어의 경우 이동동사의 개입 없이 "방식, 원인 동사+경로" 만으로도 이동사건을 구성할 수 있고 이때 경로는 부치사로 나타나는 반면, 한국어는 이동동사가 개입된 동사연결 구성으로 나타나며 경로 역시 동사로 표시된다.

(26) ㄱ. [방식]+[경로]+[이동+직시쇠]

　　　달려 들어 오다, 날아 올라 가다, 뛰어 넘어 가다, 굴러 내려 가다

　　ㄴ. [원인]+[경로]+[이동+직시쇠]

　　　빨려 들어 가다, 배어 나 오다

이처럼 이동동사와 결합하여 자동사 이동사건을 나타내는 'V₁어 V₂어 V₃'의 빈도가 높다고 하였는데, 그렇다면 이와 대응되는 중국어 원문의 동결식은 어떤 양상을 보일까?

(27) ㄱ. 一股新鮮的高粱酒的味道, 從那洞里【涌出來】。

　　　'…거기에서는 신선한 고량주 향기가 풍겨 <u>나 왔다</u>.'

　　ㄴ. 血從他鼻子里【流出來】。

　　　'그의 코에서 코피가 <u>흘러 나 왔다</u>.'

　　ㄷ. 推開車門【跳出來】

　　　'차 문을 밀고 <u>뛰쳐 나 와</u>'

　　ㄹ. 任副官怒冲冲【闖進來】, 嚇了奶奶一大跳。

　　　'런 부관이 노기등등하게 <u>뛰어 들어 오는</u> 것을 보고 할머니는 깜짝 놀랐다.'

　　ㅁ. 毛驢高亢的叫聲,【鑽進高粱地里來】

　　　'나귀가 목청 높여 울부짖는 소리가 <u>수수밭으로 전해 져 왔을 때</u>'

위 예들에서 보듯 중국어에서도 자발적 이동을 나타내는 경우에 동사 세 개 연결형으로 쓰는 일이 많고, 이때 동사의 배열 순서도 한국어와 동일한 양상을 보인다. 즉, [방식]+[경로]+[이동+직시쇠] 혹은 [원인]+[경로]+[이동+직시쇠]의 순서로 나열됨을 알 수 있다. 이때 마지막의 [이동+직시쇠] 요소로 한국어의 '오다/가다'와 대응을 이루는 '來/去'가 오는 것도 동일하다. 다만, (27ㅁ)과 같이 도달장소 명사가 목적어로 개입되어 있을 때는 [이동+직

시킬 요소인 '來/去'가 장소 목적어의 뒤에 위치하게 된다.

한편, 중국어의 경우 자발적 이동사건을 아래와 같이 동사 두 개로 표시하기도 한다.

(28) ㄱ. 又【滋出】了新鮮的津液

　　　　'다시 신선한 액체가 <u>스며 나 왔고</u>'

　　ㄴ. 【拐進】高粱地后霧更顯凝滯

　　　　'수수밭으로 <u>돌아 들어 가자</u> 안개는 더욱 짙게 엉기고'

　　ㄷ. 【跳上】河堤后,

　　　　'둑 위로 <u>뛰어 올라 가서</u>'

이에 대응하는 한국어의 경우, '수수밭으로 돌아 들자'나 '둑 위로 뛰어 올라서'는 가능한 표현이기는 하나 '가다/오다'가 결합되어 있을 때에 비하여 목표점에의 도달 여부가 불확실하게 느껴지며, "신선한 액체가 스며 났고'의 경우는 현대국어에서 쓰이지 않는 표현이다. 즉, 이동동사 중 '나다'는 '벗어나다, 달아나다, 넘쳐나다' 등 몇몇 예를 제외하고는 동사연결형의 마지막 자리에서 '가다/오다'를 대체할 수 없는 것으로 보인다(집에서 달려/걸어/굴러/날아 *났다).26)

한편 동사 네 개가 연결된 'V₁어 V₂어 V₃어 V₄' 형식도 29개 표본이 관찰된다. 이들의 중국어 원문 대응 형식은 동사 두 개 연결형일 수도 있고 세 개 연결형일 수도 있는데, 만일 중국어 동결식이 동사 세 개짜리인 경우 세 번째 동사는 모두 '來' 혹은 '去'이다. 그렇다면 한국어 대응형의 구조는 어떠할까? 네 개 동사 연결형, 즉 'V₁어 V₂어 V₃어 V₄'의 구조적 특징은 매우 뚜렷하게 나타난다. 즉, 29개의 표본 중 27개가 'V₁어+지어+나아+오다/가다'의 꼴을 취하고 있다. 실제 예를 몇 개 보이면 다음과 같다.

---

26) '뛰어나다, 살아나다, 자라나다' 등의 예가 있으나 이미 이동의 의미를 가지지 않는 경우이다.

[표6-10] 'V₁어 V₂어 V₃어 V₄' 형식의 사용례: '지다'가 V₂에 오는 경우

텍스트 원문	한국어 번역표현
秀出來, 拔出	빠 져 나 오다
射出	쏘아 져 나 오다
滑脫	빠 져 나 가다
迸出, 吐出, 滋出來, 蹿出	뿜어 져 나 오다
炸裂, 钻出來	터 져 나 오다
蹿出來, 洒出	쏟아 져 나 오다
脱离	떨어 져 나 오다

위 표를 보면 동사 네 개가 연결되는 경우 두 번째 동사는 '지다', 네 번째 동사는 '오다/가다'로 거의 고정되어 있다. 위 예들에서는 세 번째 동사가 '나다'로만 나타났으나 '들다'(빠 져 들어 가다, 쏟아 져 들어 오다)와 '내리다'(떨어 져 내려 오다, 쏟아 져 내려 오다) 도 부분적으로 가능한 것으로 보인다. 이때 [원인]+[변화]+[경로]+[이동 직시소]의 배열을 보인다.

위 형식에서 벗어난 예는 다음 몇 경우만이 관찰되는데, '지다'가 세 번째 동사로 참여하는 경우이다. 본 텍스트 분석에서 추출되지는 않았지만 '나 가 떨어 지다'와 같은 구성도 가능하다.

[표6-11] 'V₁어 V₂어 V₃어 V₄' 형식의 사용례: '지다'가 V₃에 오는 경우

텍스트 원문	한국어 번역표현
退盡	닳아 없어 져 버렸다
瀉下來	퍼 부어 져 내렸다

한편 다섯 개 동사 연결형인 'V₁어 V₂어 V₃어 V₄어 V₅'의 경우, 위와 같은 'V₁어져 나오다/가다'에 '-어 있다'가 연결된 'V₁어 져 나와/나가 있다'의 형태를 이룬다. 이때 '-어 있다'는 상적 표지로서 선택적으로 붙는 것이므로 다섯 개 동사 연결형을 굳이 문제 삼을 필요는 없을 것이다. 다만 다섯 개의 동사가 '-어'로 연결되어 하나의 사건을 구성한다면 그 마지막은 '있다' 동사라고 할 수 있다.

(29) ㄱ. 一對對圓杆狀的眼睛從凹陷的眼窩里【打出來】。

　　　　　‘막대사탕 같이 생긴 게 눈은 움푹 들어간 눈구덩이 속에서 툭 불거져

　　　　　나와 있었다.’

　　　ㄴ. 槍口堵着一團破棉絮。抬杠的后部【翹出】一根引信。

　　　　　‘총의 뒤쪽에는 신관(信管)이 삐져나와 있었다.’

6.2.3. ‘X게+V’ 구문으로 대응

‘X게+V’ 형식으로 대응되는 경우는 총 56건이 관찰되었다. 이는 전체 표본 1,800여 개의 약 1퍼센트에 해당하는 수치로서 ‘X게+V’ 형식이 한국어의 대표적인 결과구문으로 인정받고 있기는 하나 출현빈도는 높지 않음을 알 수 있다.

결과를 표시하는 ‘X게+V’ 형식의 전형은 ‘-게’ 선행요소로 형용사가 오는 경우인데 중국어 원문에서나 한국어에서나 마찬가지로 형용사로써 결과를 표시하는 경우는 제한적이다. 전체 54개 표본 중에서 중국어 원문의 동결식에서 보어 부분이 형용사성인 것은 27개로 절반을 차지하는데, 한국어 번역 표현에서 ‘-게’의 선행요소가 형용사성인 것은 47개로 훨씬 많다. 이는 한국어에서 ‘X게+V’ 형식으로 결과를 표시하기 위해서는 X를 형용사형으로 구성하는 것이 필요함을 보여준다고 하겠다.

또한, 이 형식의 노출 빈도가 낮은 것은 ‘X’와 동사 사이에 적절한 의미 관계가 형성되어야만 하기 때문으로 보인다. 분석 대상 텍스트에서 추출한 ‘X게’와 ‘V’ 간 관계는 대략 다음과 같다.

[표6-12] 중국어 동결식과 대응된 ‘X게+V’ 구문의 예

X게	동사	X게	동사
부들부들하게	변하다	둥그렇게	뜨다
크게	뜨다	평평하게	눕히다
벌겋게	변하다	확실하게	밝히다

318

붉게	적시다	말끔하게 X 3	씻기다
푸르게	적시다	잘게	치다
시퍼렇게	물들다	정확하게	겨누다
붉게	물들다	창조하게	되다
가득 차게	붓다	붉게	녹슬다
단단하게	밀착시키다	뻣뻣하게	서다
곧게	펴다	떨게	하다
놀라게	하다	흩어지게	하다
새까맣게	타다	똑똑하게	보이다
실오라기 하나 남지 않게	벗기다	납작하게	누르다
울긋불긋하게	그을다	평평하게	메우다
발갛게	물들다	편안하게	늘어지다
가련하게	떨리다	그득하게	널리다
더 빠르게	달리다	납작하게	엎드려지다
높게	날아오르다	말끔하게	씻겨내다
선명하게	되살려주다	뜨겁게	달아있다
빠르게	내달렸다	누렇게	말라죽은
완전무결하게	벗겨내다	둥글게	둘러서다
말끔하게	닦아내다	무겁게	느껴지다
똑똑하게	들려오다	즐비하게	널려 있다
납작하게	눌러놓다	유창하게	따라 부르다
생생하게	바라보다	불룩하게	튀어나오다

우선 '-게'의 선행요소로 동사성 요소가 오는 경우는 '하다'나 '되다'가 결합하여 사·피동 관계를 이루는 예가 있다. 또, 'V게'의 내용이 '가득 차게'나 '실오라기 하나 남지 않게'와 같이 채움 혹은 비움의 동사 행위가 그 대상에 동형적(homomorphic)으로 사상되어 양적 척도의 양 극단에 다다른 상태를 시각적으로 묘사하는 예들도 관찰된다.

'-게'의 선행요소로 형용사가 오는 경우에 'A게'와 동사 간의 관계는 "푸르게 적시다", "새까맣게 타다", "붉게 녹슬다", "납작하게 눌러놓다", "평평하게 눕히다", "잘게 치다", "말끔하게 벗겨내다", "불룩하게 튀어나오다"와 같이 'A게'가 대상의 색채나 형상, 표면 감촉, 공간 배치 등 구체적이고 가시적인 상태를 표시하는 경우가 다수를 이룬다. 또 이때 동사의 의미로부터 결과를 미루어 짐작할 수 있고 둘 사이의 공기관계가 거의 정해져 있는 경우들이 전형적으로 나타난다.

한편 "완전무결하게 벗겨내다", "확실하게 밝히다", "유창하게 따라 부르다"와 같이 동사가 표시하는 사건에 대한 개념화자의 평론자적 판단 내용도 'A게'로 나타낼 수 있는데, 이러한 평가의 의미를 결과표시 형식으로 나타낼 수 있음은 한·중 양 언어에서 동일하다. 다만, 중국어의 경우 부사어와 보어로써 표시하는 의미에 구별이 있는데 반해 한국어는 그 모두를 부사어로 표시한다는 점은 큰 차이로 남는다.

6.2.4. 'X도록+V' 구문으로 대응

본고의 텍스트 분석에서 중국어의 동결식이 한국어의 'X도록+V' 형식으로 번역된 예는 다섯 건에 불과하여 자료로서의 가치가 떨어진다. 이는 중국어에서 결과 혹은 정도를 표시할 때 한국어의 '-도록'과 같은 '도급(到及)'의 개념을 끌어 쓰지 않음을 방증한다고 할 수 있다. 만일 중국어 원문에서 영어의 'until'이나 한국어의 '-도록'에 해당되는 도급의 표현이 나타난다면 번역표현에서도 어느 정도 반영되어 나타날 것이기 때문이다. '-도록'은 '-게'에 비하여 그 어휘적 의미가 강하게 느껴진다.

일반적으로 중국어에서는 다음과 같이 단지 행위와 결과 사이에 '得'을 개재시켜 나열하기만 하여도 그 행위의 정도를 표시할 수 있다. 한국어와 같이 '어디에 미칠 때까지'라는 도급의 개념을 동원할 필요가 없는 것이다.

(30) 她　　洗 衣服 洗　　　得　　　太陽　都　下　山　了。
　　그녀　빨다　옷　빨다 (구조조사)　태양　벌써　지다　산　(완료)
　　'그녀가 빨래를 (너무 오래) 해서 해가 벌써 산을 넘어갔다.'
　　'그녀는 해가 지도록 옷을 빨았다.'

따라서 본 텍스트 분석의 결과가 'X도록+V'에 대한 한국어의 실질을 반
영한다고 볼 수는 없다는 점을 밝혀두고, 참고로 텍스트 분석 결과 얻어진
예문을 제시한다.

    (31) ㄱ. 父親吃螃蟹【吃膩】了。

          '아버지와 할머니는 게를 <u>물리도록 먹었다.</u>'

      ㄴ. 我奶奶【喝醉】了酒

         '할머니는 <u>만취가 되도록 술을 마시고는</u>'

      ㄷ. 一直【喝到】太陽過晌、

         '<u>해가 중천에 오르도록 술을 마시고</u> 난 뒤에야'

      ㄹ. 爺爺把槍【砸成】一堆碎鐵

         '할아버지는 총이 <u>가루가 나도록 박살을 낸</u> 뒤에'

6.2.5. 'NP로+V' 구문으로 대응

앞 4장에서 살펴보았듯이 'NP로+V' 구문은 한국어의 대표적인 이동사
건 표시 형식이다. 또, 이동사건을 구성하는 내부 요소들간의 관계 및 구
문의 의미가 은유적으로 확장되어 상태변화 사건을 표시하는 구문을 구
성하기도 함을 보았다. 전자의 경우 NP에 부여되는 의미역은 도착점역
(goal)이고, 후자의 경우 NP에 부과되는 의미역은 결과상태역(final state)
이다.[27]

중국어에서 이동사건을 표시하는 형식은 두 가지가 있다. 하나는 이동
의 방식을 나타내는 동사와 방향을 나타내는 동사(하나 혹은 두 개)를 나
란히 써서 이동을 표시하는 것이고 또 다른 하나는 동사 다음에 전치사구
를 써서 이동을 나타내는 것이다. 중국어 문법체계에서는 두 경우 모두 '동

---

27) 이는 '세종전자사전'의 의미역 분류를 따른 것이다.

사+보어'의 구조라 할 수 있으나, 전자는 보어의 성분이 동사이고 후자는 전치사구이다. 또, 전자는 한국어의 이동사건 표시 형식과 유사한 반면, 후자는 영어의 이동사건 표시방식과 유사하다.[28]

(32) ㄱ. 气球　飄　　上　　了　天空。

　　풍선　뜨다　오르다　(완료)　공중

　　'풍선이 **공중으로** 떠 올랐다.'

ㄴ. 猴子　　跳　　**在**　**馬背**　上。

　　원숭이　뛰다　(pre.)　말등　위

　　'원숭이가 **말등 위에** 뛰어 올랐다.'

　　이러한 기본적 사실에 대한 이해를 바탕으로 텍스트 분석 결과를 살펴보기로 한다. 우선 총 1,808개의 중국어 동결식 표본 중 한국어 'NP로+V'로 번역된 예는 171건으로 전체의 약 10퍼센트를 차지한다. 이 중 하나의 동사가 나타나는 'NP로+V'형은 50여개, 동사 연결형으로 구성된 'NP로+V_1어 V_2(...)' 형은 약 120개가 관찰되었다. 두 유형의 예를 보이면 다음과 같다.

(33) NP로+V

　　奶奶滿臉的紅潤, 都【集中到双腮上】

　　'할머니의 얼굴에 고르게 퍼져 있던 불그스름한 술기운은 <u>두 뺨으로 모이고</u>'

(34) NP로+V_1어 V_2(...)

　　父親的眼里蒙着泪水, 但不到【流出眶外】的數量。

　　'아버지의 눈에 눈물이 어렸지만 <u>눈 밖으로 흘러나올</u> 만큼은 아니었다.'

---

28) 영어의 경우, 이동과 직접적으로 관계가 없는 동작 방식 동사와 전치사구의 결합으로도 이동을 나타낼 수 있고, 심지어 소리 방출 동사와 전치사구의 결합으로도 이동을 나타낼 수 있다. 앞서 4장에서 소개한 영어 결과구문의 유형 중 위치이동을 나타내는 부류가 여기에 속한다.

이들이 나타내는 의미는 크게 이동의 의미와 상태변화의 의미가 있다. 즉, 'NP로'가 이동의 도달점을 나타내는 예와 상태변화의 결과를 나타내는 예로 대별된다. 그 출현빈도는 도달점을 나타내는 경우가 압도적으로 많아서 전자는 150여 건인 반면, 후자는 18건에 불과했다.

한편, 한국어 'NP로+V'로 번역되는 중국어의 동결식은 뚜렷한 경향성을 보였는데 크게 'V在+NP'와 'V到+NP'[29] 및 'V+추향보어'로 나뉘며, 거기에 더하여 'V成+NP'[30]가 일부 출현하는 양상을 보인다.

[표 6-13] 한국어 'NP로+V'로 번역되는 중국어의 동결식

유 형	출현 횟수
'V到+NP'	80회
'V在+NP'	32회
'V+추향보어'	49회
'V成+NP'	11회
계	171회

위 표의 수치에서 알 수 있듯이 한국어 'NP로+V'와 의미적으로 가장 잘 대응하는 중국어 동결식 형태는 'V到+NP'라고 할 수 있다. 'V在+NP'도 적잖이 겹치는 부분이 있으나 전자보다는 못하다. 이는 우선 직관적으로 조사 '-로'가 가지는 '방향성, 과정성'의 자질이 '在'보다는 '到'와 더 잘 부합하기 때문으로 보인다. 두 경우의 예를 대별해서 보인다.

---

29) 단, 중국어 보어 중 하나인 '在'는 명백히 개사(전치사)로서 후행하는 NP와 함께 전치사구를 구성하나, '到'는 전치사로 볼 수도 있고 동사로 볼 수도 있다. 이 글에서는 '到'의 범주와 관계없이 '在+NP'와 '到+NP'의 한국어 대응 형식이 어떻게 나타나는지를 비교하며 살피는 방식을 취하기로 한다.

30) 중국어의 보어 중 '成'은 '爲, 作' 등과 함께 문법화의 진전도가 높은 부류에 속하는데, 동사와 결합하여 'V成'을 형성한 후 후행 NP성분을 목적어로 취한다. 거칠게 말하면 한국어 'NP로+V'의 '-로'와 같은 문법 성분으로 변화해 가는 중이라고 할 수 있을 것이다.

(35) ㄱ. "你們, 都給我【滾到轎子后邊去】, 要不我就開槍啦!"

　　"너희들은 모두 <u>가마 뒤쪽으로 물러서</u>. 그렇지 않으면 총으로 갈겨 버

　　릴 테니!"

ㄴ. 娘--我父親撕肝裂胆地高叫一聲, 身体【彈到堤上】。

　　"'엄마--'아버지는 가슴이 찢어지는 듯한 소리로 불러대며 <u>둑 위로 뛰</u>

　　<u>어올라갔다</u>.'

ㄷ. 西邊的隊員們也【冲到了車前】。

　　'서쪽에 있는 대원들도 <u>차 앞으로 돌진해왔다</u>.'

(36) ㄱ. 它們就【停泊在河邊的生滿雜草的淺水里】

　　'그것들은 다 잡초가 무성한 강변의 얕은 <u>물가로 떠밀려와 있다가</u>'

ㄴ. 手槍【落在一棵叶子折斷的金色苦茱花上】。

　　'총은 잎이 잘린 황금색 <u>씀바귀꽃 위로 떨어졌다</u>.'

ㄷ. 蛤蟆【躲在高粱根下】

　　'개구리들은 <u>수수의 뿌리 속으로 숨어들어가</u>'

　텍스트에서 추출된 'NP로+V'표현의 대부분은 'NP에+V'로 바꾸어 써도 의미가 크게 달라지지 않는 것들이었다. 단, 위 (35)의 예들은 'V到+NP'를 'NP에+V'로 번역하면 어색한 경우를 가려 제시한 것이다. 또, (36)의 예들은 'V在+NP'가 한국어 'NP로+V'로 번역되어 있기는 하나 'NP에 V'라고 번역할 때 더 자연스러운 경우이다. 다시 말해, 'NP로+V'는 그 의미상 대체로 중국어 'V到+NP'와 가장 잘 부합함을 알 수 있다.

　한편, 'V成+NP'가 주목되는 이유는 추출된 11회 모두 상태변화를 나타내고 있기 때문이다. 즉, 중국어의 'V成+NP'는 한국어의 'NP로+V' 형식에 직접적으로 대응된다고 할 수 있으며, 이때 표시하는 의미는 상태변화이다. 아래 예들에서 보듯 상태변화를 나타내는 'NP로+V' 중에는 중국어의 'V成+NP' 외에도 'V在一起 (하나로 V)'와 같은 고정적 표현과 대응하거나 'V得+정도보어'에 대한 대응으로 '~할 정도로+V'와 같은 표현으로 나타나기도

한다.

(37) ㄱ. 嚓一聲【撕成兩半】, 遞給王文義。

　　　‘확 하고 <u>둘로 갈라</u> 왕원이에게 건네주었다.’

　　ㄴ. 我奶奶由黃花姑娘【變成了風流少婦。】

　　　‘할머니는 순결하고 청초하던 처녀에서 풍류를 아는 <u>성숙한 여인으로</u>
　　　<u>바뀌어</u> 있었다.’

　　ㄷ. 一群群大雁往南飛, 一會儿【排成个"十"字】, 一會儿排个 "人"字, 等等。

　　　‘기러기들은 <u>한 줄로 늘어서거나</u> 사람 인자를 그리며 무리 지어 남쪽
　　　으로 날아간다.’

　　ㄹ.【燒成一片可怜的艷紅。】

　　　‘<u>가련한 붉은빛으로 온통 달궈놓았다</u>.’

　　ㅁ. 墨河水由暗紅漸漸【燃燒成金紅。】

　　　‘검붉던 모수이 강이 서서히 붉은 <u>황금빛으로 타오르기</u> 시작했다.’

　　ㅂ. 刑場【選在……半月形湾子邊。】

　　　‘형장은 …… <u>반달 모양의 도랑가로 결정되었다</u>.’

　　ㅅ. 黑血把地上的碎高粱……, 都【弄得肮臟不堪。】

　　　‘머리에서 흘러내린 검은 피가, 땅바닥에 널려있던 수수들을…… 더
　　　러워서 차마 볼 수 없는 <u>지경으로 만들어</u> 놓았다.’

　　ㅇ. 把膠縣平度縣兩座縣城【連在一起】的膠平公路。

　　　‘그렇게 갈라진 자오현과 핑현을 다시 <u>하나로 이어주는</u> 자오핑로였다.’

　한편 'NP로+V' 구문은 위와 같은 일부 예들 외에는 대부분이 아래와 같
이 위치변화를 나타내는 경우이다. 단 문자적인 의미는 위치변화를 나타
내지만 은유적으로 상태변화를 표시하는 경우도 여기에 포함된다.

(38) ㄱ. 父親【跳上河堤】后，還在想着去年的一些情景。

‘아버지는 <u>둑 위로 뛰어올라가서도</u> 여전히 지난해의 그 장면을 생각하
고 있었다.’

ㄴ. 王文義一頭栽下河堤，也【滾到】了河床上、

‘왕원이는 곧장 <u>둑 아래로 곤두박질쳤다가</u> 다시 강바닥으로 굴러 떨어
져’

ㄷ. 大爺躺着不敢動，竟迷迷糊糊地【睡過去】。

‘뭐한 큰할아버지는 누워서 꼼짝도 하지 않고 있다가 깜빡 어렴풋하게
<u>잠 속으로 빠져들었다.</u>’

이로써 한국어의 'NP로+V'는 위치변화와 상태변화를 모두 표시할 수 있
는 형식이며, 위치변화를 나타낼 때는 중국어 'V到+NP'와, 상태변화를 나
타낼 때는 'V成+NP'와 가장 전형적으로 대응됨을 알 수 있다.

6.2.6. 'NP에+V' 구문으로 대응

위 6.2.5에서 'NP로+V'로 대응된 경우를 알아본 데 이어 이 절에서는 한
국어 'NP에 V'와 중국어 동결식 간의 대응 양상을 살펴본다. 한국어 조사
'에'와 '로'가 표시하는 의미가 서로 유사한 부분이 많음은 널리 알려진 사
실인데 이들이 위치의 변화, 즉 이동 후 도달점을 나타낼 수 있다는 점에서
도 역시 그러하다. 그런데 만일 이들의 중국어 대응 표현이 차이를 보인다
면 그 차이의 경향을 분석하는 일은 한국어 '에'와 '로'가 가지는 특성을 이
해하는 데 도움을 줄 수 있을 것이다.

우선 중국어 동결식을 'NP에+V'로 번역한 사례는 총 178건으로 전체의
약 10퍼센트를 차지한다. 이는 다른 형식에 비하여 결코 작지 않은 수치로
서 'NP에+V'가 한국어에서 결과(목표점) 도달을 나타내는 일이 적지 않음
을 알 수 있다. 'NP에+V'로 번역된 동결식의 유형은 대략 다음과 같이 나눌

수 있다.

[표 6-14] 'NP에+V'로 번역된 동결식의 유형

유 형	출현 횟수
'V在+NP'	117회
'V到+NP'	39회
기 타	22회
계	178

여기서 알 수 있듯이 한국어 'NP에+V'와 가장 전형적으로 대응하는 중국어 동결식은 'V在+NP'인데, 앞서 'NP로+V'의 전형적인 대응쌍은 'V到+NP'라고 한 것과 대비된다. 물론 이것은 수치상으로 보았을 때 가장 많이 나타나는 대응을 말하는 것이며, 두 경우 모두 'V在+NP'와 'V到+NP'가 교차되어 나타난다. 이는 한국어에서 'NP에'와 'NP로'가 가지는 의미 및 공기관계의 공통점과 차이점을 반영한다 하겠다.

한편 'NP로'와 'NP에' 이외에 중국어 동결식과 대응되어 쓰일 수 있는 조사구로 'NP까지'를 들 수 있다. 본 텍스트 분석에서 'NP까지+V'가 추출된 것은 총 22건이었으며 그에 대한 중국어 대응표현은 4건을 제외하고 모두 'V到+NP'형이었다. 해당 예들을 아래에 제시한다.

(39) ㄱ.【听到這里】、我興奮异常。

    '여기까지 들었을 때 난 몹시 흥분했다.'

   ㄴ. 第二夜, 奶奶手持剪刀、【坐到天明】。

    '둘째 날도 할머니는 손에 가위를 든 채로 날이 밝을 때까지 꼬박 앉아

     있었다.'

   ㄷ. 一种從未有過的冰冷從脚底【上升到腹部】、在腹部集合成團, 産生强大

     壓力。

    '이제껏 느껴보지 못했던 얼음 같은 냉기가 발끝에서 배까지 올라와

중국어 원문의 'V到 NP'가 'NP까지+V'로 번역된 경우, 대부분은 'NP로 V'나 'NP에 V'로 번역해도 무리가 없었다. 하지만 (39ㄱ)과 (39ㄴ)의 경우 그러한 대체가 다음과 같이 불가하다.

   (40) ㄱ. *여기로 들었을 때 난 몹시 흥분했다.

        ㄴ. *여기에 들었을 때 난 몹시 흥분했다.

   (41) ㄱ. *날이 밝을 때로 꼬박 앉아 있었다.

        ㄴ. *날이 밝을 때에 꼬박 앉아 있었다.

즉 이동동사가 아닌 동사와 결합하여 시간적 도급(到及)을 나타내는 경우에는 중국어 원문 동결식이 'V到 NP'라 할지라도 'NP로' 혹은 'NP에'로 표시할 수 없고, 도급의 어휘적 의미가 분명하게 드러나는 'NP까지'로 써야 함을 알 수 있다.

(39ㄷ)의 예는 출발부터 도착까지 복수의 경유 지점이 제시되는 경우로, 이때는 표현적인 면에서 'NP까지 V'의 형식이 가장 적합한 것으로 보인다. 총 22건이 추출된 'NP까지+V'의 표본 중 상당수가 이러한 경우에 해당된다.

한편 위의 사실들을 통하여 우리는 중국어 'V到'의 '到'는 한국어의 'NP에'의 '에', 'NP로'의 '로', 그리고 'NP까지'의 '까지'와 의미자질의 일부를 공유하지만 그 의미 기능이 완전히 일치하지는 않는다는 사실을 확인할 수 있다. 또, 앞선 관찰들을 종합할 때 우리는 'V到'에 대하여 다음과 같은 생각을 가지게 된다. 즉 중국어 동결식의 하나인 'V到 NP'에서 'NP'는 동사 행위의 도달점을 표시한다는 점에서 한국어 'NP에', 'NP로', 'NP까지'와 의미상 상통한다. 하지만 그 도달점은 모종의 이동 혹은 변화 과정을 전제하는 도달점이라는 점에서 'NP에'보다는 'NP로'나 'NP까지'에 더 가깝다. 그런데, 한국어의 'NP로'는 이처럼 이동이나 상태변화 끝의 도달점을 표시할 수 있기는 하지만 그 도달점을 적시하거나 강조하는 용법으로는 쓰일 수 없다. 따라서 이동이나 상태변화 과정을 전제하되 끝점이 강조되는 '도급'의 상황에서는 'NP로' 대신 'NP까지'가 쓰인다. 중국어 'V到'에는 이러한 제약이 없어서 모종의 변화 과정을 전제하여 특정한 도달점에 이름이 보장되기만 하면 두루 쓰일 수 있는 것으로 보인다.

한편 한국어의 'NP에 V'는 선행 연구들에 의해서 밝혀져 왔듯이 이동의 결과를 나타내기는 하나, 그 의미의 중심이 도달점 자체에 주어질 뿐 변화의 과정을 전제하지 않는다는 점에서 'NP로'와 구별된다. 한국어 'NP에 V'의 이러한 특성은 중국어 동결식 'V在+NP'와 유사한 면이 있다. 단, 중국어의 'V在+NP'는 동작 후 어떠한 장소에 존재하게 됨을 나타낼 뿐 애초부터 이동을 나타내는 형식이 아니어서 순수한 이동 동사와는 거의 결합하지 않는다.

6.2.7. 부사로 대응

이제까지 살펴본 중국어 동결식의 한국어 대응 표현은 동사 · 형용사 등의 서술성분이 단독으로 혹은 구문을 이루어 대응하는 경우였다. 이와 달리 이 절에서 살펴볼 대응 형식은 결과요소가 부사로써 표시되는 경우이다.

이러한 경우에 해당되는 표본은 전체 1,800여 개 중에서 약 4퍼센트를 차지하는 71개였고, 특정 부사에 중복되는 경향이 발견되었다. 4회 이상 중복 출현하는 예는 '다, 잘, 가득, 잔뜩' 등이다. 이들의 출현 횟수와 예를 정리하면 다음과 같다.

[표 6-15] 중국어 동결식이 '부사로 대응'하는 예

구분	텍스트 원문	한국어 번역	횟수
다	爺爺【穿好】衣、	할아버지가 옷을 **다** 입고,	12회
	我的血【流光】了、	피가 **다** 빠져나가서	
잘	【收好】他的一切東西	"그의 물건들을 모두 **잘** 간수해라"	5회
	"余司令,【打得好】!"	"위사령관, **잘** 싸웠네!"	
가득	【盛滿】淸水的大木盆	맑은 물이 **가득** 담긴 나무 대야	5회
잔뜩	那時候【堆滿】了洁白的石條和石塊	그때는 하얀 돌조각이랑 돌멩이들이 **잔뜩** 쌓여 있었고	4회

이들 중 가장 많이 출현한 부사 '다'는 어떤 행위 동작이 완료된 것을 표시하는 '好, 完, 畢' 계열의 보어, 혹은 행위의 대상이 소진되었음을 뜻하는 '盡, 光', 또는 정도가 매우 심함을 뜻하는 '透' 등의 보어에 대한 대응 표현으로 쓰였다. 또, '잘'은 전형적으로 원문의 보어 '好'와 대응되는데 그 형태는 '好, 得好, 得好好的' 등으로 나타난다. 즉, 동사가 나타내는 행위에 대한 전반적인 총평이 긍정적이라는 뜻을 담고 있다. '가득'과 '잔뜩'은 그 의미가 유사하나, '가득'인 경우 특정한 용기를 기준으로 한다는 점이 다르다. '가득'의 전형적인 대응 표현은 보어 '滿'으로 '印滿, 布滿, 綴滿, 盛滿, 裝滿' 등으로 쓰이고 있다. '잔뜩' 역시 대응 표현이 동일해서 '沾滿, 布滿, 堆滿' 등의 동보구조에서 보어 '滿'과 대응된다.

이상의 대응표현들에서 알 수 있듯이 중국어에서는 어떤 행위가 대상에 이체동형적(homomorphic)으로 사상되어 양적으로 축적되거나 소진됨을 나타낼 때 그것을 결과로 파악하여 보어로써 표시하며, 동일한 상황에서 한국어는 양적 범위를 나타내는 부사로 표시할 수 있다. 또, '잘'의 쓰임과 그 대응표현을 보았을 때, 중국어에서는 동사가 나타내는 행위에 대한 매우 포괄적이고도 주관적인 평가를 보어 '好'로 나타냄으로써 이것을 일종의 동사가 초래한 결과로 보는 반면, 한국어에서는 전형적으로 부사 '잘'을 써서 표시하기 때문에 표면적으로는 동사의 방식을 나타내는 것으로 보인다.

그 외 세 번 이하 출현한 부사의 예로는 '고루, 똑바로, 쭉, 떡, 퉁퉁, 넙죽, 갈가리, 깜짝, 벌떡, 온통, 흠뻑, 깡그리, 제대로, 도로, 더, 일찍, 먼저' 등이 관찰되는데, 이들 중 '온통, 흠뻑, 깡그리'는 '다, 잔뜩, 가득'과 같은 계열이라고 할 수 있으며, '고루, 똑바로, 쭉, 떡, 퉁퉁, 넙죽, 갈가리, 깜짝, 벌떡' 등은 행위에 수반되거나 행위의 끝에 대상에 나타나게 되는 외적 형상을 표시하는 부류이다.

한편, 이러한 관찰은 한국어 부사 중에 의미상 결과 표시 요소로 볼 수 있는 부류가 있음을 상기시켜 준다 하겠다. 특히 '잘'과 '다'의 경우, 두 언어에서 표시하는 방식의 차이가 크고 예측하기 어려운 대응표현이므로 주목할 필요가 있다.

6.2.8. 기타 대응

이상에서 중국어 결과구문이라 할 수 있는 동결식에 대한 한국어 대응 표현을 실제의 텍스트 분석을 통해 계량적으로 알아보았다. 위에서 살펴본 주요 대응 형식은 하나의 동사, V_1어V_2(…) 동사 연결형, '-게 V' 구문과 '-도록 V' 구문, 'NP로 V' 구문 및 'NP에 V' 구문, 부사 등이었다.

이들 형식 외에도 다양한 번역 표현들이 관찰되는데 그중에는 번역자의 선택에 의한 의역이나 생략 등 자의적 표현 방식에 의한 것이 있고 번역자의 문체적 개성이 반영된 것으로 보이는 경우들도 존재한다. 하지만 이렇듯 우연적인 경우 외에도 표본의 수는 적지만 중국어 동결식과 의미 있는 대응 관계를 보인다고 할 수 있는 기타의 형식들이 있다.

예를 들어 '책상을 깨끗이 닦다'의 '깨끗이'와 같은 '-이/히'형 파생부사와 '거울이 산산조각이 나다'의 '산산조각이'처럼 결과상태역을 받는 '이' 결합형 명사구로 대응되는 경우가 각각 19회와 7회 관찰되었다. 이들은 비록 그 숫자는 작지만 각각 '-게 V'형 결과구문과의 연관성 및 한국어 보어의 존재와 관련하여 시사하는 바가 있는 표본들이다.

우선 '-이/히' 형 부사로 중국어 동결식에 대응시킨 경우는 아래와 같은 표현들이 관찰된다. 이들 중에는 (42ㄱ)-(42ㄴ)과 같이 한국어에서도 결과의 의미가 비교적 뚜렷하고 '-게'형 부사어로 교체 가능한 경우가 있는 반면, (42ㄷ)-(42ㅁ)과 같이 '-게'형과 교체되지 않고, 의미상 행위의 결과로 논항에 생겨난 변화 상태를 나타내는지 동사의 행위를 수식하는지 분명하지 않은 경우가 있다. 또 (42ㅂ)-(42ㅅ)과 같은 경우 한국어로는 결과 해석이 어렵다.

(42) ㄱ. 말끔히 {씻어내다(洗淨)/닦아내다(擦掉)/흡수되다(吸收得干干淨淨)}

ㄴ. 훤히 드러나다 (閃出來)

ㄷ. 높이 {날아오르다(跳起老高)/솟다(鼓起老高)/던져 올리다(扔了一个高)}

ㄹ. 종적도 없이 사라지다(跑得无影无踪)

ㅁ. 산산이 부서지다(迸裂)

ㅂ. 가만히 서있다(站定)

ㅅ. 쉴 새 없이 떨리다(抖个不停)

특히 (42ㅂ), (42ㅅ)과 같이 동작에 수반되는 상태 혹은 정도에 대한 묘사를 중국어에서는 동사 뒤에 써서 결과처럼 나타낼 수 있다. 따로 부사어 자리가 있음에도 불구하고 보어로 표시할 때 얻을 수 있는 효과는 사태에 대한 화자의 태도를 일종의 결과와 같이 드러낸다는 데 있다. 한국어에서도 이러한 의미를 결과 표시와 같은 형태로 나타내는 것은 중국어와 동일하나, 한국어의 경우 동작의 양태·방식 혹은 정도를 결과와 구분하여 표시하는 통사적 수단이 없기 때문에 모두 부사어로 표시한다는 점에서 사정이 다르다.

한편, 아래는 'NP₁이 NP₂가 V' 형식으로 나타난 예들인데, 이때 동사의 자리에는 '되다, 나다' 등 제한된 어휘들만 관찰된다. 이는 이른바 한국어 보어의 개념과도 관련 되는데 여기서 보어에 대한 확실한 정의를 내리기

는 어려우나 적어도 이들 '이/가' 조사구에 결과상태 의미역을 부여할 수
는 있다. 하지만 앞서 2장의 논의에서 이러한 경우는 한국어 결과구문 유
형에서 제외하였는데, 그 이유는 결과 사건을 특정할 수는 있으나 원인 사
건을 특정할 수 없기 때문이다. 예를 들어 '뽕나무밭이 바다가 되다'라는
문장에서 결과는 '바다가 되다'임이 분명하지만 그러한 결과를 초래하게
된 원인사건이나 선행사건이 무엇인지는 알 수 없다는 것이다. 반면, 아래
(43)의 예에서도 알 수 있듯이 중국어 대응 표현에서는 보어 앞의 동사가
원인사건으 표시하고 있다.

(43) ㄱ. 流出的鮮血灌溉了一大片高粱, 把高粱下的黑土【浸泡成】稀泥, 使他們
　　　　拔脚遲緩。
　　　　'시체에서 흘러나온 선혈이 수수밭 한쪽을 널찍하게 적셔놓았고 수수
　　　　밑동의 검은 흙은 피로 <u>진창이 되어</u> 그들의 발걸음을 더디게 만들었다.
　　ㄴ. 勃朗宁槍口吐出一縷白烟。父親頭上一聲巨響, 酒盅【炸成】碎片。
　　　　'브라우닝총의 총구에서 하얀 연기가 한 줄 뿜어져 나왔고 아버지의
　　　　머리 위에서 굉음이 한 차례 울렸다. 술잔은 <u>산산조각이 났다</u>.

　그 외에 중국어 원문에서 '동사+보어'로 나타내는 '동-결(動-結)' 관계를
한국어적 표현에 맞추어 원문의 일부 성분을 생략한 채 주술관계 혹은 술
목관계로 바꾸어 제시하는 예들도 관찰되는데 전자가 약 20회, 후자는 약
40여 회 추출되었다. 예시하면 각각 다음과 같은 경우에 해당된다. 아래
예들은 공통적으로 밑줄 친 원인 동사에 대한 대응 표현이 생략되고 결과
만을 표시하고 있다.

(44) ㄱ. <u>凝成</u>水珠 : 물방울들이 생겨났고
　　ㄴ. <u>怎么也点</u>不着 : 아무리 해도 불이 붙지 않았다

(45) ㄱ. <u>紅</u>成血海 : 피바다를 이루다

　　　ㄴ. <u>炸</u>成了碎塊 : 박살을 내버렸다

　이는 중국어식의 '動-結' 관계를 그대로 살려서 자연스런 한국어로 번역하기 어려운 경우가 적지 않음을 말해주는 예들로서, 이러한 현상 자체로 시사하는 바가 있지만 이를 대응 형식이라고 말하기는 어려울 것이다. 이러한 경우 번역자의 개성과 의도에 따라 다른 표현으로 바꾸어 표시할 여지가 넓기 때문이다.

　마지막으로, 엄연히 단문 형식인 중국어의 동결식을 번역함에 있어 두 개의 절을 연결한 접속절로 표시한 예들도 관찰된다. 이러한 예는 50여 건이 추출되었다. 한편, 이 글에서 한국어 결과구문의 하나로 보고 있는 'V₁어 V₂' 구문의 경우 통사적 구성에서부터 복합동사에 이르기까지 다양한 단계가 연속되어 있는 형식으로서 접속절과 쉽게 구분되지 않는 예들도 존재한다. 여기서는 명백히 접속절이라고 할 수 있는 예들에 한정하여 빈도를 추출하였는데, 아래 (46ㄱ)과 같이 연결어미 '-어서'로 연결되거나 (46ㄴ)처럼 'V₁'과 V₂' 사이에 다른 통사적 성분이 개입된 경우, 그리고 (46ㄷ)과 같이 기타의 연결어미가 개재된 경우 등을 포함시켰다.

(46) ㄱ. 民伕們都被赶到一个用杉木杆子【夾成】的大柵欄里。

　　　일꾼들은 모두 삼나무 막대기들을 <u>끼워서 만든</u> 울타리 안으로 내몰렸다.

　　　ㄴ. 奶奶換上了一件深紅上衣, 頭上的黑發用梳頭油【抹得】烏亮。

　　　할머니는 진홍색 윗옷으로 갈아입고 새카만 머리에는 기름을 바르고 빗으로 <u>다듬어 윤기 나게</u> 손질을 했다.

　　　ㄷ. 那些雪白的大餅, 葱綠的大葱,【揉碎】的鷄蛋, 散在綠草茵茵的草坡上。

　　　눈처럼 하얀 다빙들과 푸른 대파들, <u>찢어지고 뭉개진</u> 달걀들이 담요처럼 깔린 푸른 풀 언덕 위로 흩어졌다.

　이처럼 다른 언어의 결과구문을 목표어의 접속절로 번역하는 경우는 개연성이 충분한 일이라 할 수 있는데, 결과구문이란 원래 두 가지의 사건을 단문으로 표시한 특수한 형식이기 때문이다. 따라서 본고는 애초에 접속절 대응표현의 출현빈도가 높을 것으로 예상하였다. 50여 회라는 횟수는 예상보다 작은 수치였으나 어쨌든 예측한 현상을 확인하였음은 언급할 수 있다.

7. 중국인 학습자를 위한 한국어 결과구문 교육

본 장에서는 앞 3장~5장의 고찰에서 얻어진 한국어 결과구문에 대한 이해와 6장 중국어 결과구문과의 대조연구를 통해 얻어진 성과를 바탕으로 한국어 교육에의 적용을 모색해 보려 한다. 서론에서 밝혔듯이 이 글과 같이 의미를 기준으로 하는 범주적 연구는 언어간 비교·대조와 제2언어 교수학습 등의 분야에 효과적으로 적용될 수 있는 가능성을 가진다. 따라서 본 장에서는 일부나마 이러한 가능성을 확인해 보고자 한다.

대조언어학은 언어적 계통을 염두에 두지 않고 서로 다른 두 언어를 대조한다는 점에서 필연적으로 한계를 갖는다.[1] 이러한 이유로 근래 대조언어학적 연구는 제2언어 교육과 관련하여 학습자들의 오류 분석을 위한 연구 방법론의 한 부류로 그 의미가 퇴색되는 경향마저 보인다. 그럼에도 불구하고 제2언어 교육에 있어 대조언어학이 가지는 의의를 부인할 수 없는 이유는 학습자의 모어가 그들의 사고체계를 반영하고 있기 때문이다. 소쉬르의 구조주의 언어학에 따르면 인간은 언어 안에서 사고한다고 하였다. 즉 언어가 사고의 전반을 관장한다는 것인데 이때의 언어는 모국어, 즉 제1 언어를 말하므로 결국 인간의 사고체계는 제1 언어를 기반으로 이

---

1) 심혜령·이선중(2012).

루어진다고 할 수 있다. 이에 더하여 문법은 곧 사고의 틀이라는 명제를 받아들인다면, 한 사람의 사고체계를 이해한다는 것은 곧 그 사람의 모국어 문법을 이해하는 것과 불가분의 관계에 있음을 인정할 수밖에 없다. 이러한 관점에서 볼 때 학습자의 모국어적 사고방식을 이해하고 이를 제2 언어 교수 · 학습에 적용하기 위해서는 대조언어학적 연구가 반드시 요구된다고 할 것이다.

한편, 언어 간 비교 · 대조 연구에 있어 형태와 그 대응 형태를 비교하는 것은 그것 자체로 일정한 의의가 있겠으나 그것만으로는 결코 해당 언어 현상에 대한 종합적인 인식에 도달할 수 없다. 즉 언어 간 대조에 있어서는 의미를 기준으로 하는 고찰이 우선되어야 한다는 것이 본고의 생각이며, 그중 하나로 '결과'의 의미범주가 중국어와 한국어에서 각각 어떤 모습으로 나타나는지를 앞서 살펴보았다. 그 결과 두 언어 모두에서 원인과 결과를 단문 구조 안에 표시하는 형식인 결과구문이 있음은 공통적으로 관찰되지만, 어디서 어디까지를 결과로 보는지 또 그것을 얼마나 일관되게 부호화하는지는 두 언어에서 상당히 다른 모습으로 나타남을 알았다. 이는 다시 말해 '결과'의 의미에 관련하여 두 언어의 사고 체계가 다름을 말해준다. 본 7장에서는 이러한 관점을 바탕으로 중국인 학습자를 위한 결과구문 교육에 접근하려 한다.

7.1. 교육의 필요성

본 절에서는 중국인 학습자들을 교육 대상으로 특정할 때, 한국어의 결과표시 방식을 교육함에 있어 모어와 목표어 간 결과의미 부호화 양상의 유사점과 차이점에 대한 이해를 바탕으로 하는 것이 보다 효율적인 교육 방식이 될 수 있음을 주장할 것이다. 중국어는 결과의미 부호화에 관한 한 매우 뚜렷한 범주적 특징을 보이는 언어이므로 한국어 학습 시 어떠한 방식으로든 모국어 전이가 일어날 것이 예상된다. 따라서 결과의 의미범주

에 관한 한 특별히 중국인 학습자의 모국어 변인에 맞춘 교육 방안이 요구
된다는 것이 본고의 기본 생각이다.

더구나 현재 한국어를 배우려는 학습자 중 다수를 차지하는 것이 중국
인이라는 점에서 이러한 필요성은 더욱 부각된다. 아래 표는 교육부에서
제공하는 2014년 현재 국내 체류 유학생의 출신 국가별 현황이다. 이들은
다양한 전공분야에서 수학하고 있는 학생들인 동시에 한국어를 공부하는
학습자이기도 하다. 이에 따르면 2014년 현재 약 85,000명의 유학생 중 중
국인은 약 60%에 해당되는 50,000여 명에 이른다.

[표7-1] 2014년 현재 국내 체류 유학생의 출신 국가별 현황

국 가	중국	일본	미국	베트남	대만	몽골	기타	계
유학생 수	50,336	3,958	3,104	3,181	1,873	3,126	19,313	84,891
비율 (%)	59.3	4.7	3.7	3.7	2.2	3.7	22.8	100

또, 국내 체류 유학생뿐 아니라 중국 내의 한국어 학습자의 숫자도 증가 일
로에 있다. 김병운(2012:2~3)의 조사에 의하면 2009년까지 중국 내 대학교
에 개설된 한국어 관련 학과가 200여 개에 이르며, 위 조사에 참여한 170여
개의 한국어(조선어)과에만 해도 학부생부터 박사 과정까지 총 43,000여
명이 재학 중이라고 하였다. 이러한 현실을 고려할 때 중국인 학습자를 위
한 교재 및 교수요목의 개발과 교육방안의 마련은 그 필요성이 더욱 부각
된다고 할 수 있다.

중국어는 결과의 의미를 매우 수용적으로, 동시에 매우 일관된 방식으
로 반영하는 언어이다. 즉 결과 범주에 편입되는 하위 의미 부류가 다양하
지만 이를 동사 뒤에 오는 서술성분, 즉 보어로써 통일되게 표시한다. 이
처럼 결과를 표시하는 성분의 통사적인 위치가 고정되어 있으며, 이것이
동사 앞의 부사어와 차별되는 의미를 표시함으로써 매우 공고한 결과범
주를 형성한다. 반면 한국어의 결과구문은 결과를 표시하는 요소가 어떤

문법범주에 속하는가에 따라 다양한 형식으로 나타난다. 또한 결과 의미를 전담하여 표시하는 통사적 위치나 문법요소가 없고, 어떤 형식이 결과를 표시한다 하더라도 결과 아닌 다른 의미를 표시하는 예와 형태를 공유하는 경우가 대부분이다. 이처럼 특정 의미가 특정 형태와 전형적으로 혹은 우세하게 결합되어 있지 않은 경우, 해당 의미범주를 뚜렷하게 자각하기 어렵다. 국어학계에서 결과의 의미범주와 관련된 언어 현상들을 개별적으로는 비교적 상세하게 다루어 왔으나 이들을 결과 의미를 중심으로 연관관계 속에서 파악한 연구가 많지 않음도 이러한 사실과 관련되어 있다고 할 것이다.

위에서 언급했듯이 중국인 학습자의 경우 모어에서 결과범주가 차지하는 비중이 매우 크고 현저하므로 이러한 모어의 특성이 어떤 방식으로든 목표어 학습에 전이를 일으킬 수밖에 없다. 따라서 모국어 변인에 대한 정확한 파악과 그것을 바탕으로 한 교육 설계가 반드시 필요하다고 생각된다.

또한 이른바 결과구문이란 원인이 되는 선행사건과 그 선행사건으로 인해 초래되는 결과사건을 단문 구조 안에서 표시하는 형식이며, 이때 두 사건 간의 논리적 연결 관계에 대한 형태적 단서가 거의 주어지지 않는 구문이라 할 때, 이러한 사실 자체로 통사·의미적 특수성을 띠게 된다. 이처럼 통사와 의미의 접면에 관련된 사항은 순수한 통사적 사실이나 의미적 요소보다 학습의 난이도가 높을 것임이 예측된다. 다시 말해 모국어가 아닌 언어에서 두 개의 서술성분을 하나의 절 구조 안에서 연결하는 것은 목표 언어의 일반적인 절 구성 방식을 아는 것과 내부 구성 요소들의 의미를 아는 것만으로는 해결하기 어려운 과제가 된다는 것이다.

중국의 對外漢語(외국어로서의 중국어) 학계에서는 중국어의 결과구문이라고 할 수 있는 동결구조가 외국인 학습자에게 있어 습득하기 어려운 문법항목에 속한다는 인식이 일반적이다.[2] 따라서 동결구조의 특징에 대

---

2) 劉月華(2005:533)에서도 중국어의 '동사+보어'는 원인(혹은 방식)과 그 결과로 이루어진 구조

한 연구를 비롯하여 외국인 학습자들의 오류 경향 분석, 보어에 대한 대외 한어적 교육 방안에 대한 연구 등이 활발히 이루어지고 있다.

한편 박영희·이희원(2014)에서는 중국인 학습자의 한국어 작문 시 나타나는 중국어 보어의 영향을 언급하고 있다. 동 연구에서는 중국인 한국어 학습자의 한국어 문장 구성 오류 중 모국어 직역 글쓰기와 더불어 중국어 보어와 관련된 오류를 특별히 지적하고 있는데, "중국어 보어의 한국어 표현 오류는 비록 전체 문장 구성 오류 중에서 큰 비중을 차지하는 것은 아니지만 이러한 오류가 중국인 학습자들에게 고질적으로 나타나며 글쓰기 이해에 있어 그 비중이 커서 다루었다."라고 밝히고 있다. 특히 중국인 학생의 글쓰기 오류 중 모국어와 한국어의 기본적인 차이로 인해 발생하는 대표적인 오류가 바로 중국어 '보어 전환'이라고 하며, 중국어의 보어를 한국어로 표현할 때 여러 가지 형태로 나타날 수 있음을 주요 원인으로 꼽았다. 대표적인 오류의 예로는 다음과 같은 것들을 들고 있다.

(1) ㄱ. 저는 한국 청주에서 살아요. 저는 **좋아하게** 살고 있어요.
　　　(我在淸州生活**得好**。)
　　ㄴ. 제 고향은 경제 **좋게** 발전합니다.
　　　(我的故鄕經濟發展**得好**。)
　　ㄷ. 우리는 래프팅을 했습니다. **기분이 격해집니다**.
　　　(我們漂流玩**得很激動**。)

위 오류들을 보면, 우선 중국어의 '동사+보어' 구조를 한국어로 나타낼 때 두 문장으로 나누어 쓰는 경향이 있음이 눈에 띄는데, 특히 (1ㄷ)과 같은 경우 한국어에서 원인 행위와 그 결과를 단문으로 나타낼 때 어떻게 해

로서 다른 언어에서는 매우 보기 드문 형태임을 지적하고 있다. 또, 이런 경우 다른 언어에서는 두 개의 절로 분리하여 표시하는 등의 방식을 쓰므로 "보어는 외국인이 습득하기에 비교적 어려운 문법항목이다(因此補語是外國人較難掌握的一个語法点)"라고 말하고 있다.

야 할지 그 방법을 모르기 때문인 것으로 보인다. 또, (1ㄱ)과 (1ㄴ)의 경우는 중국어의 보어를 한국어로 표시할 때 '-게'형 부사어로 표시할 수 있음은 알고 있는 것으로 보이지만, 정태보어 구문 "V得好"와 같이 특정적인 표현은 선행 사태에 대한 화자의 총체적인 평가를 표시하는 것으로, 이 경우 전형적으로 한국어의 부사 '잘'과 대응함을 알지 못해서 일어난 오류로 생각된다. 즉, "저는 한국 청주에서 잘 살고 있어요"로 표현해야 할 것인데 '得好'를 '좋게'로 번역했을 뿐 아니라 이것을 한 문장으로 구성하지 못해서 두 문장으로 나누어 표시하고 있다.

이처럼 중국어의 동결식, 즉 결과구문은 중국어적 사고 체계를 반영하고 있기 때문에 이를 한국어의 구성 체계로 바꾸는 것이 결코 쉬울 수 없다. 우리는 바로 이러한 점에서 결과구문에 관한 한 중국인 학습자의 모국어 변인을 고려한 교육이 이루어져야 한다고 생각하며, 특히 의미로부터 접근하는 교육 방식이 모색되어야 한다고 생각한다.

7.2. 결과구문에 대한 한국어 교육적 연구 현황 및 교육 현황

현재 단계에서 결과구문 혹은 결과 범주에 대한 한국어 교육의 현황으로 가장 먼저 지적할 수 있는 문제는 한국어 내부에서 결과를 표시하는 형식들에 대한 종합적인 인식이 부족하다는 점이다. 즉, 한국어에서 결과구문을 구성하는 요소들은 어떤 것이 있고 어떤 형식으로 나타나며 그 특징은 어떠한지에 대한 통합적인 설명이 준비되어 있지 않다는 것이다. 현재 중국어의 보어 및 동결식에 대응하는 한국어 표현에 대한 연구는 주로 한국어 교육이 아닌 중국 내에서의 대외한어 교육 쪽에서 이루어지고 있는 것으로 보인다. 따라서 연구의 성과들이 한국어 교육 쪽으로 도입, 응용되지 못하는 실정이다.

김종섭(2006), 김정현(2006), 이의선(2000) 등이 중국어 보어에 대한 한국어 대응표현을 제시한 연구들이며, Xu HaiXia(2012)에서도 역시 대응표현에 대한 언급이 있다. 먼저 김종섭(2006)에서는 중국어 결과보어의 한국어 대응 표현에 대하여 다음과 같이 정리하였다. 첫째, 중국어에서 구체적 결과의미를 가지는 결과보어는 한국어의 부사어로 대응된다. 둘째, 중국어의 PVC[3] 중 '完, 好' 등은 한국어에서 '다, 제대로' 등의 부사로 표시된다. 셋째, 한국어의 보조동사 중 '버리다, 놓다, 내다' 등이 동사와 결합하여 중국어의 동결구조를 표시할 수 있다.

김정현(2006)에서는 중국어 결과보어가 한국어에서 부사어, 일반 동사, 그리고 '동사+보조용언' 세 가지의 표현에 대응한다고 하며, 이때 부사어로 대응하는 경우는 '形+히+V', '形+게+V', '부사+V', '필수부사어+V' 등의 형식이 있다고 하였다. "필수부사어+V"의 형식은 다시 '名+에게/에/로/까지+V'의 경우가 해당됨을 밝혔다. 또한 중국어의 동결식을 한국어로 표현할 때 종종 생략이 일어나는데, 이때 보어 요소가 생략될 수도 있고 서술어 동사가 생략되는 경우도 있음을 논의하였다.

이의선(2000)도 중국어 결과보어는 한국어로 표시할 때 종종 생략됨을 지적하면서, 그 이유로 다음 세 가지를 제시하였다. 첫째, PVC는 본래의 어휘의미를 상실하고 주로 문법적 기능을 한다. 둘째, 한국어에서는 어떤 동작을 언급하면 의미상으로 그 동작의 결과가 자명한 경우가 있다. 셋째, 한국어에서는 동작과 결과를 포함해서 하나의 단어를 과거시제 선어말어미와 결합하여 중국어의 동결구조를 표현할 수 있다. 위 두 번째, 세 번째 사실은 동사의 결과 함축 정도와 관련된 것으로써 한국어와 중국어 동사를 완망상(perfective aspect)으로 썼을 때 한국어의 일부 동사 부류가 중국어의 동사에 비하여 결과함축이 상대적으로 높음을 관찰한 것이라 하겠다. 즉, 중국어의 동사는 보어를 취하지 않고는 결과의 실현을 나타내기 어려움과 관련된 것이다.

---

3) 본래의 어휘의미를 상실한 채 술어동사의 추상적인 결과를 나타내는 결과보어를 PVC라고 부른다. 결과보어는 분명한 결과 상태를 나타내는 반면, PVC는 주로 완결을 나타내는 부류이다. 최규발·조경환(2010) 참조.

Xu HaiXia(2012)에서는 위의 연구들에서 제시한 대응형식 외에 "한국어에서 선행절과 후행절이 시간적 선후관계를 가지며 인과관계적 연결 의미를 가지는 접속어미 '아', '아서'로 구성된 'V₁-어(서)V₂'가 중국어 동결구조를 표현할 수 있다"라고 하며 이를 논의에 포함하였고, 결과적으로 한국어의 'V₁-어(서)V₂', '동사+보조용언', '하나의 동사' 등 형식이 중국어 동결구조에 대응된다고 보았다.

이상의 연구들에서 중국어 동결식과 관련하여 생각할 수 있는 한국어 대응표현의 유형은 대체로 다 언급되었음을 알 수 있다. 즉 부사 및 각종 부사어, V₁-어(서)V₂, 동사+보조동사, 하나의 동사 등의 형식이 거론되었다. 하지만 이들은 대외한어(對外漢語, 외국어로서의 중국어)의 관점에 입각한 연구들로서 중국어 동결식에 대한 한국어 번역 표현의 분석에 치중하고 있으며, 분석의 대상 또한 중국어 결과보어에 한정하고 있는데 이는 '결과'라는 특정 용어에 이끌린 결과로 보인다. 물론 결과보어는 중국어의 결과구문을 구성하는 핵심 요소이지만 결과보어만이 결과를 나타내는 것은 아니다.

한편, '결과'의 의미와 관련된 한국어 교육 쪽의 연구는 주로 접속어미(연결어미)에 대한 연구에 한정되는 경향이 있다. 그중에서도 '결과'의 의미에 초점을 맞춘 연구보다는 이유, 인과, 원인에 해당되는 연결어미들, 즉 '-어서' 혹은 '-니까' 등에 대한 연구가 다수를 차지한다. 최근 들어서 연결어미에 대한 한국어 교육적 연구들이 늘어나면서 '목적·결과 관계'를 나타내는 연결어미의 습득 양상을 살피는 연구들도 나오기 시작하고 있다. 그런데 이들 중 다수의 연구에서 공통으로 지적하고 있듯이 현재 한국어교육 문법에서 어미 '-게'와 '-도록'은 '-러, -려고, -고자' 등과 함께 목적관계 연결어미로 분류되는 경향이 있다. 대표적으로 국립국어원(2005)[4]에서는 의미에 따라 연결어미를 11가지로 나누면서 목적관계 연결어미로

---

4) 국립국어원(2005), 『외국인을 위한 한국어 문법1』, 커뮤니케이션북스.

'-(으)러, -(으)려고, -도록, -게'의 4개 항목을 선정한 반면 결과관계 연결어미는 따로 설정하지 않고 있다. 김정연(2013)에서는 이러한 분류가 현행한국어 교재들에도 반영되어 있음을 지적하였는데, 주요 대학의 한국어교재에서 '-게'와 '-도록'은 부사형 어미로 분류되어 연결어미 교육 항목에서 빠지거나, 포함된다 하더라도 '목적' 표시 기능을 중심으로 제시되어 있다. 아래의 표는 주요 한국어 교재에서 어미 '-게'에 대하여 제시하고 있는 내용이다.

[표7-2] 한국어 교재에서 제시한 연결어미 '-게' (김정연 2013:11)

구분	-게
경희대	'-게' 앞에 오는 행위가 뒤에 오는 내용의 결과, 목표, 조건을 나타낸다.
서강대	The action in the preceding clause of '-게' is the purpose of the action in the following clause.
연세대	It is used to show the purpose to initiate an action. It is attached to an action verb stem.
이화여대	'A/V+게'는 뒤에 오는 행동에 대한 목적을 나타낸다.

위 표에 의하면 어미 '-게'의 결과 표시 기능을 언급한 것은 경희대 교재가 유일하며 나머지는 모두 '목적' 표시 기능만을 제시하고 있다. 비록 '목적·의도'와 '결과'의 의미는 개념적으로 밀접한 관계에 있으며 유형론적으로도 동일한 형태로 표시되는 경우가 많다고 알려져 있지만, 이들이 한국어에서 엄연히 구별되는 통사적·의미적 특징을 보임에도 불구하고 '목적'으로 한데 묶음으로써 결과적으로 '결과'의 의미 표시 기능은 주목받지 못하게 되었다.

한편 '-게'와 '-도록'의 결과 표시 기능에 주목하여 중국어와 대조를 시도한 연구들도 있는데, 이들은 '-게'와 '-도록'을 연결어미로 보는 관점에 이끌려 일반적으로 한국어의 연결어미와 대응되는 중국어 성분인 관련사(접속사) 중에서 대응 요소를 찾는 데 주력하고 있다. 따라서 '-게'와 '-도록'의 결과 표시 기능을 인식했다 하더라도 중국어 보어와의 관련성 및 결과구문 구성 요소로서의 특성을 고찰의 대상으로 삼지 않았다.

본고는 한국어 결과구문에 대한 연구이므로 '-게'나 '-도록'이 연결어미로서 접속절을 구성하는 것에 대해서는 살피고 있지 않다. 그럼에도 위와 같은 사실을 제시하는 이유는 현행 한국어 교육에서 전반적으로 '결과' 의미 표시 방식에 대한 내용이 없음을 지적하기 위한 것이다. 이는 앞에서 밝힌 바 있듯이 결과를 표시하는 요소들이 한국어에서 차지하는 비중이 실제로는 작지 않음에도 불구하고 하나의 통일된 형식으로 나타나지 않음에 따라 한국어 내부에서 그 범주적 현저성이 떨어지기 때문으로 생각된다.

그렇다면, 이 글에서 한국어의 주요 결과구문으로 다루고 있는 형식들에 대한 교수·학습은 실제로 어떻게 이루어지고 있는지 그 구체적인 현황을 파악할 필요가 있다. 이에 본고는 국내의 대표적인 대학 부설 한국어 교육 기관에서 사용하고 있는 한국어 교재와 중국 내에서 편찬된 대표적인 한국어 교재를 선택하여 이들 형식을 어떻게 제시하고 있는지를 분석하였다. 분석할 항목은 본고의 3장~5장에서 한국어 결과구문으로 집중적으로 다룬 바 있는 'AP게 V', 'NP로 V', 'V₁어 V₂' 구문이다. 교재에서 제시하고 있는 문법 항목에 위 표현들이 포함되는지를 살피되, 결과 표시 형식으로 제시된 것이 아니더라도 일단 해당 형태가 제시되면 추출한 후 분석에 포함시켰다. 분석 대상 교재는 국내 교재로는 초급부터 고급까지 『서울대 한국어』전 12권, 『연세 한국어』 전 12권, 『서강 한국어』 전 10권, 『이화 한국어』 전 9권을 대상으로 하며, 중국 내 출판 교재로는 北京大學, 夏旦大學 등 25개 대학에서 사용하고 있는 《標准韓國語》[5] 전 3권과 广東外語外貿大學에서 사용하고 있는 《韓國語敎程》[6] 전 4권 (초급 1·2권, 중급 1·2권)을 대

---

5) 《標准韓國語》는 북경 대학, 복단 대학, 대외경제무역 대학, 연변 대학 등 25개의 대학이 공동으로 편찬한 교재로서 총 3권으로 되어 있다. 중국 내에서 출판된 한국어 교재 중에서는 가장 많이 사용되고 있는 대표적인 교재이다. 본고에서 분석한 판본은 1, 2, 3권 각각이 2011년, 2012년, 2013년에 개정되어 나온 가장 최근의 수정판이다.

6) 《韓國語敎程》은 광동외어외무 대학의 한국어과 교수들이 공동으로 편찬한 교재이다. 초급 상, 초급 하, 중급 상, 중급 하로 나뉘어 있으며 초급은 2008년에, 중급은 2010년에 출판되었다.

상으로 한다.

우선, 국내 교재에서 'AP게 V'와 관련하여 어떤 교육 내용을 제공하고 있는지 분석한 결과를 아래의 표로 제시한다.

[표7-3] 국내 주요 한국어 교재의 'AP게 V' 관련 제시 현황

구분	제시 단계	제시 문형 및 문법설명	예 문
서울대 한국어	[2B] 12과	'A게': 뒤에 나오는 행위의 정도나 방식 등을 나타낸다.	· 선생님 글씨 좀 크게 써 주세요. · 머리를 짧게 잘랐어요.
연세 한국어	[2-1] 2과	'-게': 동사와 함께 쓰여 동사를 상세하게 묘사한다.	· 마리아가 방을 깨끗하게 청소했어요. · 고기를 얇게 썰어서 넣으세요. · 에릭은 음식을 맛있게 먹어요. · 사진 찍을 때는 환하게 웃으세요. · 잘 보이게 사진을 벽에 걸까요.
서강 한국어			
이화 한국어	[2-2] 8과	동작 · 행위의 방식이나 정도를 표현하고자 할 때 '-게'를 쓴다.	a: 앞머리는 어떻게 잘라 드릴까요? b: 조금 짧게 잘라 주세요. · 잘 안 들려요. 좀 더 크게 말씀해 주세요.

위 표에서 보듯이 국내 출판 한국어 교재에서는 'AP게 V'를 대체로 초급 2단계 정도에서 제시하는 것을 알 수 있다. 예문들을 보면 대부분 본고에서 다루고 있는 결과구문으로서의 'AP게 V'에 해당되는 예문들을 포함하고 있다. 하지만 교재에 제시된 문법 설명은 공통적으로 '동사의 방식이나 정도를 표시한다.'거나 '동사의 행위를 상세하게 묘사한다.'고 되어 있을 뿐 결과의 의미, 즉 동사로 인해 그 논항에 생겨난 변화를 표시함은 어느 교재에도 언급되어 있지 않다. 따라서 예문 역시 "마리아가 방을 깨끗하게 청소했어요."와 같이 전형적으로 결과를 표시하는 경우와 "사진을 찍을 때는 환하게 웃으세요."와 같이 동사의 방식을 나타내는 경우를 함께 제시하는 경향이 있으며, '잘 보이게 사진을 벽에 걸까요?'와 같이 '-게'의 선행어에 동사가 와서 목적을 나타내는 예까지 함께 제시되기도 한다.

결과의 의미를 언급하지 않고도 해당 문법 항목을 성공적으로 습득하

게 할 수 있다면 이러한 방식도 문제가 되지 않을 것이다. 또 한국어와 마찬가지로 결과의 의미가 현저하게 나타나지 않는 일본어 등 언어권 출신 학습자에게는 이러한 방식이 더 적절할 수도 있다. 하지만 모어의 결과범주가 매우 현저하며 결과의 의미를 전담하여 표시하는 문법적 수단(보어)을 가지는 중국인 학습자의 경우, 위와 같은 제시 방법은 해당 항목의 습득에 혼란을 야기할 수 있다. 또 설사 습득에는 특별한 어려움을 초래하지 않는다 하더라도 적어도 중국인 한국어 학습자를 위한 적절한 제시 방식은 아닌 것으로 생각된다. 이러한 방식은 중국어 모어 학습자들이 모어에서 보어로 표시하던 결과의 의미를 목표어인 한국어로 표시하려 할 때 어떠한 형식을 채용해야 하는지에 대한 명시적인 대답을 제공해 주지 않으며 목표어 문법에 대한 체계적 지식을 구축하는 데 도움을 줄 수 없기 때문이다. 목표어의 완전한 습득에 장애를 초래한다는 소극적인 측면에서뿐 아니라, 모국어 문법의 특성을 이용하여 목표어의 규칙을 보다 쉽게 내재화시킬 수 있다는 적극적인 측면에서도 중국인 학습자를 위한 한국어 결과구문의 명시적 교육과 모어와의 대응 관계 제시가 필요하다고 생각된다.

한편, 위에서 조사한 국내 교재들은 다양한 언어권 출신 학습자들을 위한 일반목적의 범용교재이므로 현실적으로 특정 언어 모어 학습자들의 특징과 요구를 반영하기 어렵다. 반면 중국 내에서 편찬한 한국어 교재의 경우, 중국인 학습자들의 특성과 모어인 중국어의 특징을 충분히 반영한 맞춤형 교재로 설계할 수 있는 조건을 갖추고 있으므로 '결과' 관련 항목에 대하여 국내 교재와 다른 특징을 보여 줄 것으로 예상되었다. 하지만 조사 결과, 중국 내에서 편찬된 교재에도 '결과'의 의미에 초점을 맞춘 설명이나 중국어 보어 및 동결식과의 관련성을 언급한 부분은 찾을 수 없었다. 아래는 중국내 출판 교재의 'AP계 V' 항목 제시 현황이다.

[표7-4] 중국내 출판 한국어 교재의 'AP게 V' 관련 제시 현황

구분	제시 단계	제시 문형 및 문법 설명	예 문
標准 韓國語	제1책 29과	· '-게' 형용사 어간 뒤에 쓰여 형용사를 부사형으로 만들어 주며 문장 내에서 수식어의 역할을 한다. '빨리, 높이' 등의 부사는 독립된 단어이지만 '빠르게, 높게' 등 형용사에서 파생된 부사형은 독립된 어휘가 아니다. 따라서 형용사에 대응되는 부사가 존재하는 경우 부사를 사용해야 하며 형용사의 부사형을 사용하지 않는다.[7]	ㄱ. 머리를 어떻게 자를까요? ㄴ. 좀 짧게 잘라 주세요. ㄱ. 문수씨 여자친구 예쁘게 생겼어요? ㄴ. 네, 아주 예쁘게 생겼습니다. ※귀엽다 → 귀엽게 생겼어요. 可愛的　　長得可愛 빠르다 → '빠르게 가십시오. 　　　　　빨리 가십시오. 快　　　　快走
韓國語 教程	·		·

위 표에서 볼 수 있듯이 〈韓國語教程〉에서는 결과를 나타내는 'AP게 V'에 대한 내용이 따로 제시되지 않았고, 〈標准韓國語〉에서는 초급에 해당되는 제1책에서 'AP게 V' 형식을 목표 문법항목으로 제시하고 있지만, '문장에서 수식어의 역할을 한다.'고 설명할 뿐 이 형식의 결과 표시 기능에 대해서는 언급이 없다. 그러나 함께 제시된 예문은 의미상 결과를 표시하는 예들이며 그것의 중국어 대응표현 역시 아래에 보듯이 '동-보' 구조의 동결식이다.

(2) ㄱ. a: 머리를 어떻게 자를까요? (頭髮怎么剪?)

　　　　b: 좀 **짧게** 잘라 주세요. (<u>剪短</u>一点。)

　　ㄴ. a : 식사가 입에 맞았어요? (飯可口嗎?)

　　　　b : 네, 아주 **맛있게** 먹었습니다. (是的, <u>吃得很香</u>。)

---

7) 用于形容詞詞干后, 將形容詞轉變爲副詞形, 在句子中起修飾語的作用。"빨리,높이"之類的副詞是獨立的單詞, 而像"빠르게,높게"等從形容詞派生的副詞形不是獨立的詞匯。所以, 当存在与形容詞相對應的副詞時, 就要使用副詞, 而不是使用形容詞的副詞形。

ㄷ. a : 저 영화 어때요? (那个電影怎么樣?)

　　b : 난 아주 **재미있게 봤습니다**. (我<u>看得</u>**津津有味**。)

그럼에도 불구하고 위 교재에서는 한국어 'AP게 V' 구문의 결과표시 기능 및 중국어 동결식과의 대응 관계를 언급하지 않았다. 그뿐 아니라 형용사에서 파생된 '-게'형 부사어는 독립된 어휘가 아니므로 아래의 (3ㄱ)과 같이 대체할 부사가 없을 때는 '-게'형을 쓴다 하더라도, (3ㄴ)과 같이 대응되는 부사가 존재하는 경우 해당 부사를 사용해야 한다고 지적하고 있다.

(3) ㄱ. 귀엽다 → 귀엽게 생겼어요.

　　(可愛的 → 長得可愛)

　　ㄴ. 빠르다 → *빠르게 가십시오.

　　　　　　빨리 가십시오.

　　(快　　　 → 快走)

하지만 이는 '-이/히'형 파생 부사와 '-게'형 부사어의 기능상의 차이를 제대로 설명한 것이 아니다. "시계를 5분 빠르게 맞추어 놓았다"와 같은 경우 오히려 '빨리'를 써서는 안 될 것이기 때문이다. 기실 위 (3ㄱ)과 (3ㄴ)의 차이는 동사의 결과로 논항에 생겨난 상태를 표시하는가 아니면 동사를 단순히 수식 한정하는가에 있으며 이는 중국어 대응 표현에서 각각 보어와 부사어로 다르게 나타남에서 확인된다. 중국인 학습자에게는 이처럼 'AP게'가 '결과'의 의미를 표시할 수 있음을 모국어의 보어와 대응시켜 밝혀주는 것이 해당 형태의 습득을 도울 뿐 아니라 추후 학습자 스스로 목표어 문법에 대한 체계를 세우는 데에도 유효한 지식이 될 것이라 생각된다.

　이상에서 보듯이 국내 출판 교재든 중국 출판 교재든 현행의 한국어 교재들에서는 'AP게 V' 구문이 결과를 표시하는 예는 제시하되 그것이 결과를 표시하고 있음을 언급하지 않고 있다. 이는 기본적으로 당 형식의 '결과' 표시 기능에 대한 인식이 부족하기 때문이라고 생각된다.

그렇다면, 'AP게 V' 외에 어미 '-게'와 관련된 다른 기능들은 어떻게 제시되고 있을까? 우선 국내 교재의 경우 아래의 정리표에서 보듯 '-게 되다', '-게 하다' 등을 고정된 문형으로 제시하고 있다. '-게 되다'의 경우 공통적으로 '화자의 의도와 관계없이 어떠한 상태에 놓이게 됨'을 표시한다고 설명하고 있는데 이례적으로 연세대 교재에서 '결과'를 나타낸다는 설명이 보인다. 한편 '-게 하다'는 사동의 의미를 중심으로 설명하고 있으며, 그 외 '-게'의 선행어에 동사가 와서 '목적'의 의미를 나타내는 경우를 공통적으로 다루고 있다.

[표7-5] 국내 주요 한국어 교재 중 'AP게 V' 이외의 '-게' 관련 항목 제시 현황

구 분	제시 단계	제시 문형 및 문법 설명	예 문
서울대 한국어	[2-B] 15과	'V-게 되다' : 자신의 의지와 관계없이 어떤 상황에 이르게 되었음을 나타낸다.	· 한국 친구를 사귀고 나서 한국말을 잘하게 되었어요.
	[3-B] 15과	'V-게 하다' : 사동의 의미를 나타내며 주어가 목적어에 간접적으로 어떤 행동을 하게 할 때 사용한다.	· 어머니가 동생에게 방을 청소하게 했어요. · 형이 동생에게 컴퓨터를 못 쓰게 했다.
	[6-A] 6과	**'목적'**의 'V-게끔	· 예술 치료는 사람들이 자신의 생각을 표현하게끔 예술을 이용하는 것입니다.
연세 한국어	[2-2] 7과	'-게 되다' : 동작 동사와 함께 화자의 의도와 상관없이 일어난 **결과**를 나타내는 데 쓴다. 보통은 그 결과가 다른 사람이나 시간의 영향에 의해 일어난 상황에서 쓴다.	· 일 때문에 외국에 가게 되었어요. · 열심히 연습해서 한국말을 잘하게 되었어요. · 그 사람은 자동차 사고로 이제는 걷지 못하게 되었어요.
	[3-2] 9과	**'목적'**의 '-게':어떤 일을 하는 목적을 나타내는 데 쓰인다. 동작 동사의 어간에 붙는다.	· 휠체어 지나가게 길 좀 비켜주세요. · 그 식당 찾아가게 약도 좀 그려줘. · 제 시간에 도착하게 일찍 나갑시다.
	[3-2] 9과	'-게 하다' : 어떤 사람이 다른 사람으로 하여금 무엇을 하도록 하거나 어떤 상황에 있도록 만들기를 원할 때 쓴다.	· 그 사람은 항상 나를 화나게 한다. · 할머니가 아이에게 혼자 옷을 입게 했다.

	[2B] 9과	'-게 되다1'	· 전에는 한국 문화를 잘 몰랐는데 한국어를 배운 다음에 이해하게 됐어요.
서강 한국어	[3B] 4과	목적의 '-게' 'V을 수 있+게'	· 아침에 일찍 일어날 수 있게 알람을 맞춰 놓으세요. · 내일 사용할 수 있게 오늘 저녁까지 주셨으면 좋겠어요.
	[4A] 말하기 I	'-게 되다2'	· 동호회에 가입하게 된 동기가 뭐예요? · 한국 영화에 관심이 있어서 한국어를 공부하게 되었어요.
	[5A] 5.문학	'-게 하다'	· 나는 골목을 지나갈 때 발을 멈추고 한참이나 서 있게 하는 피아노 소리를 좋아한다.
이화 한국어	[2-2] 13과	'V게 되다': 주어의 의지나 희망에 어긋나지만, 타인의 행위나 모종의 외부적 조건에 의해 어떤 일을 하는 상황에서 사용함	a. 나타샤 씨, 이사 가세요? b. 네. 남편 직장 때문에 외국에 가게 됐어요.
	[3-1] 1과	**목적**의 '-게' : 'A/V+게'는 뒤에 오는 행동에 대한 목적을 나타낸다.	a. 제이슨씨, 회의하면서 마시게 커피 좀 사올까요? b. 그게 좋겠어요. 고마워요, 영민 씨.
	[3-1] 4과	'-게 하다'는 다른 사람에게 어떤 일을 하도록 함을 나타낸다.	a. 부장님, 이번 출장은 누구를 보낼까요? b. 박영민 씨가 성실하니까 박영민 씨가 가게 하세요.

한편 중국에서 출판된 교재에서도 사정은 비슷하여 '-게 되다', '-게 하다', '-게 만들다', '-게 생겼다' 등을 관용표현으로 제시하고 있다. 단, '목적'을 나타내는 'VP게 V' 구문은 따로 다루지 않았다.

[표7-6] 중국내 출판 한국어 교재 중 'AP게 V' 이외의 '-게' 관련 항목 제시 현황

구분	제시 단계	제시 문형 및 문법 설명	예 문
標准 韓國語	제2책 11과	'-게 되다' : 동사의 뒤에 써서 모종의 원인이나 환경으로 말미암아 상태 혹은 성질이 **변화**함을 표시한다.	ㄱ. 왕단 씨도 내일 지영 씨 집에 오시지요? ㄴ. 미안합니다. 가려고 했는데 일 때문에 못 가게 되었어요.

韓國語 教程	초급 下 3과	'-게 하다' : 관용형, 연결어미 '-게'와 동사 '하다'가 결합하여 이루어짐. 동사 · 형용사의 어간 뒤에 쓰여 **사동**을 나타낸다. 중국어의 '使…' '讓…' 등에 해당된다.	· 상 앞에는 책, 돈, 실 등을 놓고 아이에게 잡게 한다. · 선생님은 학생들에게 한국어로 말하게 한다.
	초급 下 6과	'-게 되다' : 관용형. 접속어미 '-게'와 동사 '되다'가 결합하여 이루어짐. 용언의 어간 뒤에 쓰여서 사정에 **변화**가 발생하여 새로운 상황이 생겨났음을 표시한다. 중국어의 '變得…'에 해당된다.	· 벌써 나뭇잎이 누렇게 되었어요. · 회사 일로 한국에 오게 되었어요. · 시간이 지나면 모든 것을 잊게 됩니다.
	중급 上 10과	'-게 생겼다' : 관용구. 용언의 어간 뒤에 쓰여 어떠한 일의 상태가 부정적인 상태에 이르게 되는 것을 나타낸다.	· 오늘 선생님께 야단맞게 생겼네. · 그 아이 때문에 피곤하게 생겼다.
	중급 下 9과	'-게 만들다' : 관용구. 용언의 어간 뒤에 붙어서 '그렇게 되게 하다'의 뜻으로 쓰인다.	· 말을 하다가 다른 사람을 불쾌하게 만드는 경우가 있으므로 주의해야 한다. · 수리공은 한 시간 동안 고치더니 드디어 세탁기가 잘 돌아가게 만들었다.

다음으로 'NP로 V'형 결과구문에 대해서 현행 교재에서 어떻게 다루고 있는지를 살펴본다. 국어의 여러 조사들 중에서도 '로'는 특별히 다양한 의미 · 기능을 가진다. 본고는 현행 교재들을 분석함에 있어 본고에서 주목하는 '결과'의 의미가 아니더라도 '로', 혹은 'NP로'가 가지는 여러 의미 중 어떠한 것들을 어떠한 순서로 제시하는지를 살펴보았다. 그 결과를 아래의 표로 제시한다.

[표7-7] 국내 주요 한국어 교재의 'NP로 V' 관련 내용

구 분	제시 단계	제시 문형 및 문법 설명	예 문
서울대 한국어	[1A]	· N(으)로: 이동의 **방향**을 나타낼 때 사용한다.	· 이 버스가 서울대학교로 가요? · 다음 주에 미국으로 갈 거예요.
	[2A] 6과	· N(으)로: 명사 뒤에 쓰여 그것이 어떤 행위의 **도구**나 **수단**, **방법**임을 나타낸다.	· 비행기로 보내면 3일 걸려요. · 인터넷으로 게임을 해요.
	[5A] 4과	· N의 대표적인 예로 N을/를 들다.	· 이러한 변화를 보여주는 대표적인 예로 자동차 산업과 관련된 직업을 들 수 있다.
	[5A] 5과	· N(으)로 인해	· 입시 위주의 교육으로 인해 학교 교육에서 많은 문제가 생기고 있다.
	[5A] 6과	· N을/를 N(으)로 꼽다	· 이 노래는 올해 최고의 유행곡으로 꼽히고 있다.
	[6B] 11과	· N(으)로 말미암아	· 이 영화는 전쟁으로 말미암아 파괴되는 인간의 모습을 그리고 있다.
연세 한국어	[1-2] 7과	'-으로/로1'(**방향, 도착점**) : 이 조사는 명사와 함께 쓰여 방향을 표시한다. 뒤에 '가다, 오다, 돌아오다, 돌아가다, 나가다, 나오다' 등의 동사가 따라온다.	가. 식당이 어디에 있습니까? 나. 아래층으로 내려가세요.
	[1-2] 7과	'-으로/로2'(**수단, 이유**) : 이 조사는 명사와 함께 쓰여 수단, 이유, 원인, 상태 등을 나타낸다.	· 젓가락으로 먹습니다. · 한국말로 말하십시오. · 버스로 왔습니다. · 연필로 씁니다.
	[2-1] 5과	'으로/로' (**선택**) : 바꿈을 표시하는 동작 동사 앞에 와서 교환 대상의 선택을 나타낸다.	· 다음 정류장에서 272번 버스로 갈아 타세요. · 만 원짜리를 천 원짜리 열 장으로 바꿔주세요.
서강 한국어	[1A] 6과	'-으로' (**수단**)	a. 집에 버스로 가요? 지하철로 가요? b. 버스로 가요.
	[4A] 5과 (듣고 말하기)	'**방향**'의 '-(으)로'	· 시청에서 대학로로 가려면 지하철을 어떻게 타는 것이 좋겠습니까? · 지금 2번 출구로 나와서 연대 쪽으로 가고 있는데 못 찾겠어.
	[5A] 6과	'**도구**'의 '-(으)로'	· 사람들은 언어만으로 의사소통을 하는 것이 아닙니다.
이화 한국어	[1-1] 4과	'**방향**'의 '(으)로'	a: 실례합니다. 은행이 어디에 있습니까?

| | [1-2]
11과 | '**수단**'의 '(으)로' | a: 마이클 씨는 학교에 어떻게 가요?
b: 버스로 가요. 요코 씨는요?
c: 저는 지하철로 가요. |
| | [2-2]
12과 | '**경유**'의 '(으)로 해서' | a: 호주로 여행 가려고 하는데요. 싸게 가는 방법을 알아요?
b: 일본으로 해서 호주에 가면 교통비를 줄일 수 있어요. |

이들 국내 교재에서는 'NP로'가 가지는 여러 의미 중 '방향'의 의미와 '도구(수단)'의 의미를 공통적으로 초급에서 제시하고 있다. 여기에 더해 〈연세 한국어〉에서는 '방향'의 의미에 '도착점'이 포함될 수 있다고 하였고, 특히 '-로'가 교환 대상의 '선택'을 나타낼 수 있음을 제시하였다. 이때의 '선택'은 본고에서 'NP로 V' 결과구문이 표시하는 '결과'의 의미 중 하나로 제시한 바 있다. 한편 〈이화 한국어〉에서는 '경유'의 의미를 추가로 제시하였고, 〈서울대 한국어〉에서는 고급 단계에서 'N의 대표적인 예로 N을/를 들다', 'N을/를 N(으)로 꼽다', 'N(으)로 말미암아' 등의 고정 표현을 교육 항목에 포함하였다.

이상에서 알 수 있듯이 국내 한국어 교재들에서는 '방향' 및 '도구(수단, 이유)' 표시 기능을 중심으로 'NP로'를 교육하고 있으며, 비록 '결과'의 하위 의미에 해당되는 일부 기능이 '선택' 등으로 제시된 예가 있기는 하나 전반적으로 'NP로'가 가지는 결과 표시의 기능은 언급되지 않았다. 그럼에도 교재 중의 읽기 텍스트나 대화문에서는 "머리를 <u>노란색으로</u> 염색했다" (〈서강 한국어 2B〉, 8과 '읽고 말하기' 자료 中)와 같은 표현이 포함되어 있어 'NP로 V'가 가지는 실제의 의미와 교재에서 문법 항목으로 제시되는 의미 사이의 격차를 드러내고 있다.

한편, '결과'의 의미 기능에 보다 민감할 것으로 예상되는 중국 내 출판 교재의 경우는 어떠한지를 아래에서 살펴본다.

[표 7-8] 중국 내 출판 한국어 교재의 'NP로 V' 관련 내용

구분	제시 단계	제시 문형 및 문법 설명	예 문
標准 韓國語	제1책 24과	· (교통工具)+(으)로 가다/오다	· 회사에 버스로 옵니까?
	제1책 24과	· (교통工具)+(으)로 갈아타다	a. 서울에서 런던까지 바로 갑니까? b. 아니요, 도쿄에서 다른 비행기로 갈아탑니다.
	제1책 28과	· -(으)로 : 조사, 방향 동사와 함께 써서 동작 진행의 **방향** 및 **목적지**를 나타낸다.	a. 은행이 어디에 있어요? b. 오른쪽에 있어요. 오른쪽으로 가세요. a. 어디 가면 선생님을 만날 수 있어요? b. 사무실로 오십시오.
	제2책 5과	· -(으)로 : 격조사. 명사 뒤에 쓰여 **수단, 도구, 재료** 등을 나타낸다.	ㄱ. 빵은 무엇으로 만듭니까? ㄴ. 밀가루로 만듭니다. ㄱ. 이 서류에 볼펜으로 써도 됩니까? ㄴ. 안 됩니다. 만년필로 쓰십시오. ㄱ. 제주도에 어떻게 갈 수 있습니까? ㄴ. 비행기나 배로 갈 수 있습니다.
	제2책 16과	· -(으)로 : 조사 '-(으)로'는 명사의 뒤에 쓰여 **변화의 대상**을 표시한다.	· 공항에서도 달러를 한국 돈으로 바꿀 수 있습니까? · 이 1,000원짜리를 동전으로 좀 바꿔 주십시오.
	제3책 4과	· -(으)로 : 명사 뒤에 쓰여 **자격, 신분** 등을 표시한다.	· 장강 씨가 모범학생으로 뽑혀 상을 받았습니다. · 저는 2남 3녀 중의 장남으로 책임감이 강합니다. · 어떤 사람을 며느리로 삼고 싶으세요?
	제3책 14과	· -로 해서 : 명사 뒤에 붙어 동작이 **경유**하는 장소를 표시한다.	ㄱ. 이 비행기는 뉴욕까지 직행합니까? ㄴ. 아니요, 동경으로 해서 갑니다.
	제3책 21과	· -(으)로 인하여	· 이번 폭우로 인하여 많은 이재민이 발생했습니다.
韓國語 教程	초급 上 20과	'-로/으로(1)'-**동작 방향** : 부사격 조사, 체언의 뒤에 쓰여 동작의 방향을 표시한다.	· 홍연정 씨 휴대폰으로 전화해 보세요. · 기차역으로 달려갔습니다. · 길 오른쪽으로 다닙니다.
	초급 上 21과	'-로/으로(2)' -**도구, 수단** 등 : 체언 뒤에 쓰여 수단 · 도구 · 재	· 버스로 예술의 전당에 갑니다. (수단)

		료·자격 등 문법의미를 표시한다. 중국어의 "用……", "以……"에 해당된다.	· 칼로 사과를 깎습니다. (도구) · 나무로 가구를 만듭니다. (재료) · 학교의 대표로 회의에 참가했다. (자격)
	초급 上 23과	'-로/으로(3)' -**변화 결과** : 부사격 조사, 체언의 뒤에 쓰여 변화의 결과를 표시한다.[8]	· 한국의 대부분 은행에서는 달러를 한국 돈으로 바꿀 수 있다. · 섭씨 0도가 되면 물이 얼음으로 변합니다.
	초급 上 24과	'-로는/으로는' -**범위** : '-로는'은 부사격조사 '-로'와 보조사 '-는'이 결합하여 이루어지며 체언의 뒤에 쓰여 범위를 나타낸다.	· 금융업무로는 보험, 예금, 공과금 수납 업무가 있다. · 한국의 광역시로는 인천, 대전, 대구, 광주, 부산, 울산 등이 있다.
	초급 下 2과	'(으)로(3)' -**순서** : 부사격 조사, 앞에서 우리는 방향, 도구, 수단, 변화, 전성, 시간 범위 등 의미를 표시하는 '-로/으로'를 배운 적이 있다. 이 과에서는 서수사 혹은 순서의 의미를 가지는 명사 뒤에서 순서를 나타내는 데 쓰인다.	· 마지막으로 여러분에게 경의를 표합니다. · 우리는 처음으로 백두산에 갔다. · 오늘 내가 세 번째로 면접시험을 보았다.
	초급 下 3과	'-(으)로(4)' -**원인** : 부사격 조사, (중략) 이 과에서는 발병, 사건, 사고, 현상 등의 부류의 명사 뒤에 쓰여 원인을 나타낸다.	· 요즘은 감기로 병원에 오는 환자가 많아요. · 그 일로 두 사람의 관계가 멀어졌어요. · 웬일로 이렇게 일찍 출근했어요?
	초급 下 5과	'-(으)로(5)' -**자격, 신분, 명성** : 부사격 조사, (중략) 이 과에서는 명사의 뒤에 쓰여 자격, 신분, 명성 등을 표시하는 데 쓰인다. 중국어의 '作爲……' 등에 해당된다.[9]	· 그는 학생대표로 이번 회의에 참석하였다. · 우리는 그를 한국어 선생님으로 모셨다. · 그는 작가로 이름이 있다.
	초급 下 6과	'(으)로(6)' -**선택, 인정의 대상** : 부사격 조사, (중략) 이 과에서는 명사의 뒤에 쓰여 선택 인정의 대상을 나타낸다.[10]	· 저는 이번 여행지를 계림으로 결정했습니다. · 우리는 그의 말을 진실로 여겼다.
	초급 下 7과	'(으)로 (7)' -**방식, 상태** : 격조사, 행동의 방식이나 상태를 표시함[11]	· 그는 빠른 걸음으로 왕 선생을 찾아갔다. · 현금으로 주세요

			· 편지를 등기로 부쳤습니다.
중급 上 5과	'-(으)로 해서(인해서)' : 관용구. 체언 뒤에 붙어 어떤 일의 **원인**이나 **이유**가 됨을 나타내는 표현이다.		· 갑자기 내린 눈으로 해서 교통이 마비되었다. · 졸음으로 인해서 운전 사고가 많이 발생한다고 해요.
중급 下 14과	'-(으)로 미루어 (보아)' : 관용구. 체언의 어간 뒤에 쓰여 뒤의 내용을 추측하게 된 근거가 앞의 내용임을 나타낸다.		· 사무실에 불이 켜져 있는 것으로 보아 아직도 일이 안 끝난 것 같습니다. · 김 선생님의 억양으로 미루어 보아 경상도 지역 출신인 것 같아요.
중급 下 14과	'-(으)로 말미암아' : 관용구, 체언의 뒤에 쓰여 앞의 내용이 뒤의 내용의 원인이나 이유를 나타낸다.		· 가난으로 말미암아 학교를 중간에 그만두었다. · 운전사의 부주의로 말미암아 사고가 났습니다.

중국 내에서 출판된 교재들은 한국 교재들에 비하여 'NP로'가 가지는 의미 기능을 더 다양하고 상세하게 소개하는 경향을 보인다. 〈標准韓國語〉에서는 '방향(목적지), 수단(도구, 재료), 변화의 대상, 자격(신분), 경유' 등을 제시하고 있는데, 이 중 '변화의 대상' 및 '자격·신분'을 표시하는 경우는 본고에서 말하는 '결과' 표시의 기능과 상통한다. 교재에서 중국어 대응 표현으로 제시한 예문 역시 '동사+허화보어(成, 爲)+목적어' 구성의 중국어 결과구문들이 주로 제시된다.

(4) 〈변화의 대상〉

ㄱ. 이 1,000위안짜리를 **한국돈으로** 좀 바꿀 수 있을까요.

ㄱ'. 請把這張1,000元的換成韓幣嗎?

---

8) '-로/으로'是副詞格助詞, 用于体言之后, 表示變化或轉變的結果。

9) 副詞格助詞,之前我們學過'-로/으로'表示方向, 工具, 手段, 變化, 轉成等意思, 本課中用于名詞后,表示資格, 身份, 名聲等。相当于漢語的'作爲……' 等。

10) 副詞格助詞,之前我們學過'-로/으로'表示方向, 工具, 手段, 變化, 轉成等意思, 本課中用于名詞后,表示選擇認定的對象。

11) 格助詞, 表示行動的方式, 狀態等。

〈자격 · 신분〉

ㄴ. 저를 **반장으로 뽑아** 주시면 1년 동안 우리 반을 위해 열심히 일하겠습
　　니다.

ㄴ'. 如果<u>選我**爲班長**</u>, 我會爲我們班努力工作一年。

〈韓國語敎程〉의 경우는 더욱 많은 의미를 제시하고 있다. '동작방향, 도
구(수단), 변화 결과, 범위, 순서, 원인, 자격(신분, 명성), 선택 · 인정의 대
상, 방식 · 상태' 등 9종에 달하는 의미를 소개하고 있는데 이 중 '변화 결과'
를 위시하여 '자격, 신분, 명성', '선택 · 인정의 대상' 등이 본고에서 다루는
결과의 의미와 관련된다. 해당 예문의 중국어 대응표현은 역시 중국어 결
과구문 형식을 띤다.

(5) 〈변화 결과〉

ㄱ. 섭씨 0도가 되면 물이 **얼음으로** 변합니다.

ㄱ'. 到攝氏零度的話, 水就**變成氷**。

〈자격, 신분, 명성〉

ㄴ. 우리는 그를 **한국어 선생님으로** 모셨다.

ㄴ'. 我們<u>請他**當韓國語老師**</u>。

〈선택 · 인정의 대상〉

ㄷ. 그가 오늘 <u>시험을 **잘못** 본 것으로</u> 보인다.

ㄷ'. <u>看起來他今天考試**考得不太好**</u>。

이상의 교재 분석 결과를 볼 때, 국내에서 출판된 교재보다는 중국 내에
서 출판된 교재에서 결과를 표시하는 'NP로'를 명시적으로 언급하는 경향
이 있음을 알 수 있다. 다만 'NP로'의 다양한 의미들을 단순히 나열 제시하
는 데 그치고 있어 학습자들이 그 모두를 내재화할 수 있을지 의문스러우
며, 특히 결과를 나타내는 경우에 대한 차별화된 제시가 이루어지지 않았

다. 중국인 학습자의 경우 'NP로'가 동사의 결과로 도출되는 최종 상태를 표시할 수 있음을 명시적으로 제시해 주고, '결과상태, 자격, 선택' 등 결과와 관련된 예들은 중국어의 '동사+허화보어(成, 出 등)+목적어' 구문과 대응될 수 있음을 언급해 주는 것이 가장 효율적인 교육 방법이 될 것이라고 생각한다.

다음으로는 본 연구에서 한국어 결과구문의 하나로 제시한 'V₁어 V₂' 동사연결형의 경우 한국어 교재에서 어떻게 다루고 있는지를 살펴볼 것인데, 결론적으로 주요 현행 교재에서 'V₁어 V₂'의 결과 표시 기능을 주목한 경우는 없는 것으로 보인다. 즉, 본고에서 결과구문으로 간주하는 'V₁어 V₂'의 예들인 '걸려 넘어지다, 썩어 문드러지다, 달려 들어가다, 밟아 부수다, 밀어 쓰러뜨리다, 던져 올리다' 등의 결과표시 기능에 대해서는 현행 한국어 교재에서 다루고 있는 바가 없다. 대신 공통적으로 '-아/어서'를 '원인' 관계를 표시하는 문법 항목으로 제시하고 있다. 'VP₁어서 VP₂'의 구조는 'V₁어 V₂' 구성과 형태, 의미 면에서 밀접한 관계를 가지지만 'V₁어 V₂'와 달리 명백한 절 접속 구성이라는 점에서 구별된다. '-아/어서'와 관련해서는 아래 (6)과 같은 '이유'의 의미 외에 (7)에서처럼 앞의 일과 뒤의 일이 시간적으로 이어서 일어남을 나타내는 '계기(繼起)'의 의미를 주요하게 제시하고 있는데 이는 국내와 중국 출판 교재에서 동일하다.

(6) '이유'의 '-아/어서-'

ㄱ. 요즘 일이 많아서 너무 피곤해요.

ㄴ. 너무 많이 걸어서 다리가 아픕니다.

(7) '계기(繼起)'의 '-아/어서-'

ㄱ. 어제 친구를 만나서 영화를 봤어요.

ㄴ. 주말에 백화점에 가서 옷을 샀어요.

한편 한국어 교재들에서 공통적으로 주요하게 다루는 'V₁어 V₂' 구성은 'V어 버리다, V어 보다, V어 주다' 등의 '본동사+보조동사' 구성인데 이들 각각을 하나의 표현문형으로 제시하고 있다. 이러한 '본동사+보조동사' 구성은 초급부터 고급까지 상당히 다양한 종류가 제시되고 있는데 그 종류를 보면 위 세 가지 예를 제외하고도 '-아/어지다, -아/어 보이다, -아/어 놓다, -아/어 있다, -아/어 오다, -아/어 가다, -아/어 두다, -아/어 내다, -아/어 대다, -아/어 치우다, -아/어 드리다, -아/어 주십사, -아/어 가지고' 등등이 목표 문법으로 제시되고 있다.

반면 본고에서 결과표시 형식으로 주목하는 종류의 'V₁어 V₂' 구성은 문법으로 제시되는 일이 없었으며, 합성동사로서 어휘에 제시된다 하여도 결과성에 대한 언급은 없다. 우리는 'V₁어 V₂'를 어휘로 취급한다 하더라도 적어도 중국인 학습자에게 있어서는 두 동사 간의 의미 관계를 파악하도록 유도하는 것이 학습의 효율과 장기 기억으로 유도하는 데 유리할 것으로 생각한다. 한국어에서 중국어의 결과구문인 동결식과 가장 유사한 구조를 보이는 것이 바로 'V₁어 V₂' 형식이기 때문이다.

이상으로 본고에서 한국어 결과구문의 주요 형식으로 보고 있는 세 가지 형식, 즉 'AP게 V'와 'NP로 V' 및 'V₁어 V₂'에 대해 현행 한국어 교재들에서는 어떤 방식과 비중으로 다루고 있는지를 살펴보았다. 결론적으로 대부분의 한국어 교재들에서 공통적으로 '결과'의 의미범주 자체에 대한 인식이 부족하다는 것을 알 수 있다. 중국 내에서 출판된 교재의 경우, 국내 출판 교재에 비해서는 '결과'의 의미를 언급하는 경우가 좀 더 많다고 할 수 있다. 하지만 그 역시 체계적이지 않아 다른 의미 기능과 혼재되어 있으며 중국어 결과구문과의 대응관계를 목표 문법의 교수 학습에 활용한 예는 발견되지 않았다.

7.3. 중국인 학습자의 한국어 결과구문 습득 현황

본 절에서는 한국어 결과구문에 대한 중국인 학습자들의 습득 현황과 오류의 경향을 파악함으로써 앞선 주장들의 타당성을 확인하는 동시에 중국인 학습자에게 적합한 교육방안 모색에 기초 자료로 삼고자 한다.

이에 국내 대학에서 수학하고 있는 중·고급 단계의 중국인 한국어 학습자를 대상으로 설문조사를 실시하였다. 본 설문의 목적은 현행 실러버스와 교수 방식에 따라 학습한 중국인 학습자들이 한국어 결과구문에 대해 어느 정도 습득하고 있는지를 이해와 표현 측면에서 알아보고, 아울러 모어인 중국어와 한국어 결과구문의 연관 관계를 체계적으로 파악하고 있는지를 확인하기 위함이다.

본 설문은 세 개의 지역(서울, 대전, 부산 각 1개 대학)에서 수학하고 있는 총 114명의 중국인 학생들을 대상으로 실시되었다. 설문 문항은 중국어를 한국어로 바꾸는 부분과 한국어를 중국어로 바꾸는 부분으로 나누어 구성하였다. 중국어를 한국어 대응 표현으로 바꾸는 문제를 통해서 학습자들이 표현적인 측면에서 한국어 결과구문의 형식을 습득하고 있는지를 측정하려 하였으며, 한국어를 중국어로 바꾸는 문항을 통해서는 이해 측면에서의 습득 정도를 파악할 수 있을 것으로 예상하였다. 아울러 이러한 쌍방향의 측정을 통하여 모어와 목표어의 결과구문 간 대응 관계에 대해 내재화된 체계적 지식을 가지고 있는지, 아니면 단편적이고 부분적인 습득에 그치는지를 알아보고자 하였다. 이때 중국어를 한국어로 바꾸는 문항은 분석의 정확성을 기하기 위하여 동일한 형태에 대한 질문을 두 문항으로 중복 구성하였다. 우선, 중국어를 한국어로 대응시키는 문항은 다음과 같다.

[표7-9] 중국어를 한국어로 대응시키는 문항

문항	목표 형식	문항의 실제
1번	-게 V	學生們　把　桌子　擦　干淨　了。 학생들 (pre.) 책상 닦다 깨끗하다 (완료) '학생들이 책상을 깨끗하게 닦았다.'
2번	-게 V	孩子們　都　晒　黑　了。 아이들 모두 그을다 검다 (완료) '아이들이 모두 (햇볕에) 검게 그을었다.'
3번	-게 V	她　走　得　慢慢的。 그녀 걷다 (구조조사) 느릿느릿하다 '그녀는 느리게 걸었다.'
4번	NP로 V	我　媽　把　辣椒　磨　成　粉末。 나 엄마 (pre.) 고추 빻다 만들다 가루 '우리 엄마가 고추를 가루로 빻으셨다.'
5번	NP로 V	同學們　推　他　当　班長。 친구들 추천하다 그 담당하다 반장 '친구들이 그를 반장으로 추천했다.'
6번	V₁어 V₂	張三　把　杯子　踩　碎　了。 장삼 (pre.) 컵 밟다 부서지다 (완료) '장삼이 컵을 밟아 부쉈다.'
7번	V₁어 V₂	听　懂　了　他的　話。 듣다 알다 (완료) 그의 말 '그의 말을 알아들었다.'
8번	'-도록 V'	她　洗衣服洗　得　太陽　都　下山　了。 그녀 빨다 옷 빨다 (구조조사) 태양 마저 하산하다 (완료) '그녀는 해가 넘어가도록 옷을 빨았다.'
9번	'-도록 V'	哲秀　把　嗓子　哭　啞　了。 철수 (pre.) 목 울다 쉬다 (완료) '철수가 목이 쉬도록 울었다.'
10번	부사(잘)	我　在　大田　生活　得　好好的。 나 -에서 대전 생활하다 (구조조사) 좋다 '나는 대전에서 잘 생활하고 있습니다.'
11번	부사(잘)	"余司令，　打　得　好!" 여사령관, 때리다 (구조조사) 좋다 '여사령관, 잘 싸웠소!'
12번	부사(가득)	盛　滿　清水　的　大　木盆 붓다 가득 차다 맑다 물 (구조조사) 크다 나무대야 '맑은 물을 가득 채운 커다란 나무대야'

| 13번 | 단일동사 | 他 聞到 了 一 股 濃烈 的 高粱酒 味。
그 맡다 (완료) 하나 (양사) 짙은 (구조조사) 고량주 냄새
'그는 짙은 고량주 냄새를 맡았다.' |
| 14번 | 단일동사 | 張三 撕 開 了 自己 的 襯衫。
장삼 찢다 열다 (완료) 자신 (구조조사) 셔츠
'장삼이 자신의 셔츠를 찢었다.' |

    설문 조사 결과 각 문항별 오답률[12]에 큰 차이를 보였다. 먼저, 중국어를 한국어로 대응시키는 문항에 대한 오답률을 그래프로 표시하면 다음과 같다.

[그림 7-1] 중국어를 한국어로 대응시키는 문항의 응답 양상

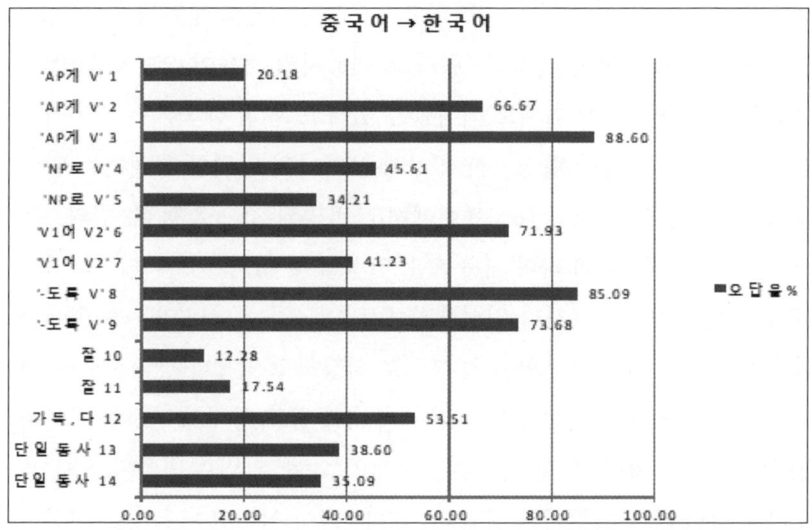

12) 이때의 오답률이란 의미가 제대로 전달되지 않는 경우뿐 아니라, 목표 문법이 아닌 다른 형태를 써서 나타낸 것까지를 포함한다. 즉, 의미상으로는 상통한다 하더라도 결과구문 형식이 아닌 경우, 예를 들어 설명식의 응답과 같은 경우는 오답에 포함시켰다. 이는 본 조사의 목적이 한국어 결과구문 형식의 습득 여부를 파악하는 데 있기 때문이며, 설문 시 대응 언어의 결과구문을 제시하고 그에 상응하는 형식을 쓰도록 요구하였기 때문이다.

7. 중국인 학습자를 위한 한국어 결과구문 교육   363

이어서 각 문항을 통해 파악하고자 한 사항이 무엇인지, 그 결과를 통해 알 수 있는 사실이 무엇인지를 살펴본다. 1번과 2번 문항은 'AP게 V'가 한국어에서 결과상태를 표시하는 형식임을 인식하고 있는지, 또 그것을 이용해 한국어 문장을 구성할 수 있는지를 알아보기 위한 문항이다. 중국어에서 결과를 표시하는 대표적인 형식인 결과보어 구문과 대응시킬 수 있는지를 통해 이를 측정하려 하였다. 1번 문항은 중국어 '擦干淨'을 '깨끗하게 닦았다'로 번역하는지, 2번 문항은 '晒黑'를 '검게 탔다'로 대응시킬 수 있는지를 살폈다.

이 두 문항은 같은 문법 항목을 묻는 것임에도 불구하고 그 응답 양상이 크게 다르게 나타났다. 즉 1번의 경우 대체로 '깨끗하게'를 이용하여 성공적으로 문장을 구성하였으나, 2번의 경우에는 결과상태에 해당되는 '검게'를 생략하고 '햇볕에 탔다' 혹은 '탔다'로 대응시킨 비율이 상당히 높았다. 우리는 이에 대하여 두 가지로 해석할 수 있다고 본다. 한 가지는 중국어에서 '동사+보어' 구성이 합성동사에 가까운 하나의 단위를 형성하는 일이 많으므로 그것이 한국어 대응표현에서도 반영된 것으로 볼 수 있다. 즉, '晒黑' 자체를 '(햇볕에) 타다'의 뜻으로 인식할 수 있다는 것이다. 두 번째 해석은 학습자들이 교재나 일상생활에서 '깨끗하게 닦다'라는 표현에는 많이 노출되어 이를 하나의 표현 단위로 저장하고 있으나 상대적으로 '검게 타다'라는 표현을 접한 빈도는 낮아서 이를 목표 형태로 구성하지 못하였을 가능성이 있다. 실제로 대부분 교재의 'AP게' 관련 문법 설명에서 '깨끗하게 닦다'라는 예문이 제시되고 있다는 점이 이러한 가능성을 뒷받침한다. 후자의 가능성을 중시한다면 이는 결과 상태를 표시하는 'AP게 V'에 대한 습득이 불완전함을 뜻한다. 즉 일부 사용빈도가 높은 예에 대하여 고정 표현으로 저장하고 있을 뿐 다양한 경우에 적용할 수 있는 문법 규칙으로 습득하지 못하였음을 나타낸다는 것이다.

이어서 3번 문항은 중국어 상태보어 구문을 한국어의 'AP게 V'로 대응시킬 수 있는가를 측정하기 위한 것으로, 중국어의 '走得慢慢的'를 '느리게(느릿느릿하게) 걸었다'로 대응시킬 수 있는지를 보고자 하였다. 앞서 우리는 중국어에서 전형적인 상태변화를 나타내는 것은 결과보어 구문이지만 그 외에 이른바 상태보어, 정도보어, 정태보어 등도 넓은 의미의 '결과'를 표시할 수 있다고 한 바 있다. 즉, 3번 문항의 '走得慢慢的'는 느리게 걷는 모습을 생생하게 묘사하고 있어 결과보다는 방식(manner)에 가깝게 이해되지만, 중국어에서는 이를 부사어로 표시하는 것과 보어로 표시하는 것에 의미 차이가 있다. 즉 '慢慢地走'와 같이 부사어로 쓰면 단순히 동작의 방식을 나타내는 반면, 3번 문항처럼 보어로 구성할 때는 동사의 행위가 화자에게 불러일으킨 생각과 태도가 결과로서 함께 표시된다는 것이다. 하지만 한국어에서는 이 둘을 구분하지 않고 모두 'AP게' 부사어로 표시한다.

그런데, 3번 문항에 대한 응답은 '천천히 걸었다'가 압도적으로 높았다. 이는 예측하지 않은 결과이지만 그 역시 의미하는 바가 있다고 판단된다. 즉, 중국인 학습자들은 모어의 '走得慢慢的'에 대하여 우선적으로 '방식(manner)'으로 해석하며 한국어에서 그에 적합한 형식인 부사로 표시했을 수 있다는 것이다. 따라서 위와 같은 응답은 엄밀히 말해 오답으로 볼 수 없다. 다만 우리는 3번 문항을 통해 중국인 학습자들이 '-게'를 모국어의 상태보어에 대응될 수 있는 형식으로 파악하고 있는지를 알아보고자 하였으나 그 결과는 회의적이라고 해석한다. 그 이유는 기타 응답에서도 '-게' 형을 찾아보기 어려웠을 뿐 아니라, '천천히'라고 응답한 비율이 극히 높았다는 점에서 중국어 '慢慢的'와 한국어 '천천히'를 어휘적으로 대응시킨 결과라고 보는 것이다.

다음으로 4번과 5번 문항은 동작 행위의 결과가 명사성 성분으로 나타날 때 이를 한국어의 'NP로 V' 구문으로 표시할 수 있는지를 알아보기 위한 것이다. 우선 4번 문항에서는 동사로 인한 논항의 상태변화를 표시하는 'NP로 V' 구문과 중국어의 허화보어 구문 'V+成/出+NP' 간의 관계를 학습자들이 내재화하고 있는지를 측정하고자 하였다. 즉 '고추를 빻다'와 '고추를 가루로 만들다'라는 두 가지 사건을 합하여 '고추를 가루로 빻다'라는 단문 구조로 표시할 수 있는지를 묻는 것인데, 모어인 중국어에 '把辣椒磨成粉末' 라는 대응 구문이 있으므로 특별히 습득하기 어려운 항목은 아닌 것으로 생각된다. 하지만 문항 4에 대한 오답률은 45%로 나타났는데, 설문의 대상이 중 · 고급 학생들임을 감안할 때 습득율이 만족스럽다고 볼 수 없다. 이는 위 6.4절에서 실시한 교재분석 결과에서 'NP로'에 대한 국내 주요 교재들의 제시 양상이 '도구 · 수단'과 '방향'의 의미에 집중되어 있을 뿐 '결과' 표시 기능에 대한 언급이 없다는 사실과 관련되어 있다고 생각된다. 5번 문항 역시 결과 의미를 나타내는 'NP로 V' 구문에 대한 것이지만 그중에서도 특히 '자격'의 획득과 관련된 경우이다. 이 경우는 4번 문항에 비하여 정답률이 높았다.

6번과 7번 문항은 'V₁어 V₂' 형식이 결과상태를 표시할 수 있음을 인식하고 있는지를 알아보려 하였다. 즉, 결과를 표시하는 성분이 형용사 혹은 명사성 성분일 때 이를 부사어로 나타냄에 반하여 결과 표시 요소가 동사일 때는 'V₁어 V₂' 형식을 써서 문장을 구성할 수 있는지를 알아보려 한 것이다. 이를 위하여 중국어 동결식 중 보어에 동사가 쓰인 예를 제시하고 그 대응 형식을 한국어로 구성하게 하였다.

응답 결과를 보면, 6번 문항에서 '踩碎'를 '밟아 부수다'로 대응시키지 못한 경우가 70퍼센트를 넘었는데 이는 'V₁어 V₂' 형식 자체 및 그것의 결과 표시 기능에 대한 인지도가 낮음을 말해 준다. 6.4절에서의 교재 분석 결과에 따르면 한국어 'V₁어 V₂'에 대한 현행 교재의 제시 내용은 대부분 '본동사+보조동사' 구성에 치중되어 있다. 'V₁어 V₂'가 표시할 수 있는 '원인-결과' 관계나(밟아 부수다, 걸려 넘어지다 등) '계기(繼起)' 관계는(깎아 먹다 등) 어미 '-어서'와 관련하여 제시된다. 따라서 6번 문항의 오답률이 낮은 것은 어쩌면 당연한 것일 수 있다. 6번에 비해 7번의 정답률이 높은 것은 '알아듣다'의 사용 빈도가 높기 때문에 이를 일종의 관용적 표현처럼 숙지하고 있기 때문으로 분석된다.

다음으로 8번과 9번 문항은 '정도'를 표시하는 '-도록'의 용법을 알고 있

는지를 측정하기 위한 것이다. 범언어적으로 정도의 의미범주와 결과의
의미범주는 서로 교차함을 앞 장들의 내용에서 말한 바 있다. 결과를 표시
하는 형식을 써서 '정도의 심함'을 표시하는 일은 영어, 중국어, 한국어에
서 공통적으로 발견된다. 위 8, 9 문항은 중국어의 정도보어 구문을 한국
어의 '-도록 V'에 대응시켜 쓸 수 있는지를 알아보려 하였다.

이들 문항에 대한 응답은 '太陽都下山'을 '해가 넘어갈 때까지'로, '把嗓子
哭啞了'를 '목이 쉴 정도로, 목이 쉴 만큼'으로 번역한 경우가 가장 많았다.
이는 의미상 상통하는 표현이므로 엄밀히 말하여 오답이라고 볼 수 없다.
하지만 우리가 측정하고자 하는 것은 '해가 넘어가도록, 목이 쉬도록'과 같
이 목표문법을 써서 정도의 의미를 표시할 수 있는가에 있기 때문에 편의
상 이를 오답 처리하였다. 결과적으로 두 문항에서 목표 문법을 쓰지 못한
비율은 85.09%와 73.68%에 달하고 있다. 이는 중국어 문장에서 '고(高)정
도'의 의미를 인지하였다 하더라도 이를 한국어의 대응 구문으로 표시하
는 규칙을 알지 못하기 때문에 '때까지' 혹은 '정도로, 만큼' 등의 어휘를 사
용하여 설명하려 하였기 때문이다.

한편 위 6.4에서 살펴본 바에 따르면 현재 한국어 교육 문법에서는 어미
'-게'와 '-도록'을 '-러, -려고, -고자' 등과 함께 목적 관계 연결어미로 분류하
는 경향이 강하다. 따라서 대부분의 교재에서는 '-도록'과 '-게'에 대하여 목
적 표시 기능을 중심으로 소개하고 있으며, 특히 '-도록'의 경우는 '도급(到
及)' 및 '정도'를 표시하는 것이 주요한 기능임에도 그에 대해서는 전혀 소
개된 바가 없다. 따라서 학습자들이 전반적으로 '-도록'의 정도 표시 기능
에 대하여 알지 못함은 충분히 예상되는 결과라 하겠다.

10번과 11번은 중국어에서 정태보어 구문 'V得好', 'V得很好', 'V得好好的'
로 표시되는 바를 한국어에서 표시할 때 전형적으로 부사 '잘'과 대응됨을
학습자들이 파악하고 있는지를 묻는 문항이다. 이들 문항은 오답률이 매
우 낮아 학습자들이 전반적으로 이러한 대응관계를 잘 습득하고 있음을
알 수 있다. 이는 매우 전형적이고 단순한 대응일 뿐 아니라 영어에서도 동

일한 의미를 'well'과 같은 부사를 통해서 표현하는 등 중국인 학습자에게 생소한 대응 관계가 아니기 때문으로 생각된다.

12번 문항 역시 중국어의 결과보어가 한국어의 부사로 대응되는 경우에 관한 것이다. '盛滿'을 '가득 채우다'라고 하지 않고 '담아서 가득하다'와 같은 식으로 번역한 경우가 다수 있었고, 이 경우 의미가 상통하면 일부 정답으로 인정하였다. 그럼에도 불구하고 약 54%의 오답율을 보이고 있음을 볼 때, 한국어 부사 중 결과 상태를 표시할 수 있는 예들에 대한 교육이 필요함을 알 수 있다.

13번과 14번 문항은 중국어에서 필수적으로 '동사+결과보어'로 표시해야만 하는 의미를 한국어에서는 하나의 동사로 표시하는 것이 자연스러운 경우가 있음에 대한 것이다. 특히 감각동사나 인지동사 계열에서 이러한 경향이 두드러지는데, 13번의 '聞到了'가 그 예이다. 이 경우 한국어에서는 단일동사 '맡았다'로 대응이 가능함에도 불구하고 '맡아 냈다'와 같이 번역한 학습자들이 있었다. 중국어에서는 냄새를 맡는 행위와 그것을 인지한 결과를 구분하기 때문에 반드시 '동사+보어'의 형태로 써야 한다는 사실에 영향을 받은 것으로 보인다. 마찬가지로 14번 문항의 경우도 '撕開了'를 '찢었다'로 대응시키면 될 것을 '찢어 버렸다'로 번역한 학생이 상당수에 달했다.

이상으로 중국어 결과구문을 한국어로 대응시키는 문항들에 대한 학습자들의 응답 결과를 분석해 보았다. 위 설문의 결과를 종합할 때, 표현적 측면에서 중국인 중·고급 학습자들의 한국어 결과구문에 대한 습득 정도가 만족스럽지 않다는 결론에 이르게 된다. 그 이유는 첫째, 전반적으로 높은 오답률에서 알 수 있듯이 결과의 의미를 한국어로 표시할 때 쓰이는 전형적인 표현, 즉 결과구문에 대해 알지 못하는 비율이 높게 나타났기 때문이다. 둘째로는 목표 문법을 성공적으로 습득하고 있는 경우가 부분적으로 관찰되지만 이것이 일관된 경향으로 확인되지 않기 때문이다.

다시 말해 일부 사용 빈도가 높고 관용어처럼 사용되는 예에 한해 습득의 정도가 높게 나타나지만 그 외의 경우는 습득 여부가 매우 상이하게 나타나는 것으로 보아 이를 일반적인 규칙으로 내재화하지 못했다고 해석하게 되는 것이다.

이어서 한국어를 중국어로 대응시키는 문항에 대한 조사 결과를 살펴보기로 한다. 이는 한국어 결과구문에 대한 이해 측면에서의 습득 정도를 알아보기 위한 것이다. 설문 내용은 다음과 같이 구성하였다.

[표7-10] 한국어를 중국어로 대응시키는 문항

문항	목표 형식	문 항 의 실 제
1번	'V+A' (결과보어 구문)	학생들이 바닥을 더럽게(깨끗하지 않게) 닦았다. (學生們把地板擦臟了。)
2번	'V+得+VP' (정태보어 구문)	그는 일리 있게 말한다. (他說得有道理。)
3번	'V+成/出/作(做)+NP' (허화 결과보어 구문)	소왕은 그녀를 양어머니로 여긴다. (小王把她認做干娘。)
4번	'V+V+來/去' (복합방향보어 구문)	나비 한 마리가 집 안으로 날아 들어왔다. (一只蝴蝶飛進屋里來。)
5번	'V+得+VP' (정도보어 구문)	그는 얼굴이 땀에 젖도록 달렸다. (他跑得滿頭大汗。)
6번	'V+得+好/很好/好好的' (정태보어 구문)	마리는 한자를 참 잘 쓴다. (瑪麗寫漢字寫得很好。)
7번	'V+光' (결과보어 구문)	나무 대야의 물이 다 흘러 나갔다. (大木盆里的水流光了。)
8번	'V+住' (결과보어 구문)	할아버지는 나의 어깨를 눌렀다. (爺爺按住了我的肩頭。)

설문 결과, 각 문항의 오답률은 다음과 같이 나타났다. 제2 언어 학습에서 일반적으로 이해의 측면은 표현 측면에 비하여 용이하다고 알려져 있다. 본 조사에서도 중국어를 한국어로 옮기는 첫 번째 파트에 비하여 한국어를 중국어로 옮기는 두 번째 파트의 오답률이 전반적으로 낮았다. 이러한 설문 결과가 구체적으로 의미하는 바가 무엇인지 아래에서 각 문항별로 살펴보기로 한다.

[그림7-2] 한국어를 중국어로 대응시키는 문항의 응답 양상

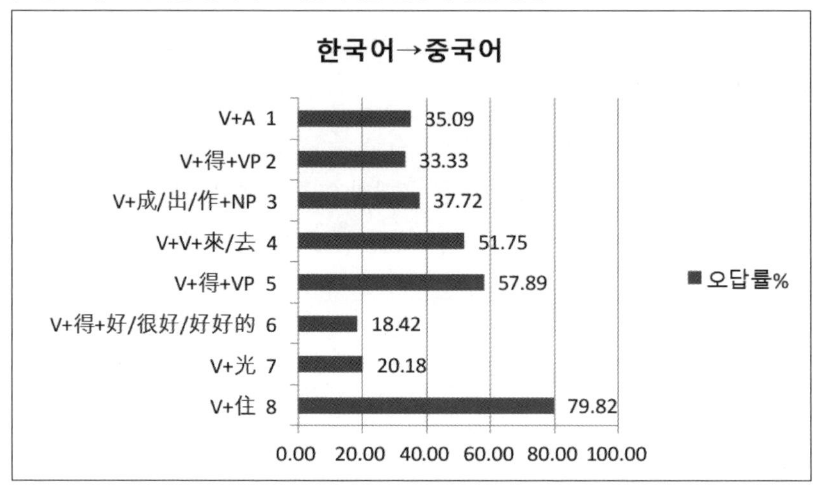

우선 1번과 2번 문항은 한국어의 'AP게 V'형이 결과를 표시한다는 사실을 알고 있는지, 또 알고 있다면 중국어 결과구문으로 대응시킬 수 있는지를 알아보기 위한 것이다. 특히 1번의 결과 '더럽게'는 동사 '닦다'를 통해 일반적으로 예상되는 결과와 상반되는 의미를 표시한다. 영어와 달리 한국어와 중국어는 이처럼 일반적인 기대와 예상을 벗어나는 결과를 표시할 수 있다는 점에서 공통됨을 앞에서 밝힌 바 있다.

1번 문항은 '더럽게(깨끗하지 않게)'를 번역할 때 대부분의 학생들이 '臟, 不干淨'을 사용하였는데, 간혹 정도를 나타내기 위해 구조조사 '得'을 사용한 응답자들이 일부 있었다. '沒'를 사용하여 '沒擦干淨'이라고 한 경우는 오답으로 처리하였다. 이처럼 목표 문법대로 쓰지 못한 경우가 약 35퍼센트였다.

2번 문항의 목표 대응표현인 '說得有道理'는 동사 '說'에 보어표지 '得'이 오고 그 뒤에 '有道理'라는 보어가 결합된 정태보어 구문이다. 이 경우 '일리 있게 말하다.'라는 한국어 표현이 하나의 관용어로 인식되는 경우가 많고 그것의 중국어 대응표현 역시 일종의 관용어처럼 쓰이므로 둘 사이의 대응 관계를 비교적 쉽게 파악하는 것으로 보이며 오답률도 높지 않다.

3번 문항에서는 한국어 'NP로 V' 구문이 결과의 의미를 나타내는 것을 이해하고 이를 중국어의 허화보어 구문으로 대응시킬 수 있는가를 보고자 하였다. 즉 '양어머니로 여기다'에서 '양어머니'는 동사 '여기다'로 인해 화자의 인식에 일어난 변화인데, 이를 '認做干娘'의 의미로 올바르게 이해하는지를 측정한 것이다. 응답 결과를 보면 오답률이 약 37퍼센트로 중·고급의 중국인 학습자들은 '여기다' 동사 구문의 구조와 그것의 중국어 대응 형식을 대체로 잘 파악하고 있는 듯 보인다. 다만 '여기다'와 같이 특수한 동사가 아닌 경우에도 습득의 정도가 동일하게 나타나는지, 또 위와 같은 대응을 규칙으로서 습득하고 있는지를 측정하기에는 설문의 내용이 부족한 것으로 생각된다.

4번 문항은 한국어에서 위치변화를 나타내는 자동사 이동구문과 중국어의 방향보어 구문 간의 대응 관계를 파악하고 있는지를 묻는 문제이다. 응답 중에는 경로의 '進'(들어오다)을 누락하고 '飛過來'나 '飛來'와 같이 번역한 경우가 많았다. 이는 한국어 자동사 이동구문의 'NP로+〈방식〉어+〈경로〉어+〈오다/가다(이동직시소)〉' 구문을 모국어의 '〈방식〉+〈경로〉+NP+〈來/去(이동직시소)〉'(飛進屋里來) 구문으로 대응시키는 데 어려움을 느끼는 것으로 생각된다. 이동사건과 관련된 자질의 배열 순서는 한국어와 중국어에서 동일하나, 장소를 나타내는 명사성 성분의 통사적 성격과 위치는 각각 부사어와 목적어로서 다르기 때문이다. 4번 문항에 대한 오답률은 50퍼센트를 넘었다.

다음 5번은 학습자들이 한국어 '-도록 V' 구문의 정도(程度) 표시기능을 이해하는지를 알아보기 위한 문제로서, 중국어의 정도보어 구문과 대응시킬 수 있는지를 통해 이를 측정하고자 하였다. 결과는 오답률이 약 58퍼센트에 달했는데, 이는 학습자들이 이해의 측면에서도 '-도록'이 가지는 정도 표시 기능을 잘 습득하지 못하고 있음을 말해 준다. 조사의 전반부에서 드러났듯이 '-도록'의 '정도, 도급' 표시 기능에 대해서는 표현 측면에서의 습득률도 매우 낮았다. 이는 현행 주요 교재들에서 '-도록'을 다루지 않

는 것은 아니나 주로 '목적'의 의미를 중심으로 제시하기 때문인 것으로 생
각된다.

  6번 문항은 부사 '잘'에 대한 것으로, 동사가 나타내는 행위·동작에 대
한 화자의 판단이나 평가를 나타낸다. 중국어에서는 이런 경우 부사가 아
닌 '得'[13]을 동반한 보어로 나타내며 보통 이런 부류를 정태(情態) 보어라
고 부른다. 정태보어 중에서도 'V+得+好/很好/好好的' 등은 한국어 부사 '잘'
과 전형적으로 대응한다. 위 설문 결과에서 6번의 오류율은 약 18퍼센트
에 그치는 데서 알 수 있듯이 중·고급 학생들은 '잘'의 이러한 쓰임을 비교
적 잘 파악하고 있는 것으로 보인다. 앞서 표현 측면에서도 '잘'의 쓰임과
관련된 항목은 상대적으로 낮은 오류율을 보였다. 하지만 숙달도가 낮은
학습자의 경우 모국어 보어의 간섭을 받아 '한자를 좋아하게 씁니다' 혹은
'한자를 씁니다. 참 좋습니다'와 같은 오류를 만들어 낼 여지가 있다.[14]

  7번 문항은 '다(부사)+V'가 가지는 완결, 결과의 의미를 중국인 학습자
들이 어떻게 인식하는지를 알아보기 위한 것이다. 본고는 7번의 한국어
문장이 가지는 결과 의미를 학습자들이 이해한다면 모어의 동결식 'V+光'
으로 대응시킬 것으로 기대하였다. 하지만 실제로는 '流光了'를 쓴 학생은
114명 중 4명에 지나지 않았고 그 외 대부분의 응답자들은 보어가 아닌 '都/
全~流出來/去了'에서와 같이 부사(都/全)을 써서 번역하였다. 중국어에서
이른바 범위부사로 분류되는 '都/全' 등은 동사의 의미에 연결되기보다는
동사의 논항과 의미적으로 연결됨이 기존의 연구를 통해서 밝혀져 왔다.
따라서 7번 문항에 한해서는 예상했던 목표 문법이 아니지만 현대 중국어
의 실제적 쓰임을 고려하여 '都, 全~流出來/去了' 등을 정답으로 처리하였다.

---

13) 한국어를 중국어로 바꾸는 문항 중 위 2번, 5번, 6번의 경우 述補 관계를 나타내는 구조조사
   '得'을 써야 한다. 하지만 많은 응답자들이 관형 수식관계를 나타내는 '的'을 사용하고 있었
   다. 이는 두 문법 성분의 발음이 동일한 것에서 온 모국어 오류로 판단하여 정답으로 처리하
   였다.
14) 박영희·이희원(2014) 참조.

　　마지막 8번 문항은 한국어 단일동사의 과거형에 함축된 결과의 의미를 중국인 학습자들이 어떻게 이해하는가를 알아보기 위한 것이다. 한국어에서 단일 동사로 표시하는 의미를 중국어에서는 반드시 '동사+보어' 구조로 표시해야 하는 경우가 있다. 즉, 8번의 한국어 문장 '할아버지는 나의 어깨를 눌렀다'에서 '눌렀다'는 수직으로 나의 어깨에 물리적인 힘을 가하는 행위와 그 행위의 결과로 할아버지의 손이 나의 어깨 위에 얹혀 있고 나의 어깨가 눌린 상태가 되는 것까지를 포함할 수 있다. 만일 응답자들이 '눌렀다'를 이러한 의미로 파악했다면 중국어의 '동사+보어' 구조, 즉 '按住了'로 번역할 것이라 예상할 수 있다. 하지만 실제로는 보어 없이 '按了'로 응답한 비율이 현저히 높았는데, 이는 한국어 '눌렀다'를 단순 동작으로 보았을 뿐 누른 이후의 결과상태가 포함되어 있다고 보지 않았음을 말한다. 이것을 일단 오답으로 처리하였기 때문에 오답률은 79.8%에 달했다.

　　우리는 중국어의 '按了'가 위 한국어 문장에서의 '눌렀다'에 포함되는 의미를 충분히 반영한다고 생각하지 않는다. 하지만 이러한 표현이 문법적으로 부적격한 것이 아니며, 한국어의 '눌렀다'가 단순히 동작만을 표시하는 경우도 있을 수 있으므로 이를 오답으로 처리하는 것은 적절하지 않을 수 있다. 여기서는 한국어와 중국어의 단일동사 과거형이 가지는 결과 함축의 해석에 차이가 있을 수 있음을 언급하는 것으로 8번 문항 결과에 대한 해석을 대신한다.

　　한편 이상의 설문조사 결과를 종합 분석할 때, 중국인 중·고급 학습자의 한국어 결과구문 습득 정도 및 모어와의 대응 관계 파악 정도는 특히 표현 방면에서 전반적으로 낮은 수준에 머물러 있으며, 일부 형식은 이해 측면에서도 만족스러운 수준에 이르지 못했다고 판단된다. 또 설문 항목들 간에 정답률이 고르지 않고 차이가 큰 것으로 볼 때 중국인 학습자들의 한국어 결과구문에 대한 습득은 전체 목표어 문법 속에서 체계적으로 내재화된 지식이기보다는 각 해당 어휘 및 구문의 노출 정도에 따라 개별적으로 결정되는 것으로 보인다.

7.4. 중국인 학습자를 위한 한국어 결과구문 교육에 관한 제언

앞서 대조 고찰을 통해 알아보았듯이 한국어와 중국어의 결과의미 표시 방식은 유사한 점도 있지만 구별되는 지점 역시 크다. 즉, 한국어에는 중국어의 '동사+보어'에 상당하는 통사구조가 없거나 혹은 유사한 형식이 있다 하더라도 동일한 구조로 쉽게 인식되지 않는다. 이뿐만 아니라 중국어와 달리 결과가 부사어의 자격으로 동사에 전치하는 형식이 다수에 이른다. 중국어의 경우, 다른 언어에 비해 결과의 의미를 매우 중요하게, 또한 규칙적으로 표시한다. 중국어에서 '결과'를 표시하는 방식은 '동사+보어'로 통일되어 있는데, 이의 적용이 강제적일 뿐 아니라 출현 빈도 또한 매우 높다. 따라서 위 7.1에서 주장하였듯이 중국인 학습자의 경우, 모어에서 보어를 통해 적극적으로 표시하던 결과의 의미를 한국어에서는 어떻게 표시하는지 알고자 하는 수요가 다른 언어권 학습자에 비하여 클 것으로 예측할 수 있다. 하지만 위 7.2에서 살펴보았듯이 현행 일반목적 한국어 교재에서 이러한 사항을 제시하는 경우는 찾아보기 어려우며, 따로 중국인 학습자를 위한 교육과정이 마련되어 있는 것도 아니다. 그 결과 7.3의 설문 결과에서 나타나듯이 중국인 학습자의 한국어 결과구문에 대한 습득 정도는 대체로 낮고 체계적이지 못한 것으로 보인다.

이처럼 7.1~7.3의 논의를 통해 우리는 중국인 학습자를 위한 한국어 결과구문 교육의 필요성과 현행 교육 방식의 문제, 그리고 낮은 습득 현황을 파악하였다. 그렇다면 남은 문제는 '어떻게 교육해야 하는가'로 귀결된다. 따라서 본 절에서는 중국인을 위한 한국어 결과구문 교육이 어떤 방향으로 이루어져야 할 것인지에 대한 제언을 중점적으로 다룬다. 하지만 이는 중국인 학습자를 위한 한국어 결과구문 교육의 큰 방향에 대한 제언이 될 것이다. 결과구문에 대한 한국어 교육적 고찰은 매우 초보적인 단계에 머물러 있으며 그 필요성에 대한 인식도 제대로 공유되지 않았다. 따라서 현

단계에서는 구체적인 교수 방안이나 수업 설계보다는 기본적인 방향에 대해 충분히 논의하는 것이 더 필요하다고 생각된다.

우리는 중국인 학습자를 위한 한국어 결과구문 교육이 아래의 세 가지 방향으로 이루어져야 할 것으로 생각한다. 첫째는 학습자 모국어 변인을 고려한 맞춤형 교육과정이 마련되어야 한다는 것이다. 두 번째는 의미 중심의 문법 교육이 보강되어야 한다는 것이다. 마지막으로 한국어 결과구문 교육은 관련 문법 항목의 위계화를 바탕으로 각 단계에 맞는 방식으로 교수하는 것이 필요하다.

이른바 학습자 변인을 고려한 교수·학습 방법이 필요하다는 것은 한국어 교육계에서 이미 널리 인식되고 있는 과제이다. 학습자 변인에는 학습의 목표나 숙달도 등을 포함하여 다양한 요소가 있겠으나 그중 간과할 수 없는 것이 모국어 변인이라 할 수 있다. 중국어 모어 학습자와 관련해서 현재 중국어 음운체계를 고려한 발음교육 방안, 혹은 한·중 동형어의 의미 차이에서 발생하는 어휘오류를 방지하기 위한 어휘교육 방안 등이 연구되고 있으나 아직까지 그 연구 성과를 실제의 교육에 성공적으로 반영하는 단계에는 이르지 못하고 있다. 특히 학습자 모어의 문법을 고려한 교육방안 마련은 그 당위성에 비하여 실질적인 연구 및 대응이 매우 미흡한 수준이다. 학습자 모어로 된 교재 개발도 시도되고 있으나 현실은 한국어 교재의 단순 번역에 머물러 있는 실정이다. 진정으로 학습자 변인을 고려한 교재가 되기 위해서는 모어의 음운, 문법, 화용에 대한 전반적인 이해를 바탕으로 새롭게 내용이 구성되어야 할 것이다.15) 이러한 인식의 연장선

---

15) 이와 관련하여 강현화(2006:55)에서는 다음과 같이 말하고 있다. "……또한 향후 개발되는 교재에서는 대조분석적 관점에서 개발한 다양한 언어권별 교재가 요구된다. 그간의 교재는 목표언어에만 치중하는 경향을 보였으며 언어권별 학습자를 고려한 문법 학습이 이루어지지 못했다. 몇몇 교재가 특정 언어권 학습자를 대상으로 발간되었지만 현행 교재를 해당 언어로 번역했을 뿐 실러버스 자체가 해당 언어권을 대상으로 편성되지 못했으며 문법 역시 해당 언어권과의 대조분석적 관점에서 제공되지 못하고 있는 한계를 보이고 있다는 것이다."

상에서 중국인 학습자의 모국어 변인을 고려한 맞춤형 실러버스를 설계한다 할 때, 모어에서 결과범주가 차지하는 비중을 고려하여 한국어 결과구문에 대한 교육을 반드시 포함시켜야 할 것으로 생각한다.

모국어 문법을 고려한 교수 학습 방법의 중심적 내용은 모어와의 대응 관계를 제시해 주는 것이 될 수 있다. 이는 모어 문법에 대한 직관을 이용하여 학습자 스스로 목표어 문법을 내재화하도록 하는 가장 경제적인 방법이 될 수 있기 때문이다. 지금까지 살펴왔듯이 결과구문이란 단문 구조 안에 원인사건과 결과사건의 두 가지 서술이 공존하지만 그 둘 사이의 관계는 표시되지 않는 구문이다. 게다가 일반적인 관용구와 달리 고도의 추상성을 띠고 있어 이러한 의미와 형태 간 결합 관계의 특수성이 쉽사리 파악되지도 않는다. 따라서 제2 언어 학습자의 입장에서 볼 때 결과구문은 습득이 용이한 항목이라 할 수 없다.

이와 관련하여 Boping Yuan(2008:283~284)에서는 'L1 의존 접합면 가설(L1-Dependant Interface Hypothesis)'을 제기한 바 있는데, 그 요지는 다음과 같다. 즉 "통사와 그 외 다른 인지적 영역의 접합면에 관계된 문법 요소는 만일 그러한 접면이 학습자의 L1에 어떤 형태로든 성립되어 있다면 성인 L2 학습자에게 수용 가능하다. 하지만 학습자의 L1에서 쓰이지 않는 L2 요소라면, 비록 비접면 영역에서 통사적·의미적 기능을 수행할 수 있다 하더라도 성인 학습자의 L2 문법에서 다른 요소와 접면 관계를 형성하지 못할 것이다."[16]

한편, Boping Yuan(2008)의 'L1 의존 접합면 가설'에 입각하여 그것을 실증적으로 입증하려 한 Xu HaiXia(2012)[17]의 경우, 한국인 학습자의 중국어

---

16) "grammatical aspects involving an interface between syntax and other cognitive domains is acquirable in adult L2 grammars if such an interface is established in some form in learners'L1; however, L2 items which are not available in learners' L1 will not be able to establish an interface relationship with another element in adult L2 grammars although they can fulfil their syntactic and semantic functions in a non-interface domain." (Boping Yuan(2008:2834)

'VV' 동결구조 습득에서 위 가설의 주장이 의미 있는 정도로 입증됨을 보이고 있다. 다만, 이때 모국어인 한국어의 영향은 전적으로 부정적인 쪽으로만 작용하는 것이 아니라 긍정적 전이와 부정적 전이가 함께 나타남을 결론으로 제시하고 있다.

'L1 의존 접합면 가설'에 대해서는 구체적이고 실제적인 입증이 추가되어 나가야 할 것이다. 하지만 만일 위 가설의 타당성을 인정한다면, 중국어 모어 학습자들이 한국어 결과구문을 학습하는 것은 한국어 모어 학습자들이 중국어 동결식을 학습하는 것에 비해 상대적으로 어려움이 덜할 것이라고 예상할 수 있다. 한국어 모어 화자가 중국어를 학습하는 경우, 일단 중국어의 보어와 같은 성분이 모어에 없다는 사실에 더해 모어인 한국어에도 결과구문이 존재하기는 하나 상대적으로 범주적 일관성과 현저성이 떨어진다는 점에서 목표어 학습에 긍정적인 역할을 크게 기대하기 어렵다. 또한 중국어의 동결식은 그 기능이 매우 다양할 뿐만 아니라 통사구조와 논항구조가 특수한 경우가 많으므로 그 습득이 어려울 것임을 예상할 수 있고 실제의 데이터들이 이를 증명하고 있다.

예를 들어 宋燕·崔日義(2011)에서는 한국인 학습자의 중국어 결과보어 사용 오류를 분석하고 있는데 한국인 학생들은 결과보어를 누락하고 쓰거나, 보어가 아닌 부사어로 표시하거나, 보어와 목적어의 순서를 뒤바꿔 쓰는 등의 오류를 높은 비율로 보임을 밝히고 오류의 원인을 모국어 간섭에서 찾고 있다. 이처럼 중국어 보어 및 결과구문의 습득은 한국인 학습자에게 있어 습득이 매우 어려운 항목이 된다.

반면 중국어 모어 화자가 한국어를 제2 언어로 학습하는 경우, 모국어인 중국어에서 결과구문이 가지는 통사·의미의 접면적 특성이 내재화되어 있을 것임을 감안할 때, 하나의 절 구조 안에 원인과 결과가 함께 나타

---

17) Xu HaiXia(2012), 〈한국인 학습자의 중국어 'V-V'동결구조 습득 연구〉, 고려대학교 대학원 석사학위논문.

나는 결과구문에 대한 수용은 상대적으로 수월할 것으로 예상된다. 하지만 이는 목표어의 해당 항목 학습 시 그것이 결과의 의미 범주를 표시하는 구문임을 자각한다는 전제하에서 가능한 일이다. 그런데 현행 교육 방식으로는 이러한 자각을 불러일으키기 어려워 보인다. 또한 모어의 결과구문과 목표어 결과구문의 형식적 차이가 비교적 크기 때문에 모어의 전이가 긍정적인 방향으로만 일어날 것으로 기대하기 어렵다.

이러한 상황에서 가장 현실적인 대안은 모어인 중국어의 전형적인 결과구문과 그에 대한 한국어의 전형적인 대응 형식을 명시적으로 제시해 주고 학습자 스스로 그 안의 규칙을 찾도록 하는 것이 될 수 있다. 이때 교사와 교재의 역할은 적절한 맥락을 제공해 주고 그 맥락 안에서 연습을 통해 이러한 대응규칙의 습득을 유도하는 것이 되어야 한다. 한편 중국어와 한국어 결과구문 간의 대응 관계에 대해서는 본고 앞장들에서 지속적으로 다루어 왔으며 각 대응 관계의 쌍을 6.1.2에서 제시한 바 있다.

한편, 중국인을 위한 한국어 결과구문 교육은 의미를 중심으로 구성될 필요가 있다는 것이 본고의 생각이다. 제2 언어 교수 학습에 있어서 학습자들의 가장 큰 관심은 모국어의 특정 형태와 그에 대한 목표어의 문법적 대응 형태가 어떻게 같고 다른가에 있는 것이 아니라, 모국어에서 특정한 방식으로 표시하였던 의미를 목표어에서 등가(等價)로 나타내기 위해서는 어떠한 형식을 채용해야 하는가에 있다. 따라서, 다양한 목적을 가진 교차언어적 연구와 대조언어학적 연구, 그리고 제2 언어 교수·학습과 관련된 연구에서 의미를 중심으로 한 접근이 요구된다고 할 수 있다.[18]

이와 관련하여 문법 항목의 종류와 특성, 그리고 학습의 단계에 따라 문

---

18) 이와 관련하여 방성원(2003)에서는 문형 중심의 목표 설정이 고급단계에서도 타당한 것인가에 대해서 재고할 필요가 있음을 주장하였다. 동 연구에서는 고급학습자들이 오류의 문제를 스스로 검토하고 문법적으로 사고하여 교정할 수 있는 능력을 가져야 하며 아울러 고급 담화를 수행하기 위해 필요한 표현들을 이해하고 사용할 수 있도록 해야 함을 강조함과 동시에 이러한 능력은 개별 문법 형태 중심의 교육보다 의미 및 문법의 범주, 담화 기능 중심으로 조직화된 문법 교육을 통해 형성될 수 있음을 주장하였다.

법 교육의 방식을 다변화할 필요가 있다는 생각이 최근 대두되고 있다. 제
2 언어 교육의 가장 큰 목표는 '의사소통'에 있다 할 때 문법 교육 역시 의사
소통 능력의 신장에 기여하는 방식이 되어야 할 것임은 분명하다. 이러한
생각을 바탕으로 현행 한국어 문법 교육은 주로 특정 과제 해결과 관련된
개별 형태 위주, 특히 표현문형19)과 어휘 위주의 교육에 집중된 경향이
있다.

하지만 이러한 표현문형 중심의 문법 교육만이 의사소통 능력에 기여
한다고 볼 수는 없다. 학습자의 요구나 학습 단계에 따라, 혹은 목표 문법
의 성격에 따라 표현문형 제시 일변도의 문법 교육이 적절하지 않은 경우
가 있다. 예를 들어, 성인 학습자의 경우 보다 명시적이고 체계화된 문법
교육을 제공할 때 학습 효과가 높아진다는 연구 보고가 있으며, 고급 학습
자의 경우 새로운 과제 상황에 스스로 대처해 나가기 위해서는 일반적으
로 적용할 수 있는 체계적 규칙으로서의 문법 지식이 필요할 것이다.

목표 문법의 성격에 따라서도 형태 중심의 교육만으로는 충분하지 않
거나 다른 방식이 더 적절한 경우가 있는데, 한국어 결과구문이 바로 그러
한 예에 해당된다고 생각한다. 한국어에서 결과의 의미를 나타내는 형식
은 단일하지 않아 다양한 형태로 나타난다. 그뿐만 아니라 결과를 나타낼
수 있는 형식이라고 하여 결과만을 나타내는 것이 아니다. 다시 말해 결과
를 나타내는 여러 형식들이 있고, 그 각각의 형식은 결과 외에도 다양한 의
미를 표시한다. 이런 경우, 학습 단계의 진전에 따라 이 형태들을 다 학습
하였다 하더라도 결과의 의미를 표현해야 할 상황에 마주쳤을 때 이들 중
조건과 필요에 맞는 것을 선택해 쓰는 것에 어려움이 따를 수 있다.

---

19) 제2 언어 교육의 여러 사조 중 현재 가장 큰 힘을 얻고 있는 의사소통적 접근법에서는 주로
특정 의미 기능을 가진 덩어리 표현(meaningful chunk)을 문법 항목으로 구성하여 교육한
다. 이를 민현식(2004), 강현화(2007a) 등에서는 '표현문형'이라고 지칭하였는데 그 외에도
'문법적 연어', '표현', '구문표현', '표현항목' 등으로 부르기도 한다. '-을 수 있다', '-는 법이다',
'-는 바람에' 등등의 예가 있다.

이를 아래와 같이 도식으로 표시해 보자. 입체 도형으로 나타낸 것이 한 국어에서 결과를 표시하는 형식들인데, 도형의 크기와 모양이 다른 것은 각 구문 형식의 특성과 제약이 다름을 나타낸다. 한편, 그 안의 기호들은 각 형식이 표시할 수 있는 의미인데 이들 의미는 서로 겹치는 것도 있고 그 렇지 않은 것도 있다. 이 중 '결과'를 나타내는 것은 ★로 표시한다. 그렇다 면, 아래처럼 A B C D 각각의 형태별로 학습한 후 ★의 의미를 표현해야 할 수요가 생겼을 때 학습자들은 이 의미를 중심으로 각각 다른 특성의 A B C D 형식을 재구하고 그중에서 자신의 필요에 맞는 형식을 쉽게 선택해 낼 수 있을까?

[그림 7-3] 형태 중심 문법 교육의 도식화

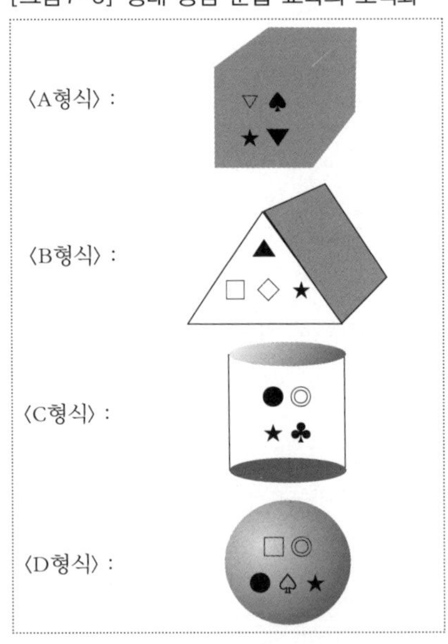

아마도 이러한 방식보다는 '결과' (★)의 의미를 중심으로 다음과 같이 교수하였을 때, 조건에 맞는 형태를 성공적으로 선택해 낼 가능성이 높을 것이다. 한국어에서는 결과의 의미를 나타내는 형식이 다양할 뿐 아니라 동시에 이 형식들이 표시할 수 있는 의미가 결과 외에도 다양하기 때문이다.

[그림 7-4] 의미 중심 문법 교육의 도식화

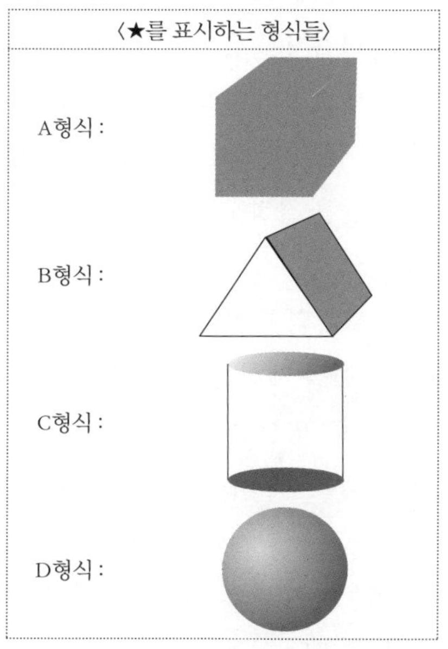

　이러한 이유로 한국어 결과구문 교육에 관한 한 의미중심의 교육이 필요하다고 생각하는 것이다. 이는 특히 목표 항목에 대한 '이해'의 측면보다는 '표현'의 측면을 고려할 때 더욱 그러하다. 결과구문에 관한 현행 교육은 위 7.2의 교재 분석 결과로 볼 때 문형 위주의 교육이라고 해야 하겠지만, 그나마 해당 문형이 '결과'의 의미를 표시한다는 사실이 거의 제시되지 않기 때문에 엄밀히 말해서 결과구문 교육이 이루어지지 않고 있다고 보아야 할 것이다. 따라서 우리는 향후 해당 항목에 대한 교육을 재설계할 때 의미중심의 교육 방식이 반드시 고려되어야 한다고 본다.

　특히 교육의 대상이 중국인 학습자로 특정될 경우, 그러한 요구는 더욱 높아진다.

　이미 여러 번 지적한 바 있지만 중국어적 사고방식에서 '결과'는 매우 큰 비중을 차지하는 의미범주이다. 또한 중국어의 결과 의미는 그것을 전담하여 표시하는 '보어'라는 문법적 수단을 가진다. 따라서 중국어를 모어로 하는 학습자들에게는 '결과'의 의미를 목표어로 표현하고자 하는 욕구와 그것을 표시하기 위해서는 어떤 형태를 채택해야 하는가 하는 물음이 존재한다고 볼 수 있다. 따라서 적어도 중국인 학습자를 위해서는 별도의 결과구문 교육이 요구된다고 할 수 있으며, 이때 교육의 방식은 의미에서 출발하여 그에 해당되는 형태를 정리, 제시해 주는 방식이 필요하다. 이때 각 형태들 간에는 어떤 관계가 있는지, 또 이들을 결정짓는 규칙과 제약은 어떤 것이 있는지를 밝혀주어야 할 것이다.

좀 더 구체적으로 말하자면, 한국어에서 결과의 의미를 표시하는 주요 형식에는 'AP게 V', 'NP에 V', 'V$_1$어 V$_2$' 등이 있음을 제시하고, 이 중 결과를 표시하는 요소가 형용사성인 경우는 'AP게 V'로, 명사성인 경우는 'NP에 V'로, 그리고 동사성인 경우는 'V$_1$어 V$_2$'로 나타냄을 밝혀주는 방식이 유효할 것이다. 이때 메타언어를 동원하여 설명하는 것은 최소화하고 명사성, 형용사성, 동사성인 여러 예를 주고 이들을 이용하여 결과구문의 각 형식을 구성해 보도록 하는 충분한 연습 활동이 필요하다.

한편, 결과구문에 대한 이해란 원인 사건과 결과 사건이라는 두 가지의 서술이 하나의 절에 통합되어 있음을 이해하는 것과 같으며, 주어에 대한 서술과 동사로 인해 변화를 경험한 개체에 대한 서술이 동일절 안에 함께 표시되는 특수한 형식을 이해하는 것이기도 하다. 따라서, 결과구문의 내부를 구성하는 두 가지 서술을 주고 하나로 통합하는 연습을 통해 이러한 특수한 의미관계 및 구조를 이해하도록 유도하는 것이 반드시 필요하다. 예를 들어 '영희는 책상을 닦았다+책상이 깨끗하다=영희는 책상을 깨끗하게 닦았다.'와 같이 'AP게 V' 결과구문을 구성하며, '나는 사과를 잘랐다+사과가 반이 되었다=나는 사과를 반으로 잘랐다'와 같이 결과를 표시하는 'NP로 V' 결과구문을 구성한다는 사실을 연습을 통해 학습자 스스로가 파악하도록 유도한다. 'V$_1$어 V$_2$' 결과구문 역시 '나는 돌부리에 걸렸다+나는 넘어졌다=나는 돌부리에 걸려 넘어졌다.'의 관계가 되며 '나는 컵을 밟았다+컵이 부서졌다=나는 컵을 밟아 부수었다.'와 같이 하나로 통합될 수 있음을 충분한 연습을 통해 습득하도록 한다.

이때 모국어의 대응표현을 함께 제공한다면 학습자들은 모어에 정립되어 있는 직관 및 스키마를 활용하여 해당 목표문법에 대한 개념을 보다 빨리, 그리고 확실하게 정립할 수 있을 것으로 기대된다. 위에서 언급했듯이 결과구문은 통사·의미의 접면적 성격을 가지는 구문이며 그 의미구조와 통사구조를 쉽게 이해하기 어려운 유형이다. 따라서 모국어에 동일한 구문이 뚜렷하게 성립되어 있다면 그에 대한 직관을 빌려와 목표어 이해에 적용시키는 것이 가장 효율적인 방법이 될 수 있을 것으로 기대한다.

중국인 학습자를 위한 한국어 결과구문 교육의 방향에 대하여 마지막으로 제언할 사항은 해당 항목들에 대한 위계화와 단계별 교수가 필요하다는 점이다. 즉, 목표 항목들 간의 중요도, 빈도 등을 고려하여 세부 항목별로 위계화한 후 학습자의 숙달도와 학습 단계를 고려하여 각 단계에 맞는 교수 내용과 방법을 적용해야만 효과적인 습득에 이르게 할 수 있다는 것이다.

예를 들어, 본 연구에서는 중국인 학습자를 위한 한국어 결과구문 교육의 방법으로 학습자 모국어 문법을 고려, 활용할 것과 의미를 중심으로 한 접근이 필요하다고 주장하였으나, 이러한 방식이 모든 단계에 다 적합한 것은 아니라고 본다. 즉, 전자와 관련하여 모국어의 대응 표현을 제시하거나 한국어 결과구문과의 대응 규칙을 제시해 주는 방법은 초급부터 고급까지 모두 유효하나, 역시 단계에 맞게 구성하여 적용해야 할 것으로 본다. 반면 '결과'의 의미를 중심으로 하여 그것을 표시할 수 있는 형태들을 통합적으로 보여 주는 방식은 초급단계에서는 오히려 학습자의 부담을 가중하는 결과를 낳을 수 있다. 즉 초급에서는 과제 상황과 관련된 표현문형 중심의 제시가 여전히 유효하다고 생각되며, 중급 이후부터는 일반화, 체계화된 문법 지식으로 교수하는 것이 병행되어야 한다고 본다. 나아가 고급단계에서는 체계적인 문법 지식의 습득을 넘어서 향후 새로운 과제 상황에 스스로 대처해 나갈 수 있도록 문법 규칙을 스스로 유추하고 판단할 수 있는 능력이 요구되므로 의미 중심 접근의 필요성이 한층 높아진다. 이와 관련하여 방성원(2003)에서는 현재 고급 단계의 문법교육이 단순히 난이도가 높고 빈도가 낮은 항목을 다룬다는 점이 다를 뿐 기본적으로 표현문형 중심의 문법 제시 방식을 그대로 채택하고 있음을 지적하였다. 아울러 고급 단계의 문법 교육은 개별 문법 형태 중심의 교육보다는 의미 및 문법의 범주, 담화기능 중심으로 조직화되어야 함을 주장하고 있다.

　본고는 결과구문에 대한 교수 학습은 기본적으로 이러한 단계별 특징과 수요에 맞추어 설계되어야 한다고 본다. 하지만 동시에 각 단계의 교수 학습이 내용적으로 연계되어 있어야 하며, 나선형 구조를 통해 순차적으로 반복 실시되어야 할 것으로 생각한다. 한국어 결과구문을 구성하는 요소는 매우 다양할 뿐 아니라 다른 의미 기능들과 같은 형태를 통하여 결과의 의미를 나타내는 일이 많다. 따라서 어느 한 단계에서 한 가지의 방법으로 습득될 수 있는 성질이 아니므로 이러한 위계화와 단계별 교수가 더욱 요구된다 하겠다.

8. 결론

지금까지 우리는 한국어 결과구문에 대하여 탐구해 보았다. 본고는 서론에서 밝혔듯이 한국어 결과 의미 범주 전체에 대한 이해를 바탕으로 그 구성 요소의 하나로서의 '결과구문'에 대하여 가능한 한 전면적으로 기술하는 것을 목표로 삼았다. 이 과정에서 결과구문에 대한 보다 근본적인 통찰을 얻기 위하여 다른 언어와의 비교 대조를 병행하였으며 마지막으로 그 성과를 한국어 교육에 응용할 수 있는 방법을 모색해 보았다.

8장 결론에서는 우선 각 장의 내용을 다시 한 번 정리하고 그 의의를 짚어볼 것이며, 이어서 본 연구를 통해 미처 다루지 못했거나 충분히 밝히지 못한 점들을 제시함으로써 후속 연구의 방향을 세우려 하였다.

8.1. 정리 및 요약

우선, 제1장 서론에서는 본 연구의 목표와 의의를 제시하였다. 즉, 한국어 결과구문에 대한 상세한 기술과 그를 통한 결과구문 범주의 일반적인 특징을 밝히려 한다는 목표를 밝히고, 결과구문으로 나타나는 사건통합의 경향을 다른 언어와 비교하여 고찰한 후 그 성과를 응용언어학적으로 적용한다는 본 연구의 기본 방향을 제시하였다. 아울러 보어 혹은 필수적 부사어와 관련된 국어학계의 전통적 논란에 대하여 의미적 측면에서 새로운 시각을 제공할 수 있다는 점을 본 연구가 가지는 의의 중 하나로 제시하였다.

한편, 서론에서는 '결과' 의미에 대한 본고의 정의를 밝히는 것으로 연구의 대상과 범위를 설정하는 기초로 삼았다. 이때 '결과'의 개념은 한국어 결과 의미범주를 구성하는 여러 층위의 예들을 포괄하면서 동시에 단일하게 적용될 수 있는 개념으로서 "어떤 사태가 자연스러운 전개 과정을 거쳐 도달하는 가장 마지막의 상태"로 정의하였다. 또, 이때의 결과가 모종의 변화를 전제한다고 할 때, 그 변화의 종류로 '상태의 변화', '위치의 변화', '인식의 변화', '생성과 소멸에 관련된 변화' 등이 포괄될 수 있음을 제시하였다. 연구의 방법으로는 언어 현상에 대한 기술을 중심으로 하되 부분적으로 언어 간 비교의 방법과 텍스트에 대한 양적 분석을 병행하며 아울러 구문문법적 접근 방식을 채택함을 밝혔다.

제2장에서는 우선 결과구문의 유형과 특징을 정리 · 제시함으로써 결과구문에 대한 일반적 개념을 정립한 후 이어서 결과범주가 특히 발달한 것으로 알려진 중국어의 결과구문에 대하여 개관하였다. 다음으로 이러한 이해의 바탕 위에 한국어 결과구문을 새롭게 정의하고 결과구문의 범위를 구획하려 하였다. 이때 한국어 결과구문은 영어 결과구문의 정의적 특징 및 제약에 맞춰 구획될 수 없음을 보이고 한국어의 실질에 맞춘 결과구문의 개념을 다음과 같이 제시하였다. "한국어에서 '결과'의 의미를 표시하는 형식으로서 고빈도로 사용되고 그리하여 관습화된 단문 형식의 단어 연쇄로서, 원인과 결과를 나타내는 부분이 공존하는 논항구조 구문". 이어서 이러한 정의에 준하여 한국어 결과구문의 범위와 유형을 설정 · 제시하였는데, 'AP게 V', 'NP로 V', 'V₁어 V₂' 등을 한국어 결과구문의 주요 유형으로 삼고, 'XP도록 V', 'A이 V', 'NP에 V' 등을 주변적 요소로 설정하였다. 다음으로 대표적인 선행연구의 성과들을 소개함으로써 다음에 이어질 논의의 바탕으로 삼았다.

　제3장부터 5장까지는 한국어 결과구문의 각 유형에 대한 개별적 기술을 주요 내용으로 삼았다. 우선 제3장에서는 한국어의 대표적인 결과구문 형식이라 할 수 있는 'AP게 V' 구문에 대하여 그 세부 유형별로 특징을 기술하였다. 이때 기존 연구들의 성과에 더하여 본고의 견해를 추가하였다. 우선 'AP게 V'에 앞서 'VP게 V'가 결과를 표시할 수 있는가 하는 문제와 관련하여, 동사성 성분이라고 하여 반드시 결과 상태를 표시할 수 없는 것은 아니며 해당 성분의 종류와 'VP게'가 표시하는 결과의 종류에 따라 결과 표시 가능 여부가 결정됨을 지적하고 결과 표시 기능이 인정되는 몇 가지 유형을 제시하였다. 단, 이때 'VP게'가 표시하는 바가 결과가 아닌 목적·의도로 읽힐 가능성이 있음을 지적하고, 목적 혹은 의도가 일종의 '예정된 결과'로서 결과와 밀접한 관련을 맺고 있음은 사실이지만 1차적으로 실현된 것으로 읽히지 않는 한 결과의 범주에서 다루기 어렵다는 입장을 밝혔다.

　이어 'AP게 V'의 경우를 세부적 유형으로 나누어 그 특질을 비교하였다. 이때 결과구문으로 볼 수 있는 유형을 확정하기 위하여 "NP₁ causes NP₂ become X by V-ing"의 의미틀에 넣어 이를 만족하는지를 측정하였다. 한국어 'AP게'가 나타내는 기능에 대한 기존의 연구 성과 중 가장 중요한 것은 후행 동사의 성질에 따라 결과를 나타내는 경우와 방식을 나타내는 경우로 대별된다는 점이다. 본고는 결과를 나타낸다고 볼 수 있는 'AP게'를 유형별로 제시하되 그것이 표시하는 결과의 의미가 객관성 및 주관성, 구체성과 추상성 정도에 따라 각각 다른 단계를 표시함을 제기하였다. 즉, 한국어의 'AP게'가 표시하는 결과는 영어의 전형적인 형용사 결과구문이 나타내는 것과 같은 객관적이고 가시적인 변화만을 표시하는 것이 아니라 동사로 인해 변화된 상태에 대한 개념화자의 평가를 동사의 논항에 부여하는 부류가 포함되어 있음을 보였다. 나아가 이와 같은 일이 한국어에만 있는 것이 아니며, 영어의 경우 문장 끝에 오는 형용사 부사형으로 표시하며 중국어의 경우 구조조사 '得'이 개재된 형태의 결과구문으로 나타냄을 아울러 제시하였다.

특히 중국어의 경우 일견 동작의 방식으로 읽히는 사례도 결과구문으로 쓸 수 있는데, 동작의 방식이 개념화자에 불러일으킨 생각까지를 결과의 범주로 표시하는 것이다. 한국어의 경우 이러한 차이가 부사어와 보어의 대립으로 구분되지 않으므로 'AP게'가 나타내는 의미에 방식과 결과가 공존함을 인정할 수밖에 없지만 본고에서는 그 중 '결과'의 의미가 좀 더 근본적인 것임을 주장하였다. 그 근거로는 국어의 중첩부사 중 원래의 형태와 '-하게' 결합형 양쪽으로 쓰이는 예들을 결과 표시 문맥과 방식 표시 문맥에 썼을 때 어느 쪽과 더 의미상 부합하는가를 보았을 때, '-하게' 결합형이 결과 표시 문맥에서 적합도가 높은 경향을 보인다는 사실을 들었다.

한편, 'AP게 V' 구문은 이처럼 결과와 방식을 표시하는 외에도 '정도'를 표시하는 경우가 있는데 우리는 이를 결과의 범주 안에 수용하였다. 그 이유는 정도 범주가 결과 범주와 교차하는 일이 범언어적으로 관찰될 뿐 아니라, '코피가 터지게 공부했다.'와 같은 표현이 비록 과장된 어기를 표시한다 하더라도 그 실현 여부는 현실의 사정에 따라 결정되는 것이지 언어가 책임질 몫이 아니기 때문이다. 즉, 이러한 표현도 언어적으로는 인과관계가 성립되며, 그 실현을 전제함으로써 과장의 어기를 획득하는 것으로 인정한 것이다. 마지막으로 'AP게 V'가 '묘사(Depictive)구문'으로 쓰이는 경우가 있다. 이는 동사로 인하여 'AP게'의 상태가 만들어지는 것이 아니라 동사의 행위 이전에 그 논항에 갖추어져 있다가 동사의 행위시까지 지속되는 상태를 표시하는 것이다. 이처럼 결과구문과 묘사구문이 동일한 형식으로 나타나는 현상이 영어뿐 아니라 한국어에서도 관찰되는 점을 언급함과 동시에 결과의 의미와 구분해야 함을 말하였다.

다음으로 제4장은 'NP로 V' 구문에 대한 기술로써 'NP로 V' 구문을 크게 위치이동을 나타내는 부류와 상태변화를 나타내는 부류로 나누어 그 각각의 유형과 특징을 알아보았다. 'NP로'는 매우 다양한 의미를 가지는데, 그 중 '도착점' 혹은 '변성"자격' 등을 표시한다고 알려진 부류들이 본고의 관심사인 결과의 의미와 연관되어 있다. 본고에서는 국어의 여러 조사구 중 유독 'NP로'를 대표적인 결과표시 요소로 보고 있는데 이는 'NP로'가 이동 후의 공간적 도착점과 변화 후의 결과 상태를 모두 표시할 수 있는 것은 대표적인 형식이기 때문이다.

4장의 내용은 우선 4.1절에서 'NP로 V'를 위치변화 표시 결과구문으로 보고 이를 다시 자동사 이동구문과 타동사 이동구문으로 나누어 살피고 있다. 한국어 자동사 이동구문(혹은 행위주 이동구문)의 가장 큰 특징은 반드시 이동동사가 들어간 동사 연결형(혹은 복합동사)이 쓰인다는 것인데, 그 중에서도 '가다, 오다' 결합형을 쓰는 경우가 대부분이다. 이때 '가다, 오다'는 〈이동〉과 〈직시(deixis)〉를 나타내는 요소로 알려져 있다. 연결되는 동사들 각각은 이동사건의 서로 다른 의미정보를 나타낸다. 한편, 자동사 'NP로 V' 구문이 과연 목표지점에의 도착을 나타낼 수 있는가 하는 점은 확실하지 않다. 'NP로'는 방향을 나타낼 뿐 도달을 나타내지는 않으며, 확실한 도달을 나타내는 것은 'NP에'라는 견해가 있다. 하지만 우리는 'NP로'가 〈경로(Path)〉를 나타내는 성분이 개입된 동사연결형과 결합할 때 그 도달의 가능성이 높아지며, 아울러 이동직시소 '가다/오다'와 다시 결합하는 경우 도달을 높은 정도로 담보할 수 있다고 보았다. 즉, '집으로 달려 들어 갔다'에서의 '집으로'는 방향역이 아닌 도달점역을 부여받을 수 있다는 것이다. 특히 이러한 일이 가능한 것은 'NP로'와 연결되는 동사연결형(V_1어 V_2)이 기실 한국어에서 결과를 나타내는 구문이기 때문이라고 보았다. 한편 이때 동사연결형의 마지막에 매우 높은 빈도로 나타나는 '가다, 오다'는 지금까지 이동과 직시성을 나타내는 요소로만 생각되어 왔으나 우리는 이것이 위치변화를 나타내는 데 기여하는 요소라고 주장한다. 즉, '가다, 오다'에 의해 개념화자의 개입이 드러나는 특징을 고려할 때, 한국어 자동사 이동구문이 나타내는 위치변화란 화자의 위치에서 떠났거나 도착했음을 기준으로 정의되어야 한다고 보았다.

이어서 4.2.2절에서는 타동사 이동구문(혹은 대상 이동구문)으로 쓰인 'NP로 V'를 살피고 있는데, 여기서도 역시 'NP로'가 도착점역을 부여받을 수 있는가 하는 점을 문제로 제기하고 있다. 이와 관련하여 의미부류 (Semantic Class)가 '사동이동 행위'로 분류되는 동사들을 추출한 다음 '방향(DIR)역'으로 표시되어 있는 'NP로'의 예들을 살펴보았다. 그 결과, 우리는 모국어 화자의 직관에 비추어 목표점에 도달한 것으로 읽히는 예들이 다수 있음을 확인하였다.

이에 우리는 방향역과 도착점역의 구별, 즉 도착점 도달 여부를 결정짓는 데에는 몇 가지의 변수가 작용할 수 있으며 결코 일률적으로 판별할 수 있는 문제가 아님을 지적하였다. 또, 도착점 도달의 가능성을 높이는 요인의 하나로 앞 4.2.1에서 주장한 바 있는 'V₁어 V₂' 동사연결형과의 결합을 다시 제시하였다.

4.3에서 살피고 있는 것은 상태변화를 나타내는 'NP로 V'형이다. 이 경우의 'NP로 V'는 단일동사가 쓰인 경우에도 높은 비율로 상태변화역을 부여받고 있다. 그렇다면 이러한 상태변화 구문을 구성하는 동사들이 어떤 부류인지가 중요하다고 보고 빈도가 높은 부류별로 동사의 목록을 제시하려 하였다. 사태의 종류를 크게 보아 정적사태, 행위, 현상, 사건, 상태변화로 나눈다 할 때 가장 많은 동사가 포함된 부류는 '행위'였으며 그 다음이 '상태변화'였다. 의미부류 위계상 그 다음 단계로 넘어가 '행위' 중에서 빈도를 파악하면 '물리적 행위〉비의도적 행위〉추상적 행위〉소통행위' 순이다. '물리적 행위' 아래에서는 '결과행위'가 압도적으로 많았으며 그 다음으로 '방향성 행위'와 '단독행위'가 일부 보였다. 한편 '비의도적 행위' 중에서 가장 많은 것은 '피동적 행위'였으며 '추상적 행위' 중 가장 많은 것은 '인지적 행위'였다. '소통행위'의 경우 언어행위와 관련된 부류가 많았다. 한편, '상태변화' 동사의 하위 부류 중 상태변화의 'NP로'와 가장 많이 결합하는 것은 '전이'의 의미를 가지는 종류였으며 그 외 '악화, 개선, 감소' 등의 의미를 가지는 동사가 소수 있었다. 이러한 동사 부류 조사를 통해 알 수 있는 사실은 그동안 막연히 한국어 상태변화 결과구문에 쓰이는 동사는 주로 상태변화 동사일 것이라는 생각은 옳지 않으며 오히려 '행위' 동사가

많다는 점이다. 다만, 행위 동사라 하더라도 '결과행위', '방향성 행위', '피동적 행위' 등 동사의 의미로부터 결과의 방향을 대략 추측할 수 있는 부류들에 집중됨은 사실로 밝혀졌다. 한 가지 주목할 만한 사실은 '인지적 행위'의 의미부류에 속하는 동사들이 결과상태역을 취하는 경우가 상대적으로 적지 않다는 것인데 이는 한국어 결과구문이 영어 결과구문과 달리 '인식의 변화'를 나타낼 수 있다는 본고의 주장을 뒷받침해 주는 것으로 본다.

4.4절에서는 '산출동사+결과목적어'의 구성으로 나타나는 이른바 '산출구문'에 관하여 고찰하였다. 산출구문의 가장 큰 특징은 문장의 목적어가 담당하는 역할이 대상 혹은 피동주가 아니라 '결과물'이라는 데 있다. 우리는 한국어 산출구문의 유형과 특징을 먼저 기술한 다음 이어서 결과구문과의 밀접한 관련성을 지적하였다. 이는 그 의미적 동질성에서 출발하여 형태상의 관련성까지 살핌으로써 산출구문을 결과구문의 연장선상에서 파악한 것이며 더 구체적으로는 산출구문과 'NP로 V' 결과구문의 관련성을 확인한 것이다.

산출구문은 산출물에 대격이 부여된 구문인데 여기에 생략되어 있던 재료 논항을 추가하면 산출물에 구격 부여된 'NP로 V' 구문으로 실현될 수 있는지를 살펴보았다. 이는 몇 가지 변인에 의해 그 실현 가능성이 결정된다. 변인에는 재료를 과연 특정할 수 있는가를 비롯하여 재료와 산출물 중 어떤 것을 중점에 두느냐 하는 정보구조 혹은 화용적 변인이 있으며, 변화의 정도에 있어 원재료의 모습을 유지하는 변화인가 아닌가, 또 재료와 산출물이 일반적인 것인가 특수한 것인가 하는 문제들이 변인으로 작용할 수 있다. 산출물에 대격이 부여된 'NP를 V'를 산출중심형으로 보고 산출물에 구격이 부여된 'NP로 V'를 변성중심형으로 보았을 때 산출 사건이 구성하는 형식은 이 두 형식을 양 극단으로 하는 일종의 연속체를 이룬다는 것이 4.4절의 중심 생각이다. 본고는 이를 바탕으로 산출구문과 결과구문의 연속성을 주장하였으며, 이때 동일한 연속성이 중국어의 산출구문과 결과구문 사이에서 발견됨을 주장의 근거 중 하나로 삼았다.

제5장은 한국어의 대표적인 결과후치형 결과구문 'V₁어 V₂'에 관한 내용이다. 이 형식은 그동안 한국어 결과구문으로서의 가능성만 간혹 언급되었을 뿐 본격적인 논의가 이루어지지 못한 유형이다. 본고는 위 형식이 한국어에서 담당하는 결과표시 기능의 분담량이나 종류에 비하여 그 위상을 제대로 인정받지 못했다고 생각하고 본 연구를 통하여 한국어 결과구문으로서의 'V₁어 V₂'의 위상을 정립하고자 하였다.

'V₁어 V₂'는 위치변화의 결과를 나타낼 수 있을 뿐 아니라 상태변화의 결과를 나타낼 수도 있으며, 제한적이기는 하지만 인식변화의 결과를 표시하는 기능도 있다. 5.1절에서는 우선 이러한 기능을 표시하는 'V₁어 V₂'의 목록 일부를 제시함으로써 이해의 기초로 삼았다. 또 이를 바탕으로 동 형식의 한국어 결과구문으로서의 특징을 제시하고 범위를 확정하려 하였다. 'V₁어 V₂'의 결과 표시 기능은 다른 결과구문에 비하여 결코 뒤지지 않으며, 후속되는 6장의 텍스트 분석을 통해 알 수 있듯이 결과 표시 기능의 분담량에 있어서는 다른 형식들보다 그 비중이 더 크다. 또한 'NP로 V'나 'AP게 V' 등 다른 결과구문과 연계하여 그 결과 도달의 가능성을 더욱 강화하는 역할을 수행할 수 있다.

또, 형식면에서 'V₁어 V₂'는 동사 연결형이라는 점에서 중국어의 결과구문인 동결식과 가장 유사한 형식을 보이며, 선행동사가 원인행위가 되어 후행동사의 결과를 초래한다는 의미 관계에 있어서도 동일한 양상을 보인다. 이때 두 동사 사이에 개재되어 있는 어미 '-아/어'는 그 의미 기능이 극히 무표적인 어미이므로 'V₁어 V₂'를 절 접속이 아닌 하나의 단위, 즉 연쇄동사(SVC) 구성이나 합성동사로 볼 수 있는 경우가 적지 않다.

뿐만 아니라 한국어 'V₁어 V₂' 형식은 중국어의 결과보어 구문과 마찬가지로 강한 상(Aspect) 표시 기능을 가진다. 즉, 양 언어에서 두 형식은 동작의 종결 혹은 완료를 표시하는 우언적 구성으로 쓰이거나 혹은 문법화가 더욱 진전된 상표지들을 만들어 내기도 하는, 상적으로 매우 민감한 형식들이다. 이러한 특징은 이들이 단순히 어휘적으로 결과를 표시할 뿐만 아니라 결과를 문법적으로 표시하는 층위와 맞닿아 있음을 나타낸다.

다만, 결과표시 형식으로서 'V₁어 V₂'가 가지는 약점은 결과표시부가 동사임에 따라 결과상태를 직접적으로 표시할 수 없다는 점이다. 특히 'V₁어 V₂' 전체 구성이 타동사성인 경우 'V₂' 역시 주어에 일치를 보여 타동사로만 나타나므로 목적어의 결과상태를 표시하기가 더욱 어렵다. 따라서 이런 경우 'V₂'가 결과를 강하게 함축하는 동사이어야 할 필요가 있다. 즉, 동사의 결과 함축 기능에 기대어 결과 상태를 표시해야 한다는 것이다. 본고는 'V₁어 V₂'의 결과 함축의 정도가 단일어 동사의 그것에 비하여 높음을 보임으로써 'V₂' 동사의 결과 함축이 성공적으로 작동한다고 주장하였다. 또 중국어의 타동사성 'VV' 동결식 역시 두 번째 동사의 결과 함축에 기대어 결과를 표시함을 제시함으로써 이러한 주장의 근거로 삼았다. 그동안 본격적인 결과표시 형식으로 인정받지 못했던 타동사성 'V₁어 V₂' 역시 결과구문의 범위에 포함됨을 주장한 것은 5장의 중요 내용 중 하나가 된다.

이어서 6장은 한국어와 중국어의 결과구문에 대한 대조언어학적 고찰과 이를 바탕으로 한 한국어 교육에의 적용을 내용으로 한다. 우선, 6.1절에서는 한·중 결과구문의 결과 부호화 양상을 비교 분석하였다. 먼저 결과 표시 성분의 위치 및 문법범주를 중심으로 공통점과 차이점을 제시하였으며, 이어서 한·중 결과구문이 표시할 수 있는 결과 의미의 종류와 범위를 비교 기술하였다. 또 한·중 결과구문과 영어 결과구문 간의 유사점과 차이점을 대략적으로 개관하였다. 이어서 6.2절에서는 텍스트에 대한 계량적 분석을 통하여 한·중 결과표시 형식간의 실제적인 대응 양상을 알아보았다.

이처럼 한중 대조를 시도한 이유는 두 가지이다. 첫째로는 결과범주의 형식적 일관성 및 의미범주로서의 현저성이 높은 중국어와의 비교를 통하여 한국어의 결과 범주에 대한 통찰을 얻고자 하는 것이고, 둘째는 이러한 대조고찰을 통하여 한국어 교육 방면의 기초 자료로 삼기 위해서이다.

중국어의 결과구문은 '동사+보어'의 형식을 통하여 일관되게 표시되며 이때 '보어'에 올 수 있는 성분의 범위가 넓어서 형용사(구) 뿐 아니라 동사 (구), 전치사구, 수량구 등이 두루 올 수 있다. 명사성 성분이 결과를 표시 하는 경우는 'V+成/出/作/爲+NP'의 구조로 나타난다. 이에 비하여 한국어 결과구문은 결과표시 성분의 문법적 범주가 무엇이냐에 따라 그 형태가 달라지는데, 기본적으로 결과표시 성분이 형용사이면 'AP게 V'로, 결과표 시 성분이 명사성이면 'NP로 V', 동사면 'V₁어 V₂'로 표시된다.

한편, 중국어와 한국어의 결과구문은 영어 결과구문과 비교하여 공통 점과 차이점을 가진다. 우선, 형식적으로 직접목적어 제약(DOR)을 받지 않아서 결과의 제2술어가 주어를 서술할 수 있으며, 의미적으로는 필수적 영향 제약(necessary effect constraint)에서 자유로워서 구체적이고 객관적 인 변화 외에 인식의 변화 및 인지작용의 결과까지 표시할 수 있다. 나아가 한·중 결과구문은 추상적이고 주관적인 평가와 관련된 의미도 표시할 수 있는 바, 이는 결과의 판정에 개념화자의 개입을 허용한다는 뜻이다. 그 외 '결과 상태의 척도상 정도가 높음'을 표시하는 경우도 결과구문의 형태 로 나타나며 많은 경우 관용표현을 구성함도 공통점으로 지적할 수 있다.

반면에 중국어 결과구문은 '목적·의도'를 표시하지 않으며 묘사구문 (Depictive)과 형태를 공유하지도 않는데 이는 중국어와 한국어와 다른 지 점이라고 할 수 있다.

6.2절에서는 중국어 소설 텍스트에 나타난 동결식을 추출하여 그것의 한국어 대응형을 살펴보는 분석을 시행하였다. 그 결과, 앞서 본고에서 한 국어 결과구문의 각 유형으로 제시한 'AP게 V', 'NP로 V', 'V₁어 V₂' 등과 실제 로 대응됨을 확인하였으며, 각 형식의 출현 빈도도 개략적으로 파악할 수 있었다. 특히, 'V₁어 V₂' 형식의 빈도가 30퍼센트 대로 가장 높게 나왔는데, 이는 'V₁어 V₂'를 한국어의 결과 후치형 결과구문으로 인정해야 한다는 제5 장의 내용을 뒷받침할 수 있는 정량적 자료가 된다. 반면 'XP게'나 'XP도록' 은 출현 빈도가 생각보다 낮아 1퍼센트 대와 그 아래에 머물렀다.

한편, 중국어의 동결식에 대한 한국어 번역문에서 결과구문이 아닌 단일 동사로 대응되는 예가 상당수(약 30퍼센트)에 이르는데, 이러한 대응은 주로 감각·인지 동사 및 자세동사, 열림과 개방을 나타내는 동사 등에서 두드러지는 경향을 보였다. 즉 이러한 유형의 동사인 경우 중국어보다 한국어에서 단일동사 결과 함축 정도가 높음을 알 수 있다.

'NP로 V'의 경우는 출현 빈도가 10퍼센트 대로 꽤 높았으며, 4장에서 살펴보았듯이 위치변화의 결과와 상태변화의 결과를 나타내는 경우 모두에 대응되었다. 단 위치변화의 경우는 'V到+NP'와, 상태변화를 나타낼 때는 'V成+NP'와 가장 전형적으로 대응한다. 'NP에 V'는 그 출현 빈도가 'NP로 V'의 빈도와 거의 동일하다는 사실을 통해 한국어 위치변화 사건을 나타내는 데 있어서 빼놓을 수 없는 형식임을 알 수 있다. 단, 'NP로 V'의 전형적 대응형이 'V到+NP'임에 반하여 'NP에 V'의 전형적 중국어 대응형은 'V在+NP'임에서 알 수 있듯이 'NP에 V'는 이동의 결과 모처에 존재하게 되었다는 사실, 즉 이동의 결과에 집중하는 형식이며 변화의 과정은 전제되지 않음을 알 수 있다.

다음으로 중국어의 동결식이 한국어의 순수 부사로 대응되는 경우가 약 4퍼센트 정도로 나타났다. '다, 잘, 가득, 잔뜩' 등이 대표적인데, 주로 차거나 비는 정도가 양 극단에 이름을 나타낼 때 쓰인다. 이 중 '잘'은 중국어 보어 중 '好'와 전형적인 대응 관계를 보이는데, 둘 다 동사가 나타내는 행위에 대한 전반적인 총평이 긍정적이라는 뜻을 담고 있다. 그 외, 자연스러운 한국어 표현을 위하여 중국어의 '동사+보어' 중 결과 표시 부분인 보어만을 번역하는 경우와 접속절로 표시하는 경우가 상당수 관찰되었다. 이상의 분석은 한국어 결과구문 유형과 그 특징들을 밝힌 앞 장들의 내용과 배치되지 않고, 앞 장들의 내용을 뒷받침하는 근거로서 제시될 수 있으며 제2 언어 교육에 응용할 수 있는 정보를 제공한다.

이어서 7장에서는 이상에서 고찰해 온 바를 바탕으로 한국어 결과구문에 대한 한국어 교육적 고찰을 시도하였다. 특히, 결과범주의 체계성 및 현저성이 뚜렷하고 결과구문 형식의 사용빈도가 매우 높은 중국어의 사정을 감안할 때, 중국어를 모어로 하는 학습자들의 경우 한국어 결과구문에 대한 교육의 필요성이 한층 높다고 할 수 있다.

이에 7.1절에서는 중국인 학습자를 위한 한국어 결과구문 교육의 필요성을 강조하였다. 결과구문과 같은 통사·의미 접면적 현상은 제2 언어로서의 습득이 쉽지 않으며 언어마다 그것을 부호화하는 방식이나 범위가 다르게 나타나므로 그 어려움이 더해진다. 하지만 중국인 학습자의 경우 모국어를 통해 이러한 통사·의미 접면적 구조에 익숙하므로 만일 한국어의 대응 형식 및 규칙을 명시적으로 제시해 준다면 그 습득의 정도가 충분히 높아질 수 있을 것으로 예상하였다.

7.2절에서는 한국어 결과구문에 대한 교육 현황을 파악하려 하였다. 이를 위해서 국내의 대표적인 한국어 교재들과 중국내에서 출판된 교재들을 분석한 끝에 현행 교육은 전반적으로 '결과'의 의미에 대한 인식이 부족하며 따라서 이와 관련된 교육 내용이 매우 미흡한 실정임을 알 수 있었다.

이어 7.3절에서는 중국인 학습자들의 결과구문 습득 정도 및 오류 양상을 파악하기 위하여 설문을 실시하고 그 결과를 분석하였다. 총 114명의 중국인 중·고급 학습자를 대상으로 한 본 설문조사에서는 항목별로 오답률에서 큰 차이를 보였다. 특히 중국어를 한국어로 대응시키는 문항들은 한국어를 중국어로 대응시키는 문항에 비하여 오답률이 현저하게 높게 나타났다. 이로써 결과구문과 관련하여 중국인 학습자들은 전반적으로 '표현'의 측면에서 어려움을 느끼고 있는 것을 알 수 있다. 또, 이처럼 오답률의 편차가 큰 이유는 결과구문에 대한 일반적 규칙을 이해하고 이를 내재화하는 단계에 이르지 못했기 때문이라고 보았다. 즉, 한국어 결과구문에 대한 습득 정도는 관련된 개별 단어나 관용 표현들에 얼마나 익숙해져 있는가에 의해 결정된다는 것이다. 예를 들어 "깨끗하게 닦았다"에 대한 습득률이 높은 이유는 교육과정 중 목표 문법 'AP게'를 설명하는 예문 중

위의 예가 전형적으로 쓰일 뿐 아니라 일상생활에서도 두 어휘가 공기하여 사용되는 빈도가 높기 때문인 것으로 생각된다.

한편 한국어 결과표현을 중국어로 대응시키는 항목은 대체로 오답의 비율이 높지 않게 나타났다. 하지만 그중에도 관용적 쓰임이 강한 경우의 정답 비율이 그렇지 않은 경우보다 높게 나타나는데, 이 역시 결과구문의 일반적 대응 관계를 파악하고 있다기보다는 개별 표현들이 공기하여 쓰이는 빈도에 따라 습득이 좌우됨을 알 수 있다. 또 이동을 나타내는 'NP로 V' 구문을 중국어 추향보어 구문과 대응시키는 문제 역시 'NP'의 문장성분이 양 언어에서 서로 다름에 대한 이해가 부족한 것으로 보인다. 설문조사의 결과를 통해 알 수 있듯이 중국인 학습자들의 한국어 결과구문에 대한 이해는 특히 '표현'의 측면에서 충분하지 못하며, 전체 범주에 대한 혹은 모국어와의 대응 관계에 대한 체계적인 이해를 갖추었다고 보기 어렵다. 7.4절에서는 이러한 결과를 바탕으로 중국인 학습자들에 대한 한국어 결과구문 교육의 방향을 제시하려 하였다. 그 방향은 크게 세 가지로 요약된다. 첫째, 모국어 문법을 고려한 교수 학습 방법이 필요함을 주장하였다. 또, 결과구문에 대한 습득을 표현의 단계에까지 끌어올리기 위해서는 의미 중심의 문법 교육이 요구된다는 점을 강조하였다. 마지막으로 결과구문과 관련된 교육 항목들을 체계적으로 위계화한 후 각 단계에 맞는 방식으로 교수하는 것이 필요하다는 점을 지적하였다.

8.2. 남은 문제

본고는 한국어 결과구문을 고찰함에 있어 전체 결과 의미 범주의 연장선상에서 그 특징을 파악하려 하였다. 본고에서 말하는 '결과'는 전체 결과 범주를 구성하는 요소들에 일관되게 적용될 수 있는 개념으로 정의되었으며, '결과구문'은 결과범주의 구성 요소 중 '원인과 결과에 대한 서술을 단문 구조 안에 함께 나타내는 형식'으로 이해하고 있다. 또한 결과구문을 구성하는 형식들 사이에도 내부적으로 밀접한 연관관계가 있음을 주장하며 그러한 관계를 밝히는 것을 본 연구의 목표 중 하나로 삼았다.

하지만, 지면과 능력의 부족으로 전체 결과 범주에 대한 조망이 총체적으로 이루어지지 못했음이 한계로 남는다. 한국어 문법상(Grammatical Aspect) 구성 요소로서의 결과상태지속상, 한국어 동사의 결과 함축 양상, 그리고 인과관계 접속절로 표시되는 결과 등 한국어 결과범주를 구성하는 기타 요소들의 특성 및 그들 간의 연관관계를 보다 종합적인 시각에서 파악하는 통찰력 있는 연구가 계속되기를 바란다.

한편, 본고에서는 한국어 결과구문의 대표적인 형식으로 'AP게 V', 'NP로 V', 'V₁어 V₂'를 제시하였으며 그 외 이른바 산출구문 역시 결과구문의 주변적 요소로 파악하였다. 결과표시 요소가 속하는 문법 범주별로 결과구문의 각 유형을 정함에 있어 이 글에서 가장 중요한 기준으로 삼은 것은 상태변화를 표시할 수 있는가 하는 점이며, 그 조건이 충족된다는 전제하에 위치변화까지 아울러 표시할 수 있는 형식을 우선적으로 선택하였다. 그 결과 최종적으로 선택된 것이 위의 구문 형식들이다. 하지만 이들은 각 유형을 대표하는 전형적 요소들로서 제시된 것일 뿐 이들 외에도 상대적으로 덜 전형적이거나 덜 원형적인 요소들이 있을 수 있다. 예를 들어 '-도록 V'는 '도급'의 의미를 바탕으로 '정도'의 높음을 나타내거나 '목적·의도'를 나타내는 구문으로 쓰이지만, 정도와 결과의 범주가 교차하는 지점에서 결과와 연결된다. 또, 일부 어휘에 국한되기는 하지만 부사화 접사 '-이/히'에 의해 파생된 부사들 중에도 결과를 나타내는 경우가 있다. 또 'NP로 V'의 경우는 조사 '-로' 외에도 'NP에/까지/에게' 등 여러 조사구들로써 결과를 표시할 수 있는데, 이는 영어의 각종 전치사구들이 결과표시 2차 술어로 쓰일 수 있음과 마찬가지다. 본고에서는 이들 주변적 형식들에 대해서는 개략적인 언급에 그쳤을 뿐 구체적인 특징과 제약을 자세히 밝히지 못하였다. 결과구문의 주변적 요소로 분류한 위 형식들에 대한 고찰까지 병행되어야만 한국어 결과구문의 전모를 파악할 수 있을 것이다.

앞서 본 연구가 가지는 의의 중 하나로 국어의 보어 혹은 필수적 부사어와 관련된 논란에 새로운 해석을 보탤 수 있다는 점을 제시한 바 있다. 국어학계에서 이들은 일반적으로 '주어와 목적어 외에 서술어가 필수적으로 요구하는 성분'으로 이해되고 있지만 그것의 구체적인 기능이 무엇인지, 왜 필수적으로 요구되는지에 대한 대답은 뚜렷하게 마련되어 있지 않다. 기존의 연구 중 보어의 기능에 대하여 '주어에 대한 정체 밝힘'이라고 한 경우가 있으나[1] 이는 좁게 정의된 보어에 한정되는 것이다. 본고의 내용은 넓은 의미의 보어 혹은 필수적 부사어가 가지는 이른바 필수성이 '주어의 정체 밝힘' 이외에 동사의 행위로 인한 논항의 '결과상태'와도 관련되어 있음을 말해준다. 다만 이에 대한 본격적인 논의를 진전시키지 못하였음은 이 글의 한계점으로 남는다.

마지막으로 본고는 의미에서 형식으로 접근하는 표현론적(onomasiological) 연구의 특성에 맞추어 본 고찰의 결과를 한국어 교육에 응용할 수 있는 가능성을 제시하고 이를 검증해 보려 하였다. 이 글에서는 특히 중국인 한국어 학습자의 특성에 맞춘 결과구문 교육이 필요함을 강조하였다. 이는 결과 범주가 차지하는 비중이 큰 중국어의 특성상 모국어 간섭으로 인한 오류가 예상되며 아울러 결과의미를 적극적으로 표시하려는 수요가 중국인 학습자들에게 존재할 것으로 생각하였기 때문이다. 이에 본고에서는 한국어와 중국어 결과구문의 특징 및 둘 사이의 공통점과 차이점을 대조 분석하였으며, 그 결과를 바탕으로 중국인 학습자 대상의 한국어 결과구문 교육을 위한 제언을 시도하였다. 하지만 현행 한국어 교육에서 결과 범주 교육에 대한 논의는 매우 초보적인 단계에 머물러 있으므로 본고에서는 이러한 현실에 대해 문제점을 지적하고 교육의 필요성을 주장하는 데에 보다 역점을 두었다. 따라서 결과구문 교육을 위한 제언을 시도하였으나

---

1) 이선웅(2010)에서는 조사 '이/가'를 동반하여(혹은 무조사구로) 계사 혹은 준계사 앞에 오는 성분만을 보어라고 인정하였으며, 그 통사·의미적 기능은 '주어에 대한 정체 밝힘'이라고 한 바 있다.

전체적인 교육의 방향을 제시하는 데 그쳤을 뿐 구체적이고 실질적인 교수 학습 방안을 제시하는 데 미치지 못하였음이 아쉬움으로 남는다. 이에 대해서는 보다 본격적인 후속 연구가 뒤따라야 할 것이다.

전체적인 교육의 방향을 제시하는 데 그쳤을 뿐 구체적이고 실질적인 교수 학습 방안을 제시하는 데 미치지 못하였음이 아쉬움으로 남는다. 이에 대해서는 보다 본격적인 후속 연구가 뒤따라야 할 것이다.

참고 문헌

강병규(2013), 구문문법 이론에 기초한 중국어 동사와 논항실현 양상 고찰-이중타동 구문을 중심으로,『중국문학』제75집, 중국어문학연구회, 217-254.

강현화(1998),『국어의 동사연결 구성에 대한 연구』, 한국문화사.

강현화(2006), 한국어 문법 교수학습 방법의 새로운 방향,『국어교육연구』18, 서울대학교 국어교육연구소, 31-60.

국립국어원(2005),『외국인을 위한 한국어 문법1』, 커뮤니케이션북스.

김경학(2000), 결과구문의 분석과 의미해석에 대해,『언어』25-1, 한국언어학회, 31-50.

김경학(2005), 결과구문의 통사의미 특성과 사건구조,『어학연구』41-3, 517-541.

김기혁(1999), 사역이동 구문의 분석과 의미해석에 대해,『언어학』제24호, 한국언어학회, 53-73.

김기혁(2000), 결과구문의 분석과 의미해석에 대해,『언어학』제25호, No.2, 한국언어학회, 31-50.

김미형(2009),『인지적 대조언어학의 방법론 연구-한국어와 영어를 대상으로』, 한국문화사.

김병운(2012),『중국대학 한국어 교육 실태조사 보고서』, 한국문화사.

김영민(2002), 結果構文の有界性に関する一考察, -韓国語・日本; 語の結果構文を中心に-,『日本語文學』第49輯, 한국일본어문학회, 129-146.

김영민(2006), 創造動詞の結果構文に開する一考察,『日本學報』제69집, 한국일본학회, 15-25.

김윤정(2007), 현대중국어 보어의 완료상 연구,『담화와인지』14-3, 담화와 인지학회.

김윤신(2004), 활동(motion)・소비(consumption)・창조(creation) 동사의 사건구조에 대한 연구,『인문논총』제52호, 서울대학교인문학연구원, 125-157.

김윤신(2014), 국어 결과 구성과 동사의 사건 구조,『어문논집』제57집, 중앙어문학회, 81-105.

김일환(2007), '-이'와 '-게'의 의미와 범주 해석,『언어』32-3, 한국언어학회, 411-431.

김종명 · 박만규(2001), '-게(도)' 형의 문장부사어 및 그 구문에 관하여,『언어학』28, 한국언어학회, 57-75.

김푸른솔(2015),『한국어 필수부사어의 통사와 의미에 대한 연구』, 서울대학교 석사학위논문.

남기심(1985), 접속어미와 부사형어미,『말』10, 연세대학교 언어연구 교육원. (남기심(1996),『국어문법탐구 I 』, 태학사, 348-357에 재수록.)

남기심(1993),『국어 조사의 용법: '-에'와 '로'를 중심으로』, 서울: 박이정.

남승호(2007),『한국어 술어의 사건 구조와 논항 구조』, 서울대학교출판부.

노금송(2014), 한중 사동문 구조 유형과 의미 대조 분석,『우리말연구』39집, 우리말학회, 117-139.

노명현(2007), 영어와 국어의 결과구문 연구,『현대영미어문학』25권 4호, 119-145.

류구상 외(2001),『한국어의 목적어』, 월인.

박덕유(1998), 국어의 상(相) 종류와 특성에 대하여-문법적 동사상을 중심으로,『새국어교육』, 55권 0호, 한국국어교육학회, 131-163.

박소영(2001), 결과부사형 '-게'에 대한 연구,『한글』252, 한글학회, 45-77.

박소영(2002), 한국어 부사절과 접속문 체계 다시보기,『언어학』제34호, 한국언어학회, 49-73.

박소영(2003),『한국어 동사구 수식부사와 사건구조』, 서울대학교 박사학위논문.

박영희 · 이희원(2014), 한국어 학습자를 위한 한국어 문장 구성 교육방안 연구-중국인 학습자의 어순에 따른 글쓰기 오류 분석을 통하여,『언어학연구』33, 한국중원언어학회, 159-174.

박정구(1995), 現代漢語 'V-(NP)-P-NP' 結構的分析,『중국문학』제23집, 한국중국어문학회, 345-361.

박정구(1998), 中國語 動補複合語의 內部構造와 外部機能,『中國人文科學』, 중국인문학회, 75-93.

박정구(2004), 방향동사의 복합술어 형성시의 논항구조 설정 및 논항 분포의 원리와 조건 연구,『중국언어연구』제19집, 한국중국언어학회, 167-200.

박정구(2006), 韓漢對比研究及其在對韓漢語教學中的運用,『중국어 교육과 연구』vol.3, 한국중국어교육학회, 17-30.

박정구(2012), 동보형식의 이원적 체계에 대한 고찰,『중국학보』, 47권 0호, 한국중국학회, 91-109.

박진호(1994),『통사적 결합 관계와 논항구조』, 서울대학교 석사학위논문.

박진호(2003),『한국어의 동사와 문법요소의 결합 양상』, 서울대학교 박사학위논문.

박진호(2011), 시제, 상, 양태,『국어학』제60집, 국어학회, 289-322.

박진호(2012), 의미지도를 이용한 한국어 어휘요소와 문법요소의 의미 기술,『국어학』제63집, 국어학회, 459-519.

박철우·김종명(2005), 한국어 용언 사전 기술을 위한 의미역 설정의 기본 문제들,『어학연구』, 서울대학교 어학연구소, 543-567.

방성원(2003), 고급 교재의 문법 내용 구성 방안,『한국어 교육』14-2, 국제한국어 교육학회, 143-168.

방영심(2008), 한국어 부사형 어미 '-게'의 확장에 관한 통시적 고찰,『한국문화연구』14, 이화여자대학교한국문화연구원, 273-299.

변정민(2002), 인지동사의 구문 연구,『새국어교육』제64호, 한국국어교육학회, 67-92.

서정수(1987), '게'와 '도록'에 관하여,『인문논총』14, 한양대학교 인문과학대학, 41-67.

서정수(1988), 어미 '게'와 '도록'의 대비연구,『외국어로서의 한국어교육』13, 연세대학교 언어연구교육원, 23-52.

Xu HaiXia(2012),『한국인 학습자의 중국어 'V-V' 동결구조 습득 연구』, 고려대학교 대학원 석사학위논문.

석주연(2006), '-도록'의 의미와 문법에 대한 통시적 고찰,『한국어 의미학』19, 한국어 의미학회, 109-135.

순효신 외5인(2012), 동사의 결과 함축에 대한 대조연구,『관악어문연구』제37집, 서울대학교국어국문학과, 101-150.

신서인(2007), 結果狀態 意味役에 대한 연구,『語文研究』35-2, 어문연구학회, 63-88.

심지영(2015), 한국어 결과구문으로서의 V1어 V2 특성 고찰-중국어 動結式과의 비교를 통하여,『새국어교육』제103호, 한국국어교육학회, 355-390.

심혜령·이선중(2012), 일본인 한국어 학습자를 위한 "-던"과 "-었던"의 의미 기능 연구,『외국어로서의 한국어교육』37, 연세대학교 언어연구교육원, 243-273.

양정석(1999나), '로'의 의미와 재어나누기,『언어학』7-3, 대한언어학회, 235-256.

양정석(2002), 국어의 이차 서술어 구문 연구, 『배달말』 31, 배달말 학회, 1-57.

양정석(2004), 개념의미론의 의미구조 기술과 논항 연결: 이동동사·움직임 동사 구문을 중심으로, 『언어』 29-3, 한국언어학회, 329-357.

연재훈(2011), 『한국어 구문 유형론』, 태학사.

오윤경·신연수(2015), '-도록'의 의마-도급에서 온 목적, 『국어학』 제74집, 국어학회, 267-302.

오충연(2009), 대격의 교체를 보이는 구성에 대하여, 『국어학』 제55집, 국어학회, 27-54.

오충연(2010), 국어 결과 구문의 범주 설정에 대한 연구, 『언어연구』 26-3, 한국 현대 언어학회, 595-619.

와시오 류이치(1997), 결과 표현의 유형, 『어학연구』 제33권 3호, 서울대학교 언어교육원, 435-462.

유동석(1984), {로}의 이질성 극복을 위하여, 『국어학』 13, 국어학회, 119-144.

유현경(2004), 국어 소절(Small Clause) 구성의 복합술어 분석, 『국어학』 44, 국어학회, 133-158.

유현경(2006), 형용사에 결합된 어미 '-게'의 연구, 『한글』 273, 한글학회, 99-123.

유혜원(2004), 'N-로'를 필수논항으로 취하는 타동사 연구, 『한국어학』 24, 한국어학회, 189-220.

윤유정(2009), '得'자 상태보어구문의 문법화 연구, 연세대학교 박사학위논문.

윤평현(1988a), 목적관계 접속 어미에 대한 연구, 『인문과학연구』 9, 조선대학인문과학연구소, 187-203.

윤평현(1988b), "-게, -도록"의 의미에 대하여, 『국어국문학』 100, 국어국문학회, 307-318.

윤평현(2005), 『현대국어 접속어미 연구』, 박이정.

이기갑(1998), '-어/어서'의 공시태에 대한 역사적 설명, 『담화와 인지』 5-2, 담화 인지 언어학회, 1-21.

이선웅(2010), 『국어의 보어와 보격에 대하여』, 최명옥 선생 정년퇴임 기념 국어학논총, 779-804.

이선웅(2012), 『한국어 문법론의 개념어 연구』, 월인.

이선웅(2011), 언어 유형론적 관점에서 본 한국어의 연속동사구문, 『언어연구』 27-1, 한국현대언어학회, 165-182.

李元元(2012),『韓國語와 中國語 結果構文 對照 研究』, 중앙대학교 석사학위논문.

이은섭(2006), 굴다 구문의 유형과 통사 구조,『국어학』48, 국어학회, 203-231.

이은섭(2008), '여기-'구문과 '삼-'구문에서의 '로' 부사어의 통합적 의미역 할당,『개신어문연구』제27집, 개신어문학회, 41-73.

이은섭(2011), 보충어의 판별 문제와 어휘부 처리에 대한 시론,『어문학』제114집, 한국어문학회, 87-118.

이익섭(2003),『국어 부사절의 성립』, 태학사.

이정민(2000), 상태변화 및 창조동사의 의미구조,『의미구조의 표상과 실현』, 소화출판사.

이정훈(2007), 국어 어미의 통합 단위,『한국어학』37, 한국어학회, 149-179.

이종희(1991),『부사형 어미 {-게}의 통어적 기능에 관한 연구』, 연세대학교 석사학위논문.

이지수(2007),『부사격 조사 '에'와 '로'에 대한 연구』, 서울대학교 석사학위논문.

이찬규 · 이성수(2011), 韓國語 二次述語 構文의 意味 辨別과 相 構造,『語文研究』39-1, 7-32.

이현희(1994),『中世國語構文研究』, 청구문화사.

이호승(2001), 국어의 상 체계와 보조용언의 상적 의미,『국어학』제38집, 국어학회, 209-239.

임지룡(2000), 한국어 이동사건의 어휘화 양상,『현대문법연구』20, 현대문법학회, 23-45.

임지룡 외 옮김(2004),『인지언어학 키워드 사전』, 한국문화사.

임창국(2006), 한국어 이차술어 구문의 통사,『언어』31-1, 한국언어학회, 125-141.

임채훈(2007), '형용사+게' 부사어의 문장의미 구성,『국어학』제49집, 국어학회, 159-188.

임홍빈(1976), 부사화와 대상성,『국어학』제4집, 국어학회, 39-60.

임홍빈 · 장소원(1995),『국어문법론 I』, 한국방송통신대학교출판부.

장영준(2000),『한국어 통사구조 새로 보기』, 박이정.

정혜자(2011), 한국어 결과구문의 구속형태소'-게'에 대한 형태통사론적 분석,『영어영문학연구』37-4, 대한영어영문학회, 303-325.

조일영 · 김일환(1999), 'NP로'의 의미역,『청람어문학』21, 청람어문교육학회, 1-22.

주지연(2008),『한국어 'V1 어 V2' 구성의 사건유형 연구』, 서울대학교 석사학위논문.

최정은(2009),『국어 부사화소 '-이'와 '-게'의 연구』, 고려대학교 석사학위논문.

최현배(1937),『우리말본』, 정음사. (김민수 외(1979),『역대한국문법대계』제1부 제18책에 재수록됨.)

최형강(2004),『국어의 격조사구 보어 연구』, 서울대학교 박사학위논문.

함희진(2008), 'V1-어지다'형 합성동사의 형성과 기원,『배달말』31, 403-429.

함희진(2010), 국어 합성동사의 형성과 발달 : 'V1-어+V2'형 합성동사를 중심으로, 고려대학교 박사학위논문.

허세문(2005),『한국어 결과구문 연구』, 서울대학교 석사학위논문.

홍기선(2011), 영어의 결과구문과 한국어의 "게" 구문,『국어학』36-4, 국어학회, 1143-1169.

홍연옥(2013), 이동사건 표현의 언어유형론과 공동합성 양상 고찰-뜨다 표현을 중심으로,『중국문학』제77집, 한국중국어문학회, 273-297.

홍재성(1987),『현대 한국어 동사 구문의 연구』, 탑출판사.

홍재성(2006),『2005년 21세기 세종계획 전자사전 개발연구 보고서』, 문화관광부.

황주원(2011), 한국어 결과구문의 의미 특성,『한국어 의미학』36, 한국어의미학회, 531-556.

蔡麗(2011),《程度范疇及其在補語系統中的句法實現》, 北京: 世界圖書出版公司。

陳昌來(2002), 論成事及其相關動詞,《漢語學習》, 第3期。

陳前瑞(2003),《漢語体貌系統研究》, 華中師范大學博士學位論文。

董秀芳(2007), 從詞匯化的角度看粘合式動補結構的性質,《語言科學》第6卷 第1期 (總第26期)。

范曉(1985, 略論), V-R,《語法研究和探索》第3輯, 北京: 北京大學出版社。

郭継懋, 王紅旗(2001), 粘合補語和組合補語表達差异的認知分析,《世界漢語教學》第2期。

姜春華(2004), 帶"得"字的狀態補語研究,《中語中文學》第34輯, 韓國中語中文會。

金晶炫(2006),《漢語"動結式"在韓國語中的對應形式》, 吉林大學碩士學位論文。

金宗燮(2006),《韓國留學生使用漢語結果補語的情況考察》, 北京語言大學碩士學位論文。

李麗云(2008),《現代漢語動補式夏合詞的結構与功能研究》, 河北師范大學博士學位論文。

林素廷(2013),《現代漢語形容詞作狀語和補語現象研究》, 北京大學博士學位論文。

劉丹青(2005), 小句內句法結構, "語法調查研究手冊"節選,《世界漢語教學》第三期。

劉月華 等(2010),《實用現代漢語語法(增訂本)》, 北京: 商務印書館。

李燕(2012),《現代漢語趨向補語范疇研究》, 天津: 南開大學出版社。

陸儉明(1990),《"VA了"述補結构語義分析》,《漢語學習》第一期。

羅思明(2010),《英漢動結式的認知功能分析》, 北京: 中國社會科學出版社。

呂叔湘(1952),《語法學習》, 北京: 中國青年出版社, 香港: 香港日新書店。

呂叔湘主編(1980),《現代漢語八百詞》, 北京: 商務印書館。

孟艷華(2012), 結果動詞与補語共現的認知選擇机制,《語言教學与研究》第6期。

孟琮(1984),《動詞用法詞典》, 上海: 上海辭書出版社。

齊滬揚 主編(2007),《現代漢語》, 北京: 商務出版社。

林素廷(2013),《現代漢語形容詞作狀語和補語現象研究》, 北京大學博士學位論文。

沈家煊(1995), "有界" 和 "无界",《中國語文》第5期。

施春紅(2004),《漢語動結式的句法語義研究》, 北京: 北京語言大學出版社。

石慧敏(2011),《漢語動結式的整合与歷史演變》, 上海: 夏旦大學出版社。

石毓智(2003),《現代漢語語法系統的建立》, 北京: 北京語言大學出版社。

譚景春(1997), "動+結果賓語"及相關句式,《語言教學与研究》第1期。

王紅旗(1998), 動補結构的語義是什么,《漢語學習》第1期。

王寅(2009),《构式語法研究(下卷): 分析應用》, 上海: 上海外語教育出版社。

楊明(2013),《結果拘式的認知語義研究-以中, 日, 英爲例》, 北京:知識產權出版社。

朱德熙(1984),《語法講義》, 北京: 商務印書館。

Atkins, B. T., Kegl, J., Levin, B., (1988) Anatomy of a Verb Entry: from Linguistic Theory to Lexicographic Practice, *International Journal of Lexicography* 1:84-126.

Beavers, J. (2012), "Resultative Construction", *the Oxford Handbook of Tense and Aspect*, Binnick (ed.), Oxford University Press.

Boping Yuan (2008). *Discrepancy in English Speakers' L2 Acquisition of Chinese Wh-Words as Existential Polarity Words: The L1-Dependent Interface Hypothesis.* Proceedings of the 9th Generative Approaches to Second Language Acquisition Conference (GASLA

2007), ed. Roumyana Slabakova et al., 272-284. Somerville, MA: Cascadilla Proceedings Project.

Brinton L. J, and E. C. Traugott. (2005), *Lexicalization and Language Change*, Cambridge: Cambridge University Press. (최전승·서형국 역(2015), 『어휘화와 언어 변화』, 서울: 역락.)

Broccias, C. (2004), The cognitive basis of adjectival and adverbial resultative constructions. *Annual Review of Cognitive Linguistics,* 2, 103-126.

Broccias, C. (2008), Towards a history of English resultative constructions: The case of adjective resultative construction, *English and Linguistics* 1, 27-54.

Brown, H. D. (2007), *Principles of Language Learning and Teaching, Fifth Edition*, NY: Pearson Education. (이홍수 外 역, 『외국어 학습·교수의 원리』, 서울: 피어슨 에듀케이션 코리아.)

Bybee, J. L. (2001), *Phonology and Language Use*, Cambridge: Cambridge University Press.

Carrier, J. and J.H. Randall. (1992). The argument Structure and syntactic structure of resultative, *Linguistic Inquiry* 23, 173-234.

Chief (2007) *Scalarity and incomplete event descriptions in Mandarin Chinese*, degree of doctor of philosophy, the State University of New York at Buffalo.

Ellis, N. C. (2013), Second Language Acquisition, in *Oxford Handbook of Construction Grammar*, G. Trousdale & Hoffmann (Eds.), Oxford: Oxford University Press, 365-378.

Ettlinger, M., (2006), The syntactic behabior of the resultative phrase: evidence for a constructional approach. *Language* 11, 213-232.

Goldberg, A. (1995), *Constructions-A Construction Grammar Approach to Argument Structure*, Chicago : the University of Chicago Press. (손영숙·정주리 공역 (2004), 〈구문문법〉, 서울 : 한국문화사.)

Goldberg, A. and R. Jackendoff. (2004), The English resultative as a family of constructions, *Language* 80, 532-569.

Halliday, M. (1967), Notes on transitivity and theme in English, Journal of

Linguistics 3, 37-38.

Hong, S. (2005), "Exceptional" Case-marking and Resultative Constructions. Doctoral dissertation. Department of Linguistics, University of Maryland, College Park.

Ikegami, Y. (1985), 'Activity'-'Accomplishment'-'Achievement'-A Language That Can't Say 'I Burned It, but It didn't Burn' and One That Can. in A. Makkai and A. K. Melby eds., *Linguistics and Philosophy: Essays in honour of R. S. Wells,* Amsterdam: John Benjamins, 265-304.

Jang, Y. and S. Kim. (2001), Secondary predication and default case. Zhang, Niina (ed.) ZAS Papers in *Linguistics* 26: Syntax of Predication. 113-126.

Kim, S. and J. Maling. (1997), A crosslinguistic perspective on resultative formation. In R. Blight and M. Moosally (eds.) *Texas Linguistic Forum* 38: 189-204.

Krifka, M. (1998), The origins of telicity, In S.Rothstein(ed.), *Events and Grammar*, Dordrecht: Luuwer Academic Publications.

Lakoff, G. (1987), *Women, Fire, and Dangerous Things:* What Categories Reveal about the Mind, Chicago: University of Chicago Press.

Levin, Beth. and M. Rappaport-Hovav. (1995), *Unaccusativity, At the Syntax-Lexical Sementics*, Cambridge Mass: MIT Press.

Levinson, L. (2010), Arguments for Pseudo-Resultative Predicates, *Natural Language and Linguistic Theory*, 28, 135-82.

Li, C. and S. Thompson. (1981), *Mandarin Chinese: A Functional Reference Grammar*, University of California Press. (박정구 · 박종환 · 백은희 · 오문의 · 최영하 역 (1996), 『표준중국어 문법(수정판)』, 한울아카데미.)

Rappaport-Hovav, M. and B. Levin. (2001), An event structure account of English resultatives, *Language,* 77, 766-797.

Schmidtke-Bode, (2009), *A Typology of Purpose Clauses*, John Benjamins.

Slobin, D.I., (2004), The Many Ways to Search for a Frog: Limguistuc Typology and the expression of motion events, In S. Strömqvist & L.

verhoeven (eds) *Realiting Events in Narrative: Typology & Contextual Perspectives,* Mahwah, NJ: Lawrence Erlbaum Assocoates.

Son, M. 2008. Resultative in Korean Revisited: Complementation versus Adjunction, *Troms ø Working Papers on Language and Linguistics,* 89-113.

Talmy, L. (1985), Force dynamics in language and thought. *Chicago Linguistic Society* 21, vol. 2(parasession): 293-337.

Talmy, L. (2000), *Towards a Cognitive Semantics vol. II-Typology and Process in Concept Structuring,* Cambridge, London : the MIT Press.

Williams, A. (2008a) Patients in Igbo and Mandarin. In J. Dölling, T. Heyde-Zybatow, and M. Schäfer (eds.), *Event structures in linguistic form and interpretation*, Berlin : de Gruyter, 3-30.

Wechsler and Noh, (2000), On resultative predicates and clauses: parallels between Korean and English, *Language Sciences* 23, 391-423.

Wechsler, S. (1997), Resultative predicates and control. in Texas Linguistics Forum 38: *The syntax and semantics of predication,* Austin: University of Texas, 307-321.

Wechsler, S. (2001), "An analysis of English resultatives under the event-argument homomorphism model of telicity", *Proceedings of the 3rd Workshop on Text Structure,* Austin: University of Texas.

분석 자료

서강대학교 한국어교육원(2008), 『서강 한국어 1A』, 서강대학교 국제문화교육원 출판부.

서강대학교 한국어교육원(2008), 『서강 한국어 1B』, 서강대학교 국제문화교육원 출판부.

서강대학교 한국어교육원(2008), 『서강 한국어 2A』, 서강대학교 국제문화교육원 출판부.

서강대학교 한국어교육원(2008), 『서강 한국어 2B』, 서강대학교 국제문화교육원 출판부.

서강대학교 한국어교육원(2008),『서강 한국어 3A』, 서강대학교 국제문화교육원 출
    판부.
서강대학교 한국어교육원(2008),『서강 한국어 3B』, 서강대학교 국제문화교육원 출
    판부.
서강대학교 한국어교육원(2014),『서강 한국어 4A』, 서강대학교 국제문화교육원 출
    판부.
서강대학교 한국어교육원(2014),『서강 한국어 4B』, 서강대학교 국제문화교육원 출
    판부.
서강대학교 한국어교육원(2013),『서강 한국어 5A』, 서강대학교 국제문화교육원 출
    판부.
서강대학교 한국어교육원(2013),『서강 한국어 5B』, 서강대학교 국제문화교육원 출
    판부.

서울대학교 언어교육원(2013),『서울대 한국어 1A』, 투판즈.
서울대학교 언어교육원(2013),『서울대 한국어 1B』, 투판즈.
서울대학교 언어교육원(2013),『서울대 한국어 2A』, 투판즈.
서울대학교 언어교육원(2013),『서울대 한국어 2B』, 투판즈.
서울대학교 언어교육원(2015),『서울대 한국어 3A』, 투판즈.
서울대학교 언어교육원(2015),『서울대 한국어 3B』, 투판즈.
서울대학교 언어교육원(2015),『서울대 한국어 4A』, 투판즈.
서울대학교 언어교육원(2015),『서울대 한국어 4B』, 투판즈.
서울대학교 언어교육원(2015),『서울대 한국어 5A』, 투판즈.
서울대학교 언어교육원(2015),『서울대 한국어 5B』, 투판즈.
서울대학교 언어교육원(2015),『서울대 한국어 6A』, 투판즈.
서울대학교 언어교육원(2015),『서울대 한국어 6B』, 투판즈.

연세대학교 한국어학당 교재출판위원회(2012),『연세 한국어 1-1』.
연세대학교 한국어학당 교재출판위원회(2012),『연세 한국어 1-2』.
연세대학교 한국어학당 교재출판위원회(2012),『연세 한국어 2-1』.
연세대학교 한국어학당 교재출판위원회(2012),『연세 한국어 2-2』.
연세대학교 한국어학당 교재출판위원회(2012),『연세 한국어 3-1』.

연세대학교 한국어학당 교재출판위원회(2012), 『연세 한국어 3-2』.
연세대학교 한국어학당 교재출판위원회(2012), 『연세 한국어 4-1』.
연세대학교 한국어학당 교재출판위원회(2012), 『연세 한국어 4-2』.
연세대학교 한국어학당 교재출판위원회(2012), 『연세 한국어 5-1』.
연세대학교 한국어학당 교재출판위원회(2012), 『연세 한국어 5-2』.
연세대학교 한국어학당 교재출판위원회(2012), 『연세 한국어 6-1』.
연세대학교 한국어학당 교재출판위원회(2012), 『연세 한국어 6-2』.

이화여자대학교 언어교육원(2013), 『이화 한국어 1-1』, 이화여자대학교 출판부.
이화여자대학교 언어교육원(2013), 『이화 한국어 1-2』, 이화여자대학교 출판부.
이화여자대학교 언어교육원(2013), 『이화 한국어 2-1』, 이화여자대학교 출판부.
이화여자대학교 언어교육원(2013), 『이화 한국어 2-2』, 이화여자대학교 출판부.
이화여자대학교 언어교육원(2013), 『이화 한국어 3-1』, 이화여자대학교 출판부.
이화여자대학교 언어교육원(2013), 『이화 한국어 3-2』, 이화여자대학교 출판부.
이화여자대학교 언어교육원(2013), 『이화 한국어 4』, 이화여자대학교 출판부.
이화여자대학교 언어교육원(2013), 『이화 한국어 5』, 이화여자대학교 출판부.
이화여자대학교 언어교육원(2014), 『이화 한국어 6』, 이화여자대학교 출판부.

標准韓國語教材編寫組(2011),《標准韓國語 第一冊》, 北京大學出版社。
標准韓國語教材編寫組(2012),《標准韓國語 第二冊》, 北京大學出版社。
標准韓國語教材編寫組(2013),《標准韓國語 第三冊》, 北京大學出版社。

全永根・曹永花 主編(2008),《初級韓國語教程 上》, 世界圖書出版公司。
全永根・曹永花 主編(2008),《初級韓國語教程 下》, 世界圖書出版公司。
全永根・曹永花 主編(2010),《中級韓國語教程 上》, 世界圖書出版公司。
全永根・曹永花 主編(2010),《中級韓國語教程 下》, 世界圖書出版公司。

莫言(1999),《紅高粱家族》, 北京: 南海出版社。
심혜영 역(2014), 『붉은 수수밭』, 서울: 문학과지성사.

심지영

- 부산 출생
- 서울대학교 인문대학 국어국문학과 학사
- 上海師範大學 對外漢語學院 석사
- 서울대학교 인문대학 국어국문학과 박사
- 세종대학교 인문대학 국어국문학과 초빙교수
- 세종대학교 인문대학 국어국문학과 강의전담교수
- 현재 세종대학교 인문대학 국어국문학과 부교수

주요 논문

- 중국조선어 '먹어 못 내다'식 부정문에 대한 일고찰(2014)
- 텔레비전 자막 자료 분석을 통한 맥락과 비문법성 수인 관계 고찰(2015)
- 동결(動結)관계 한자어가 개입된 한국어 동의중복 현상(2020)
- 중국인 학습자의 한국어 'N적' 교육을 위한 대조언어적 고찰(2020)
- 내용중심 교수법을 적용한 유학생 교양교육 연구–한국현대사 병존수업 사례를 중심으로 (2022)
- 중국인 학습자를 위한 한국어 유의어 사전의 한자어 기술 방식 제언–기존 사전에 대한 분석을 바탕으로(2023)
- 중국인 KFLT 학습자를 위한 사동문 번역 교육 일고찰–감정 표시 사동문을 중심으로 (2024)
- 번역 목적 중국인 학습자를 위한 한국어 교재 개발 사례 연구(2025)

國語學叢書 86

한국어 결과구문 연구 - 한·중 대조 및 한국어교육의 관점에서

초판 1쇄 발행 2025년 6월 30일

지은이 심지영

펴낸곳 (주)태학사
등록 제406-2020-000008호
주소 경기도 파주시 광인사길 217
전화 031-955-7580
전송 031-955-0910
전자우편 thspub@daum.net
홈페이지 www.thaehaksa.com

ⓒ 심지영, 2025

값 35,000원

ISBN 979-11-6810-358-0 (94710)
ISBN 979-11-90727-23-5 (세트)

國語學 叢書 目錄

① 李崇寧　　　　　(근간)
② 姜信沆　　　　　한국의 운서
③ 李基文　　　　　國語音韻史硏究
④ 金完鎭　　　　　中世國語聲調의 硏究
⑤ 鄭然粲　　　　　慶尙道方言聲調硏究
⑥ 安秉禧　　　　　崔世珍硏究
⑦ 남기심　　　　　국어완형보문법 연구
⑧ 宋　敏　　　　　前期近代國語 音韻論硏究
⑨ Ramsey, S. R.　　Accent and Morphology in Korean Dialects
⑩ 蔡　琬　　　　　國語 語順의 硏究
⑪ 이기갑　　　　　전라남도의 언어지리
⑫ 李珖鎬　　　　　國語 格助詞 '을/를'의 硏究
⑬ 徐泰龍　　　　　國語活用語尾의 形態와 意味
⑭ 李南淳　　　　　國語의 不定格과 格標識 省略
⑮ 金興洙　　　　　현대국어 심리동사 구문 연구
⑯ 金光海　　　　　고유어와 한자어의 대응 현상
⑰ 李承宰　　　　　高麗時代의 吏讀
⑱ 宋喆儀　　　　　國語의 派生語形成 硏究
⑲ 白斗鉉　　　　　嶺南 文獻語의 音韻史 硏究
⑳ 郭忠求　　　　　咸北 六鎭方言의 音韻論
㉑ 김창섭　　　　　국어의 단어형성과 단어구조 연구
㉒ 이지양　　　　　국어의 융합현상
㉓ 鄭在永　　　　　依存名詞 'ᄃᆞ'의 文法化
㉔ 韓東完　　　　　國語의 時制 硏究
㉕ 鄭承喆　　　　　濟州道方言의 通時音韻論
㉖ 김주필　　　　　구개음화의 통시성과 역동성
㉗ 최동주　　　　　국어 시상체계의 통시적 변화
㉘ 신지연　　　　　국어 지시용언 연구
㉙ 權仁瀚　　　　　조선관역어의 음운론적 연구
㉚ 구본관　　　　　15세기 국어 파생법에 대한 연구
㉛ 이은경　　　　　국어의 연결어미 연구
㉜ 배주채　　　　　고흥방언 음운론
㉝ 양명희　　　　　현대국어 대용어에 대한 연구
㉞ 문금현　　　　　국어의 관용 표현 연구
㉟ 황문환　　　　　16, 17세기 언간의 상대경어법

國語學 叢書 目錄

國語學 叢書 目錄